Collection « L'esprit économique »

fondée par Sophie Boutillier et Dimitri Uzunidis en 1996
dirigée par Sophie Boutillier, Blandine Laperche, Dimitri Uzunidis

Si l'apparence des choses se confondait avec leur réalité, toute réflexion, toute Science, toute recherche serait superflue. La collection « L'esprit économique » soulève le débat, textes et images à l'appui, sur la face cachée économique des faits sociaux : rapports de pouvoir, de production et d'échange, innovations organisationnelles, technologiques et financières, espaces globaux et microéconomiques de valorisation et de profit, pensées critiques et novatrices sur le monde en mouvement...
Ces ouvrages s'adressent aux étudiants, aux enseignants, aux chercheurs en sciences économiques, politiques, sociales, juridiques et de gestion, ainsi qu'aux experts d'entreprise et d'administration des institutions.

La collection est divisée en six séries :

Dans la série *Economie et Innovation* sont publiés des ouvrages d'économie industrielle, financière et du travail et de sociologie économique qui mettent l'accent sur les transformations économiques et sociales suite à l'introduction de nouvelles techniques et méthodes de production. L'innovation se confond avec la nouveauté marchande et touche le cœur même des rapports sociaux et de leurs représentations institutionnelles.

La série *Economie formelle* a pour objectif de promouvoir l'analyse des faits économiques contemporains en s'appuyant sur les approches critiques de l'économie telle qu'elle est enseignée et normalisée mondialement. Elle comprend des livres qui s'interrogent sur les choix des acteurs économiques dans une perspective macroéconomique, historique et prospective.

Dans la série *Le Monde en Question* sont publiés des ouvrages d'économie politique traitant des problèmes internationaux. Les économies nationales, le développement, les espaces élargis, ainsi que l'étude des ressorts fondamentaux de l'économie mondiale sont les sujets de prédilection dans le choix des publications.

La série *Krisis* a été créée pour faciliter la lecture historique des problèmes économiques et sociaux d'aujourd'hui liés aux métamorphoses de l'organisation industrielle et du travail. Elle comprend la réédition d'ouvrages anciens, de compilations de textes autour des mêmes questions et des ouvrages d'histoire de la pensée et des faits économiques.

La série *Clichés* a été créée pour fixer les impressions du monde économique. Les ouvrages contiennent photos et texte pour faire ressortir les caractéristiques d'une situation donnée. Le premier thème directeur est : mémoire et actualité du travail et de l'industrie ; le second : histoire et impacts économiques et sociaux des innovations.

La série *Cours Principaux* comprend des ouvrages simples, fondamentaux et/ou spécialisés qui s'adressent aux étudiants en licence et en master en économie, sociologie, droit, et gestion. Son principe de base est l'application du vieil adage chinois : « le plus long voyage commence par le premier pas ».

Controverses macroéconomiques
contemporaines

5-7, rue de l'École-Polytechnique ; 75005 Paris

http://www.editions-harmattan.fr/

ISBN : 978-2-336-47285-0
EAN : 9782336472850

Claude Meidinger

Controverses macroéconomiques contemporaines

L'Harmattan

Du même auteur :

Science économique : questions de méthode, Vuibert, janvier 1994.

Évolution des comportements sociaux, Economica, 2013.

Préface

L'évolution récente du monde depuis le début du vingt et unième siècle confronte les responsables économiques à de nombreux défis. Si après la crise financière de 2008, la plupart des pays ont dû lutter contre des pressions déflationnistes, à la suite de la COVID et de l'intervention russe en Ukraine, ils connaissent aujourd'hui une inflation excessive. Parallèlement, les faibles taux d'intérêt et les niveaux de dette publique moins extrêmes qui prévalaient avant ces derniers événements ont permis d'ignorer le poids d'une dette devenue maintenant élevée au regard du coût actuel de son renouvellement. Enfin, la crise financière de 2008 elle-même, cette césure qui fit passer l'économie mondiale, à la suite du combat victorieux de Paul Volcker contre l'inflation au début des années 80, d'une période de « Grande Modération » à une période troublée n'a pas manqué de mettre en cause la responsabilité du système monétaire international dans la constitution des déséquilibres globaux.

Les économistes, bien sûr, n'ont pas assisté passifs à ces évolutions, d'autant plus concernés par celles-ci qu'elles remettaient en cause un certain nombre de croyances sur lesquelles ils avaient pris l'habitude de se reposer pour interpréter les faits et guider la politique. De nombreux chocs ont avant 2007 perturbé le fonctionnement des économies, la crise de la dette de l'Amérique latine dans les années 80, le krach boursier de 1987, la crise financière de l'Asie en 1997 et l'éclatement de la bulle Internet en 2000, sans cependant jusque-là modifier un certain consensus concernant le pilotage des économies. Ce consensus issu de la période de «Grande Modération » reposait dans l'ensemble sur un principe de dominance monétaire dans le cadre duquel l'indépendance de la Banque centrale était un concept clé. Isabel Schnabel[1], membre du Conseil exécutif de la Banque centrale européenne, l'exprimait sans équivoque en 2020 à propos de la construction de l'Union monétaire : « l'euro a été construit sur le principe de dominance monétaire. Ce qui signifie que la Banque centrale européenne (BCE) poursuit ses objectifs de politique monétaire

[1] Schnabel Isabel (2020) : "The shadow of fiscal dominance : Misconceptions, perceptions and perspectives", exposé au Center for European Reform and the Eurofi Financial Forum, Berlin, 11 septembre.

définis par les Traités européens sans être contrainte par d'autres considérations ».

Depuis 2008, les banques centrales ont été cependant accusées de deux maux : d'une part celui de favoriser un endettement public excessif en raison de taux d'intérêt bas résultant d'une politique de *Quantitative Easing* d'abondance de liquidités et, d'autre part, celui de favoriser un chômage excessif en raison d'une politique monétaire restrictive de hausse brutale des taux d'intérêt pour lutter contre la résurgence de l'inflation à partir de 2022. Le premier mal résulterait d'une politique monétaire non conventionnelle adoptée après 2008 alors que le second illustrerait les difficultés de la politique monétaire conventionnelle à contrôler efficacement l'inflation. Un troisième mal compléterait par ailleurs les deux premiers dans la mesure où, à l'occasion de la crise financière, de la pandémie et du réchauffement climatique, les nouveaux instruments de politique monétaire des banques centrales ont franchi la frontière séparant la politique monétaire de la politique budgétaire. Parallèlement, un contexte de politiques budgétaires devant financer de larges déficits fait resurgir le spectre d'une dominance budgétaire par laquelle les gouvernements imposeraient aux banques centrales une « répression financière » visant à maintenir les taux d'intérêt à des niveaux artificiellement bas pour financer la dette.

Cet ouvrage se propose de rendre compte de ces événements au travers des controverses qu'ils n'ont pas manqué de susciter au sein de la communauté des économistes. L'ouvrage n'a pas la structure d'un manuel, mais, sur chaque point évoqué, des considérations théoriques indispensables à la compréhension des problèmes sont présentées. On considère parfois que les économistes, ceux du *mainstream* à l'analyse desquels on s'intéresse ici, font preuve d'un quasi-consensus conditionné par l'adhésion à une théorie économique dominante. D'autres s'agacent du fait que, sur la base d'observations différentes, les opinions puissent changer. Avec un peu plus de sérieux, rendre compte de ces controverses peut permettre de faire litière de telles incompréhensions.

L'ouvrage est organisé en trois parties. La première partie est consacrée à la politique monétaire, en particulier à la distinction politique monétaire conventionnelle et politique monétaire non conventionnelle, occasion de réinterroger la notion d'indépendance des banques centrales. La seconde partie s'intéresse à la dette publique et à la politique budgétaire, avec un intérêt particulier pour la zone euro. La troisième partie enfin concerne le système monétaire international et le rôle particulier que joue le dollar dans ce système.

Première partie : La Politique monétaire

En mars 2023, dans un numéro de la publication trimestrielle *Finance and Development* du FMI s'interrogeant sur les nouvelles directions de la politique monétaire, Raghuram Rajan[1], qui fut Gouverneur de la Banque de Réserve de l'Inde de 2013 à 2016, constatait (p.11) : « les banquiers centraux des pays industrialisés sont terriblement tombés dans l'estime du public. Il y a peu de temps, ils étaient des héros, confortant une faible croissance par des politiques monétaires non conventionnelles, promouvant l'embauche des minorités en autorisant un marché du travail en surchauffe et même essayant de contenir le changement climatique tout en réprimandant des élus paralysés qui n'en font pas assez. Aujourd'hui, ils sont accusés de bâcler leur tâche la plus fondamentale, à savoir maintenir l'inflation basse et stable. Des politiciens, subodorant le sang et se méfiant d'un pouvoir non élu, désirent réexaminer les mandats des banques centrales. Les banques centrales ont-elles tout faux ? Si oui, que doivent-elles faire ? ».

Cette constatation traduit certainement l'opinion d'une partie du public et des médias, prompts à soupçonner les responsables économiques d'incompétence. Cependant, le cadre intellectuel prédominant dans lequel s'inscrivait l'action des banques centrales depuis la crise financière de 2008 a brusquement changé à partir de 2021. Après une longue période de taux d'intérêt bas et de faible inflation, l'économie mondiale entre dans une phase caractérisée par une inflation élevée et des niveaux élevés d'endettement public et privé. En ce sens, les banquiers centraux peuvent avoir des excuses pour ne pas avoir réagi très tôt, une réaction préventive ralentissant la croissance aurait manqué de soutien public. Mais en un autre sens, remarque Rajan, après la crise de 2008, avec leurs politiques monétaires asymétriques et non conventionnelles, les banquiers centraux ont provoqué une variété de déséquilibres qui, non seulement ont rendu le contrôle de l'inflation plus difficile, mais aussi rendu plus difficile le changement de politique monétaire.

---

[1] Rajan Raghuram G. (2023) : "Less is more : New Directions for Monetary Policy", Finance and Development, International Monetary Fund, volume 60, n°1, mars, p. 11-14.

Jusqu'à la crise financière de 2008, la politique monétaire a reposé sur une vision traditionnelle acquise durant la période de « Grande Modération » des années 80 et suivantes durant lesquelles les banques centrales intervenaient dans la gestion de l'économie essentiellement par une politique de contrôle des taux d'intérêt de court terme. En agissant sur certains de ces taux, en particulier celui auquel les banques se refinançaient sur le marché interbancaire, la Banque centrale agissait sur toute la structure des taux, du secteur privé comme du secteur public, modifiant les conditions des marchés financiers. Et parce que les prix et l'inflation attendue étaient à court terme rigides, l'action sur les taux nominaux se transférait aux taux réels, stimulant ou ralentissant les dépenses du secteur privé.

À partir de 2008, à l'imitation d'une politique monétaire non conventionnelle adoptée par la Banque centrale du Japon dès le début des années 2000, confrontées à des pressions déflationnistes, les banques centrales se sont vues contraintes de recourir à d'autres instruments que la manipulation de taux directeurs, élargissant leur gamme d'instruments à une politique de bilan les confrontant à de nouveaux problèmes. Dans une situation où prévalent après 2008 de bas niveaux de taux d'intérêt et des dettes publiques non extrêmes, l'élargissement de la politique monétaire à des instruments non conventionnels permet aux banques centrales d'ignorer les interactions entre politique monétaire et politique budgétaire. La période qui suit la crise de 2008 est pour un certain temps encore une période de « dominance monétaire » durant laquelle les banques centrales ont la possibilité de poursuivre leurs objectifs indépendamment de la politique budgétaire. Elles se sont par ailleurs senties encouragées à poursuivre des politiques destinées à répondre simultanément à la nécessité de nouvelles mesures de relance et à favoriser la réalisation d'objectifs sociaux, transition verte et promotion de l'inclusion sociale. Mais la crise de la COVID-19 a changé la donne, avec une dépense publique importante soulevant la possibilité qu'une « dominance budgétaire » puisse menacer l'indépendance des banques centrales.

Les deux chapitres de cette partie rendent compte de l'évolution des modalités d'intervention des banques centrales et des controverses qui en résultèrent.

Le premier chapitre est consacré à la politique monétaire conventionnelle. Il rend compte du principe et des modalités de cette politique, se référant à trois concepts clés : taux d'intérêt naturel, courbe de Phillips et règle de Taylor. Dans ce cadre sont illustrés les problèmes et les risques d'erreur auxquels s'est trouvée confrontée la *Federal Reserve* américaine (Fed) en 2021-2022 lors de sa politique de lutte contre l'inflation. Les désaccords qui s'exprimèrent à cette occasion, notamment à travers l'analyse de la courbe de Beveridge, témoignent de la difficulté d'apprécier correctement la situation du marché du travail et de choisir une cible d'inflation.

Le second chapitre est consacré à la politique monétaire non conventionnelle. Il est important de comprendre que si les banques centrales se sont vues contraintes de recourir à d'autres instruments que la manipulation de taux directeurs, c'est en particulier parce que sur le long terme le taux d'intérêt naturel s'est inscrit dans une tendance à la baisse, confrontant en cas de lutte contre la déflation les banques centrales à l'existence d'un taux plancher zéro. Après avoir présenté les causes possibles de la baisse du taux d'intérêt naturel, le chapitre examine le principe et les stratégies de la politique monétaire non conventionnelle, illustrés ensuite par les politiques conduites au Japon, aux États-Unis et dans la zone euro. Dans la mesure où l'élargissement de la politique monétaire à des instruments non conventionnels a conduit à réinterroger l'indépendance des banques centrales, le chapitre tente enfin de préciser les frontières de ce concept à travers l'examen de deux situations conflictuelles : celle d'un conflit qui fut en 1951 aux États-Unis considéré comme fondateur de l'indépendance de la *Federal Reserve* et celle dont rend compte l'arrêt Gauweiler de la Cour de Justice de l'Union européenne, statuant en juin 2015 sur une Banque centrale européenne accusée d'avoir outrepassé ses compétences.

Chapitre I
La politique monétaire conventionnelle

Section I – Principe et modalités d'intervention

I – La gestion du marché monétaire par la quantité de monnaie de base.

A – Marché interbancaire, base monétaire et multiplicateur.

Il existe différentes définitions de la quantité de monnaie en circulation, variant de définitions restrictives à des définitions plus larges en fonction du degré de liquidité des différents actifs financiers. La liquidité s'apprécie en fonction du délai, du coût et du risque rencontrés à mobiliser un actif en vue d'un paiement. À côté de la monnaie divisionnaire (pièces de monnaie) et fiduciaire (billets) en circulation, on inclut dans une première définition M_1 le montant des dépôts à vue D domiciliés auprès des banques (comptes courants). Une deuxième définition plus large, M_2, complète la précédente en ajoutant le montant des dépôts à terme d'une durée inférieure à deux ans ainsi que les dépôts pouvant être liquidés à la demande en moins de trois mois. On obtient enfin la définition la plus large M_3 en ajoutant à M_2 le montant des titres négociables sur le marché monétaire et les créances à moins de deux ans.

L'analyse de l'évolution de la masse monétaire se concentre souvent sur M_1 dans la mesure où les banques centrales disposent de moyens leur permettant de contrôler cet agrégat de manière plus ou moins directe. Les banques centrales contrôlent la quantité de monnaie divisionnaire et fiduciaire qu'on regroupe ici sous le symbole F. Elles peuvent également agir sur M_1 en raison des réserves obligatoires RO que les établissements financiers doivent maintenir auprès d'elles en fonction de l'importance de leurs dépôts. Étant donné RE montant des réserves excédentaires de ces établissements, la somme $F + RO + RE$ constitue la base monétaire ou monnaie de banque centrale B. En modifiant la monnaie de base, les banques centrales agissent sur M_1 via le multiplicateur de crédit associé.

Pour $B = F + RO + RE$ et $M_1 = F + D$, on peut écrire

$$\frac{M_1}{B} = \frac{\frac{F}{D} + 1}{\frac{F}{D} + \frac{RO}{D} + \frac{RE}{D}} \qquad (1)$$

Avec $c_{RO} = \frac{RO}{D}$ et $c_{RE} = \frac{RE}{D}$ respectivement coefficient de réserves obligatoires et coefficient de réserves excédentaires, $c_F = \frac{F}{D}$ exprimant par ailleurs l'arbitrage que font les agents économiques entre billets et dépôts, on a

$$M_1 = \frac{c_F + 1}{c_F + c_{RO} + c_{RE}} B = mB \qquad (2)$$

La formule (2) montre que la Banque centrale peut envisager de contrôler l'offre de monnaie M_1 en utilisant différents instruments classés en deux groupes. : ceux qui influencent la base monétaire B et ceux qui influencent le multiplicateur de monnaie m.

En considérant c_F stable, le multiplicateur de monnaie M_1 varie en sens inverse des deux coefficients de réserves, obligatoires et excédentaires. Si le deuxième coefficient relève du comportement des banques, le premier est entre les mains de la Banque centrale[1]. Une diminution du coefficient de réserves obligatoires libère des moyens de financement supplémentaires pour l'économie au cas où les banques n'envisagent pas de stériliser ces moyens en réserves excédentaires. Inversement, une augmentation de ce coefficient diminue la capacité des banques à financer l'économie et diminue M_1 par la diminution associée du multiplicateur. On notera cependant que la manipulation par les banques centrales de ce coefficient n'est généralement pas l'instrument usuel par lequel elles régulent la quantité de monnaie. Plus récemment d'ailleurs, en envisageant de rémunérer les réserves mises en dépôt, les banques centrales se sont dotées d'un instrument leur permettant d'agir sur le coefficient c_{RE} de réserves excédentaires. Une banque disposant d'un excès de trésorerie peut placer ces liquidités

[1] Sur les dépôts figurant au passif d'une banque, la Banque centrale européenne BCE applique un taux de réserves obligatoires (actuellement 1 %) aux « dépôts à vue », « dépôts à terme d'une durée inférieure ou égale à deux ans », « dépôts remboursables avec un préavis inférieur ou égal à deux ans », et aux « titres de créances d'une durée initiale inférieure ou égale à deux ans ».

auprès de la Banque centrale qui les rémunère à un taux qualifié de « taux de facilité de dépôt ». Une modification de ce taux agit sur l'aversion au risque que peuvent avoir les banques et donc sur le montant des excédents de réserves.

La manière la plus courante des banques centrales d'agir sur la quantité de monnaie M_1 concerne la modification de la base monétaire B. La Banque centrale intervient alors sur le marché monétaire par des opérations d'*open market*, par l'achat ou la vente ferme de titres de dette publique de court terme (généralement bons du Trésor) ou par des prêts à court terme en échange de titres pris en pension temporairement en garantie des prêts accordés[1]. Les opérations de vente ou de rachat de titres publics ou la prise en pension de titres par la Banque centrale modifient les réserves des banques et corrélativement la masse monétaire M_1. Ces opérations sur le marché monétaire, secteur du marché financier sur lequel se négocient des actifs et dettes de court terme, concernent particulièrement au sein de celui-ci le marché interbancaire. Le marché interbancaire, marché des réserves des banques, est le lien effectif entre la Banque centrale et les banques commerciales. Les besoins en liquidités des banques sont généralement assurés par des opérations de prêt ou d'emprunt au jour le jour entre banques, celles dotées de réserves excédentaires prêtant à celles dotées de réserves insuffisantes[2]. Par ses opérations régulières d'*open market*, la Banque centrale contrôle la liquidité du marché interbancaire et donc le taux d'intérêt se formant sur ce marché. Lorsqu'une banque ne trouve pas les liquidités dont elle a besoin auprès des autres banques, elle peut

---

[1] Dans l'Eurosystème, les concours octroyés par ces prêts, par lesquels la BCE règle la liquidité du marché monétaire, concernent soit des opérations principales de refinancement (MRO, *Main Refinancing Operations* assurées par des prêts d'une semaine garantis par la prise en pension d'actifs) soit des opérations de refinancement à plus long terme (LTRO, *Long Term Refinancing Operations*), d'une maturité de 3 mois qui a pu s'élargir jusqu'à 3 ans avec les VLTRO (*Very Long*) entre 2011 et 2012. L'actif pris en pension constitue le collatéral d'une opération regroupant deux transactions : une vente de titre (le collatéral) au comptant suivie d'un rachat à terme à une date et à un prix convenus à l'avance. Ces opérations sont qualifiées de « pension livrée » ou de REPO, contraction de « *Sale and Repurchase Agreement* ».

[2] Sur ce marché de gré à gré, les banques appliquent alors des taux interbancaires dont les moyennes (en fonction de leur durée) constituent des indices qui sont calculés par la Banque Centrale. En Europe, les principaux indices sont l'EONIA (indice des taux au jour le jour) ou encore l'EURIBOR (indice des taux ayant des durées plus longues par exemple 3 ou 6 mois).

s'adresser à la Banque centrale qui lui fournit des liquidités à très court terme (facilités de prêt au jour le jour) à un taux supérieur au taux du marché interbancaire.

La politique monétaire d'une Banque centrale, ses objectifs et ses modalités sont généralement définis de manière statutaire. Aux États-Unis, la *Federal Reserve* créée en 1913 par le Congrès s'est vu déléguer la responsabilité de la politique monétaire sous réserve de respecter les obligations suivantes : « promouvoir effectivement les objectifs d'emploi maximum, de prix stables et de taux d'intérêt à long terme modérés »[1]. Depuis le premier janvier 1999, conformément au traité de Maastricht, la Banque centrale européenne, BCE, est responsable de la mise en œuvre de la politique monétaire en zone euro. L'article 127, paragraphe 1 du Traité fondamental de l'Union économique (TFUE), définit l'objectif principal de l'Eurosystème, « maintenir la stabilité des prix » et « sans préjudice de cet objectif », apporter « son soutien aux politiques économiques générales dans l'Union, en vue de contribuer à la réalisation des objectifs de l'Union, tels que définis à l'article 3 du traité sur l'Union européenne »[2]. Le fourre-tout des objectifs énumérés à l'article 3 et la conditionnalité de ces derniers à la réalisation de l'objectif principal de stabilité des prix différencient le mandat de la BCE de celui de la Fed.

Mais quoiqu'il en soit de cette différence, sur le plan de la mise en œuvre d'une politique monétaire conventionnelle, il s'agit essentiellement d'une politique de pilotage par les taux d'intérêt. En contrôlant la liquidité du marché interbancaire et donc les taux auxquels se négocient au jour le jour les prêts et emprunts entre banques, la Banque centrale influence la disponibilité et le coût du crédit dans l'économie et indirectement la dépense, l'investissement, la production, l'emploi et l'inflation.

---

[1] Bien que l'*Employment Act* de 1946 aux États-Unis ait fait de l'accroissement de l'emploi un objectif du gouvernement fédéral, il faut attendre le *Federal Reserve Reform Act* de 1997 pour voir mentionner cet objectif dans les statuts de la Fed.

[2] L'UE poursuit de nombreux objectifs (article 3 du traité sur l'Union européenne), au nombre desquels figure le développement durable de l'Europe fondé sur une croissance économique équilibrée, la stabilité des prix et une économie sociale de marché hautement compétitive, qui tend au plein emploi et au progrès social.

B – Une illustration, la BCE.

Dans le cadre de la politique monétaire de l'euro, la BCE intervient par l'intermédiaire des banques centrales nationales (BCN) de l'Eurosystème pour contrôler le taux du marché interbancaire, en l'occurrence l'EONIA, *Euro OverNight Index Average*[1]. Dans le cadre des facilités permanentes offertes par l'Eurosystème aux banques, ce taux (une moyenne) est encadré par deux taux fixés par la BCE :

- Le taux de facilité de prêt marginal au jour le jour (TFPM), taux auquel les banques centrales nationales de l'Eurosystème prêtent aux banques pour une journée, contre collatéral.

- Le taux de facilité de dépôt au jour le jour (TFD) rémunérant les dépôts pour 24 heures des liquidités excédentaires des banques auprès des banques centrales nationales.

Dans cette situation, le taux de marché interbancaire ne peut être supérieur au taux de facilité de prêt marginal TFPM, car une banque en besoin de liquidités aurait alors avantage à se financer auprès de la Banque centrale plutôt que sur le marché interbancaire. Il ne peut être par ailleurs inférieur au taux de facilité de dépôt TFD dans la mesure où les banques en excès de liquidités auraient alors intérêt à déposer les liquidités à la Banque centrale plutôt que de les prêter à d'autres banques. Entre ces deux taux directeurs, la demande de réserves des banques varie en sens inverse du taux de marché, augmentant lorsque celui-ci diminue en raison de la baisse du coût d'opportunité de la détention d'encaisses. La situation sur le marché peut être représentée par le graphique 1 suivant.

[1] En français le « TEMPE » (Taux Euro Moyen Pondéré de la zone euro au jour le jour). Depuis octobre 2019, la méthodologie de calcul de l'EONIA a été modifiée dans le but d'accompagner la transition vers l'€STR, le nouvel indicateur de référence, qui remplace définitivement l'EONIA à compter de 2022. Calculé à partir des déclarations d'un panel de banques, le mode de calcul de l'indicateur précédent avait favorisé les ententes et provoqué des manipulations de taux dans les années 2010.

Graphique 1

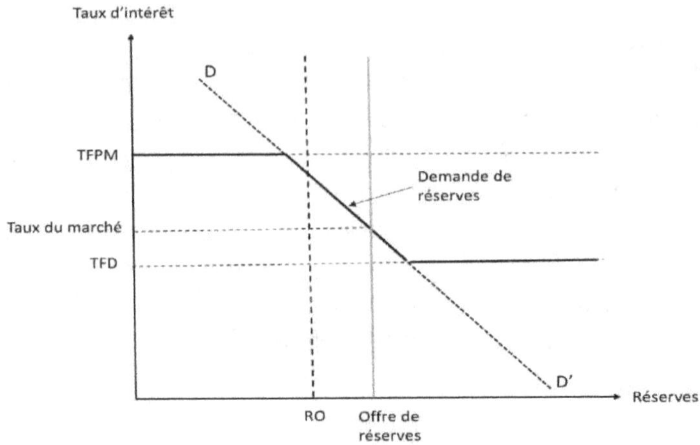

En l'absence de taux d'encadrement, la demande de réserves (fonction du volume des dépôts dans les banques) est représentée par la droite DD'. La fixation des deux taux d'encadrement introduit deux segments horizontaux sur cette demande. Au taux TFPM les banques sont indifférentes entre se financer auprès de la Banque centrale ou sur le marché interbancaire. Au taux TFD, elles sont indifférentes entre déposer leurs liquidités auprès de la Banque centrale ou les prêter aux autres banques.

Étant données les réserves obligatoires RO, le taux de marché résulte de la confrontation de l'offre de réserves de la Banque centrale (droite verticale déterminée par sa politique d'*open market* et de facilités permanentes) avec la demande de réserves. Une augmentation (diminution) de l'offre de réserves diminue (augmente) le taux du marché interbancaire et facilite (restreint) les opérations de financement de l'économie par sa répercussion sur l'ensemble des autres taux. Un taux de marché strictement compris entre les deux taux TFD et TFPM incite les banques à des opérations interbancaires plutôt que de recourir aux facilités offertes par la Banque centrale. Dans le cas où le recours à la facilité de prêt de la Banque centrale est considéré par certains comme le stigmate d'une fragilité bancaire, il arrive que le taux de marché soit supérieur au taux TFP.

À la création de la BCE en juin 1998, ce système de « corridor » dans lequel se trouve encagé le taux du marché interbancaire devient opérationnel en 1999, comme l'illustre le graphique 2 suivant.

Graphique 2

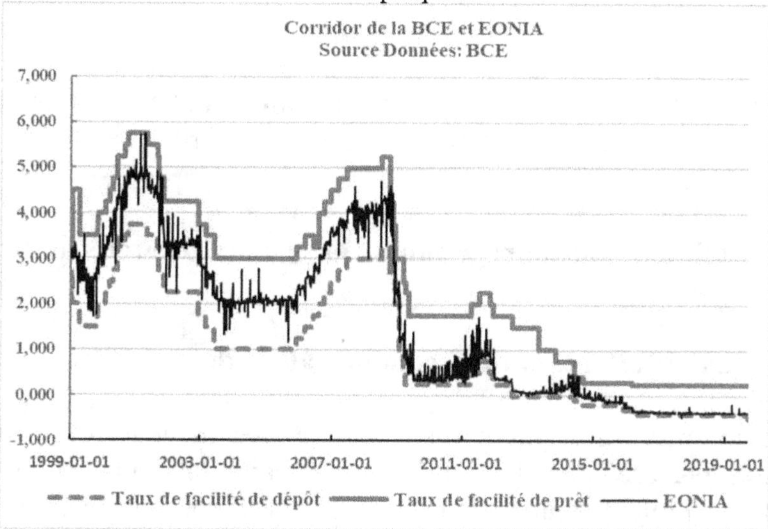

Aux États-Unis en revanche, il faut attendre le mois d'octobre 2008 pour que la Fed, autorisée par le *Financial Services Regulatory Act* de 2006 et l'*Emergency Economic Stabilization Act* de 2008, commence à payer un taux d'intérêt sur les réserves excédentaires, instituant un taux plancher pour le *federal funds rate* du marché interbancaire, à côté du taux d'escompte, taux plafond auquel les banques peuvent se refinancer à la « *discount window* », le guichet d'escompte.

Remarque : Il est important de noter que si dans le cadre de cette politique, les interventions d'une Banque centrale s'expriment en termes de contrôle de taux d'intérêt nominaux, dans la réalité, les objectifs sont des objectifs de taux réel. Ce que prennent en compte les agents économiques lors de leurs opérations d'emprunt ou de prêt est ce qu'en matière de biens ils peuvent espérer obtenir ou ce à quoi ils doivent renoncer dans leurs arbitrages entre consommation présente et consommation future. Étant donné $\pi_{t+1}^{a} = \frac{P_{t+1}^{a} - P_t}{P_t}$ taux d'inflation anticipé en t et i_t taux d'intérêt nominal, le taux d'intérêt réel est exprimé[1] par la relation

[1] Un agent économique empruntant à la période présente t à un taux d'intérêt nominal i_t une somme p_t représentant la valeur d'un panier de biens, devra rembourser à la période suivante $t + 1$ une somme $(1 + i_t)p_t$ et renonce donc à une consommation

$$r_t = i_t - \pi_{t+1}^a \qquad (3)$$

Ce taux réel est un taux réel ex ante. On obtient un taux réel ex post en remplaçant le taux d'inflation anticipé en t par le taux d'inflation constaté en $t + 1$.

II – Le pilotage du marché monétaire : taux d'intérêt naturel et règle de Taylor.

A – Le taux d'intérêt naturel comme valeur de référence.

De manière plus ou moins explicite, les mandats des banques centrales prescrivent à la politique monétaire la poursuite de deux objectifs complémentaires : (1) stabiliser le PIB (produit intérieur brut) autour du PIB potentiel (de plein emploi) afin d'éviter les récessions et les périodes de surchauffe et (2) maintenir une inflation peu élevée et stable. Dans le cadre d'un pilotage par les taux d'intérêt, la Banque centrale doit donc disposer d'une valeur de référence déterminant l'objectif de taux d'intérêt réel à réaliser sur le marché monétaire afin de placer l'économie à son produit potentiel et l'inflation à un taux modéré et stable. Ce taux d'intérêt réel, qualifié de taux d'équilibre, ou encore taux naturel, définit une référence de moyen terme autour de laquelle va fluctuer le taux directeur de la Banque centrale en fonction des forces qui feront s'écarter l'économie de son produit potentiel et l'inflation diverger de son niveau désiré. De quelle manière s'articule la politique monétaire autour d'une telle référence ?

1 – Un petit modèle. Il est communément admis que l'inflation π_t à une période t dépend des anticipations d'inflation π_{at} et de l'écart existant entre le produit réel Y_t et le produit potentiel Y_p. Étant donné

---

future de biens d'un montant $(1 + i_t)\frac{P_t}{P_{t+1}^a}$, avec p_{t+1}^a valeur anticipée du panier de biens en $t + 1$. Le taux d'intérêt réel considéré lors de l'emprunt, en termes de ce panier de biens, est donc $r_t = (1 + i_t)\frac{P_t}{P_{t+1}^a} - 1$. Pour $\pi_{t+1}^a = \frac{P_{t+1}^a - P_t}{P_t}$ taux d'inflation anticipée en t, il vient $\frac{P_t}{P_{t+1}^a} = \frac{1}{1+\pi_{t+1}^a}$ d'où $1 + r_t = \frac{1+i_t}{1+\pi_{t+1}^a}$. Dans la mesure où i_t et π_{t+1}^a sont de faible valeur, la fraction précédente devient $1 + i_t - \pi_{t+1}^a$. D'où la relation simple entre le taux d'intérêt nominal et le taux d'intérêt réel, soit $r_t = i_t - \pi_{t+1}^a$.

cet écart dénommé *Output gap*, soit $OG_t = 100\left(\frac{Y_t - Y_p}{Y_p}\right)$, il vient l'équation suivante, avec $\phi > 0$:

$$\pi_t = \pi_{at} + \phi OG_t \qquad (4)$$

Le produit potentiel est le niveau de production d'équilibre, celui de « plein emploi » des ressources productives. À ce produit potentiel correspond un taux de chômage naturel u_n de sorte que, pour u_t taux de chômage associé à Y_t, l'équation (4) peut aussi s'écrire, avec $\delta > 0$:

$$\pi_t = \pi_{at} - \delta(u_t - u_n) \qquad (5)$$

Ainsi, un écart du produit par rapport au produit potentiel, ou encore un écart du taux de chômage par rapport au taux de chômage naturel, se traduit par une différence entre l'inflation constatée π_t et celle anticipée π_{at}. Cette différence conduit les agents économiques à réviser leurs anticipations d'inflation. De quelle manière ?

La formation des anticipations d'inflation dépend d'une part d'un ancrage faisant référence à un taux d'inflation vers lequel l'économie est censée converger à l'équilibre et d'autre part de l'observation des taux d'inflation passés. Le processus de formation des anticipations est déterminé par la relation (6), avec $0 \leq \lambda \leq 1$:

$$\pi_{at} = (1 - \lambda)\bar{\pi} + \lambda\pi_{t-1} \qquad (6)$$

Dans cette relation, $\bar{\pi}$ est la valeur de l'ancrage, par exemple l'objectif d'inflation annoncé par la Banque centrale si celui-ci est considéré comme crédible.

Si l'on place (6) dans (5) ou (4), on obtient une courbe de Phillips (augmentée des anticipations) qui peut s'écrire :

$$\pi_t = (1 - \lambda)\bar{\pi} + \lambda\pi_{t-1} + \phi OG_t \qquad (7)$$

ou encore

$$\pi_t = (1 - \lambda)\bar{\pi} + \lambda\pi_{t-1} - \delta(u_t - u_n) \qquad (8)$$

Dans cette relation, l'évolution de l'inflation dépend de deux paramètres.

- Le paramètre ϕ (ou δ), pente de la courbe de Phillips. Toute chose égale par ailleurs, ce paramètre est fonction de la manière dont un *Output gap* non nul, ou encore une divergence du chômage du taux de chômage naturel, se répercute sur les prix et les salaires nominaux en raison d'une inflation constatée différente de l'inflation anticipée. Il est en particulier fonction de l'importance du rattrapage de salaire réel réclamé par les salariés lorsque l'inflation est supérieure à l'inflation anticipée et de la répercussion des variations du salaire nominal sur les prix.

- Le paramètre λ déterminant l'importance de l'ancrage dans l'expression $(1-\lambda)\bar{\pi}$. Dans cette expression, pour adopter une métaphore nautique, on doit distinguer l'ancre et la dérive. Une faible valeur de λ traduit l'importance de l'écart pouvant exister entre le point d'ancrage $\bar{\pi}$ et la position de l'inflation dérivant sous l'influence des courants de l'inflation passée. Mais l'ancre peut aussi déraper, augmentation de la valeur de λ, et même décrocher, $\lambda = 1$, Reis[1].

Traditionnellement, un ancrage important ($\lambda \cong 0$) des anticipations reflète en période d'inflation peu variable et faible le peu d'attention que les agents économiques accordent aux variations d'inflation observées dans le passé, n'ajustant pratiquement pas leurs anticipations au changement de taux de la période précédente. Sur les années 1960 de faible inflation, le paramètre λ était estimé à une valeur proche de zéro alors que dans les années 1970 d'inflation plus importante, l'estimation était peu différente de l'unité. Mais cet ancrage peut être le résultat d'une politique monétaire crédible ayant réussi à stabiliser le taux d'inflation autour de son objectif. C'est pourquoi, depuis quelques années, une politique de guidage prospectif, « *forward guidance* », est à l'ordre du jour de la stratégie à moyen terme des banques centrales. Elle l'est pour la BCE communiquant depuis juillet 2013 sur la trajectoire future des taux d'intérêt. Elle l'est également pour la Fed qui, dans son énoncé stratégique de 2012, déclarait que « communiquer

[1] Reis Ricardo (2021) : "Losing the Inflation Anchor", BPEA Brookings Paper on Economic Activity, Conference Drafts, 9 septembre.

clairement cet objectif symétrique d'inflation au public contribue à maintenir fermement ancrer les anticipations de long terme d'inflation, favorisant la stabilité des prix et l'existence de taux d'intérêt de long terme modérés» [1].

Pour compléter le modèle et envisager à partir d'une situation d'équilibre l'évolution du taux d'inflation en cas de choc exogène, la relation (9) précise de quoi dépend l'*Output gap*. L'*Output gap* dépend de l'écart existant entre le taux d'intérêt réel r_t et le taux d'intérêt naturel ρ, soit la relation suivante, avec $\alpha > 0$:

$$Y_t = Y_p - \alpha(r_t - \rho) \qquad (9)$$

Ainsi, maintenir un taux d'intérêt réel supérieur au taux naturel conduit à un *Output gap* négatif et en fonction de (7) à une pression déflationniste. Maintenir ce taux à un niveau inférieur au taux naturel conduit à un *Output gap* positif et à une pression inflationniste.

Enfin, le taux d'intérêt réel à la période t, que la Banque centrale vise à mettre au niveau du taux d'intérêt naturel, est déterminé par le taux d'intérêt nominal iBC qu'elle se fixe à la fin de la période précédente pour la période suivante, corrigé des anticipations d'inflation, équation (10) :

$$r_t = iBC - \pi_{at} \qquad (10)$$

Un équilibre est défini par une situation dans laquelle le produit est égal au produit potentiel et le taux d'inflation est constant. De $Y_t = Y_p$ et $\pi_t = \pi_{t-1}$, avec (7) il vient $\pi_t = \bar{\pi}$ d'où avec (6) $\pi_{at} = \bar{\pi}$ et enfin, compte tenu de (9) et (10), $r_t = \rho$. La Banque centrale intervient sur le marché monétaire pour maintenir le taux nominal iBC au niveau $\rho + \bar{\pi}$.

2 – Des simulations. Considérons une situation d'équilibre avec un taux d'intérêt (réel) naturel $\rho = 2\%$ et une Banque centrale ayant réussi à ancrer $\bar{\pi}$ au niveau d'un taux d'inflation désiré de 2%. À l'équilibre,

---

[1] Federal Open Market Committee (2012) : "Statement on Longer-Run Goals and Monetary Policy Strategy Adopted".

le taux d'inflation étant de 2%, la Banque centrale contrôle le taux d'intérêt nominal iBC à 4%. Le taux d'intérêt réel $r = iBC - \pi$ est égal au taux d'intérêt naturel et le PIB égal au PIB potentiel. Dans ce contexte, des chocs peuvent se produire qui feront s'écarter l'économie de son potentiel. Devant de tels écarts, pour la Banque centrale, la nécessité d'intervenir et l'amplitude de l'intervention dépendent de la nature des anticipations.

Avec un processus de formation des anticipations dans lequel le poids d'un ancrage stable exerce une influence importante, le retour à l'équilibre peut ne pas exiger nécessairement de modifications du taux de banque centrale iBC, comme l'illustrent les deux graphiques suivants montrant après trois périodes d'équilibre le retour à l'équilibre après un choc exogène d'une période.

Graphique 3

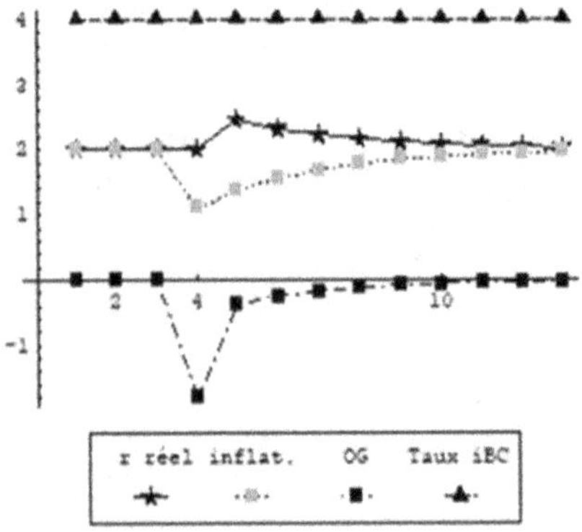

Graphique 4

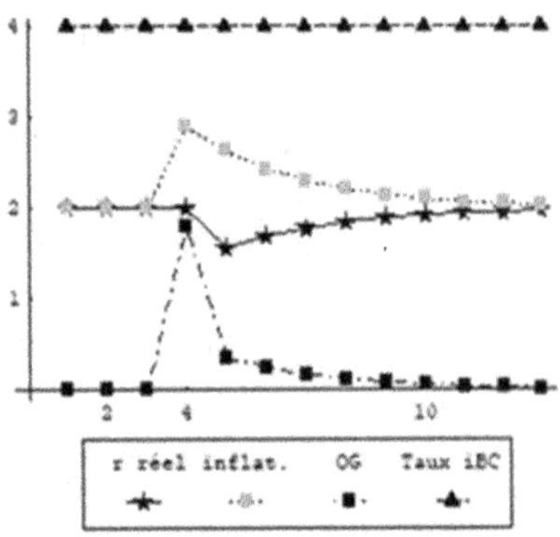

Pour $\lambda = 0{,}5$, $\alpha = 0{,}8$, $\emptyset = 0{,}5$ et un taux nominal de banque centrale iBC maintenu constant à 4%, sur le graphique 3 un choc exogène déflationniste à la quatrième période se traduit en pourcentage du produit potentiel par un Output gap (OG) négatif ($= -1{,}80$) et un taux d'inflation inférieur déterminé par (4) égal à $2 + \phi(-1{,}80) = 1{,}10\%$. À la période suivante, le taux d'intérêt réel étant supérieur au taux d'intérêt naturel, l'Output gap reste négatif, mais l'ancrage des anticipations sur $\bar{\pi} = 2\%$ est suffisamment important pour assurer le retour à l'équilibre par le retour du taux d'intérêt réel r au taux naturel. Il en est de même sur le graphique 4 pour un choc inflationniste exogène se traduisant à la période 4 par un *Output gap* positif de 1,80 et un taux d'inflation de $2 + \phi(1{,}80)$=2,90% dont la baisse progressive assure le retour à l'équilibre par l'augmentation du taux d'intérêt réel.

En revanche, lorsque le processus de formation des anticipations prend fortement en considération le passé immédiat, $\lambda = 0{,}9$, un processus cumulatif déflationniste ou inflationniste s'enclenche, comme le représentent les deux graphiques suivants. La Banque centrale doit intervenir, pour casser le processus déflationniste (graphique 5) ou casser le processus inflationniste (graphique 6).

Graphique 5

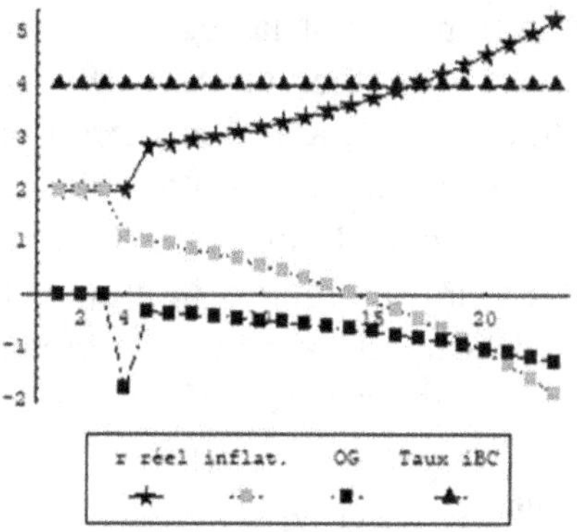

Graphique 6

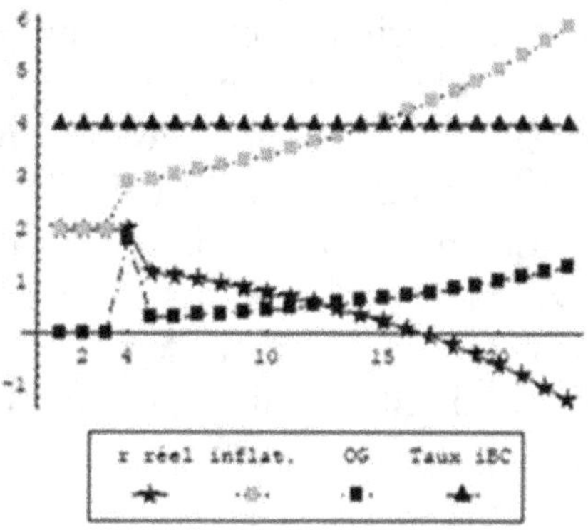

Mais de quelle manière intervenir ? L'emploi, l'inflation et le niveau des taux d'intérêt fluctuent dans le temps en réponse aux déséquilibres économiques et financiers et la politique monétaire joue un rôle important pour stabiliser l'économie en réponse à ces déséquilibres.

B– L'utilisation d'une règle de Taylor.

1 – Le principe. En 1993, John B. Taylor[1] proposa une règle simple reliant le niveau du taux directeur de la Banque centrale iBC à l'écart entre l'inflation effective π et l'inflation désirée π^* et à l'écart entre le produit et le produit potentiel. La règle s'écrit

$$iBC = \pi + \rho + a(\pi - \pi^*) + bOG \qquad (11)$$

[1] Taylor, John B. (1983) : "Discretion Versus Policy Rules in Practice", Carnegie-Rochester Conference Series on Public Policy, 39.

En raison d'objectifs contracycliques, on a $b > 0$ et $a > 0$. Le taux d'intérêt de banque centrale augmente (diminue) quand l'inflation est au-dessus (en dessous) de l'objectif désiré ou quand le produit est au-dessus (en dessous) du produit potentiel. Dans la mesure où il est désirable que ce soit le taux d'intérêt réel $iBC - \pi$ et pas seulement le taux nominal qui réponde à l'inflation, on doit avoir un paramètre $a > 0$.

Pour les valeurs suivantes proposées par Taylor, $a = b = 0{,}5$, un taux d'intérêt naturel ρ de 2% et un objectif d'inflation $\pi^* = 2\%$, le graphique 7 illustre pour les États-Unis et sur les années 1960 à 2022 les valeurs trimestrielles du taux iBC obtenues par la règle (11) et les valeurs observées du *federal funds rate*. Effectuant en 1993 une comparaison similaire, Taylor constate que la règle proposée reproduit assez bien sur la période 1987-1992 la performance politique observée. Il y a bien sûr une déviation significative en 1987 quand la Fed réagit au krach des marchés financiers en baissant les taux d'intérêt, mais à part cela, on peut considérer que la politique de la Fed a été conduite comme si elle suivait approximativement cette règle.

Graphique 7

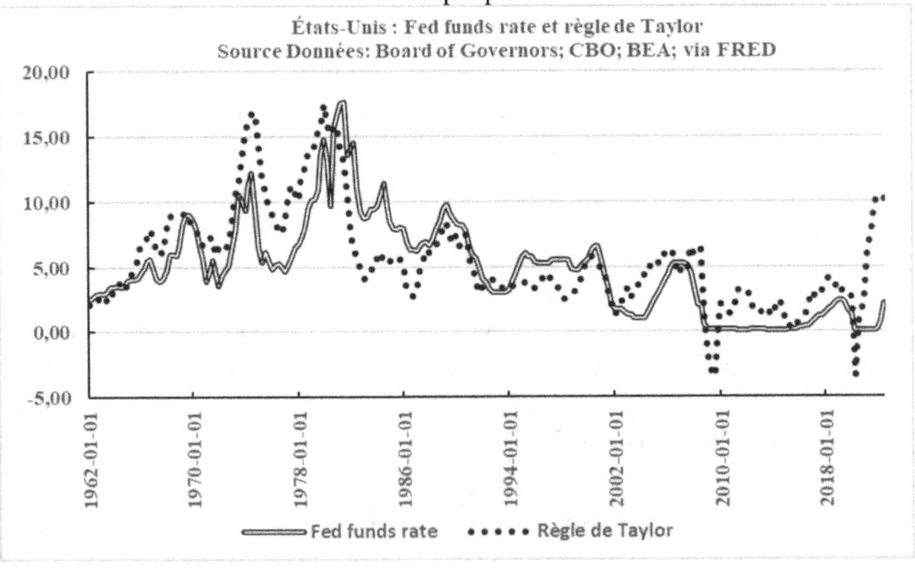

Observées cependant sur plus longue période, si les deux séries évoluent globalement dans le même sens, on note des écarts significatifs sur lesquels on reviendra, en particulier pour les années postérieures à la crise de 2007.

Que se passe-t-il lorsqu'en cas de chocs, la Banque centrale gère le taux d'intérêt iBC selon la règle de Taylor (11) ?

Les simulations qui suivent sur vingt périodes sont effectuées à l'aide des cinq équations suivantes :

$$\pi_{at} = (1-\lambda)\bar{\pi} + \lambda\pi_{t-1} \quad (12)$$
$$r_t = iBC_{t-1} - \pi_{at} \quad (13)$$
$$Y_t = Y_p - \alpha(r_t - \rho) \quad (14)$$
$$\pi_t = \pi_{at} + \phi OG_t \quad (15)$$
$$iBC_t = (\pi_t + \rho) + a(\pi_t - \pi^*) + bOG_t \quad (16)$$

Dans ces simulations, le taux de la Banque centrale iBC_t est celui retenu pour la période $t+1$, déterminé par la règle de Taylor en fonction des caractéristiques de la période t.

Les données initiales sont π_0 et iBC_0, qu'on envisage au départ à l'équilibre. Étant donnés $\pi^* = \bar{\pi} = 2\%$ et $\rho = 2\%$, on a donc un taux nominal d'équilibre de 4%. Les valeurs des paramètres du modèle sont : $\lambda = 0{,}9$ faible ancrage, $a = 0.5$, $b = 0{,}5$, $\alpha = 0{,}3$ et $\phi = 0{,}5$.

Sur chacun des deux graphiques 8 et 9 ci-dessous, à la suite de trois périodes d'équilibre se produit à la période quatre un choc exogène ε sur le produit, choc déflationniste $\varepsilon = -1{,}5$ sur le graphique 8, inflationniste sur le graphique 9, $\varepsilon = 1{,}5$. Le taux d'inflation pour cette période est alors déterminé par (15) avec $OG_t = \varepsilon$ et le taux de banque centrale pour la période suivante déterminé par (16). On suppose par ailleurs que ce choc exogène se poursuit dans les périodes cinq et six sous une forme décroissante, respectivement $0{,}9\varepsilon$ et $(0{,}9)^2\varepsilon$.

Graphique 8

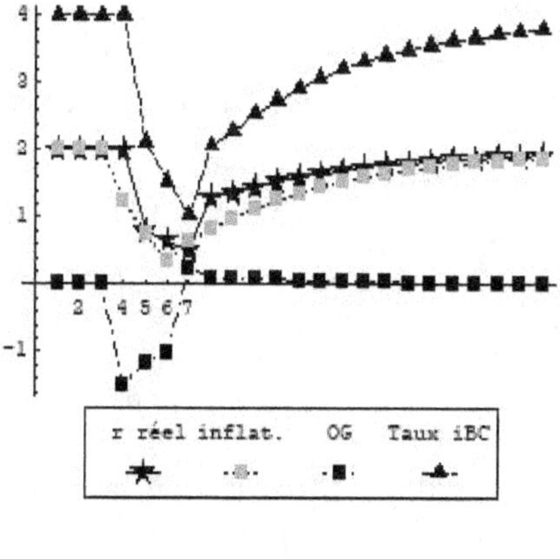

Graphique 9

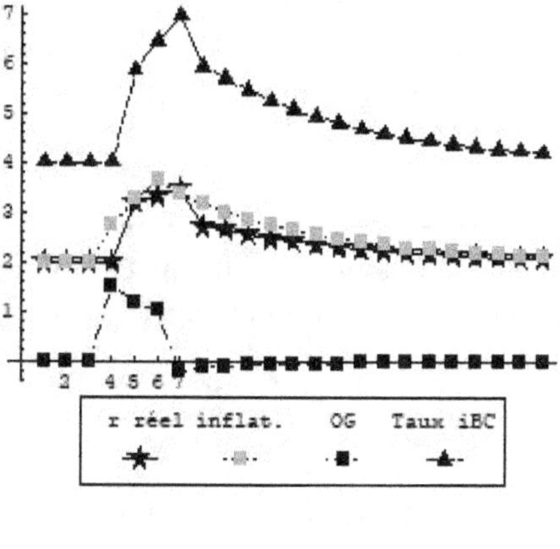

Dans le cas du choc déflationniste, la baisse du taux de banque centrale dans les périodes cinq et six permet de réduire l'importance de l'*Output gap* négatif et interrompt la baisse du taux d'inflation. À la période sept, iBC, calculé en fonction des caractéristiques de la période précédente alors que les chocs ont disparu, conduit à un *Output gap* positif et à une remontée du taux d'inflation que la Banque contrôle en augmentant progressivement son taux directeur afin de ramener le taux d'intérêt réel au niveau du taux d'intérêt naturel de 2%. Bien qu'en raison d'un ancrage particulièrement faible, le taux d'inflation anticipé dépende fortement des valeurs du taux d'inflation passé, la règle de Taylor permet le retour progressif à l'équilibre. Il en est de même dans le cas du choc inflationniste sur le graphique 9 où la règle de Taylor permet de contrôler les effets du choc par l'augmentation du taux directeur. On remarquera cependant que le retour au taux d'inflation d'équilibre se paie par quelques périodes d'*Output gap* négatif nécessaires pour ramener l'inflation à 2%.

L'efficacité d'une règle de Taylor dépend bien évidemment de la juste appréciation du taux d'intérêt naturel ρ. Ce n'est que si ce taux est apprécié à sa juste valeur que le taux d'inflation atteindra son objectif et conduira l'économie à son potentiel. L'imprécision d'une mesure de taux d'intérêt naturel et sa variabilité, constatent Laubach et Williams[1], plaident en faveur d'une modification des pratiques de la politique monétaire conventionnelle. Des études de long terme concernant les États-Unis et d'autres pays de l'OCDE mettent en évidence l'incertitude importante entourant cette mesure en raison des relations ténues que celle-ci peut avoir avec ses déterminants éventuels et de l'imprécision de leurs prévisions[2]. Une règle ne reposant plus autant sur les estimations du taux naturel et de l'*Output gap* devrait être ainsi plus robuste à ce type d'incertitude, en donnant par exemple un poids plus grand aux déviations de l'inflation par rapport à son objectif. Orphanides et Williams[3] proposent la modification suivante de la règle de Taylor :

---

[1] Laubach T. et J C. Williams (2015) : "Measuring the Natural Rate of Interest", Hutchins Center Working Paper 15, novembre, p. 1-19.

[2] Hamilton, James D., Ethan S. Harris, Jan Hatzius et Kenneth D West (2015) : "The Equilibrium Real Funds Rate: Past, Present and Future", NBER Working Paper Series 21476. août.

[3] Orphanides, Athanasios et John C. Williams (2002) : "Robust Monetary Policy Rules with Unknown Natural Rates", Brookings Papers on Economic Activity 2002(2), p. 63- 145.

$$iBC_t = a_0 iBC_{t-1} + (1 - a_0)(\pi + \rho) + a(\pi_t - \pi^*) + b(Y_t - Y_p) \quad (17)$$

Cette règle introduit une composante d'inertie par la présence du taux de la période précédente iBC_{t-1}, avec $0 \leq a_0 \leq 1$. Lorsque $a_0 = 0$, on obtient la règle de Taylor précédente. Lorsque $a_0 = 1$, la règle n'est plus fonction du taux d'intérêt naturel. En fonction des erreurs faites sur le taux d'intérêt naturel et sur le produit potentiel et étant données $\hat{\rho}$ et $\hat{Y}_p$ vraies valeurs de ces variables, l'erreur de politique monétaire (différence entre la relation (17) écrite avec les estimations faites et écrite avec les vraies valeurs de ces variables) est égale à $(1 - a_0)(\rho - \hat{\rho})+b(\hat{Y}_p - Y)$. Une forte inertie de la politique de taux d'intérêt, a_0 proche de l'unité, réduit l'effet direct de l'erreur sur le taux naturel, mais transporte avec iBC_{t-1} dans le futur les erreurs du passé.

2 – Règle de Taylor, taux d'intérêt naturel et taux plancher zéro. Au mois de mai 2019, dans une conférence célébrant le cinquantième anniversaire du *Journal of Money, Credit and Banking*, J.C. Williams[1] constate que la logique d'une règle de Taylor, le fait que le taux d'intérêt varie systématiquement à la hausse ou à la baisse en fonction des conditions économiques, oblige les économistes à se confronter à l'existence d'un taux plancher zéro TPZ (*zero lower bound* ZLB). Exprimé simplement, lorsqu'on fait des simulations à partir d'un modèle macroéconomique contenant une règle de Taylor, on peut rencontrer une situation de TPZ et être confronté au problème de savoir quelle décision prendre.

Considérons l'évolution d'une économie dans deux situations différentes, l'une dans laquelle la règle de Taylor n'est pas soumise à une contrainte de non-négativité du taux directeur, l'autre dans laquelle le taux directeur est soumis à cette contrainte. Dans le cadre du modèle précédent, étant donnés $\bar{\pi} = 1\% = \pi^*$ et $\rho = 0{,}5\%$, le taux iBC d'équilibre est de 1,5%. Après trois périodes d'équilibre, un choc déflationniste $\varepsilon = -1$ se produit qui se poursuit dans les 9 périodes

---

[1] Williams John C. (2019) : "The research-policy nexus - ZLB, JMCB and FOMC", Conférence "50th Anniversary of Journal of Money, Credit and Banking", Federal Reserve Bank of New York, New York City, 31 mai.

suivantes sous une forme décroissante selon la formule $\varepsilon_t = 0{,}95\varepsilon_{t-1}$. Les valeurs des paramètres sont $\phi = 0{,}5$, $\alpha = 0{,}3$, $\lambda = 0{,}9$, $a = 0{,}5$ et $b = 0{,}5$. Les graphiques 10 et 11 illustrent les résultats obtenus en l'absence et en présence d'une contrainte de non-négativité.

Comme on peut le voir sur le graphique 10, en l'absence de cette contrainte, à partir de la sixième période, le taux iBC entre dans la région des valeurs négatives, mais la poursuite de sa baisse durant les chocs et la baisse résultante du taux d'intérêt réel à des valeurs négatives inférieures à ρ permettent de réduire progressivement l'amplitude de l'*Output gap* négatif. De sorte qu'après la période 15, les chocs ayant cessé, on obtient un *Output gap* positif dont le contrôle, par la hausse progressive du taux directeur devenu positif, conduit à retrouver l'équilibre.

Graphique 10
Pas de contrainte de non-négativité

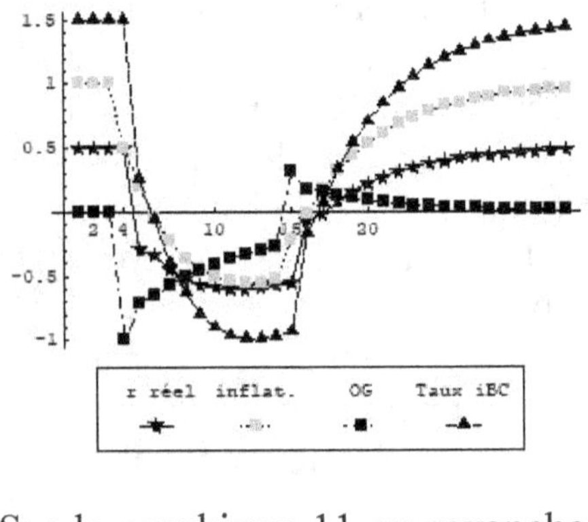

Graphique 11
Contrainte de non-négativité

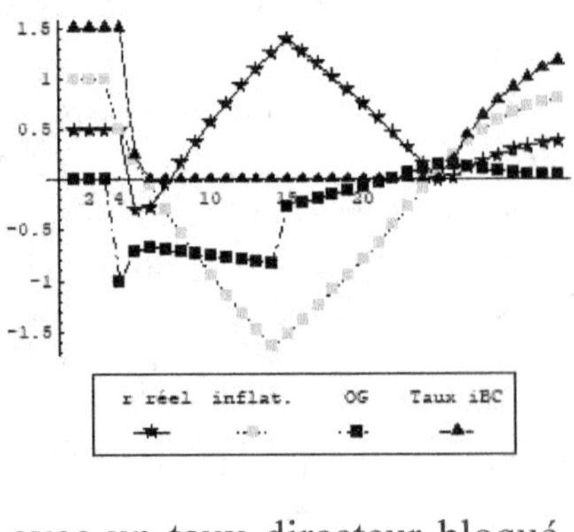

Sur le graphique 11 en revanche, avec un taux directeur bloqué à zéro à partir de la sixième période et jusqu'à la vingt-cinquième, le processus déflationniste cumulatif n'est pas freiné durant les chocs. L'amplitude croissante de l'inflation négative fait grimper le taux d'intérêt réel bien au-dessus du taux d'intérêt naturel ρ, amplifiant la décroissance du produit et l'amplitude de l'*Output gap* négatif. Tant que le taux iBC est au TPZ, la variation du taux réel est l'image inversée de la variation de l'inflation. Après la disparition des chocs, il faut attendre la vingt-deuxième période pour retrouver un *Output gap* positif et un taux d'intérêt réel que la règle de Taylor contribue alors à maintenir inférieur au taux d'intérêt naturel pour assurer le retour à l'équilibre.

Bien que pouvant être la résultante d'une règle de Taylor, la politique de taux d'intérêt négatif pratiquée à partir de 2012 par un certain nombre de banques centrales est plutôt considérée comme une mesure de politique monétaire non conventionnelle. Sur un plan empirique, dans un contexte généralisé de baisse des taux d'intérêt réels, avant même la crise de 2008 des circonstances avaient expliqué le renouveau d'intérêt des économistes pour cette question dans la mesure où l'existence d'une inflation faible aux États-Unis et dans d'autres pays lors de la « Grande Modération » de 1984 à 2007 exposait ces pays à des taux d'inflation négatifs en cas de choc déflationniste. La longue période de lutte contre la déflation au Japon[1] à partir des années 90, à l'occasion de laquelle la Banque centrale du Japon (BOJ) baissa son taux directeur, passant de 6% au début de 1990 à 0,5% en 1995, a montré que le risque d'atteindre un TPZ n'était pas négligeable. Plusieurs banques centrales ont d'ailleurs commencé à explorer à la suite de la crise financière une politique de taux directeur négatif, la Banque centrale européenne en particulier et les banques centrales du Danemark, du Japon, de la Suède et de la Suisse. La Banque centrale européenne fixe par exemple son taux de facilité de dépôt à −0,10% à partir de juin 2014, l'abaissant à −0,20% en novembre de la même année et de nouveau en décembre 2015 jusqu'à −0,30%. La Fed pour sa part répond en 2008 à la crise financière en poussant le *federal funds rate* pratiquement à zéro jusqu'à la fin de 2015.

L'expérimentation de taux d'intérêt négatifs s'est accompagnée de nombreuses questions[2]. L'existence de cash (billets de banque) conduit à reconnaître que la valeur zéro est un nombre spécial pour les rendements nominaux. Zéro n'a pas de statut spécial pour les rendements réels des actifs, fréquemment inférieurs à zéro en raison d'une inflation supérieure à l'inflation anticipée. En revanche, un rendement nominal négatif pose un problème en présence de cash. Les billets de banque étant technologiquement contraints à maintenir une valeur nominale constante, le rendement du cash (zéro) domine le

[1] Krugman, Paul (1998) : "It's Baack: Japan's Slump and the Return of the Liquidity Trap", Brookings Papers on Economic Activity, The Brookings Institution, Volume 29, Issue 2, p. 137-206.

[2] Brandão-Marques LuÍs, Marco Casiraghi, Gaston Gelos, Güneş Kamber et Roland Meeks (2921) : "Negative Interest Rates Taking Stock of the Experience So Far", Monetary and Capital Markets Department FMI, No. 21/03.

rendement des actifs qui sont de proches substituts (réserves de banque centrale ou dépôts bancaires) et qui paient un taux d'intérêt nominal négatif. Une politique de taux d'intérêt négatif peut donc conduire les banques, les entreprises et les ménages à privilégier massivement la détention de cash au détriment des dépôts.

Dans la réalité, la détention de cash a un coût, de stockage, de transport et d'assurance, d'où il résulte que le rendement nominal de larges montants de cash est négatif. De préférence à un plancher zéro, les banques centrales reconnaissent plutôt l'existence d'un taux plancher effectif TPE (*effective lower bound* ELB) susceptible d'être négatif. Ce taux est le taux d'intérêt en dessous duquel se produirait une transformation en cash d'actifs supportant une charge d'intérêt nominal. Des estimations de coûts associés au cash dans certains pays conduisent par exemple à un TPE compris entre -25 et -75 points de base pour le Canada (un point de base étant égal à un centième de point de pourcentage), à un TPE égal à $-0{,}70$ point pour la zone euro et à $-0{,}35$ pour les États-Unis.

L'existence d'un taux plancher, zéro ou négatif, en dessous duquel les taux d'intérêt nominaux ne pourraient pas être conduits par une politique monétaire d'*open market*, situation qualifiée de trappe pour la liquidité, constitue un défi pour la politique monétaire conventionnelle construite autour d'un objectif de taux directeur résultant des prescriptions d'une règle de Taylor. Cette existence constitue également une objection à une politique monétaire formulée en termes d'objectif d'inflation. Eggertsson et Woodford[1] remarquent qu'une prescription en termes d'un objectif d'inflation présume qu'il y a en fait un niveau de taux d'intérêt nominal susceptible de permettre d'atteindre la cible d'inflation. Mais en cas de déflation prolongée, une fois le plancher de taux atteint, quelle signification peut avoir le fait de maintenir un objectif d'inflation dans le cadre d'une politique de taux d'intérêt si celle-ci ne permet pas d'atteindre l'objectif ? Avant de répondre dans la section III à cette question, la section II illustre les problèmes que peut rencontrer une politique monétaire conventionnelle désirant contrôler l'inflation par le biais de son taux directeur.

---

[1] Eggertsson Gauti B. et Michael Woodford (2003) : "The Zero Bound on Interest Rates and Optimal Monetary Policy", Brookings Papers on Economic Activity, 1:2003, p. 139-211.

Section II – Politique monétaire et inflation

Qu'est-ce qui ne va pas avec les règles de Taylor, s'interroge en 2003 Lars Svensson[1] ? La littérature concernant les règles de politique monétaire, constate-t-il, n'offre la plupart du temps qu'une interprétation très étroite de ce qu'est une « règle de politique ». Selon cette interprétation, une règle de politique exprime un instrument de banque centrale (généralement un taux d'intérêt de court terme) en tant que fonction explicite de l'information disponible possédée par la Banque. Une fois la décision prise concernant l'instrument, le processus de décision de la Banque est excessivement simple. Pour la règle de Taylor, il suffit de collecter régulièrement des informations sur l'inflation et le produit, d'estimer le produit potentiel et de calculer l'*Output gap*. À partir du moment où ces informations sont disponibles, l'application de la règle est mécanique, se réduisant à un simple employé disposant de la formule et d'une calculette de poche.

Les avantages d'être contraint à utiliser une règle instrumentale tiennent au fait que la simplicité de la règle rend la contrainte techniquement possible et son respect facilement vérifiable. Cependant, la littérature offre aussi un autre point de vue, considérant qu'un engagement ferme à suivre la règle n'est pas désirable et qu'il est préférable d'accepter qu'elle ne définisse qu'une simple orientation générale de politique monétaire. C'est là d'ailleurs l'opinion de Taylor (1993, p. 197) affirmant « que s'il y a bien une chose sur laquelle la macroéconomie est claire, c'est le fait que les règles de politique ont des avantages majeurs sur la pratique discrétionnaire. Il est donc important de préserver le concept de règle de politique même dans un environnement où il est pratiquement impossible de suivre mécaniquement les formules algébriques écrites par les économistes pour leur règle préférée de politique ».

Le problème avec cette conception est que la règle est incomplète : des déviations sont autorisées, mais s'il n'y a pas de prescriptions indiquant les situations dans lesquelles les déviations sont appropriées, l'idée d'une simple règle instrumentale devient trop vague pour être opérationnelle. En fait, les réformes de politique monétaire

[1] Svensson Lars E.O. (2003) : "What Is Wrong with Taylor Rules ? Using Judgment in Monetary Policy through Targeting Rules", Journal of Economic Literature, vol. 41, n° 2, juin, p. 426-477.

sur les dernières décennies ont convergé vers la trinité suivante : (1) un mandat sous la forme d'objectifs clairs de politique monétaire, (2) une indépendance opérationnelle de la Banque centrale et (3) l'obligation pour la Banque de rendre compte de ses actes. Ainsi, soutiennent Bernanke et Mishkin (1997)[1], aujourd'hui l'engagement envers un objectif d'inflation ne constitue pas une règle politique inflexible ; il définit plutôt un cadre stratégique général. Les récentes discussions concernant le contrôle par les banques centrales de l'inflation illustrent cette opinion, ainsi que les problèmes de la Fed confrontée à la résurgence de l'inflation en 2021.

I – La Fed et l'inflation aux États-Unis en 2021-22.

À la suite de l'émergence de la pandémie de COVID–19 et la reprise économique qui suivit le relâchement des mesures sanitaires, l'inflation en 2021 atteint dans de nombreux pays des niveaux jusque-là ignorés depuis une quarantaine d'années. Les déséquilibres offre-demande résultant de nombreux facteurs provoquent des tensions sur les marchés du travail, le salaire nominal par travailleur augmente et le taux de chômage diminue à partir de la seconde moitié de 2020. Cependant, il est remarquable de constater que le salaire réel (nominal déflaté par les prix à la consommation) est resté relativement stable, en particulier dans les économies avancées.

Partant de ces constatations et à la lumière d'épisodes historiques similaires, le rapport du FMI[2] d'octobre 2022 en tire une conclusion rassurante. Sur le passé, en remontant jusqu'à 1960, pour trente économies avancées permettant d'identifier vingt-deux épisodes passés dans lesquels au moins trois des quatre trimestres précédents ont eu (1) une inflation accélérée, (2) une croissance du salaire nominal, (3) un salaire réel décroissant ou constant et (4) un taux de chômage décroissant ou constant, on ne constate pas de spirales prix-salaire. Dans les trimestres qui suivirent ces épisodes, l'inflation et le salaire nominal ont eu tendance à se stabiliser, conservant le salaire réel largement inchangé. Sur la plupart des vingt-deux épisodes passés cependant, une politique monétaire restrictive a contribué à contenir

[1] Bernanke, Ben S. et Frederic S. Mishkin. (1997) : "Inflation Targeting: A New Framework for Monetary Policy ? ", Journal of Economic Perspectives. 11, p. 97-116.
[2] FMI World Economic Outlook (2022) : Chapter 2, "Wage Dynamics Post COVID- 19 and Wage-Price Spiral Risks", octobre, p. 51-69.

l'inflation. En octobre 2022 s'interroge alors le rapport, aux États-Unis où sur les 12 mois se terminant en décembre 2021, l'inflation mesurée par le Consumer Price Index (CPI) dépasse les 7%, avec un *Output gap* positif et des chocs de coût persistants, de quelle importance doit être le resserrement monétaire pour ramener l'inflation au taux de 2%, objectif de la Fed ?

L'inflation observée en t est fonction de trois éléments :

(1) L'inflation anticipée π_{at}, de nature adaptative selon la formule

$$\pi_{at} = (1-\lambda)\bar{\pi} + \lambda\pi_{t-1}$$

(2) L'*Output gap* mesuré par l'écart $Y_t - Y_p$ ou par l'écart $u_t - u_n$.

(3) Des chocs d'offre exogènes ω_t, de nature transitoire affectant les coûts.

Les deux premiers éléments forment l'inflation sous-jacente exprimée par une courbe de Phillips, $\pi_t = \pi_{at} + \phi(Y_t - Y_p)$ ou $\pi_t = \pi_{at} - \delta(u_t - u_n)$, inflation dont les variations sont modérées relativement à celles induites par les chocs exogènes. Ces derniers reflètent ici des modifications importantes de prix durant la pandémie dans les industries affectées par des fermetures d'usine ou des ruptures dans les chaînes d'approvisionnement. Ainsi, pour une Banque centrale désirant lutter contre l'inflation, trois éléments sont à prendre en compte :

(1) La nature des anticipations d'inflation symbolisée par le paramètre λ

(2) La sensibilité de l'inflation à l'*Output gap*, symbolisée par le paramètre δ ou ϕ

(3) La manière dont les chocs exogènes affectent l'inflation sous-jacente.

En fonction de ces éléments, pour certains commentateurs en 2022, il existe des raisons d'être optimiste. Pour d'autres, un pessimisme modéré semble plus probable.

A – Des raisons d'être optimiste ?

Les raisons d'être optimiste en 2021 et de ne pas mener une politique monétaire trop restrictive peuvent être tirées de deux observations concernant les graphiques 12 et 13 ci-dessous, lorsqu'on se limite aux années 2005-2019.

Graphique 12

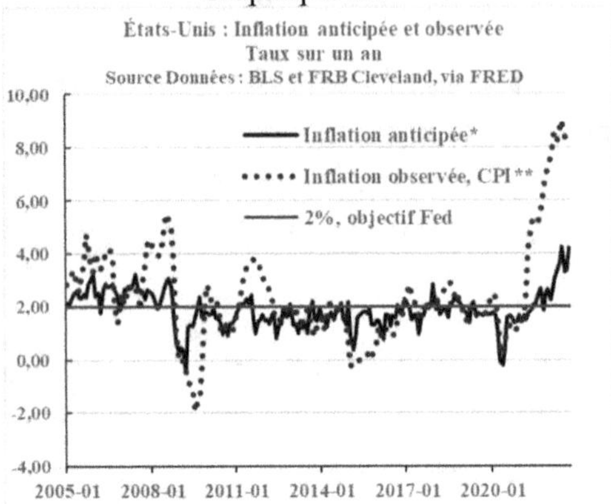

Graphique 13

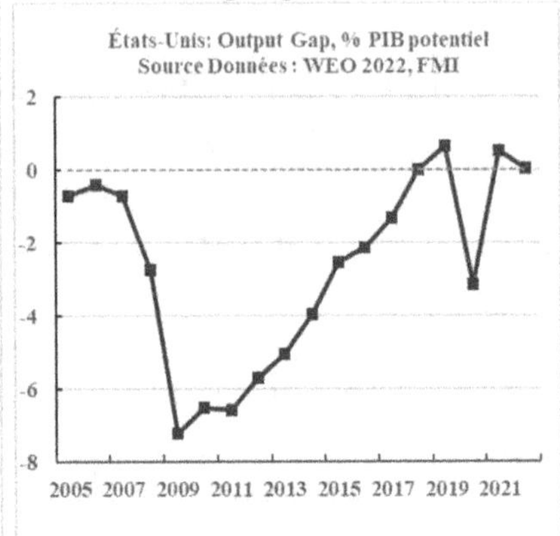

*Federal Reserve Bank of Cleveland, 1-Year Expected Inflation, **Bureau of Labor Statistics, CPI.

- En premier lieu, fait remarquer en 2016 Janet Yellen[1], présidente du Conseil des gouverneurs de la Fed, si l'on rapproche le comportement du taux d'inflation de l'amplitude de la variation de l'*Output gap,* l'influence des conditions du marché du travail sur l'inflation a dans les années récentes diminué par rapport à l'influence exercée durant les années d'avant la crise de 2008. Certes, l'inflation a diminué durant la crise, mais de manière modeste en comparaison de la manière dont l'*Output gap* a diminué, graphique 13. De 2009 à 2014, le taux de chômage augmente et demeure bien au-dessus des estimations disponibles du taux de chômage naturel. Pareillement, l'inflation a relativement peu augmenté lorsque le marché du travail s'améliorait. Sur les années 2005–2019, la courbe de Phillips est donc plate, le coefficient ϕ (ou δ) est proche de zéro.

---

[1] Yellen Janet (2016) : "Macroeconomic Research After the Crisis", 60th annual economic conference sponsored by the Federal Reserve Bank of Boston, Boston, Massachusetts, 14 octobre.

- En second lieu, les anticipations d'inflation sur douze mois, graphique 12, paraissent stables et répondre assez peu aux variations de l'inflation observée. Le paramètre λ est proche de zéro et les anticipations d'inflation de long terme sont ancrées au voisinage de l'objectif de la Fed d'un taux d'inflation de 2%.

Ces conclusions et l'opinion largement partagée à l'époque de l'effet transitoire des chocs d'offre sur l'inflation expliquent, selon Ball et al.[1], l'insouciance à l'égard de l'inflation dont ont fait preuve jusqu'à la fin de 2021 de nombreux économistes. Sur les deux décennies précédant la pandémie, les anticipations de long terme sont restées ancrées sur l'objectif de la Fed, ce qui permettait de considérer que dans le futur, une fois le marché du travail normalisé et les chocs d'offre disparus, l'inflation retournerait facilement au taux désiré. Le bénéfice significatif d'une anticipation ancrée sur une valeur de long terme, constatait encore Janet Yellen[2] en 2019, autorise la Fed à ignorer l'impact inflationniste des chocs d'offre et permet d'éviter des mesures restrictives de hausse de taux avec ses effets néfastes sur l'emploi.

De la sorte, constatent Reifschneider et Wilcox[3] dans une étude conduite au début de l'année 2022 avant que la Russie n'envahisse l'Ukraine, tant que les anticipations d'inflation de long terme restent stables, les perspectives d'une modération substantielle du taux d'inflation sont favorables. Pour ces auteurs d'ailleurs, ces perspectives sont en accord avec l'évolution historique de long terme du paramètre λ mesurant aux États-Unis l'influence de l'inflation passée sur l'inflation présente, résultant de l'estimation d'une courbe de Phillips régressant selon la relation (18) l'inflation du trimestre *t* sur l'inflation des quatre trimestres précédents et sur l'écart du marché du travail $u_t - u_n$:

---

[1] Ball Laurence, Daniel Leigh et Prachi Mishra (2022) : "Understanding U.S. Inflation During the COVID Era", WP/22/208 IMF Working Paper Research Department, octobre.

[2] Yellen, Janet (2019) : "Former Fed Chair Janet Yellen on why the answer to the inflation puzzle matters" , exposé à "What's (not) up with inflation ?", Hutchins Center on Fiscal and Monetary Policy at the Brookings Institution, 3 octobre.

[3] Reifschneider David et David Wilcox 2022) : "The Case for a Cautiously Optimistic Outlook for US Inflation", PIIE Series, Debating Inflation and What the Fed Should Do, mars.

$$\pi_t = \sum_{i=1}^{i=4} \lambda_{t-i}\,\pi_{t-i} + \left(1 - \sum_{i=1}^{i=4} \lambda_{t-i}\right)\bar{\pi}_t - \delta(u_t - u_n) \qquad (18)$$

Pour une inflation attendue en t sur le long terme $\bar{\pi}_t$ évaluée par le *Survey of Professional Forecasters* (SPF), le paramètre $\lambda_t = \lambda_{t-1} + \lambda_{t-2} + \lambda_{t-3} + \lambda_{t-4}$ mesure l'importance de l'ancrage sur la valeur de long terme. Comme on peut le voir sur le graphique 14

Graphique 14

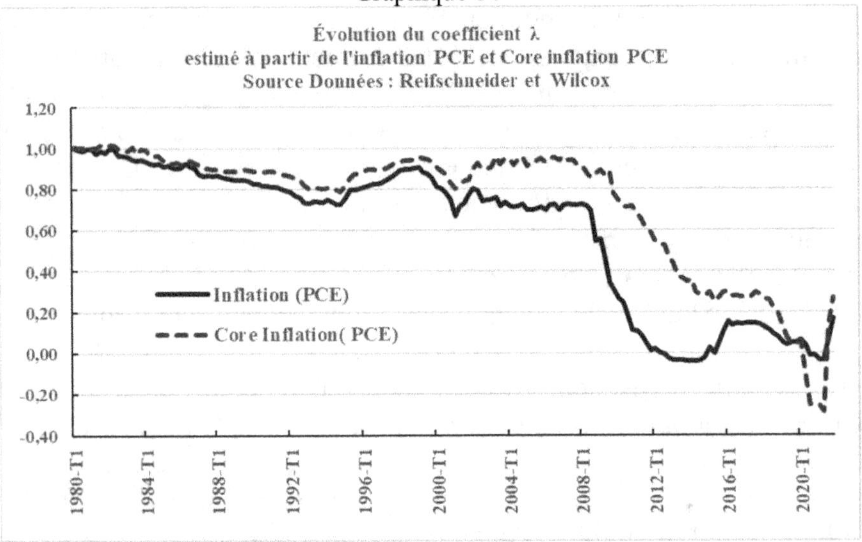

sur la période 1980-2021, estimée respectivement avec une inflation PCE (*Personal Consumption Expenditures,* indice des prix calculé sur les dépenses des ménages) et une inflation Core PCE (déduction faite des dépenses d'alimentation et d'énergie), on obtient dans les deux cas sur données trimestrielles une décroissance remarquable de la valeur du paramètre λ [1].

[1] Le coefficient λ est obtenu en régressant sur échantillon mobile l'inflation du trimestre t sur l'inflation des quatre trimestres précédents et sur l'écart $u_t - u_n$. L'échantillon mobile concerne les valeurs des 80 trimestres précédents. Ainsi, la première valeur de λ sur le graphique est estimée à partir des observations du deuxième trimestre 1960 jusqu'au premier trimestre 1980 . . ., la dernière à partir des observations du premier trimestre 2002 jusqu'au quatrième trimestre 2021.

B – Des raisons de s'inquiéter ?

Les raisons d'être optimiste sont-elles concluantes ? La question mérite d'être posée, remarque Blanchard[1] en réponse à Reifschneider et Wilcox, lorsqu'on observe le graphique 15.

Graphique 15

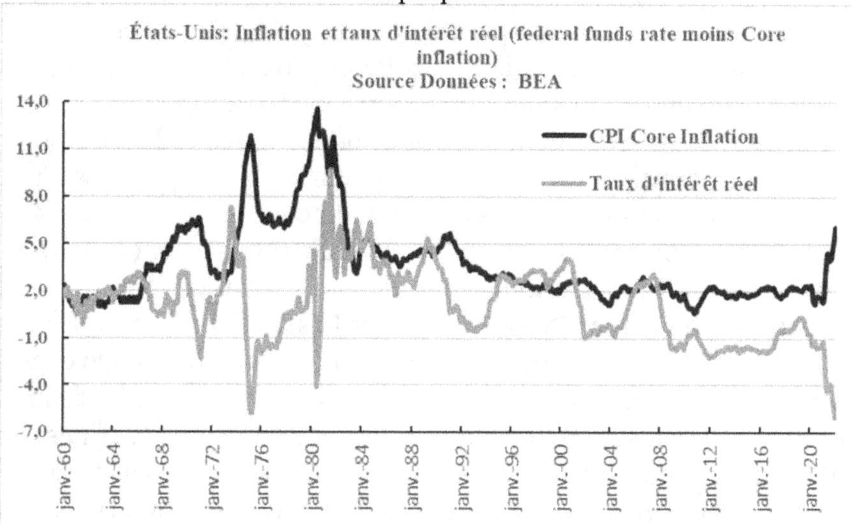

Reportant de 1960 jusqu'à 2021 l'inflation (*Consumer Price Index* CPI, énergie et alimentation exclues) et le taux d'intérêt réel (*federal funds rate iBC* moins l'inflation), ce graphique suggère que ce qui arriva entre 1974 et 1980 lorsque la Fed minora les risques d'inflation risque aussi d'arriver à partir de 2022 en cas de réaction similaire de la Banque centrale.

Au début de 1975, l'inflation tourne autour de 12% et le taux d'intérêt réel de banque centrale est peu différent de moins 6%, un écart d'environ 17%. Les chocs pétroliers de 1973 et 1979 contribuent certes à l'inflation, mais en l'absence de la politique monétaire accommodante suivie par la Fed sous la présidence d'Arthur Burns durant la réélection du Président Nixon, ces chocs d'offre n'auraient pas engendré une

[1] Blanchard Olivier (2022) : "Why I worry about inflation, interest rate and unemployment", PIIE Series, Debating Inflation and What the Fed Should Do, mars.

demande excédentaire et une inflation soutenue de même niveau[1]. Il faudra finalement la politique monétaire restrictive agressive conduite par Paul Volcker en 1980 pour casser durablement une inflation qui, de 1% sous la présidence Lyndon Johnson en 1965, atteignait 14,8% en mars 1980. Dans le cadre de cette politique, le *federal funds rate* bondit à 14%, puis à 17,6% en avril 1980. Il atteindra le niveau record de 22,36% en juillet 1981, déclenchant la plus importante récession depuis celle des années 30 avec un taux de chômage de 10,8% en 1982. Au prix de cette récession, la Fed récolta les fruits de cette politique agressive avec un taux d'inflation de 3,8% en 1982.

Trop peu, trop tard, notent pour leur part en juin 2022 Cecchetti et Schoenholtz[2], considérant que des banquiers centraux qui agissent trop tard risquent l'inflation, la récession ou même les deux. Tout le monde, constatent-ils, y compris les membres du FOMC (*Federal Open Market Committee*), est d'accord pour constater que l'intervention de la Fed à la suite de la pandémie a tardé à restaurer la stabilité des prix. En mars 2022, l'écart entre l'inflation et le taux d'intérêt réel de banque centrale est de 12%, avec une inflation de 6% et un taux d'intérêt réel de moins 6%, bien en dessous du taux d'intérêt naturel estimé pour les États-Unis à 0,03% au milieu de l'année 2020. Cependant, il faut attendre le 17 mars 2022 pour que le FOMC accepte de modifier l'intervalle dans lequel il projette son objectif de taux, passant d'un intervalle de [0 0,25] à un intervalle de [0,25 0,50], modifiant ensuite celui-ci cinq fois sur l'année 2022 pour tenter de contrôler une accélération non anticipée de l'inflation.

Dans un tel cadre, l'estimation des paramètres d'une courbe de Phillips faite sur les quelques décennies passées 1994-2021 caractérisées par une inflation stable, l'absence de choc de COVID et de guerre, constitue-t-elle un guide valable pour le futur ? Pour Ball et al. (2022), l'expérience récente met en évidence trois des défauts de la

[1] Dans son ouvrage *A Monetary and Fiscal History of the United States 1961-2021,* Princeton University Press 2022, Alan S. Blinder constate que l'héritage que laissa à la Fed Arthur Burns se composait de deux éléments : son incapacité à contrôler l'inflation des années 70 et sa volonté d'abandonner l'indépendance de la Banque centrale au bon vouloir de Nixon.

[2] Cecchetti Stephen G et Kermit L. Schoenholtz (2022) : "The Costs of Acting Too Little, Too Late", Money&banking.com, 19 juin.

conception prépandémique de l'inflation ayant justifié l'optimisme primitif.

Le premier défaut tient à la croyance en une courbe de Phillips linéaire et plate, croyance basée sur les estimations d'inflation stable de la période prépandémique et suggérant que l'effet d'un resserrement même important du marché du travail n'a que peu d'effet sur l'inflation. Cependant, contrairement à cette croyance, d'autres estimations mettent en évidence une courbe de Phillips non linéaire, dont la pente varierait en fonction de la conjoncture. Quand l'écart de chômage est positif, $u_t > u_n$ ou encore $Y_t < Y_n$, et l'inflation faible, la courbe de Phillips est plate, de pente faible. Mais quand l'écart de chômage est négatif, le chômage inférieur au chômage naturel et l'inflation forte, la pente de la courbe est plus forte. Prenant en compte une différence de coefficient selon les périodes de faible inflation (1959-67 et 1995-2018) et de forte inflation (1967-94), Gagnon et Collin[1] obtiennent ainsi une courbe de Phillips dans laquelle le coefficient δ est de valeur nulle en cas d'inflation faible et égal à 0,60 en cas de forte inflation, soit huit fois la valeur 0,077 estimée par Reifschneider et Wilcox sur l'ensemble des données 1994-2021.

Le second défaut concerne la persistance de l'ancrage des anticipations d'inflation au voisinage de l'objectif de la Fed, ancrage constaté sur la période prépandémique. Un tel ancrage n'est pas immuable et une augmentation de l'inflation persistante peut conduire les agents économiques à réviser leurs anticipations, surtout si, comme le montre le graphique 12, à partir de 2021, l'inflation observée est systématiquement au-dessus de l'anticipation. Il est difficile de savoir si ce qu'on observe à partir de cette année manifeste un signe tangible de dérapage de l'ancre. Ball et al. (2022) approche la question à l'aide d'un petit modèle simple d'anticipations d'inflation représentées par la relation 19 suivante

$$\pi_{at} = \gamma \pi_{a(t-1)} + (1-\gamma)\pi_t \qquad (19)$$

[1] Gagnon Joseph E. et Christopher G. Collins (2019) : "Low Inflation Bends the Phillips Curve", PIIE WP 18-6, avril.
Joseph E. Gagnon (2022) : "Debating inflation and what the Fed should do", PIIE Series, Debating Inflation and what the Fed should do, mars.

Le paramètre γ mesure le degré d'ancrage. Pour $\gamma = 1$, l'anticipation d'inflation est constante et ne dépend pas de l'inflation observée. Pour $\gamma = 0$, l'anticipation reproduit fidèlement l'inflation observée. Estimé trimestriellement sur différentes périodes pour lesquelles existent des raisons de croire à des valeurs différentes du paramètre, sur la période (1998-T1, 2008-T2) considérée comme une période de constitution de l'ancrage, le paramètre γ est égal à 1,03. À la suite de la crise financière et la récession, sur la période (2008-T3, 2019-T4), le paramètre diminue à 0,991 pour atteindre 0,980 sur la période (2020-T1, 2022-T3), suggérant une diminution de l'ancrage.

Le troisième défaut enfin concerne la mesure de la situation du marché du travail, conventionnellement appréhendée par l'écart entre le taux de chômage observé u_t et le taux de chômage naturel u_n. Lorsque l'efficacité du marché du travail décline, que peu d'appariements sont effectués à chaque période, compte tenu des travailleurs inemployés et des postes vacants, le taux de chômage augmente. Ainsi, une mesure de la situation du marché du travail, reposant sur l'écart entre le taux de chômage observé u_t et le taux de chômage naturel u_n, évalue de manière imprécise la situation et peut être, comme on va le voir, une source d'erreurs de politique.

C – Les risques d'erreur de la Fed.

En 2018, dans un exposé au symposium annuel de Jackson Hole, Jerome Powell[1], président du Conseil des gouverneurs de la Fed, constate que le problème de l'incertitude en politique économique demeure particulièrement saillant. L'un des aspects importants de ce problème concerne la détermination de variables telles que le taux naturel de chômage ou le taux d'intérêt naturel. « À la Fed comme ailleurs », note-t-il (p. 4), « les analystes font si souvent référence à ces valeurs qu'ils ont adopté des abréviations. Par exemple, u^* (prononcé « u étoile ») est le taux naturel de chômage, r^* (« r étoile ») est le taux d'intérêt réel naturel et π^* (« Phi étoile ») est l'objectif d'inflation. Selon la pensée conventionnelle, les décideurs politiques doivent

---

[1] Powell Jerome H. (2018) : "Monetary Policy in a Changing Economy", Remarks at "Changing Market Structure and Implications for Monetary Policy", symposium Federal Reserve Bank of Kansas City Jackson Hole, Wyoming, 24 août.

naviguer avec ces étoiles, en ce sens peu différentes des étoiles célestes. La fameuse règle de Taylor, par exemple, demande de fixer le *federal funds rate* en référence à la position de l'inflation et du chômage relativement à ces étoiles. Si l'inflation est supérieure à π^*, il faut augmenter le *federal funds rate* relativement à r^*... Par contraste, si le chômage est supérieur à u^*, il faut diminuer le *federal funds rate* relativement à r^* ». Le problème, remarque-t-il, est que la position des étoiles n'est pas connue avec certitude.

Le graphique 16 illustre deux erreurs que, selon Powell, le FOMC doit toujours s'efforcer d'éviter en période d'expansion : celle de bouger trop vite et interrompre inutilement l'expansion et celle de bouger trop lentement et risquer une surchauffe déstabilisatrice.

Graphique 16

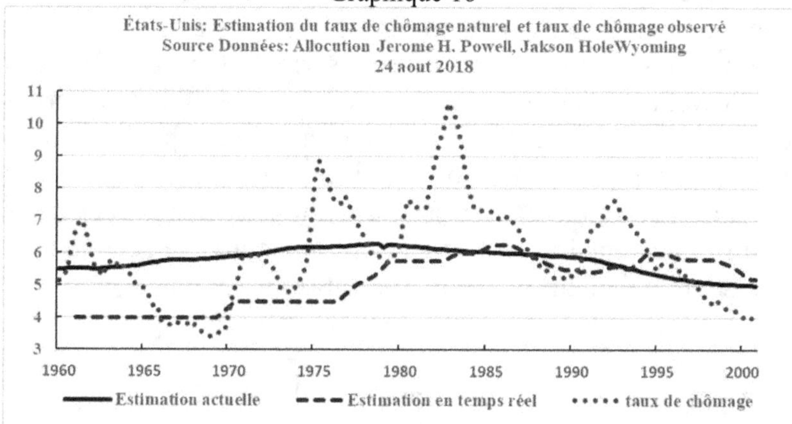

L'erreur de bouger trop lentement concerne la période de la « Grande Inflation » qui débute aux alentours de 1965 et conduit à des taux d'inflation dépassant les 10%. On sait que de nombreux facteurs ont contribué à cette inflation, en particulier les chocs pétroliers de 1973 et 1979 et la politique monétaire accommodante suivie par la Fed. Cependant, cette politique accommodante s'explique aussi, selon Powell, par l'importance exagérée que les décideurs ont attribuée à leurs estimations, trop optimistes à l'époque, du taux de chômage naturel. Comme on peut le constater sur le graphique, les estimations faites à cette époque (estimations en temps réel) du taux de chômage naturel sont bien inférieures à celles auxquelles conduisent rétrospectivement les données les plus récentes (estimations actuelles).

Ainsi, pour les décideurs, notamment de 1965 à 1975, le taux de chômage observé est en majorité supérieur au taux naturel et ne demande pas une politique monétaire restrictive alors qu'au vu des valeurs actuelles du taux naturel, il est évident que le marché du travail était en situation de suremploi.

Le risque de bouger trop vite concerne la période qui commence au milieu des années 1990, où la situation est, en un sens, l'inverse de celle de la « Grande Inflation ». Ici, aux alentours de 1996, le taux de chômage observé est en dessous de la valeur du taux de chômage naturel estimé en temps réel et l'écart s'accroît, provoquant chez les membres du FOMC le sentiment de la nécessité d'augmenter le *federal funds rate*. En dépit de ce sentiment, Greenspan, alors président de la Fed, résista à la tentation, arguant de l'imprécision des mesures. Sous sa présidence, constate Powell, "le Comité convergea vers une stratégie de gestion du risque qui peut être exprimée en une simple maxime : attendons encore la prochaine réunion ; s'il y a des signes clairs d'inflation, nous commencerons le resserrement monétaire ». Ainsi, résume Powell, l'expérience a révélé deux réalités concernant la relation entre l'inflation et l'emploi. La première est que les étoiles sont parfois très éloignées de là où on les situe. En particulier, le niveau du taux de chômage relativement à l'estimation en temps réel de u^* est parfois un indicateur inexact de l'inflation future. La seconde est que l'inverse semble également vrai : l'inflation n'est pas le premier et le meilleur indicateur de la situation du marché du travail.

Sur la période 2015-2019 durant laquelle le FOMC augmenta les taux d'intérêt dans la croyance d'un marché du travail serré et d'un risque de dépassement de l'objectif d'inflation de 2%, le taux de chômage continua de diminuer sans engendrer de pressions inflationnistes. Une conclusion logique de cette situation, remarquent alors Eggertsson et Kohn[1] (p. 7), est « qu'étant donnée l'incertitude concernant le niveau de plein emploi, il y a beaucoup à gagner avec un marché du travail en surchauffe et à générer de nouveaux emplois avec un très faible risque d'inflation ». Avec une courbe de Phillips plate, $\pi_t = \pi_{at} - \delta(u_t - u^*)$ et $\delta \cong 0$ d'une part et d'autre part des anticipations ancrées, $\pi_{at} = (1-\lambda)\pi^* + \lambda\pi_{t-1}$ et $\lambda \cong 0$, la stratégie de gestion du risque de Greenspan d'attendre la prochaine réunion pour

[1] Eggertsson Gauti B. et Don Kohn (2023) : "The Inflation Surge of the 2020s : The Role of Monetary Policy", Hutchins Center Working Paper 87, août.

agir peut sembler justifiée. Powell[1] explique d'ailleurs en 2021 la raison pour laquelle le FOMC néglige l'accroissement de l'inflation en 2020 : « Il suffit d'observer le mois de février de l'année précédente pour constater combien peut être bénéfique un marché du travail en tension. Le taux global de chômage était de 3,5%...... et en fait l'inflation n'a même pas augmenté de manière soutenue vers 2%. En l'absence de la pandémie, il y avait toutes les raisons de considérer que le marché du travail pouvait se resserrer sans provoquer une augmentation préoccupante de l'inflation ». Mais avec une courbe de Phillips non plate, dont le coefficient δ augmente lorsque $u_t < u^*$, une moindre attention portée à cette situation peut être dangereuse lorsque la valeur de λ est susceptible de se modifier.

Concernant la période de mars 2021 à mars 2022, des indicateurs pouvaient être invoqués pour considérer que le marché du travail n'était pas tendu, graphique 17.

Graphique 17

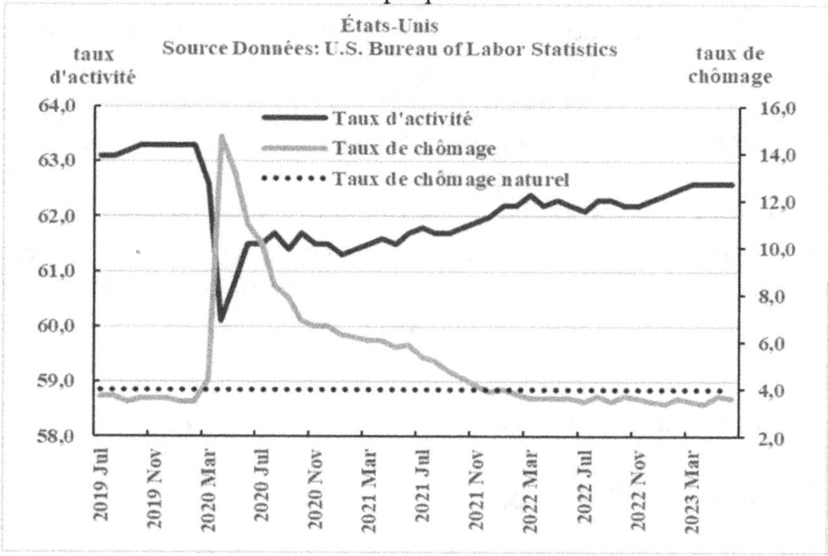

Avec une évaluation du taux de chômage naturel à 4%, le taux de chômage observé en mars 2021 à 6,1% (axe de droite) reste encore bien au-dessus de cette évaluation. De plus, le taux d'activité (proportion des personnes ayant un emploi dans l'ensemble des personnes en âge de

[1] Powell Jerome H. (2021) : "Getting Back to a Strong Labor Market", Speech at the Economic Club of New York, 10 février.

travailler, de 15 à 64 ans), plafonnant à plus de 63% avant la pandémie, n'atteint encore qu'une proportion de 61,5% (axe de gauche). Mais d'autres indicateurs pouvaient conduire à nuancer cette appréciation, en particulier la valeur prise par le rapport du taux d'emplois vacants au taux de chômage.

Un indicateur de la situation du marché du travail important renvoie à la capacité du marché d'apparier les travailleurs inemployés aux postes de travail offerts. Cet indicateur permet de distinguer dans la variation du rapport entre le taux d'emplois vacants v et le taux de chômeurs u ce qui relève de la variation de l'activité économique et ce qui relève de la variation de l'efficacité du marché du travail. Traditionnellement, les états de surchauffe du marché du travail sont caractérisés par un rapport v/u supérieur à l'unité et les épisodes durant lesquels ce rapport a vérifié cette inégalité ont été rares dans l'histoire des États-Unis, se limitant aux deux guerres mondiales, à la guerre de Corée et au démarrage de la guerre du Vietnam.

Sur la période de la « Grande Modération » de 1993 à 2008 durant laquelle le taux d'inflation était aux alentours de 2%, la moyenne de ce rapport était de 0,63, Benigno et Eggertsson[1]. Ainsi, lorsque l'inflation dépasse en mars 2021 l'objectif de 2% et deux mois plus tard est à 4,5%, avec un rapport v/u qui franchit le seuil de l'unité en mai, l'absence de réaction du FOMC jusqu'en mars 2022 peut paraitre surprenant. Lorsque le FOMC se décide à bouger, le rapport v/u dépasse 2, la valeur la plus haute atteinte depuis la Seconde Guerre mondiale. Les raisons possibles de la croissance de ce rapport sont à apprécier à la lumière des enseignements de la courbe de Beveridge.

II– La courbe de Beveridge et le marché du travail.

A – La courbe de Beveridge.

La courbe de Beveridge traduit l'existence d'une relation stationnaire entre le nombre d'individus inemployés U et le nombre de postes vacants V. En considérant que les individus sont soit en emploi,

[1] Benigno, P. et Eggertsson, G. B. (2023) : "It's Baaack: The Surge in Inflation in the 2020s and the Return of the Non-Linear Phillips Curve", NBER Working Paper No. w31197.

soit au chômage, relativement à la population active, pour u taux de chômage, la variation de ce taux est déterminée par

$$\Delta = (1-u)s - uf \qquad (20)$$

différence entre les sorties d'emploi (produit de la proportion d'employés $1-u$ par le taux de sortie s) et les entrées en emploi (produit du taux de chômage par le taux d'entrée f).

Lorsqu'on raisonne sur un taux de chômage stationnaire, on a $\Delta = 0$ et les entrées et sorties se compensent. L'identification du taux de chômage observé à un taux stationnaire pose un certain nombre de questions. La validité de cette identification dépend du taux de turnover sur le marché du travail et de l'intervalle de temps sur lequel est mesuré le taux. Mesurée sur une fréquence trimestrielle, l'identification est souvent retenue. En période de fortes variations sur le marché du travail, elle est plus difficilement conciliable avec les observations empiriques[1]. La majorité des estimations de courbe faisant cependant référence à un taux stationnaire[2], on retiendra ici, à partir de la relation (20) et $\Delta = 0$, un taux de chômage déterminé par :

$$u = \frac{s}{s+f} \qquad (21)$$

Un thème récurrent concernant la courbe de Beveridge se rapporte ainsi au rôle respectif que jouent dans l'évolution du taux de chômage les variations des taux d'entrée f et de sortie s d'emploi.

1 – Le taux d'entrée en emploi. Sur un marché du travail caractérisé par de nombreuses frictions, les embauches sont une activité qui prend du temps et il existe aussi des inadéquations entre les offres d'emploi et les demandes, tant au niveau des compétences qu'au niveau de la

---

[1] Ahn, Hie Joo et Leland D. Crane (2020) : "Dynamic Beveridge Curve Accounting", Finance and Economics, A Discussion Series 2020-027. Washington, Board of Governors of the Federal Reserve System.

[2] Hobijn Bart et Ayşegül Şahin (2012) : "Beveridge Curve Shifts across Countries since the Great Recession", 13e Jacques Polak Annual Research Conference, FMI novembre.

localisation de ces demandes et offres. Il en résulte une coexistence d'emplois vacants et de chômage, susceptible de varier en fonction du niveau de l'activité économique d'une part et d'autre part de l'efficacité des processus d'appariement. Ces facteurs conditionnent les embauches dont le taux h est déterminé par la fonction

$$h = \mu v^{\sigma} u^{1-\sigma} \qquad (22)$$

Relativement à la population active, le taux d'embauche h est fonction du taux d'emplois vacants v et du taux de chômage u, avec $0 < \sigma < 1$.

Dans cette fonction :
- Le taux d'embauche h est une fonction croissante du taux de postes vacants et du taux d'individus non employés recherchant du travail. Le paramètre σ mesure l'importance relative des effets qu'exercent les postes vacants et le nombre de travailleurs non employés sur les embauches.
- Le paramètre μ représente l'ensemble des facteurs susceptibles d'augmenter ou de diminuer le taux d'embauche pour un niveau d'activité donné. Il mesure l'efficacité du processus d'appariement des offres et demandes de travail. Moins les travailleurs recherchant des emplois sont qualifiés pour les postes disponibles, moins est efficace le processus d'appariement. Plus les travailleurs qualifiés sont géographiquement éloignés des postes de compétence correspondante, moins efficace est le processus d'appariement. Un marché du travail efficace est un marché sur lequel les caractéristiques géographiques et de compétence des travailleurs et des emplois coïncident plus largement.

Compte tenu de (22), le taux d'entrée en emploi f exprimé par le rapport h/u est déterminé par :

$$f = \mu \left(\frac{v}{u}\right)^{\sigma} \qquad (23)$$

Il est habituel de considérer que le rapport v/u est un indicateur du niveau de l'activité économique. Toute chose égale par ailleurs, au fur et à mesure de l'augmentation de l'activité, l'accroissement du nombre de postes proposés relativement au nombre d'individus recherchant du travail rend de plus en plus difficile pour les entreprises de pourvoir les postes et le rapport v/u augmente en fonction de l'activité. De la sorte, le taux d'entrée en emploi varie de manière procyclique : il augmente en période d'expansion et diminue en période de contraction. Il est également fonction de l'efficacité du marché du travail représentée par μ.

2 – Le taux de sortie d'emploi. Concernant le taux de sortie d'emploi, sa dépendance au cycle est plus controversée. Pour Shimer[1], depuis 1948 c'est la probabilité d'entrée en emploi qui rend compte des trois quarts des fluctuations du taux de chômage aux États-Unis et celle de sortie seulement d'un quart des fluctuations. Sur les deux dernières décennies, les fluctuations de la probabilité de sortie d'emploi auraient été quantitativement négligeables et la probabilité de sortie d'emploi serait acyclique. Pour d'autres, Hobijn et Sahin (2012), si l'on considère que le taux de sortie d'emploi s varie avec le cycle, le sens de cette variation n'est pas dépourvu d'ambiguïté. Les sorties d'emploi sont composées de licenciements et d'abandons de poste qui varient dans des sens différents avec le cycle. Quand le marché du travail est tendu, quand il y a peu de chômage et un grand nombre de postes vacants, les licenciements sont rares, mais les abandons fréquents permettant aux travailleurs de changer facilement de poste. Durant les récessions, les licenciements sont élevés, changer de poste devient plus hasardeux et les abandons diminuent. Ainsi le comportement des abandons serait procyclique et celui des licenciements contracyclique de sorte que le comportement du taux de sortie dépendrait de savoir lequel des deux effets domine l'autre. En fonction de données récentes indiquant que l'effet abandon domine l'effet licenciement, il peut être légitime de retenir ici une variation procyclique du taux de sortie d'emploi. On exprimera cette variation par la fonction

$$s = a\left(\frac{v}{u}\right)^b \qquad (24)$$

3 – Déplacement de la courbe. Une courbe de Beveridge traduit la manière dont le taux d'emplois vacants v et le taux de chômage u

[1] Shimer Robert (2007) : Reassessing the Ins and Outs of Unemployment", NBER Working Paper 13421.

covarient avec le cycle, compte tenu des paramètres μ et σ de la fonction (22) et a et b de la fonction (23). Pour un niveau d'activité $x = v/u$, on obtient à l'aide des fonctions (22) et (23) les taux f et s qui permettent de calculer u et ensuite $v = xu$. Dans ce cadre, les deux facteurs principaux généralement retenus pour la position d'une courbe de Beveridge sont (1) l'efficacité du processus d'appariement μ et (2) la probabilité de perdre son emploi s, les autres paramètres restant constants.

Le graphique 18 reporte trois courbes de Beveridge tracées pour un niveau d'activité x variant par dixièmes de point dans l'intervalle $\{0{,}10 \;\; 2{,}00\}$ et illustre à partir de la courbe $B1$ le sens de déplacement de la courbe en fonction des paramètres μ et a.

Graphique 18 : Courbes de Beveridge

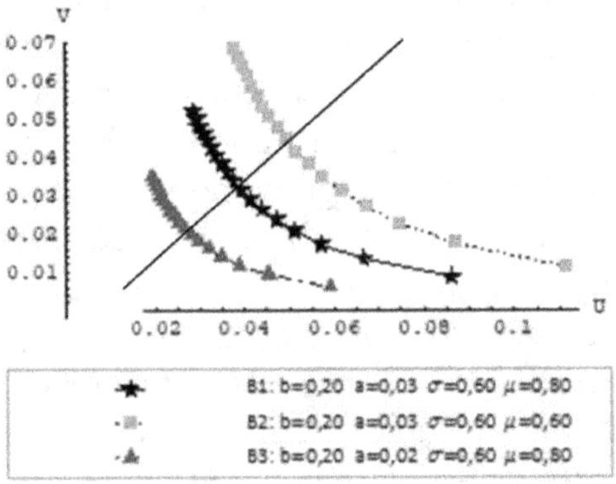

On notera que chacune des courbes obtenues est convexe : au fur et à mesure que le marché du travail devient plus tendu, un plus grand nombre de postes vacants génère de moins en moins d'embauches et il en résulte une réduction de plus en plus faible du taux de chômage. On notera également que les points sur la droite passant par l'origine des axes représentent tous un même niveau d'activité v/u. La droite pivote vers la gauche lorsque le niveau d'activité augmente et pivote vers la droite lorsque ce dernier diminue. Pour un même niveau d'activité, il est intéressant de se situer le plus proche de l'origine des axes, avec des taux de postes vacants et de chômage les plus faibles possibles.

En ce qui concerne maintenant le déplacement de la courbe $B1$:

- Lorsque l'efficacité du processus d'appariement des offres et demandes sur le marché du travail diminue, μ passant de 0,80 à 0,60, la courbe de Beveridge $B1$ se déplace vers le haut en $B2$. À même niveau d'activité sur les deux courbes, points sur la droite, la dégradation du processus d'appariement conduit à une augmentation des taux de postes vacants et de chômage.

- Lorsque pour un même niveau d'activité, le taux de sortie d'emploi diminue, a passant de 0,03 à 0,02, la courbe $B1$ se déplace vers le bas en $B3$.

L'information empirique apportée par une courbe de Beveridge complète donc les mesures standards concernant la situation du marché du travail basée sur la courbe de Phillips. L'écart du taux de chômage par rapport au taux de chômage naturel et le rapport v/u expriment tous deux sur un plan quantitatif les conditions cycliques du marché du travail. Une mesure de l'efficacité de ce marché fournie par la courbe de Beveridge ajoute une dimension qualitative à l'analyse, décrivant la manière dont le marché fonctionne dans une position déterminée de cycle. On remarquera enfin que la pente d'une courbe de Beveridge en un point dépend non seulement du niveau de l'activité, mais aussi de la valeur du paramètre σ. Sur le graphique 19, où σ varie de 0,30 à 0,60 toute chose égale par ailleurs, plus faible est la valeur de σ, plus forte est la pente en un point.

Graphique19 : Courbes de Beveridge

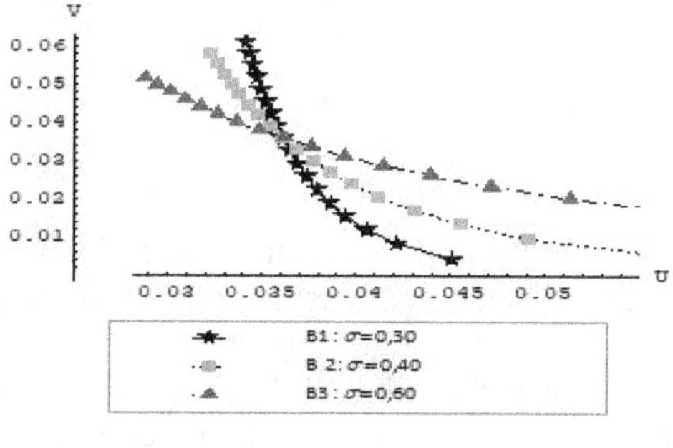

B – Les États-Unis et la courbe de Beveridge.

Sur la base du graphique 20 reportant les taux mensuels d'emplois vacants et de chômage aux États-Unis de décembre 2000 jusqu'à août 2022, la courbe de Beveridge n'est certainement pas restée stable durant cette période. De décembre 2000 jusqu'à juin 2009 (série d'observations 2000-11/2009-06) et même jusqu'à octobre 2009 où le taux de chômage sur cette période atteint son plus haut niveau, la relation entre le taux d'emplois vacants et le taux de chômage est remarquablement stable, même durant la récession de 2001. Après octobre 2009, à la fin de la récession de 2008-2009 (série d'observations 2009-07/2020-02), le taux de chômage diminue ensuite constamment pour atteindre 3,5% avant le démarrage de la pandémie aux États-Unis, s'accompagnant de taux de postes vacants supérieurs et la courbe se déplace vers le haut.

Graphique 20

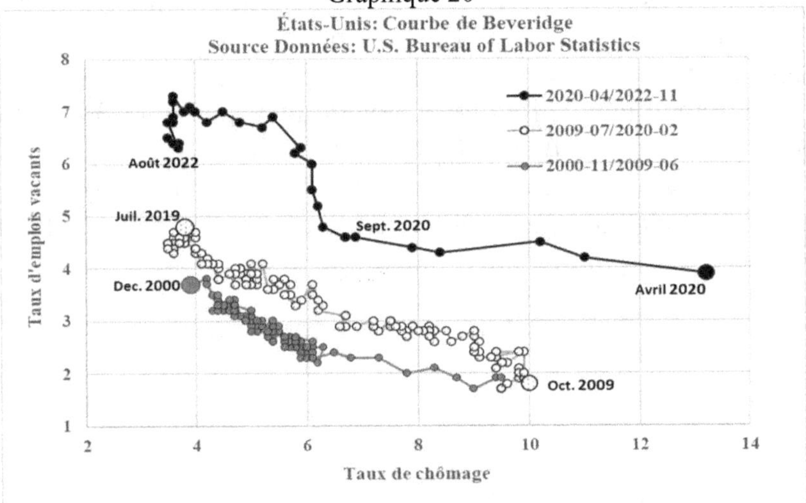

Enfin, entre janvier 2020 où le premier cas de COVID a été signalé aux États-Unis et avril 2020, les mesures de cessation d'activité et de confinement dans différents États augmentent fortement le taux de chômage. Lorsqu'à partir d'avril 2020 (série 2020-04/2022-11) le taux de chômage se réduit, il s'accompagne de taux de postes vacants supérieurs aux taux de la série précédente et la courbe de Beveridge se déplace encore une fois vers le haut (avec des modifications de pente qui laissent ouverte la question de savoir si l'on peut encore parler d'une même courbe).

Qu'après un choc comme celui de la crise financière de 2008 ou celui de la pandémie, les observations ultérieures dévient de la tendance passée de la courbe de Beveridge n'a rien d'étonnant. Mais lorsqu'elles persistent, il est important de s'interroger sur les raisons de la persistance et par conséquent sur les facteurs expliquant le déplacement des courbes. De multiples facteurs sont en jeu. On peut tenter de les examiner à travers les variations de l'efficacité du processus d'appariement et de la probabilité de sortie d'emploi.

1 – L'efficacité du processus d'appariement. On peut calculer l'évolution du paramètre μ lors des deux crises, celle de 2008 et celle de la pandémie, à partir de la relation $\mu = h/(v^{\sigma} u^{1-\sigma})$ et des données du *Bureau of Labor Statistics*, en prenant pour σ une valeur 0,6, les estimations pour ce paramètre variant généralement entre 0,5 et 0,7, Blanchard et al.[1]. Les graphiques 21 et 22 montrent une décroissance de l'efficacité du processus d'appariement, facteur contribuant dans les deux cas au déplacement de la courbe de Beveridge vers le haut.

Graphique 21

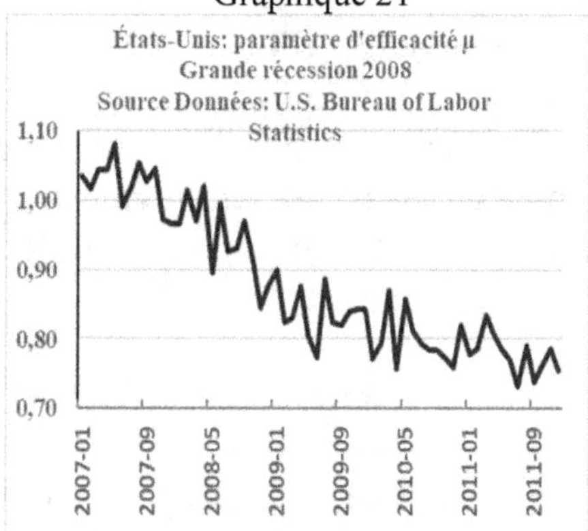

Graphique 22

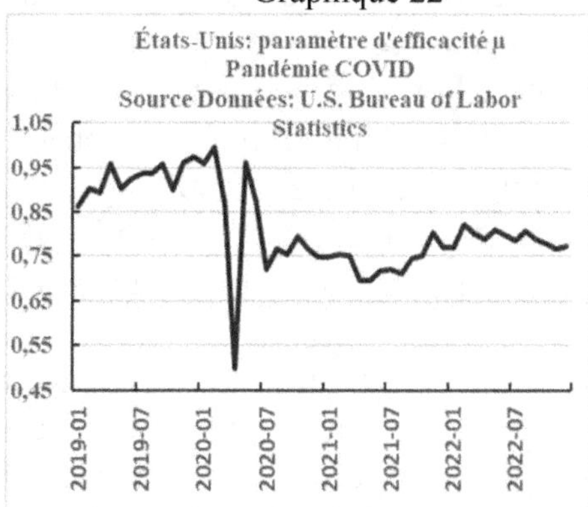

Pour Hobjin et Sahin (2012), le déclin persistant de l'efficacité du processus d'appariement sur le marché du travail américain après la fin de la Grande Récession, graphique 21, a été largement documenté. Les trois facteurs expliquant ce déclin sont (1) les inadéquations de qualification et de localisation des offres de demande de travail,

[1] Blanchard Olivier, Alex Domash et Lawrence H. Summers (2022-a) : "Bad News for the Fed from the Beveridge Space", Peterson Institute for International Economics, Policy Brief 22-7, juillet.

(2) l'immobilité relative de la force de travail liée au surendettement des ménages et à la perte disproportionnée d'emplois dans le secteur de la construction, (3) les effets désincitatifs de la prolongation des indemnités de chômage décidée en 2008, passant de 26 semaines à 99 semaines. L'efficacité du processus d'appariement ne se stabilise et ne commence à remonter qu'après la fin de 2011.

En ce qui concerne les observations à partir d'avril 2020, les inflexions dans la forme de la courbe de Beveridge, graphique 20, suggèrent l'instabilité de la relation structurelle faisant dépendre les mouvements des taux u et v du rapport v/u. Analysant ces données, Rodgers et Kassens (2022)[1] distinguent trois périodes successives depuis la récession COVID 19, d'abord d'avril 2020 à septembre 2020, ensuite d'octobre 2020 à juin 2021 et enfin de juillet 2021 à avril 2022. Chacune de ces périodes suggérerait des changements dans le processus d'appariement entre employeurs et postulants. En particulier, d'avril 2020 à septembre 2020, la diminution importante du taux de chômage sans augmentation significative du taux de postes vacants correspond à une période de réemploi de travailleurs temporairement licenciés ne posant pas de problème particulier d'appariement, d'où la pente très plate de la portion de courbe correspondante. Ensuite, il est clair que la crise COVID a engendré des problèmes de réaffectation de la force de travail au fur et à mesure que les conséquences du télétravail sont devenues apparentes, conduisant à un déclin non négligeable de l'efficacité du processus d'appariement.

2 – Le taux de sortie d'emploi. Les deux graphiques 23 et 24, reportant le taux de sortie d'emploi et ses deux principales composantes, taux d'abandon et taux de licenciement, suggèrent des situations différentes à la suite de la Grande Récession et de la pandémie.

---

[1] Rodgers William M. **et** Alice L. Kassens (2022) : "What Does the Beveridge Curve Tell Us about the Labor Market Recovery", FRB of St Louis Economy Blog, juillet.

Graphique 23

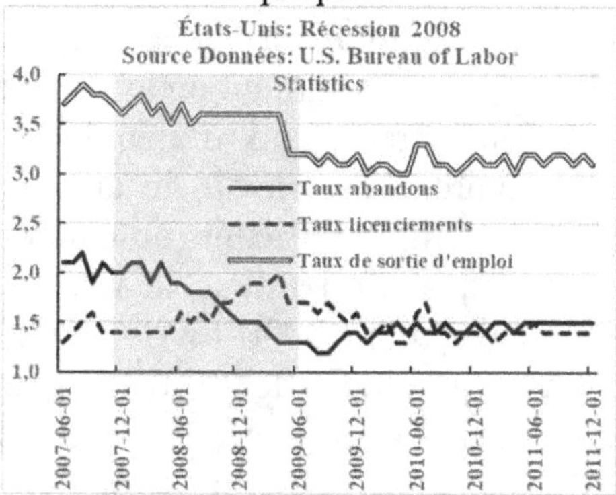

Graphique 24

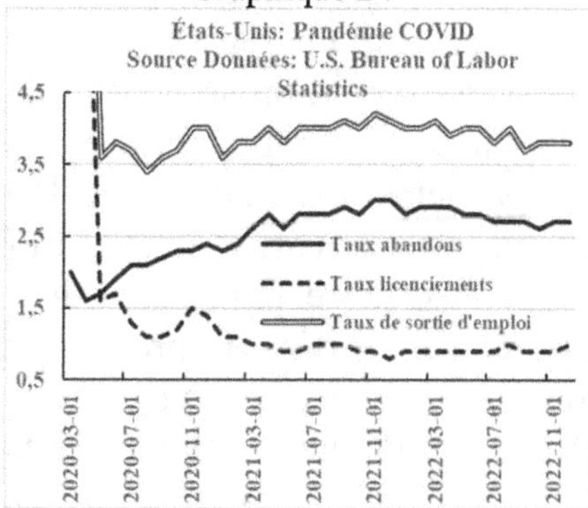

À l'occasion de la Grande Récession, graphique 23, si le taux de licenciement augmente dans le creux de celle-ci et diminue ensuite, et le taux d'abandon diminue dans le creux et augmente ensuite, l'importance de la décroissance du taux d'abandon ne permet pas au taux de sortie d'emploi d'atteindre par la suite son niveau d'avant la récession. Ahn et Crane (2020) notent que sur la période envisagée, la variation du taux de sortie d'emploi est critique pour comprendre la courbe de Beveridge et son déplacement. Hobjin et Sahin (2012) constatent que le déclin dans l'efficacité du marché du travail n'est qu'un des aspects du déplacement de la courbe. L'autre aspect tient au fait que les sorties d'emploi ont diminué beaucoup plus qu'on aurait pu s'y attendre sur la base de leur mouvement d'avant la récession. Cette diminution du taux de sortie d'emploi résulte d'une augmentation du nombre d'individus préférant rester dans leur emploi plutôt que de le quitter pour bénéficier d'autres opportunités. Pour ces auteurs, en l'absence du déclin de l'efficacité du marché du travail ayant poussé la courbe de Beveridge vers le haut, celle-ci se serait déplacée vers le bas sur la période juillet 2009-mars 2020 en raison de la baisse du taux de sortie d'emploi.

Le graphique 24 présente en revanche une évolution du taux d'abandon bien différente. Qualifiée de « Grande Résignation », la croissance du taux d'abandon, décrivant à partir de février 2021 une période durant laquelle un nombre historique de travailleurs quittent leur emploi, s'explique en partie par la reprise économique qui débuta après la « Grande Récession » et se poursuivit ensuite, après un bref retournement dû à la pandémie dans la première moitié de 2020.

Cependant, constate Gittleman[1], le niveau atteint par le taux d'abandon à cette occasion a augmenté beaucoup plus rapidement que le suggère le resserrement du marché du travail. On peut notamment en avoir une confirmation en s'intéressant à la relation entre le taux d'abandon et deux mesures alternatives de l'état du marché du travail, le taux de chômage d'une part et le rapport du taux d'emplois vacants au taux de chômage d'autre part. Dans les deux cas, si l'on utilise la relation estimée sur la période prépandémique (décembre 2000-février 2020) pour projeter ensuite le taux d'abandon jusqu'à la fin de 2021, les deux spécifications sous-estiment le taux d'abandon projeté. Ici, les deux facteurs de déplacement, efficacité de l'appariement et taux de sortie d'emploi, auraient joué dans le même sens, contribuant à déplacer la courbe vers le haut.

Un déplacement d
e la courbe de Beveridge vers le haut, en raison d'une perte d'efficacité du marché du travail et (ou) en raison d'une augmentation du taux de sortie d'emploi, doit être interprété comme un changement structurel (modification des paramètres μ et a), orthogonal aux changements de la demande globale induisant un déplacement sur la courbe. Aujourd'hui, remarquent Diamond et Sahin[2], un regard en arrière sur les soixante-cinq dernières années plutôt que sur les quatorze les plus récentes montre que des déplacements vers le haut de la courbe de Beveridge après un point de chômage maximum sont des occurrences fréquentes sur le marché américain. Il en résulte, notent-ils, une conséquence évidente pour la politique économique : aussi utiles que soient les politiques de stabilisation de la demande globale lorsque le taux de chômage est élevé, elles sont condamnées à ne pas pouvoir diminuer le taux de chômage au niveau de celui qui prévalait avant la récession dans la mesure où le marché du travail est devenu structurellement moins efficace qu'auparavant.

---

[1] Gittleman Maury (2022) : "The "Great Resignation" in perspective", Monthly Labor Review, U.S. Bureau of Labor Statistics, juillet.

[2] Diamond Peter A. et Ayşegül Şahin (2015) : "Shifts in the Beveridge Curve", Research in Economics 69, no. 1, mars, p. 18-25.

C – La courbe de Beveridge et la zone euro.

Le graphique 25 reporte pour la zone euro à 19 pays, sur la période 2006-T1 jusqu'à 2022-T4, les données trimestrielles Eurostat concernant le taux de chômage (en proportion de la population active) et le taux de postes vacants (en proportion du nombre total de postes pourvus plus vacants dans l'industrie, la construction et les services).

Comme on peut le voir sur le graphique, la récession de 2008-2009 a imposé sa marque sur les données. À partir de 2008-T1, on observe un effondrement des postes vacants suivi d'une augmentation du chômage qui se poursuit jusqu'à la fin de 2009, sans diminution conséquente du taux de postes vacants. Il semble bien qu'ensuite la courbe de Beveridge se soit déplacée vers le haut, témoignant alors avec la reprise de l'accroissement du chômage des effets de la récession en double creux caractéristique de la zone euro. De 2014 jusqu'à 2019, on peut observer un déplacement le long de la nouvelle courbe de Beveridge qu'on peut prolonger jusqu'en 2022-T4 si l'on fait abstraction de la boucle 2020-T1/2021-T2 consécutive à la crise de la COVID 19.

Graphique 25

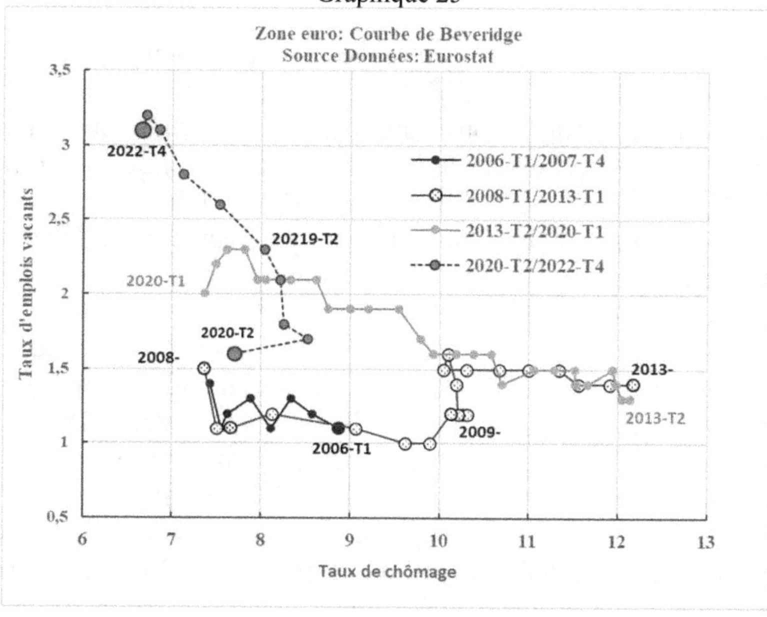

Il n'est pas toujours facile d'identifier correctement des déplacements de courbe. Il est d'abord normal qu'un déplacement de points vers le haut se produise au début d'une période de reprise, car le processus d'ouverture d'emplois est plus rapide que le processus d'appariement des travailleurs aux postes. Ensuite, la distinction entre mouvements dus au cycle et déplacements structurels est généralement faite en considérant que le taux de sortie d'emploi reste constant, un déplacement de la courbe n'étant associé qu'à une variation du paramètre μ. De plus, des études empiriques mettent en évidence la variabilité cyclique de ce paramètre. En dépit de ces sources d'erreur, un regard sur la courbe de Beveridge agrégée sur les cinq plus grands pays de la zone euro obtenue sur la période 2004-T2/2018-T4 montre un déplacement significatif de la courbe vers le haut à l'issue de la crise, avec cependant une grande hétérogénéité entre les pays au niveau des courbes individuelles, Consolo et Dias da Silva[1]. Le déplacement est plus prononcé pour la France, l'Italie et l'Espagne, alors qu'il n'est pas clair que la courbe pour l'Allemagne se soit déplacée, devenant simplement plus plate entre 2005 et 2023. Globalement, pour ces auteurs, la cause principale du déplacement vers le haut de la courbe de Beveridge à l'occasion de la crise tient à une augmentation du taux de sortie d'emploi s et à une diminution du taux d'entrée f de sorte qu'à nombre de postes vacants constant le taux de chômage $u = \frac{1}{1+f/s}$ augmente.

Ces résultats confirment ceux précédemment obtenus par Bonthuis et al.[2] sur les données 2006-T1/2012-T1 concernant le déplacement de la courbe agrégée pour la zone euro et l'hétérogénéité entre pays. Des déplacements de courbe vers le haut sont observés pour de nombreux pays, Espagne, France, Italie, Pays-Bas, Grèce en particulier. L'Allemagne en revanche semble avoir été affectée d'un déplacement en sens contraire, reflétant sans doute plus l'effet retardé des réformes Hartz du marché du travail déclinées par quatre lois entre 2003 et 2005 plutôt que les effets de la crise. Le calcul pour la zone euro d'un indicateur d'inadéquation de l'offre et de la demande d'emploi, indice d'inadéquation des compétences (*Skill Mismatch Index* – SMI), traduit la dégradation de l'efficacité du marché du travail à la suite de la crise. Stable avant 2008 pour tous les pays, à l'exception de l'Allemagne où il était décroissant, l'indicateur augmente une première fois au cours de l'année 2008, puis se stabilise jusqu'à la fin 2010. La hausse reprend et

[1] Consolo Agostino et António Dias da Silva (2019) : "The euro area labour market through the lens of the Beveridge curve", ECB Economic Bulletin, Issue 4/2019.
[2] Bonthuis Boele, Valerie Jarvis et Juuso Vanhala (2012) : "What's going on behind the euro area Beveridge curve(s) ?", BCE Working Paper Series NO 1586, septembre.

s'accentue à partir de 2011. L'Espagne et la France sont les pays les plus touchés par cette hausse[1].

III – Les Banques centrales doivent-elles modifier leur cible d'inflation ?

On sait que le Congrès des États-Unis a chargé la Fed de la responsabilité d'assurer un « emploi maximum » et « des prix stables » tout en laissant cependant à cette institution le soin de définir le contenu de ces termes. Il en est de même pour de nombreuses banques centrales considérées comme indépendantes. Avec une inflation aujourd'hui significativement au-dessus de son objectif de 2%, des propositions ont resurgi concernant la possibilité d'envisager d'augmenter cet objectif afin que les banques centrales puissent disposer d'une plus grande marge de manœuvre pour baisser les taux d'intérêt en cas de récession dans un environnement où le taux d'intérêt naturel est faible. Avec une projection du taux d'intérêt naturel ρ autour de 1% , si l'on veut stimuler l'économie par un taux d'intérêt réel inférieur, donc $i_{BC} < \rho + \pi$, avec un taux d'inflation de 2% on dispose de moins de marge de manœuvre qu'avec un taux d'inflation de 4% par exemple avant d'atteindre un taux plancher effectif.

De telles propositions soulèvent cependant de nombreuses questions. L'une des questions concerne ce qu'on entend par stabilité des prix. Cette question n'est pas mineure, car elle est associée aux avantages et aux coûts liés au choix d'un objectif d'inflation et à la procédure permettant d'en changer. William Dudley qui fut président de la *Federal Reserve Bank* de New York faisait remarquer en 2018 qu'il était douteux qu'une augmentation de l'objectif d'inflation soit compatible avec le mandat de stabilité des prix confié à la Fed par le Congrès : « ces mandats d'emploi et d'inflation ont été établis par le Congrès et non par la Fed »[2]. Une autre question tourne autour de la fragilité du système bancaire exposé en fonction d'un objectif d'inflation à des variations importantes de taux d'intérêt, comme l'a montré récemment la faillite de la Silicon Valley Bank.

---

[1] Maravalle Alessandro, Marie-Élisabeth de La Serve et Grégory Verdugo (2014) : « La courbe de Beveridge dans la zone euro depuis la crise : une hausse du chômage structurel depuis 2010 », Bulletin de la Banque de France, n° 198 , 4e trimestre.

[2] Dudley William C. (2018) : "Important Choices for the Federal Reserve in the Years Ahead", conférence au Lehman College, Bronx, New York, FRBNY, avril.

A – Qu'est-ce que la stabilité des prix ?

Le 14 décembre 2022, en réaction à l'inflation croissante largement non anticipée, le FOMC rend public le communiqué suivant[1] : « Le FOMC cherche à réaliser un emploi maximum et une inflation de 2% sur le long terme. Pour réaliser ces objectifs, le FOMC a décidé d'augmenter l'intervalle souhaité pour le *federal funds rat*e à [4,25% 4,50%]. Le FOMC anticipe que les accroissements continus de cet intervalle seront appropriés pour atteindre une politique monétaire suffisamment restrictive pour ramener l'inflation à son objectif de 2% ». Parallèlement, dans le journal Le Monde du 23 décembre, Luis de Guindos vice-président de la BCE affirme : « nous avons un mandat et nous devons nous y tenir… notre objectif est de 2% ».

Le communiqué du FOMC de décembre 2022 est conforme en un sens à ce que Olivier Blanchard et al (2010)[2] ont considéré être un résumé un peu caricatural de la politique monétaire conventionnelle : un seul objectif, une inflation stable et basse, et un seul instrument, le taux d'intérêt nominal de banque centrale. Mais en quoi l'objectif d'un retour à un taux d'inflation de 2% est-il sacro-saint ? Lors d'une conférence internationale du FMI destinée en 2015 à repenser la politique macroéconomique, Ben Bernanke[3] affirmait « je ne vois rien de magique dans la recherche d'une inflation à 2%. Ma recommandation d'objectifs d'inflation en tant qu'universitaire et Gouverneur de la Fed reposait plus sur des avantages de transparence et de communication que sur le choix d'un objectif spécifique ».

Il est intéressant de noter que le choix d'un objectif d'inflation avait fait l'objet durant l'année 1996 de discussions au sein du FOMC qui, après avoir constaté sur les trois années précédentes un taux d'inflation peu différent de 3%, s'interrogeait sur l'opportunité et la possibilité de ramener ce dernier à 2%. « Quand nous parlons de stabilité des prix en tant qu'objectif », s'interroge alors le Président Greenspan[4], « parlons-nous de stabilité des prix ou parlons-nous d'un taux d'inflation zéro ? ».

---

[1] Transcript of Chair Powell's Press Conference, 14 décembre 2022.

[2] Blanchard Olivier, Giovanni Dell'Ariccia et Paolo Mauro (2010) : "Rethinking Macroeconomic Policy", IMF Staf Position Note, SPN/10/03, 12 février.

[3] Bernanke Ben S. (2015) : "Rethinking Macro Policy III", conference, avril.

[4] FOMC (1996) : Réunion du Federal Open Market Committee (FOMC), 2 et 3 juillet, FOMC Meeting Transcript (federalreserve.gov), p. 50 -51.

Et plus loin, revenant à la charge et s'adressant à Janet Yellen, aujourd'hui Secrétaire d'État au Trésor américain :

« PRESIDENT GREENSPAN : Pouvez-vous me donner en conclusion en trois phrases votre opinion concernant la question : la stabilité des prix à long terme est-elle un objectif approprié pour la Fed ?

MADAME YELLEN : Monsieur le Président, pouvez-vous me définir « stabilité des prix » ?

PRESIDENT GREENSPAN : La stabilité des prix est une situation dans laquelle des changements attendus dans le niveau général des prix n'ont pas d'effet sur les décisions des entreprises ou celles des ménages.

MADAME YELLEN : Pouvez-vous, s'il vous plait, mettre un nombre là-dessus ? (Rires dans la salle.)

PRESIDENT GREENSPAN : Je dirais, le nombre est zéro, si l'inflation est proprement mesurée ».

Dans cette discussion, remarquait alors Janet Yellen, « on a besoin de mesurer à la fois les coûts transitoires associés au passage de là où nous sommes à l'objectif ultime d'inflation et ensuite les coûts et bénéfices permanents associés au nouvel équilibre ». Négligeant les effets de crédibilité consécutifs aux annonces d'objectif d'inflation, Janet Yellen évaluait à l'époque le coût transitoire entre 3 et 6 % de PIB par point de réduction d'inflation, notant qu'en fonction de ce coût, le bénéfice net permanent du changement devrait être conséquent, en termes d'effets sur le chômage structurel, la productivité et les rigidités nominales.

Réavançant dans le *Financial Times* du 28 novembre 2022 l'idée déjà proposée en 2010 (et largement rejetée à l'époque par les banques centrales) d'adopter une cible d'inflation supérieure à 2%, Olivier Blanchard constate que les coûts additionnels d'un objectif de 4% d'inflation au lieu de 2% seraient faibles.

- L'un des bénéfices permanents du changement tiendrait au fait que les banques centrales disposeraient de plus de marges de manœuvre pour réduire leur taux d'intérêt directeur en cas de récession, sans être confrontées au problème d'un taux plancher zéro et aux difficultés à réduire la taille de leur bilan gonflé par le *Quantitative Easing*.

- Dans les coûts transitoires ne devraient cependant pas être négligés les effets de crédibilité consécutifs à l'annonce du changement. À cet égard, il y a une grande différence entre la modification d'une cible d'inflation à partir d'une situation d'inflation modérée et stable et l'augmentation de celle-ci quand l'inflation est au-dessus de la cible et volatile. Si les agents économiques en viennent à considérer que leur banque centrale est disposée à augmenter de manière opportuniste l'objectif d'inflation pour éviter le coût économique de la déflation, les anticipations d'inflation ne seront plus ancrées sur la cible, quelle que soit celle-ci.

Depuis plusieurs décennies, la Fed et d'autres banques centrales ont œuvré pour ancrer les anticipations d'inflation autour de 2% et justifier la politique monétaire associée. Paradoxalement, note Krugman (1998) analysant l'inefficacité de la politique monétaire au Japon durant les années 90, avec des banques centrales ayant retrouvé dans les années 80 leur crédibilité de lutte contre l'inflation, une politique monétaire de lutte contre la déflation ne peut être efficace que si elle réussit à convaincre le public que les banques centrales sont redevenues « irresponsables ». Mais en 2022, alors qu'il s'agit de lutter contre l'inflation, un réancrage des anticipations sur un taux d'inflation supérieur ne peut réussir que si les banques centrales arrivent à convaincre le public qu'elles n'ont pas renoncé à leur responsabilité. En un sens, à la BCE, Luis de Guindos a raison de dire « ce qui importe, c'est que nous ne perdrions pas notre crédibilité ». Mais on peut penser qu'à partir d'une inflation à 10% dans la zone euro, une trajectoire vers un taux d'inflation supérieur à 2% imposerait moins de coûts transitoires à l'économie qu'un retour à l'ancienne cible, sans « empêcher l'économie de rebondir ». Un choix existe, qui n'est pas neutre, en particulier dans la mesure où les récessions contribuent à détériorer les possibilités futures de production et où la politique monétaire n'affecte pas uniquement les variables nominales dans le long terme. Par ailleurs, les problèmes rencontrés en 2023 par certaines banques américaines montrent qu'on ne peut négliger les risques de fragilité du système bancaire induits par une hausse brutale des taux d'intérêt dans le cadre de la lutte contre l'inflation.

B – Inflation et fragilité du système bancaire.

Le vendredi 10 mars 2023, la Silicon Valley Bank (SVB), basée à Santa Clara Californie, fait faillite après des retraits massifs de dépôts. Avant cette date, selon le *California Department of Financial Protection and Innovation* (DFPI),), la situation financière de cette banque largement engagée dans le secteur de la technologie était considérée comme saine (pratiquement la moitié des compagnies de ce secteur financées par du capital-risque était financée par SVB), bien qu'un nombre croissant d'investisseurs anticipant des problèmes aient commencé à s'intéresser à cette banque. Dans son dernier rapport « *Call Report* » exigé à la fin de chaque trimestre par le *Federal Financial Institutions Examination Council*, au 31 décembre 2022 l'actif total de la banque se montait à 209 milliards, avec un portefeuille d'obligations de 117 milliards dont 91,3 milliards de titres détenus jusqu'à échéance et 26 milliards de titres disponibles à la vente. En contrepartie, au passif de la Banque figuraient notamment en engagements 175,5 milliards de dépôts. Pour ceux-ci, la part non assurée par la garantie de 250.000 dollars par dépôt du *Federal Deposit Insurance Corporation* (FDIC) est estimée à 86,4% du total des dépôts. Cette part importante de dépôts non couverts par la garantie du FDIC, jointe à la part importante de titres non immédiatement négociables à l'actif, explique la rapidité de la faillite de la banque confrontée aux problèmes du secteur technologique et aux conséquences de la politique monétaire restrictive de la Fed.

Les difficultés économiques consécutives à la crise de la COVID, les retraits de dépôts effectués par les startups pour financer leurs opérations courantes confrontées à des coûts croissants d'emprunt et les séries de licenciements dans ce secteur au début de 2022, confrontent SVB à la nécessité de répondre à une demande croissante de liquidités. Au début de mars 2023, la banque annonce qu'elle a vendu en valeur 21 milliards de son portefeuille de titres négociables supportant une perte de 1,8 milliard, qu'elle a emprunté 15 milliards et qu'elle envisage une vente d'urgence de son portefeuille d'obligations publiques pour disposer de 2,25 milliards supplémentaires de liquidités. Le jour suivant l'annonce, le 9 mars, les retraits de dépôt se montent à 42 milliards, laissant la banque avec un solde négatif de cash de 958 millions et les actions de la banque plongent de 60%. Le matin du 10 mars, les évaluateurs de la Fed et du FDIC arrivent dans les bureaux de la banque et la ferment. Depuis la crise financière de 2007-2008, c'est la plus grande faillite bancaire et la seconde de l'histoire des États-Unis parmi les banques assurées par le FDIC.

Le 16 octobre 2019, dans une allocution prémonitoire au *Brookings Center on Regulation and Markets*, Martin Gruenberg[1], membre du

[1] Gruenberg Martin J. (2019) : "An Underappreciated Risk: The Resolution of Large Regional Banks in the United States", The Brookings Institution Center on Regulation and Markets, Washington.

Conseil des directeurs du FDIC, attirait l'attention sur un problème négligé depuis la crise financière de 2008, celui des grandes banques régionales aux États-Unis. Ces banques, remarquait-il, disposant d'un capital compris entre 50 et 500 milliards de dollars, par leur taille, leur complexité et leur recours à des financements de marché et de dépôts non assurés, sont susceptibles de présenter un risque substantiel en cas de faillite, avec des conséquences potentielles systémiques. Ce secteur bancaire n'est pas négligeable. Au second trimestre 2019, il existait 39 banques régionales de ce type, détenant environ six mille milliards de dollars d'actifs, pratiquement 33% des actifs du secteur bancaire total, et du côté du passif, détenant 4,3 mille milliards en dépôts dont 43% non assurés. Sont concernés dans les dépôts non assurés typiquement des dépôts d'entreprise pour paiement de salaires, ceux d'entreprises à but non lucratif et des dépôts individuels importants comme ceux des retraités. En face, créé le 1er janvier 1934, le FDIC assure des milliards de dollars en dépôt dans les banques et les institutions d'épargne. Ne disposant d'aucun financement de la part du Congrès américain, ses fonds sont constitués des primes que versent les banques et les autres institutions d'épargne pour la couverture des dépôts. Au 31 décembre 2022, le FDIC dispose de 128,20 milliards de dollars, soit environ 1,27% de tous les dépôts assurés.

Confronté à la faillite d'une banque, le FDIC dispose de deux options. La première option est de vendre une part ou la plupart des actifs de la banque à une banque repreneuse qui prend en charge la totalité des dépôts ou seulement la part des dépôts assurés conjointement avec une part des dettes. La seconde option consiste à liquider la banque, le FDIC réglant la totalité des dépôts assurés, liquidant les actifs et ne remboursant la part des dépôts non assurés qu'à proportion de la valeur des actifs vendus. Depuis l'adoption du *FDIC Improvement Act* en 1991, le FDIC a l'obligation de choisir l'option la moins coûteuse dans le cas où le choix se présente. Les effets de la faillite d'une de ces grandes banques peuvent alors être appréciés à la lumière des remarques faites par Martin Gruenberg tirant en 2019 la leçon des faillites en 2008 de IndyMac Bank et de Washington Mutual.

Pour IndyMac Bank, une petite banque régionale de 30 milliards d'actifs, aucun acquéreur viable ne se présentant, une institution de liquidation, une "*bridge bank*" fut mise en place par le FDIC. Dans le cadre d'une liquidation s'étalant sur neuf mois, la gestion de la faillite de IndyMac Bank fut la plus coûteuse des faillites gérées par le FDIC, imposant au *Deposit Insurance Fund* une perte de 12,4 milliards de dollars, les déposants perdant dans l'affaire 2,6 milliards de dollars non assurés, soit environ 14% des dépôts totaux. A contrario, de manière opportune, note Gruenberg, pour Washington Mutual, la plus grande institution d'épargne des États-Unis avec un actif de 300 milliards de dollars, il existait un acquéreur doté de la capacité de prendre en charge tous les actifs et tous les dépôts, assurés et non assurés, permettant d'éviter aux déposants une perte de 45 milliards, ce qui, dans l'environnement économique et financier de 2008, n'aurait pas manqué d'exercer un effet déstabilisateur significatif. En cas d'absence d'acquéreur, la seule manière d'éviter un tel effet systémique eût été d'invoquer l'exception de risque systémique (ERS) prévue dans l'*Improvement Act*. Celui-ci permet, à la demande des Conseils du FDIC et de la Fed et avec l'accord du secrétaire au Trésor et du Président, de suspendre l'obligation de l'option de moindre coût. Une interprétation large de l'ERS peut alors permettre une couverture illimitée des dépôts effectués dans le cadre de comptes courants ne portant pas intérêt.

En fait, l'exception de risque systémique fut invoquée à la fin de 2008 et au début de 2009 pour répondre aux problèmes de trois des plus grandes organisations bancaires des États-Unis, Wachovia Corporation, Citigroup et Bank of America Corporation[1]. Les annonces d'ERS permirent dans l'attente d'une solution de rassurer les marchés en signalant à ces derniers la volonté du gouvernement de remédier aux problèmes systémiques de l'industrie bancaire, au détriment cependant de la discipline de marché. Dans le cadre des investigations et négociations conduites par le FDIC pour régler la situation, l'invocation d'une ERS fut un préalable à la possibilité de disposer d'acquéreurs potentiels, ces derniers demandant une assistance fédérale pour négocier un partage de risque et une protection des créanciers et actionnaires en plus de celle des dépôts assurés. Dans cette situation, le FDIC, la Fed et le Trésor, soumis à la pression des marchés, n'ont pas toujours le temps avant de prendre une décision d'acquérir l'information nécessaire permettant d'identifier les bénéficiaires spécifiques de l'assistance gouvernementale et l'importance des effets

---

[1] Cromie Whitney, Myron Kwast et Ashley Mihalik (2017) : "Use of Systemic Risk Exceptions for Individual Institutions during the Financial Crisis", in Crisis and Response: An FDIC History, 2008–2013, Federal Deposit Insurance Corporation (FDIC), Washington, DC, p. 67-98.

de cette dernière. Si finalement, pour Wachovia le problème fut réglé par son acquisition par Wells Fargo sans avoir besoin de l'assistance gouvernementale, CitiGroup et Bank of America furent sauvées dans le cadre d'une opération de renflouement allant bien au-delà de la garantie de tous les dépôts. Pour CitiGroup, il fallut pour rassurer les marchés l'annonce par le Trésor, la Fed et le FDIC d'un paquet d'assistance incluant une injection de capitaux par le Trésor de 20 milliards et d'une protection des pertes portant sur un pool d'actifs de CitiGroup de 306 milliards, protection fournie par le Trésor, le FDIC et la Federal Reserve Bank de New York. Un paquet similaire fut l'objet de négociations dans le cas de Bank of America.

Pour ce qui est aujourd'hui de la Silicon Valley Bank, c'est bien cette exception de risque systémique qui fut retenue dans un énoncé commun émis le 12 mars 2023 par la Secrétaire au Trésor Janet Yellen, le Président de la Fed Jerome Powell et Martin Gruenberg Président du FDIC. Tous les déposants de la banque sont totalement protégés et ont accès à leurs dépôts assurés et non assurés transférés à la Silicon Valley Bridge Bank. Le 26 mars, le FDIC entre en négociation avec la First Citizens Bank & Trust Company, acquéreur potentiel de SVB. Au 10 mars 2023, SVB a approximativement un actif de 167 milliards et 119 milliards de dépôts. La transaction inclurait le rachat par First Citizens Bank d'environ 72 milliards d'actifs de SVB avec une décote de 16,5 milliards, 90 milliards d'actifs restant entre les mains du FDIC pour liquidation. Les déposants de la Silicon Valley Bridge Bank deviennent automatiquement déposants de First Citizens Bank & Trust Company reprenant la totalité des dépôts. Le FDIC estime à 20 milliards de dollars le coût pour le *Deposit Insurance Fund* de la résolution finale de la faillite, permettant au Trésor d'affirmer que le coût de l'opération est financé par l'institution bancaire (via les primes d'assurance versées pour la garantie des dépôts) et non par les contribuables.

Pour certains, la faillite de SVB résulte tout autant de défauts de la supervision que d'insuffisances de la régulation. Du côté de la régulation, le démantèlement de certaines des dispositions protectrices figurant dans le *Dodd-Frank Act* signé en juillet 2010 par le Président Obama est considéré comme en partie responsable des pratiques des dirigeants de SVB. Le *Dodd-Frank Act*, qualifiée de « désastre » en 2017 par le Président Trump, se voit imposer des modifications significatives, réduisant en 2018 de manière importante le nombre de banques soumises à l'obligation de stress tests annuels, assouplissant en 2020 les exigences de capitalisation de la règle Volcker et réintroduisant la possibilité pour les banques d'investir dans des fonds de capital-risque. Du côté de la supervision, la Federal Reserve Bank de San Francisco est la superviseure principale de SVB, dotée du pouvoir d'examiner annuellement toute banque disposant d'un actif de 100 milliards. Un examen conduit en 2021 décèle de nombreuses insuffisances dans la gestion du risque de la banque, lesquelles ne s'avèrent pas corrigées à l'occasion du réexamen de 2022. Les auditions par le Congrès en mars 2023 de Michael S. Barr, vice-président de la Fed chargé de la supervision des banques, de Martin Gruenberg, Président du FDIC et de Nellie Liang, sous-secrétaire au Trésor, révèlent que tous les régulateurs attribuent la responsabilité principale de la faillite au management de la banque, ayant quadruplé ses actifs sur les quatre dernières années avec 100 milliards d'achats de titres adossés à des créances hypothécaires (MBS). Les investigations supplémentaires contribueront certes à identifier les responsabilités effectives des gestionnaires et des régulateurs. Mais en plus de ces dernières, les effets déstabilisateurs que peut exercer sur le système bancaire la politique de lutte contre l'inflation de la Fed doivent être pris en considération.

Un *Working Paper* du NBER[1] analyse l'exposition au risque du secteur bancaire américain résultant de la hausse récente des taux d'intérêt conduite par la Fed. De mars 2022 à mars 2023, le *federal funds rate* augmente de 0,08% à 4,57%, affectant en particulier la valeur de nombreux titres publics comme privés, les obligations de long terme du Trésor américain étant particulièrement affectées, certaines à échéance de plus de 20 ans perdant jusqu'à 30% de leur valeur. Consécutive à la hausse des taux, la valeur au prix du marché des actifs du système bancaire est alors inférieure à leur valeur comptable de deux mille milliards de dollars. Dans cette situation, c'est le rapport Dette non assurée sur Actifs qu'il faut prendre en considération pour se demander si de telles pertes sont susceptibles de rendre insolvables certaines banques. À cet égard, la faillite de SVB est illustrative, car SVB n'était pas la banque la moins bien capitalisée, 10% des autres

[1] Jiang Erica Xuewei, Gregor Matvos, Tomasz Piskorski et Amit Seru (2023) : “Monetary Tightening and U.S. Bank Fragility in 2023: Mark-To-Market Losses and Uninsured Depositor Runs ?”, NBER Working Paper 3104, mars.

banques ayant une capitalisation inférieure. En revanche, SVB avait une part disproportionnée d'engagements non assurés, seulement 1% des banques disposant d'un endettement non assuré supérieur. Une dépréciation des actifs jointe à une dette non assurée importante incita les déposants à retirer leurs fonds. Et le risque d'une propagation ne fut pas négligeable dans la mesure où, à la révélation des problèmes de SVB, la capitalisation évaluée au prix du marché des banques américaines perdit en deux jours 10 milliards de dollars et celle des banques européennes 50 milliards.

Le *Working Paper* du NBER évalue pour l'ensemble de toutes les banques américaines (environ 4.800 institutions) l'importance des incitations à des retraits massifs dans le cadre de différents scénarios combinant dépréciation de la valeur de marché des actifs, capitalisation des banques et dette non assurée. Il montre d'abord que sur un plan global, après dépréciation des actifs due à la hausse des taux d'intérêt, sur la base des bilans du premier trimestre 2022, pour toutes les banques sauf deux, l'actif restant est suffisant pour couvrir la totalité des dépôts non assurés. Que se passe-t-il cependant si des retraits sont effectués ?

Sous les deux scénarios d'un retrait de la totalité et de la moitié des dépôts non assurés et sous l'hypothèse que les banques peuvent liquider leurs actifs au prix du marché pour répondre à ces retraits, avant l'accroissement des taux d'intérêt, les banques américaines étaient solvables. Ainsi, même si la totalité des dépôts non assurés était retirée, les actifs restants couvraient les dépôts assurés. En revanche, après la hausse des taux d'intérêt :

- En cas de retrait de la totalité des dépôts non assurés, 1.619 banques auraient une couverture négative de leurs dépôts. Les dépôts assurés seraient alors impactés, les pertes agrégées importantes concerneraient 2,6 mille milliards de dépôts agrégés.

- En cas de retrait de la moitié des dépôts non assurés, 186 banques se retrouveraient avec une couverture négative de leurs dépôts. Parmi les dix plus grandes banques affectées, l'une a des actifs de plus de mille milliards de dollars et trois banques des actifs de plus de 200 milliards.

Certains ont considéré que la faillite de SVB ne constituait pas un risque systémique pour le système bancaire américain, la banque étant hautement spécialisée dans le financement d'un secteur risqué de l'économie, les régulations financières s'étant renforcées depuis la crise de 2008. Mais la faillite de SVB accompagnée par celle de la Signature Bank de New York n'a pas manqué de soulever des inquiétudes concernant d'autres banques régionales, en particulier la First Republic

Bank[1] et la Western Alliance. L'intervention rapide des autorités gouvernementales permit de limiter la casse, mais les résultats des scénarios précédents montrent que la dépréciation des actifs consécutive à la hausse des taux d'intérêt a accru la fragilité du système bancaire américain. Dans un environnement qui, aujourd'hui, exige des banques centrales de combattre l'inflation, les objectifs de stabilité des prix d'une part et de stabilité financière entrent en conflit de manière d'autant plus importante que le secteur privé, précédemment gavé de liquidités par la politique de *Quantitative Easing*, est devenu plus vulnérable à un changement de politique monétaire.

[1] Kinda Hachem (2024) : "Reallocating Liquidity to Resolve a Crisis," Federal Reserve Bank of New York Liberty Street Economics, August 12, 2024. Peu après l'effondrement de la Silicon Valley Bank en mars 2023, un consortium de onze grandes institutions financières américaines déposa 30 milliards de dollars dans la First Republic Bank pour renforcer sa liquidité et éviter la panique chez les déposants non assurés. Cette intervention fut un échec et pose la question de savoir si une réallocation des liquidités entre institutions financières peut réduire le besoin d'intervention des banques centrales en cas de crise bancaire. Avant la création de la *Federal Reserve*, remarque Kinda Hachem, lors de la panique bancaire de 1873 aux États-Unis, une association de toutes les principales banques de New York, la *New York Clearinghouse* mit en place un système de reconnaissance de dette entre ses membres permettant de palier à l'absence d'une institution financière centrale prêteuse en dernier ressort.

Chapitre II
La politique monétaire non conventionnelle

À partir de 2008, à l'imitation d'une politique monétaire non conventionnelle adoptée par la Banque centrale du Japon dès le début des années 2000, confrontées à des pressions déflationnistes, les banques centrales se sont vues contraintes de recourir à d'autres instruments que la manipulation de taux directeurs, élargissant leur gamme d'instruments à une politique de bilan les confrontant à de nouveaux problèmes. Au Japon, le taux d'intérêt nominal au jour le jour s'est positionné depuis octobre 1995 à cinquante points de base de zéro et a été pratiquement égal à zéro sur la plus grande partie des quatre années précédentes. Aux États-Unis, alors que le *federal funds rate* diminue en dessous de 1% à la fin de 2008, les signes de reprise demeurent excessivement fragiles et confrontent les économies à la possibilité d'une situation de taux plancher (trappe pour la liquidité) dans laquelle l'instrument favori de la politique monétaire conventionnelle perd de son efficacité.

Soulevée pour la première fois par John Maynard Keynes et considérée comme une pure curiosité théorique, la question de savoir ce qui peut être fait pour stabiliser une économie dans laquelle existe une trappe pour la liquidité est ainsi redevenue d'une importance pratique urgente. Certains considèrent que des situations de déflation sont des trous noirs desquels une économie risque de ne pas pouvoir sortir. D'autres considèrent au contraire qu'il existe d'autres moyens qu'une politique de contrôle de taux d'intérêt nominal pour agir sur la demande globale et l'inflation. Cependant, avant d'aborder la manière dont une politique monétaire non conventionnelle relève le défi d'une trappe pour la liquidité, il est d'abord nécessaire d'envisager les causes de la baisse des taux d'intérêt naturels. C'est bien parce que, jusqu'à la résurgence récente de l'inflation, les taux d'intérêt naturels ont été proches de zéro que les taux d'intérêt nominaux ont rencontré un plancher effectif et posé à la politique monétaire conventionnelle un problème en cas de lutte contre la déflation.

Section I – Les causes de la baisse du taux d'intérêt naturel

Pour beaucoup d'auteurs, la diminution des taux d'intérêt réels observée depuis les années 80 dans de nombreux pays, graphiques 26 et 27 ci-dessous, est le reflet d'une décroissance internationale des taux d'intérêt naturels qui résultent de facteurs communs à de nombreux pays plutôt que de facteurs idiosyncratiques nationaux.

Graphique 26

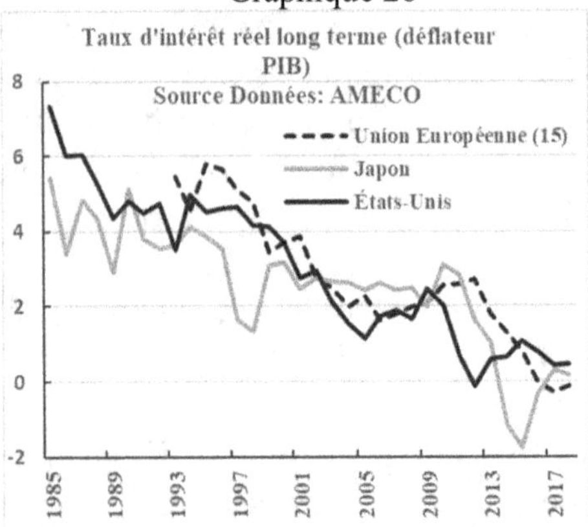

Graphique 27

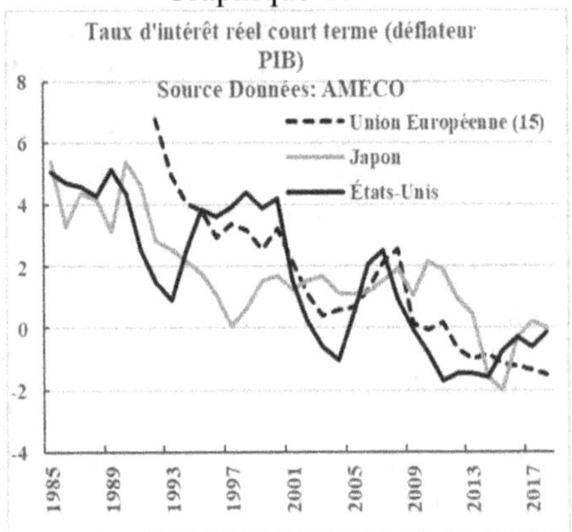

Des estimations de taux d'intérêt naturels, bien que variant d'une étude à l'autre, témoignent de cette diminution bien avant la crise financière globale de 2007-2008. Si l'on définit le taux d'intérêt naturel comme le taux d'intérêt réel d'une économie opérant à son produit potentiel une fois atténués les chocs transitoires de demande ou d'offre globale, une mesure de ce taux pose un certain nombre de problèmes. En tant que variable latente, le taux doit être inféré des données plutôt que directement observé. À partir d'un modèle faisant dépendre le taux d'intérêt naturel du trend de croissance estimé pour le produit potentiel et d'une composante variable dans le temps prenant en compte les autres effets non spécifiés, Holston, Laubach et Williams[1] obtiennent des estimations de l'évolution du taux d'intérêt naturel pour les États-Unis, le Canada, la zone euro et le Royaume-Uni. Ces évolutions sont représentées sur le graphique 28.

---

[1] Holston, K., Laubach, T. et J. C. Williams (2017) : "Measuring the Natural Rate of Interest: International Trends and Determinants", Journal of International Economics, Vol. 108, p. 59-75.

Graphique 28

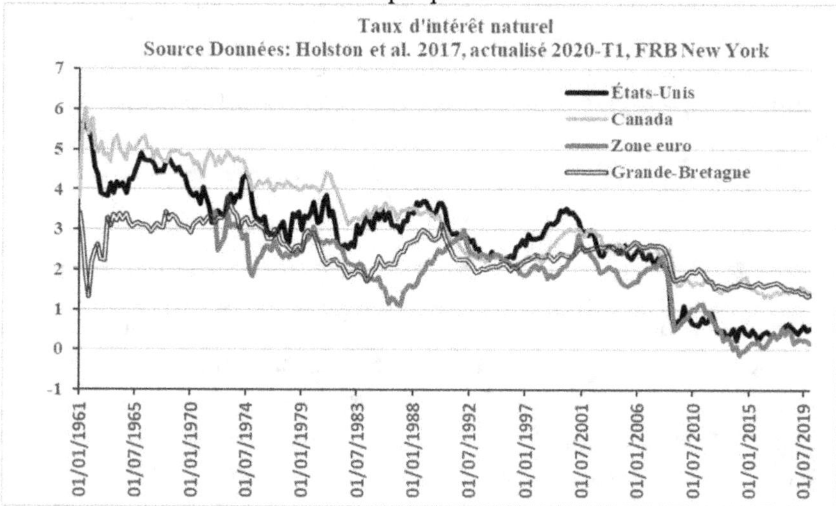

Le graphique montre que le taux d'intérêt naturel estimé varie dans les quatre pays, avec un trend à la baisse conduisant à des niveaux historiquement bas après la crise de 2008. Mais si la baisse des taux d'intérêt observés sur les marchés financiers est parfois considérée comme une indication de la décroissance des taux d'intérêt naturels (les deux catégories de taux covariant en raison d'une corrélation commune avec le taux de croissance de l'économie), ces deux catégories de taux sont cependant déterminées par des ensembles différents de variables. Les taux de marché sont principalement déterminés par les conditions des marchés financiers et la politique monétaire ; les taux d'intérêt naturels sont déterminés par les caractéristiques de l'économie réelle. Le niveau moyen du taux neutre sur longue période est influencé principalement par des forces économiques réelles, en particulier le taux de progrès technique, les trends démographiques et les facteurs affectant l'équilibre global entre épargne et investissement. La politique monétaire ne peut être un déterminant principal du taux d'intérêt neutre.

Sur un plan théorique, on peut approcher une notion de taux naturel en se plaçant dans une perspective de long terme faisant référence au taux d'intérêt réel obtenu dans l'état stationnaire de croissance d'une économie à son produit potentiel. Dans cette économie dotée d'une fonction de production macroéconomique $Y = K^{\alpha}(AL)^{1-\alpha}$, avec K capital physique, L facteur travail croissant au taux n, A progrès technique intégré au facteur travail croissant au taux φ et un taux δ de dépréciation du capital physique, pour une propension à épargner s, l'état stationnaire définit une croissance où les rapports K/L et Y/L croissent tous deux au taux de progrès technique φ. À l'équilibre, le taux de croissance du produit potentiel est donc égal à $n + \varphi$ et le taux d'intérêt réel ρ, égal au produit marginal physique du capital, s'exprime par la relation

$$\rho = \alpha\left(\frac{\delta + n + \varphi}{s}\right) \qquad (27)$$

Le taux d'intérêt naturel est donc une fonction croissante du taux de croissance du facteur travail, du taux de croissance du progrès technique et une fonction décroissante du taux d'épargne. À travers la présence de la propension à épargner, le taux d'intérêt réel à l'équilibre exprime non seulement la productivité marginale physique du capital, mais aussi du côté de l'épargnant la préférence pour le temps (présent), la compensation en consommation future attendue par celui-ci en échange d'un renoncement à la consommation présente. Ces paramètres sont concernés par les trois explications principales de la baisse des taux d'intérêt naturels : la stagnation séculaire, l'excès d'épargne globale et l'insuffisance d'actifs sûrs.

I – La stagnation séculaire.

La longueur de la grande récession qui a suivi la crise financière de 2008 et les mesures extraordinaires prises pour la combattre ont créé, remarquent Teulings et Baldwin[1], l'impression largement répandue, mais mal définie que quelque chose avait changé dans le monde économique. Ce quelque chose s'est vu attribuer un nom lorsque Larry Summers réactualisa fin 2013 l'hypothèse de stagnation séculaire avancée en 1939 par Alvin Hansen, alors président de *l'American Economic Association.* Dans sa conférence présidentielle, Hansen suggérait que la Grande Dépression pouvait être le début d'une nouvelle ère de stagnation économique et que les facteurs explicatifs importants

---

[1] Teulings, C et R Baldwin (2014) : "Secular Stagnation: Facts, Causes and Cures", in Teulings, C et R Baldwin (eds), Secular Stagnation: Facts, Causes and Cures, CEPR Press, Paris et Londres..
Summers, L (2014) : "Reflections on the 'New Secular Stagnation Hypothesis", in Teulings, C and R Baldwin (eds), Secular Stagnation: Facts, Causes and Cures, CEPR Press, Paris et Londres.

devaient être recherchés dans le déclin de la fertilité démographique et l'excès d'épargne.

Cinq ans après le creux de la récession du début de l'été 2009 aux États-Unis, constate Summers[1], si l'économie a retrouvé la croissance, on doit cependant remarquer que la réduction de l'*Output gap* a été réalisée non pas tant par la croissance du PIB que par la révision à la baisse du produit potentiel. Avec une économie américaine 10% en dessous de ce qu'en 2007 on pouvait anticiper être son produit potentiel de 2014, 5% avaient été comblés par une réduction de produit potentiel. La reprise n'avait donc pas conduit à un retour au trend de produit potentiel antérieur et la récession avait jeté une ombre sur les possibilités futures de croissance. Ce n'est d'ailleurs pas tant la réduction du progrès technique qu'il faut ici mettre en cause que la réduction de l'investissement en capital productif et la réduction du facteur travail. En fait, dans cette hypothèse de stagnation séculaire, les changements démographiques constituent un facteur important pour expliquer le déclin du taux d'intérêt naturel à travers la réduction de la croissance potentielle du PIB. Les changements démographiques sont importants dans la mesure où ils influencent de manière non négligeable le taux d'épargne.

Pour comprendre cette influence, il faut sortir de la référence d'un épargnant représentatif et prendre en compte un modèle dans lequel la transition des individus au cours de leur cycle de vie, passant d'une position d'emprunteur à une position d'épargnant, a un effet majeur sur le taux d'intérêt, Eggertsson et al.[2]. Avec un modèle simple à générations imbriquées dans lequel les individus passent au cours de leur cycle de vie par trois stades, « jeune », « d'âge mûr » et « vieux », et un revenu largement concentré sur la génération du milieu, le lissage des consommations sur le cycle de vie conduit les jeunes à emprunter et les individus d'âge mûr à épargner en vue de leur retraite. Dans ce cadre, le taux d'intérêt naturel n'est plus simplement conditionné par le comportement de l'épargnant représentatif. Il dépend d'une offre et d'une demande de fonds prêtables évoluant en fonction de la composition générationnelle de la population. Dans une population

[1] Summers, Lawrence H. (2014) : "US Economic Prospects: Secular Stagnation, Hysteresis and the Zero Lower Bound", Business Economics, Vol. 49, No. 2, 2014, p. 65-73.

[2] Eggertsson, G., N. Mehrotra et J. Robbins (2017) : "A model of secular stagnation : Theory and quantitative evaluation", NBER Working Paper No. 23093.

vieillissante et décroissante, avec un allongement de l'espérance de vie et un départ plus précoce à la retraite, la propension à épargner est susceptible d'augmenter avec la proportion d'individus d'âge mûr (entre 45 et 64 ans) approchant de la retraite et de diminuer avec une plus grande proportion de retraités.

Sous cet aspect, les pays du G-20 sont au milieu d'une transition démographique importante[1]. La diminution constante des taux de fertilité a conduit à une diminution plus rapide du taux de croissance de la population en âge de travailler (entre 15 et 64 ans) que celui de la population totale. Combinée avec une espérance de vie plus grande, cette évolution a contribué à augmenter le taux de dépendance vieillesse (proportion des 65 ans et plus relativement à la population en âge de travailler). Dans ce groupe de pays d'ailleurs, le Japon est le plus avancé dans cette évolution, graphique 29 ci-dessous.

Graphique 29

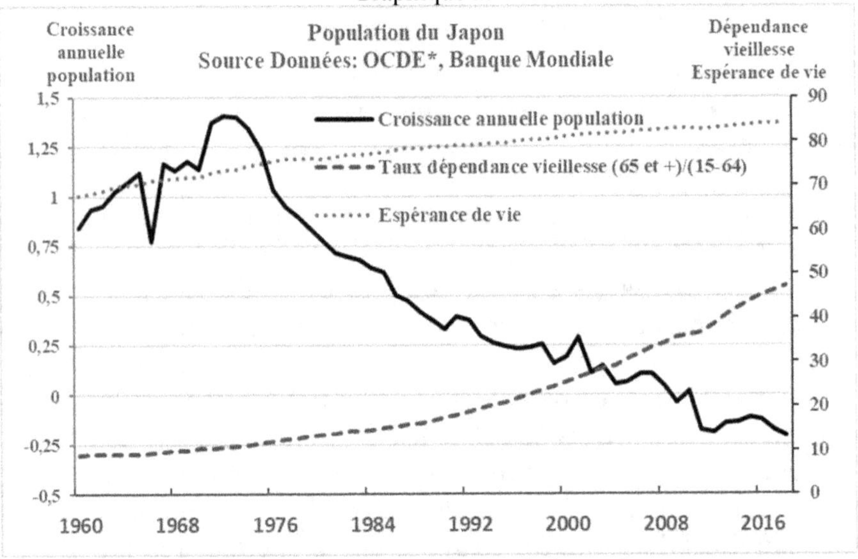

***OCDE Statistiques de la population active,**

Aujourd'hui, le Japon est le seul pays du G-20 à avoir un taux de dépendance vieillesse de plus de 40% (onze pays sont en dessous de 20%), mais des projections conduisent à ce que neuf de ces pays dépasseront largement ce ratio en 2050 en raison de taux de fertilité

[1] FMI G-20 (2017) : Macroeconomics of Aging and Policy Implications, Washington, DC.

inférieurs aux taux de remplacement et d'une espérance de vie croissant de 74 à 79 ans. Dans le cadre de la fonction de production macroéconomique précédente, la décroissance de la population en âge de travailler réduit le facteur travail disponible (à la fois en nombre de travailleurs et en taux de participation, plus faible chez les travailleurs âgés que chez les jeunes) et contribue à réduire la production potentielle. L'effet net dépend cependant du comportement de l'investissement et de la productivité des facteurs. Avec une productivité marginale du capital variant en sens inverse du rapport K/L, compenser la diminution de PIB imputable à la diminution de la quantité de travail suppose une augmentation de la productivité des facteurs, peu susceptible d'être observée dans une économie vieillissante. Dans les pays du G-7 en particulier, sur les années 19902007, la productivité totale des facteurs a été une fonction décroissante du taux de dépendance vieillesse. De la sorte, réduction de la croissance de travail disponible (n), augmentation de la propension à épargner (s) et ralentissement du progrès technique (φ) peuvent se conjuguer pour tout à la fois diminuer le taux de croissance potentiel et le taux d'intérêt naturel d'une économie dont la population se rétrécit et vieillit, comme l'illustre ci-après, graphique 30, l'évolution du taux de croissance potentiel du Japon en fonction des différentes contributions factorielles de 1983 jusqu'en 2019.

Graphique 30

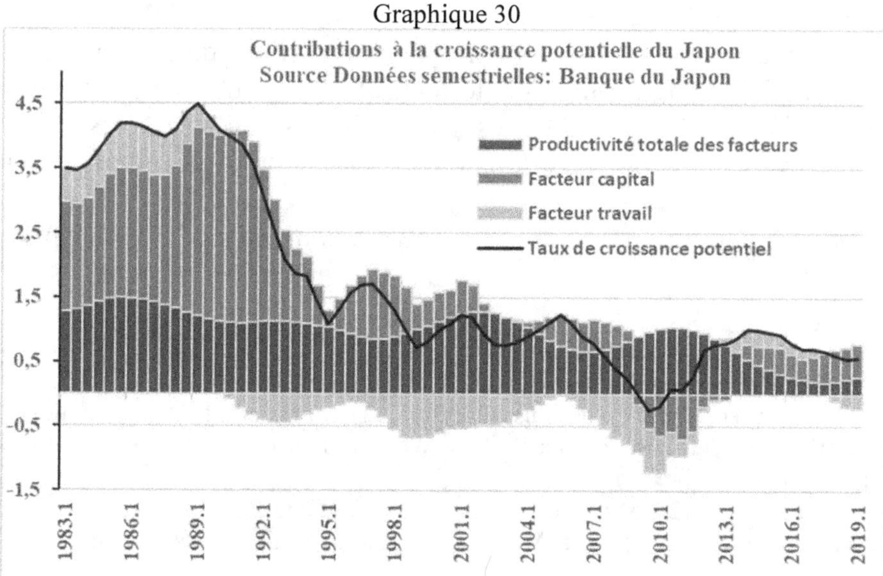

Depuis le début des années 90, la chute du taux de croissance potentiel du Japon est impressionnante. En février 2020, le rapport du FMI concernant ce pays (IMF Country Report No. 20/39) notait que la croissance de 1% du PIB en 2019 se situait au-dessus d'une croissance potentielle, estimée par la Banque du Japon à 0,6%. Et les projections jusqu'en 2025 donnaient une croissance annuelle de 0,5%, destinée au-delà de cette date à rejoindre une croissance potentielle d'environ 0,3%. On notera l'importance des contributions négatives du facteur travail et la diminution relative de la croissance de la productivité totale des facteurs. Les estimations[1] montrent que le changement dans la distribution des âges de la population en âge de travailler a réduit la croissance de cette productivité entre 1990 et 2007, les travailleurs de 40 à 49 ans étant les plus productifs. Le taux de croissance de la productivité totale des facteurs, en moyenne de 1,84% dans les années 1980, tombe à 0,49% dans les années 1990 pour atteindre 0,46% dans les années 2000 et au-delà de sorte que le taux d'intérêt neutre était estimé autour de 0% entre 2000 et 2016.

II – L'excédent d'épargne.

En 2005, s'interrogeant sur les raisons d'un déficit important et croissant de la balance des transactions courantes aux États-Unis, Ben Bernanke[2] affirme qu'une explication satisfaisante de ce déficit doit faire référence à une perspective globale qui, au-delà d'événements domestiques ayant certainement joué un rôle, doit prendre en considération des événements extérieurs au pays. Plus précisément, une combinaison de facteurs a créé sur les huit ou dix années passées une augmentation de l'offre globale d'épargne, un « excès » global d'épargne, *« global saving glut »,* qui permet d'expliquer à la fois l'accroissement du déficit des transactions courantes des États-Unis et le niveau relativement bas des taux d'intérêt réels dans le monde.

---

[1] Liu Yihan et Niklas Westelius (2016) : "The Impact of Demographics on Productivity and Inflation in Japan", IMF Working Paper 16/237, Asia and Pacific Department, décembre.

[2] Bernanke Ben S. (2005) : "The Global Saving Glut and the U.S. Current Account Deficit", the Sandridge Lecture, Virginia Association of Economists, Richmond, 10 mars.

À partir du début des années 2000, graphique 31, l'épargne et l'investissement dans les pays émergents et en développement ont augmenté, l'épargne croissant plus rapidement en raison d'une croissance économique supérieure, d'une épargne de précaution motivée par la crise des pays asiatiques de la fin des années 1990 et de l'augmentation des revenus des pays producteurs de pétrole.

Graphique 31

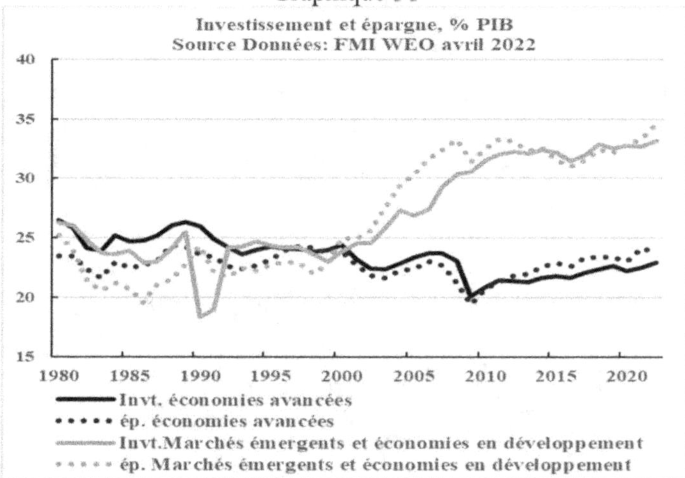

Aux États-Unis, comme dans tout autre pays, à l'équilibre des opérations sur biens et services, l'épargne domestique S (somme de l'épargne privée plus l'épargne publique) est égale à l'investissement domestique I plus le solde des transactions courantes (exportations X moins importations M), soit la relation

$$S = I + (X - M) \qquad (28)$$

Ainsi, lorsque les recettes des exportations en biens et services sont insuffisantes pour couvrir les dépenses d'importation, les ménages, les entreprises et le gouvernement doivent emprunter la différence sur les marchés internationaux. L'investissement domestique, supérieur à l'épargne domestique, est alors en partie financé par l'épargne étrangère. Les pays à transactions courantes déficitaires ($S < I$) sont des emprunteurs nets sur les marchés internationaux et les pays à transactions courantes excédentaires ($S > I$) sont des prêteurs nets sur ces marchés. Comme au niveau mondial, la somme de tous ces soldes est égale à zéro, observer ces soldes fournit des indications sur les mouvements internationaux de capitaux et les écarts entre épargne et investissement. Entre 1996 et 2003, le déficit des transactions courantes aux États-Unis a augmenté de 410 milliards de dollars et la majeure partie de ce déficit a été financée par les excédents de transactions courantes réalisés dans des pays appartenant au groupe des économies en développement ou émergentes, graphique 32 ci-dessous. Après les expériences de crise financière faites entre 1994 et 1999[1], ces pays passent d'une position d'importateur net de capital à une position d'exportateur net.

Graphique 32

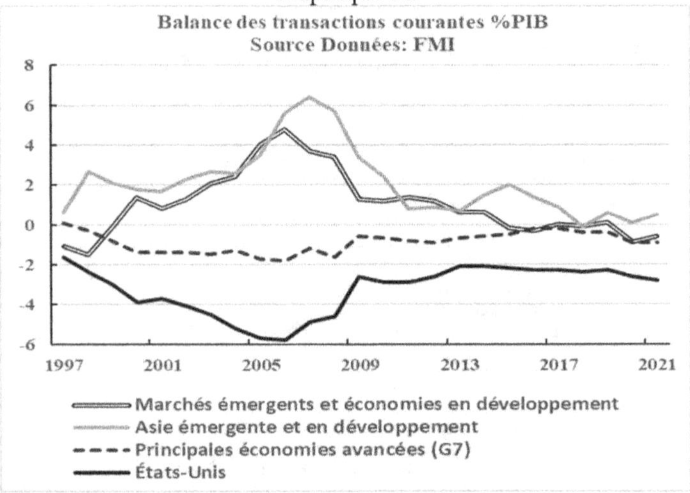

Il est significatif, remarque Bernanke, que durant la même période, l'épargne domestique aux États-Unis ait chuté de 16,5% à moins de 14% du PIB. Mais la chute de l'épargne observée aux États-Unis correspond-elle à une modification de la propension à épargner américaine ? Dans les faits, peu de raisons militent en faveur de cette hypothèse et bien d'autres privilégieraient l'hypothèse contraire. En particulier, dans les pays avancés, le vieillissement de la population et l'accroissement corrélatif du nombre d'individus approchant de la

[1] Ces crises commencent avec le Mexique en 1994 et se poursuivent ensuite avec différents pays de l'Asie de l'Est en 1997-98, puis la Russie en 1998, le Brésil en 1999 et l'Argentine en 2002. Des emprunts inconsidérés à court terme en monnaie étrangère joints à des régimes de taux de change fixes dans un univers de capitaux internationalement mobiles sont à la racine de ces crises. Voir en particulier Timothy F. Geitner : Stress Test, Reflections on Financial crises, Broadway Books, New York, 2014.

retraite et s'inquiétant de leur niveau de vie futur tendraient à favoriser une augmentation de la propension à épargner. Avec un taux d'intérêt naturel déterminé par l'équilibre entre l'épargne et l'investissement lorsque le produit est à son potentiel, sur la période 1996-2004, les trois faits notables, à savoir (1) l'accroissement américain du déficit des transactions courantes, (2) le passage des pays émergents et en développement d'une position d'importateur net de capitaux à une position d'exportateur net et (3) la baisse significative des taux d'intérêt de long terme, peuvent être illustrés par le graphique 33 :

Graphique 33

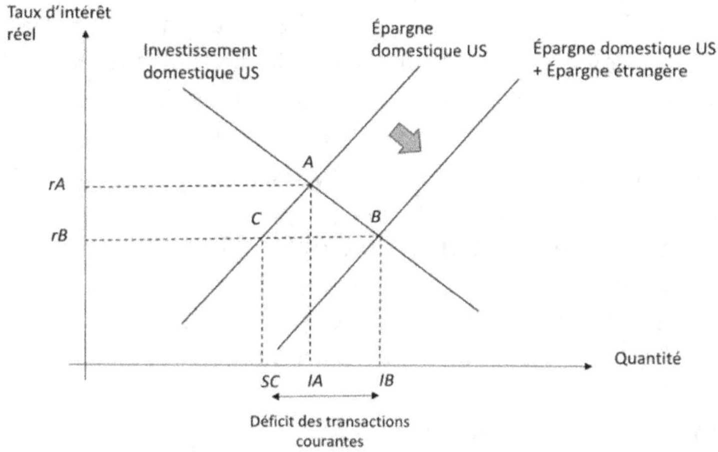

À partir d'une situation initiale A d'une économie à son produit potentiel) (avec équilibre de la balance des transactions courantes pour simplifier) et un taux d'intérêt naturel rA, une augmentation de l'épargne globale du reste du monde entraine un afflux de capitaux étrangers sur les marchés financiers américains et provoque une baisse du taux d'intérêt naturel de rA à rB. Avec des fonctions d'investissement et d'épargne domestiques inchangées, cette baisse du taux d'intérêt réel se traduit par une augmentation de la quantité d'investissement domestique, de IA à IB, et une baisse de la quantité d'épargne domestique, de IA à SC. Le déficit des transactions courantes, la différence $IB - SC$, est financé par l'épargne étrangère.

Au niveau des économies avancées, dans un monde de mobilité internationale parfaite des capitaux dans lequel les taux d'intérêt réel ne peuvent différer entre pays, on peut retenir le graphique précédent avec une courbe d'épargne globale et une courbe d'investissement global pour ce groupe de pays et envisager les facteurs susceptibles d'avoir modifié la position de ces courbes pour expliquer la baisse du taux d'intérêt naturel. Rachel et Summers[1] estiment sur la période 1971-2017 un taux d'intérêt naturel sur les données agrégées des pays de l'OCDE, les traitant comme s'ils formaient une seule économie intégrée. Selon cette estimation, depuis 1980 jusqu'à aujourd'hui, le taux d'intérêt naturel (moyenne pour le groupe de pays considérés) aurait diminué d'au moins 300 points de base (de 3 points de pourcentage), avec une chute prononcée à la suite de 2008, pour se stabiliser à un bas niveau autour de 0,5%. De nombreux facteurs peuvent expliquer l'augmentation de l'épargne globale (déplacement de la courbe vers la droite) et la diminution de l'investissement (déplacement de la courbe vers la gauche). Cependant, constatent les auteurs, dans l'évaluation de la baisse du taux d'intérêt naturel des économies avancées, ce qu'on néglige souvent est le rôle que le secteur public a joué dans ce mouvement. Dans ces économies, l'importance des déficits publics constituant une épargne négative et exerçant un effet contraire à celui de l'épargne privée a contribué à modérer le déplacement de la courbe d'épargne globale. De sorte que si l'on faisait abstraction de ces politiques publiques, « le taux d'intérêt naturel du secteur privé » aurait, depuis les années 1970, diminué d'environ 700 points de base, atteignant alors des valeurs négatives.

III – L'insuffisance d'actifs sûrs.

L'idée que l'économie globale peut être confrontée à une insuffisance d'actifs sûrs est devenue un thème récurrent et significatif dans les débats actuels de politique économique[2], thème développé dans la troisième partie, chap. II, section II de cet ouvrage. Les actifs sûrs constituent l'armature centrale des systèmes financiers modernes. Ils jouent dans ces systèmes un ensemble de rôles semblables aux rôles traditionnels de la monnaie en tant (1) qu'instrument de transaction, (2) réserve de valeur et (3) unité de compte. Ils procurent une réserve de valeur fiable, servent de collatéral dans les transactions financières, permettent de satisfaire aux exigences prudentielles des institutions

---

[1] Łukasz Rachel et Lawrence Summers (2019) : "On Falling Neutral Real Rates, Fiscal Policy, and the Risk of Secular Stagnation", Brookings Papers on Economic Activity, Brookings Paper draft, 4 mars.

[2] Gourinchas Pierre-Olivier et Olivier Jeanne (2012) : "Global safe assets", Monetary and Economic Department, BIS Working Papers No 399, décembre.

financières et constituent une valeur de référence pour les prix des autres actifs. Pour Caballero et al. (2008)[1], les déséquilibres persistants des échanges extérieurs, la crise des *« subprimes »* aux États-Unis et la volatilité résultante des prix des actifs sont la conséquence d'un environnement global caractérisé par une insuffisance d'actifs sûrs. À la suite de la crise des économies émergentes de la fin des années 1990, les pays de ces économies et les pays producteurs de pétrole se tournent vers les États-Unis, perçus comme positionnés de manière privilégiée pour répondre à la recherche d'instruments financiers liquides et sûrs. Il en est résulté une diminution des taux d'intérêt réels aux États-Unis et dans le monde, et une bulle spéculative sur les marchés d'actifs américains.

Par rapport à l'analyse précédente d'un excès d'épargne, la thèse d'une insuffisance d'actifs sûrs renvoie à une modification de la préférence pour le risque des agents économiques, en faveur d'actifs moins risqués, et renvoie à un système monétaire international instituant le dollar comme monnaie internationale de réserve dominante. La baisse du taux d'intérêt naturel peut s'illustrer par le graphique 34 suivant :

Graphique 34

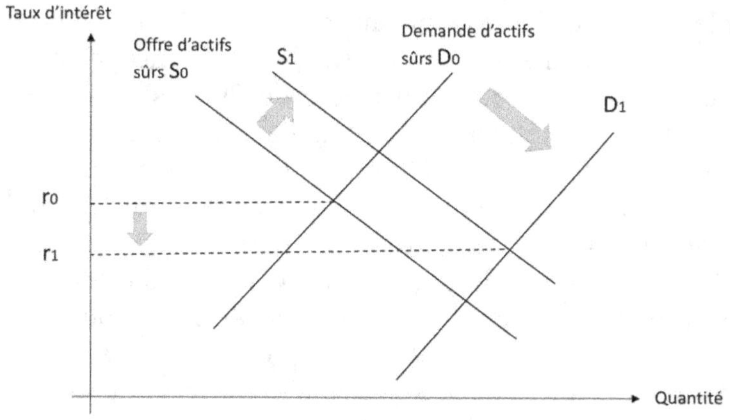

[1] Caballero Ricardo J., Emmanuel Farhi et Pierre-Olivier Gourinchas (2008) : "Financial Crash, Commodity Prices and Global Imbalances", NBER WP 14521, 17 novembre..

En restant ici simplement au niveau d'un taux d'intérêt sur les actifs sûrs comme expression du taux d'intérêt naturel résultant de l'intersection d'une courbe de demande et d'une courbe d'offre mondiales d'actifs sûrs, pour des courbes de demande et d'offre se déplaçant toutes deux vers la droite en fonction notamment de la croissance économique mondiale, si la demande se déplace plus vite que l'offre, le taux d'intérêt sur les actifs sûrs diminue.

Pour beaucoup d'observateurs, dans le long terme, la rareté globale d'actifs sûrs est condamnée à s'accroître, en raison de la croissance de la demande liée à la croissance économique mondiale et des contraintes pesant sur l'offre d'actifs des États-Unis et la soutenabilité de la dette américaine. L'insuffisance de la réaction de l'offre à l'accroissement de la demande traduit un problème structurel, car elle résulte du sous-développement des secteurs financiers des pays émergents et en développement, conduisant à un afflux de capital étranger aux États-Unis. Elle conduit aussi à un système monétaire international qui, reposant sur un principe d'autoassurance par accumulation d'actifs sûrs émis majoritairement par un seul pays, est inéluctablement déstabilisateur. À partir de la fin des années 90 et après l'éclatement de la bulle technologique, en réponse à une insuffisance d'actifs sûrs émis par les autorités américaines, les institutions financières de ce pays ont mis sur le marché de larges montants d'actifs privés considérés comme sûrs. Lorsque ces actifs, labellisés AAA par les agences de notation, ont perdu cette qualité, la crise financière de 2008 s'est déclenchée. À l'issue de la crise, le total de l'émission d'actifs privés « sécurisés » par le secteur financier aux États-Unis et en Europe est passé en dollars de plus de trois mille milliards en 2007 à un peu moins de 750 milliards en 2010,[1] contribuant à exacerber l'insuffisance globale d'actifs sûrs.

Finalement, en dépit du fait que beaucoup des facteurs influençant le taux d'intérêt naturel soient difficiles à prévoir, notamment l'investissement, la productivité et les préférences d'actifs, depuis la crise financière il n'y a pas de signes indiquant un retour de ce taux aux valeurs des années 1980. Le taux d'intérêt naturel va vraisemblablement demeurer bas dans un proche futur et les économies susceptibles d'être confrontées au problème d'un taux plancher effectif.

---

[1] FMI (2012) : Global financial stability report, International Monetary Fund, Washington, DC avril.

En 2022, considérant l'hypothèse d' « excès d'épargne » comme la plus à même d'englober les facteurs explicatifs de l'accroissement de la dette mondiale corrélée avec la baisse des taux d'intérêt réels, le vingt- quatrième rapport sur l'économie mondiale du CEPR de Genève[1] met l'accent sur les trois principales sources d'accroissement global d'épargne, non mutuellement exclusives. En premier lieu, l'excès d'épargne des personnes âgées : l'individu réagit à une durée de retraite plus longue en épargnant davantage. En second lieu, l'excès d'épargne des riches résultant de l'accroissement des inégalités. Enfin, en troisième lieu, l'excès d'épargne de l'étranger, expliqué en partie par la demande croissante d'actifs sûrs et liquides des économies émergentes. C'est également l'opinion du FMI qui en 2023 dans son World Economic Outlook[2], reprenant les résultats de Platzer et Peruffo (20212)[3], examine l'influence des facteurs séculaires déterminant l'évolution du taux d'intérêt naturel dans différents pays, dans les cinq plus grandes économies avancées (États-Unis, Japon, Allemagne, Royaume-Uni et France) et les trois plus grandes économies émergentes et en développement (Chine, Inde et Brésil).

Pour ce qui est de la variation estimée du taux d'intérêt naturel de 1975-1979 à 2015-2019 et sa décomposition en différents facteurs (démographie, budget, productivité, flux de capitaux et autres), en dépit du fait qu'aucun facteur ne soit dominant, des forces communes ont agi sur le taux naturel, expliquant une partie de la covariation internationale de celui-ci. Pour tous les pays de l'échantillon, le vieillissement de la population (accroissant le taux d'épargne) contribue négativement à l'évolution du taux naturel, en particulier pour la Chine, le Japon et l'Allemagne. Par ailleurs, le ralentissement de la croissance de la productivité totale des facteurs (PTF) a joué négativement pour les cinq plus grandes économies avancées. Pour ce qui est des flux de capitaux (internationaux nets), l'action négative qu'exerce aux États-Unis ce facteur s'explique par le fait que les sorties de capitaux s'étant investies dans les pays émergents à partir des années 80 ont été plus que

[1] Centre for Economic Policy Research (2022) : "Debt: The Eye of The Storm", Geneva Report on the World Economy 24, Genève.

[2] FMI (2023) : World Economic Outlook: A Rocky Recovery. Washington, DC. April., chap. 2, p. 45-67.

[3] Platzer, Josef et Marcel Peruffo (2022) : "Secular Drivers of the Natural Rate of Interest in the United States: À Quantitative Evaluation", IMF Working Paper 2022/030, International Monetary Fund, Washington, DC.

compensées par la suite par les entrées ultérieures de capitaux à la recherche d'actifs sûrs. Pour le Japon au contraire, les sorties de capitaux ont dominé, l'excès d'épargne domestique s'investissant à l'extérieur. Enfin, concernant le facteur budgétaire, dans les différents pays, le poids de la dette et la charge des dépenses sociales ont contribué à augmenter le taux naturel.

En fonction de tous ces facteurs, la simulation du FMI pour le futur conclut à deux prévisions. (1) Pour ce qui est des économies avancées, les taux naturels vont probablement rester proches des précédents niveaux prépandémiques. Dans ces pays, la transition démographique est déjà bien engagée et l'effet modéré de ce facteur à la baisse sera compensé par le poids de la dette publique. (2) En revanche, pour les pays émergents, le ralentissement de la croissance de la productivité joint à une transition démographique qui va s'accélérant conduira à une diminution significative des taux d'intérêt naturels. D'où le risque pour la politique monétaire d'être confrontée dans le futur à des situations de taux plancher nécessitant la poursuite d'une politique monétaire non conventionnelle.

Section II – Principe et modalités de la politique monétaire non conventionnelle.

I – Taux plancher effectif et lutte contre la déflation.

Lorsque la baisse du taux d'intérêt naturel conduit à des taux nominaux approchant le taux plancher effectif TPE, la politique monétaire conventionnelle est confrontée à un problème. En cas d'*Output gap* négatif, relancer l'économie demande un taux d'intérêt réel inférieur au taux naturel, donc une diminution du taux d'intérêt nominal. Mais avec un taux nominal au TPE, c'est le taux d'inflation qui détermine alors l'évolution du taux d'intérêt réel.

Considérons ici, pour simplifier les choses, une économie fermée dans laquelle la relation d'équilibre sur le marché des biens et services s'écrit:

$$Y = C + I + G \qquad (29)$$

avec Y produit réel, C consommation finale, I investissement privé et G dépense publique. La consommation finale dépend du revenu disponible après impôts $Y - T$.

Toute chose égale par ailleurs (propension à consommer des ménages, impôts et dépense publique), la relation (29) exprime une relation entre le produit réel d'équilibre Y et le taux d'intérêt réel r. Dans la mesure où l'investissement varie en sens inverse du taux réel, la covariation se traduit par une relation IS de pente négative dans un graphique de coordonnées (Y, r), soit.

$$Y = IS(r) \qquad (30)$$

Un choc affectant l'un des éléments du « toute chose égale par ailleurs » déplace la courbe IS, vers la droite lorsque le choc est positif (à taux d'intérêt réel constant, une augmentation des dépenses publiques ou une réduction d'impôt augmente le produit réel) et vers la gauche lorsqu'il est négatif. Lorsque le taux d'intérêt réel est égal au taux d'intérêt naturel ρ, on a $IS(\rho) = Y_p$. Le taux d'intérêt naturel associé à une courbe IS est la valeur de r déterminée par cette courbe en $Y = Y_p$.

Dans cette économie, la politique monétaire de la Banque centrale est représentée par la fonction PM : le taux d'intérêt réel r est une fonction croissante du taux d'inflation et de Y via l'*Output gap*

$$r = a + b\pi + c(Y - Y_p) \qquad (PM)$$

Quand l'inflation augmente, la Banque centrale augmente le taux d'intérêt réel ($b > 0$). Ce taux est également une fonction croissante ($c > 0$) de l'*Output gap* $Y - Y_p$.

À taux d'inflation constant, dans un graphique de coordonnées (Y, r), on peut tracer une courbe $PM(\pi)$ de pente positive exprimant la manière dont varie l'objectif de taux d'intérêt en fonction de Y. Associé à cette courbe, en $Y = Y_p$ le taux d'intérêt réel est $r = a + b\pi$. Lorsqu'on considère un taux d'inflation différent, la courbe $PM(\pi)$ se déplace, vers la gauche pour un taux d'inflation supérieur, vers la droite pour un taux d'inflation inférieur.

Envisageons sur le graphique 35 une situation d'équilibre associée aux courbes IS et $PM(\hat{\pi})$.

Graphique 35

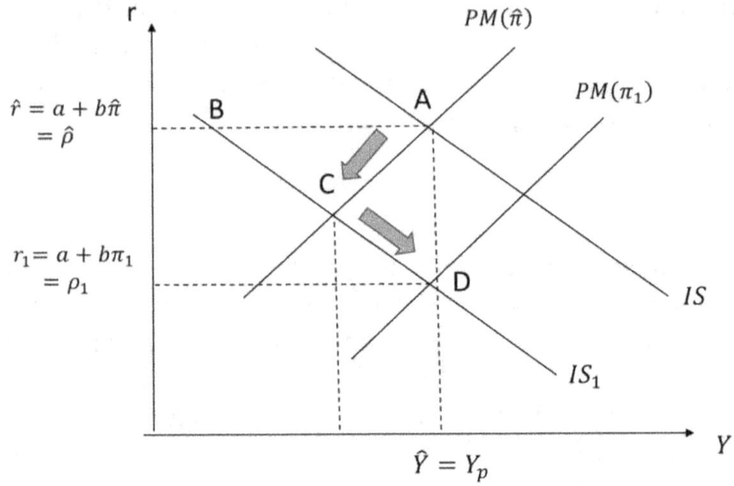

Au point A d'équilibre, le taux d'intérêt naturel est $\hat{\rho}$ et la Banque centrale est intervenue sur le marché monétaire pour égaliser le taux d'intérêt réel $\hat{r}$ au taux d'intérêt naturel grâce à un taux nominal de banque centrale $\hat{\imath}_{BC} = \hat{\rho} + \hat{\pi}$. On remarquera que le taux d'inflation $\hat{\pi} = \frac{\hat{\rho}-a}{b}$ est déterminé par les paramètres a et b de la fonction de réaction de la Banque centrale. Obtenir à l'équilibre un taux d'inflation supérieur à $\hat{\pi}$ revient pour la Banque centrale à adopter une fonction de réaction demandant un taux d'intérêt réel plus bas pour une combinaison donnée de l'*Output gap* et de l'inflation, soit une diminution de a et (ou) de b.

Considérons maintenant un déplacement de la courbe IS en IS_1 correspondant à une contraction de l'activité économique. Le taux d'intérêt naturel est donc ρ_1 et au taux d'intérêt réel $\hat{\rho}$, l'équilibre sur biens et services se situe au point B de la courbe IS_1. Le retour au produit potentiel exige donc une baisse du taux d'intérêt réel.

On peut envisager de décomposer ce retour en deux étapes. Sur le court terme, en raison d'une rigidité nominale des prix et des salaires, en raisonnant à inflation constante, on se déplace sur la courbe $PM(\hat{\pi})$, du point A au point C, la Banque centrale réagissant à la contraction du produit réel par une diminution de son taux de banque centrale i_{BC} et donc du taux d'intérêt réel $r = i_{BC} - \hat{\pi}$. Sur un plus long terme, à partir du point C, la persistance de l'*Output gap* négatif provoque une diminution de l'inflation. Le taux d'inflation baisse de $\hat{\pi}$ en π_1, la Banque centrale accompagnant le retour du produit à son niveau potentiel en un point D de la courbe IS_1 en diminuant i_{BC} plus que la diminution de l'inflation de manière à poursuivre la baisse du taux d'intérêt réel. À fonction de réaction de la Banque centrale constante, au point D le taux d'inflation est $\pi_1 = \frac{\rho_1 - a}{b}$ et le taux de banque centrale $i_{BC1} = \rho_1 + \pi_1$ est inférieur à $\hat{\imath}_{bc}$ en raison de la baisse du taux d'intérêt naturel et du taux d'inflation.

Lutter contre un processus déflationniste de contraction de l'activité économique et de diminution de l'inflation demande ainsi une politique active de baisse du taux nominal de banque centrale afin de porter le taux d'intérêt réel $r = i_{bc} - \pi$ au niveau du taux d'intérêt naturel. Si pour simplifier on suppose un taux plancher effectif égal à zéro, il en résulte que le niveau le plus bas auquel la Banque centrale peut porter le taux d'intérêt réel est $\bar{r} = 0 - \pi$. Que se passe-t-il si au cours du processus continu de contraction de l'économie, le taux nominal de banque centrale atteint ce taux plancher ?

Avec un plancher pour le taux iBC égal à zéro, la relation PM précédente se transforme en la relation

$$\text{Pour } iBC = r + \pi \geq 0 : \quad r = a + b\pi + c(Y - Y_p)$$
$$\text{Pour } iBC < 0 : \quad r = 0 - \pi$$

et la contrainte de non-négativité introduit sur la courbe PM un segment horizontal à la valeur $r = 0 - \pi$.

Le graphique 36 illustre l'évolution d'une économie qui une fois atteint le point D de produit potentiel grâce à une réduction du taux iBC à zéro, se trouve confrontée à la poursuite du choc déflationniste, la courbe IS se déplaçant de IS_1 en IS_2.

Dans une première étape de rigidité des prix et salaires conservant le taux d'inflation π_1, la Banque centrale ne pouvant baisser son taux nominal directeur ne peut conduire l'économie à évoluer sur le segment en pointillés de la courbe $PM(\pi_1)$. À taux d'intérêt réel constant, le produit se contracte et l'on passe du point D au point E.

Graphique 36

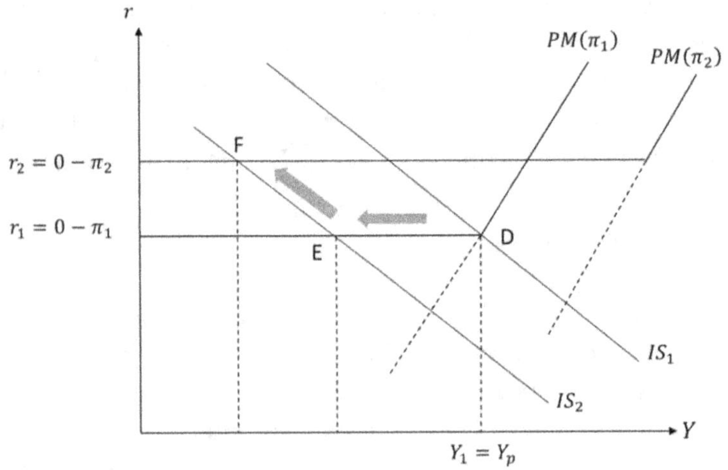

À partir de ce point, les prix répercutant la persistance de l'*Output gap* négatif, le taux d'inflation diminue et passe de π_1 à π_2, avec $\pi_2 < \pi_1$. La courbe $PM(\pi)$ se déplace en $PM(\pi_2)$, le taux réel augmente de r_1 à r_2, accentuant la valeur négative de l'*Output gap*. On passe du point E au point F et un processus cumulatif de déflation peut alors s'enclencher avec une inflation présente fonction des anticipations d'inflation, elles-mêmes fonction du comportement de l'inflation passée. La présence du taux plancher élimine l'élément clé de la politique monétaire conventionnelle qui permet de stabiliser l'économie autour de son produit potentiel. En temps normal, un *Output gap* négatif provoque une diminution de l'inflation et la Banque centrale réagit en diminuant son taux directeur nominal plus que l'inflation pour diminuer le taux d'intérêt réel et agir positivement sur le produit. Mais au taux plancher, c'est le taux réel qui augmente avec la baisse de l'inflation, augmentant l'*Output gap*.

Ce graphique illustre le problème des principales économies confrontées à la crise de surendettement de 2008 qui, comme d'autres crises précédentes, technologiques à la fin des années 90 ou immobilières dans les années 2000, tient à l'éclatement de bulles spéculatives financées par de la dette privée[1]. Entre 2000 et 2008, en pourcentage du revenu disponible, la dette des ménages augmente de 96% à 128% aux États-Unis, de 105 à 160% en Grande-Bretagne et de 69% à 130% en Espagne. Dans ce type de crise, remarquent Eggertsson et al. (2012)[2], coexistent schématiquement deux catégories d'agents économiques dotés de préférences différentes pour le temps présent. Les agents impatients empruntent auprès des agents patients, transférant une part de leur consommation future vers le présent tant qu'ils restent dans les limites d'un plafond de dette soutenable. Lorsque survient une révision à la baisse ou un dépassement de ce plafond[3], les emprunteurs obligés de se désendetter réduisent leur dépense. Si l'on veut éviter une décroissance du produit, la réduction de la dépense doit être compensée par une augmentation de la dépense des agents patients qui doivent être incités à moins épargner par une diminution des taux d'intérêt. Mais dans le cas d'un choc de désendettement suffisamment important, même une baisse du taux d'intérêt à zéro n'offre pas d'incitations suffisantes pour obtenir une telle compensation, une grande part du secteur privé ne cherchant plus alors qu'à minimiser sa dette. La déflation augmente le taux d'intérêt réel et, avec une dette souscrite en termes nominaux, accroît le poids de la dette réelle, engendrant un choc supplémentaire.

II – Les stratégies monétaires non conventionnelles.

Dans la situation précédente, on peut bien sûr envisager d'agir sur la courbe *IS* par une politique budgétaire expansionniste. Le secteur public peut chercher à compenser le désendettement du secteur privé par une augmentation des dépenses publiques *G* et (ou) une réduction de la pression fiscale *T*, déplaçant la courbe *IS* vers la droite et

---

[1] Ko Richard C (2014) : "Balance sheet recession is the reason for secular stagnation", in Secular Stagnation: Facts, Causes, and Cures, C. Teulings et R. Baldwin éditeurs, A VoxEU.org eBook, CEPR Press, p. 131-142.

[2] Eggertsson Gauti B. et Paul Krugman (2012) : "Debt, Deleveraging, and the Liquidity Trap: A Fisher-Minsky-Koo approach", The Quarterly Journal of Economics, p. 1469–1513.

[3] Eggertsson et Krugman évoquent ce moment où les agents économiques prennent conscience d'un niveau de dette non soutenable en faisant référence au dessin animé *Bip Bip et Vil Coyote* de la Warner Bros. On sait que dans ces épisodes de course poursuite, le Coyote, se trouvant dans le vide pour avoir dépassé le sommet de la falaise, ne tombe que quand il réalise que plus rien ne le soutient.

permettant de sortir de la trappe de liquidité, néanmoins au prix d'un déficit budgétaire pouvant mettre en question la soutenabilité de la dette publique. Confrontés à partir de 2008 à des niveaux de dette publique importants, les principaux pays développés ont plutôt expérimenté de nouvelles stratégies de politique monétaire qualifiées de non conventionnelles, destinées à stimuler l'économie à un niveau inchangé de taux nominal de banque centrale[1]. Ces stratégies concernent :

1. Une politique de communication pour agir sur les anticipations des agents concernant le niveau futur des taux d'intérêt.
2. Un accroissement de la taille du bilan de la Banque centrale au-delà du niveau nécessaire pour porter le taux d'intérêt nominal à son taux plancher.
3. Une modification de la composition du bilan de la Banque centrale à travers une politique d'achat de titres publics de long terme afin d'agir directement sur les taux correspondants.

Pour bien comprendre les modalités d'une telle politique, il faut commencer par préciser ce qui est communément appelé la « courbe des taux » ou « courbe des rendements », élément central de la transmission de la politique monétaire à l'ensemble de l'économie.

A – Préliminaire : la courbe des taux ou courbe des rendements.

Connue également sous la dénomination « structure à terme des taux d'intérêt », la courbe des taux est une représentation graphique des rendements offerts par les titres obligataires d'un même émetteur selon leur échéance, de la plus courte à la plus longue. Des courbes de rendement peuvent être construites pour tout type de titres de créance de qualité de crédit comparable et d'échéances différentes. Depuis plusieurs décennies, les opérateurs s'appuient sur les courbes des rendements des titres d'État pour évaluer le coût du loyer de l'argent à différentes échéances. Pour plusieurs raisons, les titres de dette publique ont un statut de référence. En premier lieu, l'État étant considéré comme l'emprunteur le plus solvable, leurs courbes de rendement constituent l'un des meilleurs substituts possibles aux taux

[1] Bernanke, Ben, S. et Vincent R. Reinhart (2004) : "Conducting Monetary Policy at Very Low Short-Term Interest Rates", American Economic Review, 94 (2), p. 85-90.

théoriques de rémunération sans risque. En second lieu, en raison de l'importance et de la longévité des emprunts publics, l'État propose généralement une gamme d'échéances plus large que celles d'autres emprunteurs, ce qui facilite l'élaboration de ces courbes.

La courbe des taux est un élément central dans la transmission de la politique monétaire, car elle illustre la manière dont une action sur les taux courts est susceptible de se transmettre aux taux longs. Mais elle joue également, comme le constate Philip Lane[1] de la BCE, un rôle dual dans la mesure où elle est également une source d'information concernant les anticipations et les appréciations du risque de la part d'investisseurs préoccupés par l'environnement macroéconomique et le futur de la politique monétaire.

Considérons un titre obligataire à échéance d'une période, de valeur 100 à échéance. À la période t, payant pour cette obligation un prix p_{1t} j'obtiens un rendement égal à $(100 - p_{1t})/p_{1t}$. Si par ailleurs le taux d'intérêt nominal sur le marché monétaire pour une période est i_{1t}, les possibilités d'arbitrage entre acheter l'obligation ou prêter au taux de marché imposent l'égalité des deux rémunérations, $(100 - p_{1t})/p_{1t} = i_{1t}$. Le prix p_{1t} de l'obligation à échéance d'une période est donc

$$p_{1t} = \frac{100}{1 + i_{1t}} \qquad (32)$$

Il est cependant possible d'envisager de réaliser la même opération en achetant un titre obligataire à échéance de deux périodes, de valeur 100 à échéance, pour le revendre à la fin de la première période. Si p_{2t} est le prix de cette obligation à la période t, avec l'investissement précédent d'une somme p_{1t}, je peux acheter p_{1t}/p_{2t} obligations à échéance de deux périodes et envisager de les revendre à la période $t + 1$ à un prix anticipé $p^a_{1(t+1)}$. Les possibilités d'arbitrage entre ces deux options conduisent également à l'égalité des rendements. Je dois, à la revente, également obtenir 100, soit. $(p_{1t}/p_{2t})p^a_{1(t+1)} = 100$. Avec la relation (32), on obtient ainsi

[1] Lane Philip R. (2019) : “The yield curve and monetary policy”, Public Lecture for the Centre for Finance and the Department of Economics at University College London, 25 novembre.

$$p_{2t} = \frac{p^a_{1(t+1)}}{1 + i_{1t}} \qquad (33)$$

À la période $t + 1$, étant donné le taux anticipé d'intérêt sur une période $i^a_{1(t+1)}$, la formule (32) s'applique pour $p^a_{1(t+1)}$ qui peut donc s'écrire

$$p^a_{1(t+1)} = \frac{100}{1 + i^a_{1(t+1)}} \qquad (34)$$

Ce qui permet finalement d'obtenir le prix en t de l'obligation à échéance de deux périodes sous la forme

$$p_{2t} = \frac{100}{(1 + i_{1t})(1 + i^a_{1(t+1)})} \qquad (35)$$

Dans la réalité cependant, les deux opérations, achat d'une obligation à échéance d'une période et achat d'une obligation à échéance de deux périodes avec revente à la fin de la première période, ne sont pas affectées du même risque. La première opération est sans risque dans la mesure où i_{1t} est connu avec certitude. En revanche, la deuxième opération est risquée. Il est donc courant dans ce cas de la part des investisseurs de demander une prime de risque, croissant avec la maturité du titre. Ce qu'on envisage ainsi de récupérer en $t + 1$ en principal par unité monétaire investie dans la deuxième opération, soit $p^a_{1(t+1)}/p_{2t}$, doit être supérieur au principal par unité monétaire investie dans la première opération, soit $1 + i_{1t}$, afin de compenser le risque encouru.

Avec δ prime de terme, on a donc $p^a_{1(t+1)}/p_{2t} = 1 + i_{1t} + \delta$ et la relation (35) se transforme en

$$p_{2t} = \frac{100}{(1 + i_{1t} + \delta)(1 + i^a_{1(t+1)})} \qquad (36)$$

Définissons enfin le rendement à échéance d'un titre obligataire par le taux d'intérêt d'une période constant dans le temps tel que le prix de ce titre soit égal à la valeur actualisée en t du paiement à échéance. Pour le titre obligataire de deux périodes, le rendement à échéance est donc le taux i_{2t} tel que $p_{2t} = 100/(1+i_{2t})^2$. On obtient alors avec (36) le rendement d'un titre obligataire à échéance de deux périodes i_{2t} en fonction des taux courts i_{1t} et $i^a_{1(t+1)}$:

$$(1+i_{2t})^2 = (1+i_{1t}+\delta)\left(1+i^a_{1(t+1)}\right) \qquad (37)$$

Cette expression est généralement approximée par la relation

$$i_{2t} \cong \frac{1}{2}\left(i_{1t}+i^a_{1(t+1)}+\delta\right) \qquad (38)$$

et d'une manière générale, en raison des possibilités d'arbitrage entre opérations financières de différentes maturités, le rendement i_{Tt} d'un titre obligataire de maturité *T* s'écrit

$$i_{Tt} \cong \frac{1}{T}\left(i_{1t}+i^a_{1(t+1)}+i^a_{1(t+2)}\dots+i^a_{1T}\right)+\delta^T \qquad (39)$$

Le taux long est donc une moyenne de taux courts anticipés (sauf i_{1t} connu) à laquelle se rajoute une prime de terme croissante avec la maturité du titre.

Ainsi, abstraction faite de la prime de terme :

- Si les agents économiques anticipent que les taux courts dans le futur vont rester au niveau du taux court présent, on a $i_{Tt} = i_{1t}$ pour tout *T* et la courbe des taux reportant la série des taux i_{Tt} en fonction de la maturité *T* du titre est plate.

- Si les agents économiques anticipent une augmentation (une diminution) des taux courts, la courbe des taux est croissante (décroissante) avec la maturité du titre.

En raison de la prime de terme croissante avec la maturité du titre, des anticipations de constance de taux courts se traduisent néanmoins par une courbe de pente positive. De manière générale, la courbe des taux sur les emprunts d'État des principaux pays développés revêt une forme croissante et concave. Pour cette même raison, pour que la courbe prenne une pente négative et que les taux courts soient supérieurs aux taux longs, il faut non seulement que les anticipations de taux court soient décroissantes, mais aussi que cette décroissance fasse plus que compenser la prime de terme. Dans ce cas, on parle d'inversion de la courbe.

Une courbe des rendements inversée signifie que la plupart des investisseurs pensent que les taux d'intérêt de court terme vont fortement baisser dans le futur. Ceci n'est possible que si les taux présents sont considérés comme élevés à la suite par exemple d'une période d'inflation croissante ou de surchauffe ayant conduit la Banque centrale à augmenter son taux directeur. Les agents économiques anticipent alors que la politique restrictive de la Banque centrale va conduire prochainement à une récession contre laquelle celle-ci devra ultérieurement lutter en baissant ses taux. L'inversion de la courbe est ainsi généralement considérée comme un signe avant-coureur du déclenchement à moyen terme d'une récession.

L'écart entre les rendements des bons du Trésor à dix ans et des bons du Trésor à deux ou trois ans est souvent utilisé pour déterminer si la courbe des taux est inversée. Pour les États-Unis, le graphique 37 reporte, sur la période 1959-2021, l'écart mesuré au mois t, *spread*, entre les rendements des bons du Trésor américain à dix ans et à trois mois et la probabilité de l'occurrence d'une récession au mois $t+12$ estimée à partir d'un modèle probabiliste sur données de 1959 à 2009[1].

Les zones en gris clair indiquent les périodes de récession identifiées par le NBER. On peut constater sur le graphique que la réduction du *spread* et son inversion (*spread* négatif) sont suivies d'une augmentation de la probabilité de récession et finalement d'une récession effective.

[1] Estrella Arturo et Mary R. Trubin (2006) : "The Yield Curve as a Leading Indicator: Some Practical Issues", Current Issues in Economics and Finance, juillet/août, vol. 12, Number 6, Federal Reserve Bank of New York.
Parker Dean et Moritz Schularick (2021) : "The Term Spread as a Predictor of Financial Instability", Federal Reserve.Bank of New York, Liberty Street Economics, 24 novembre.

Graphique 37

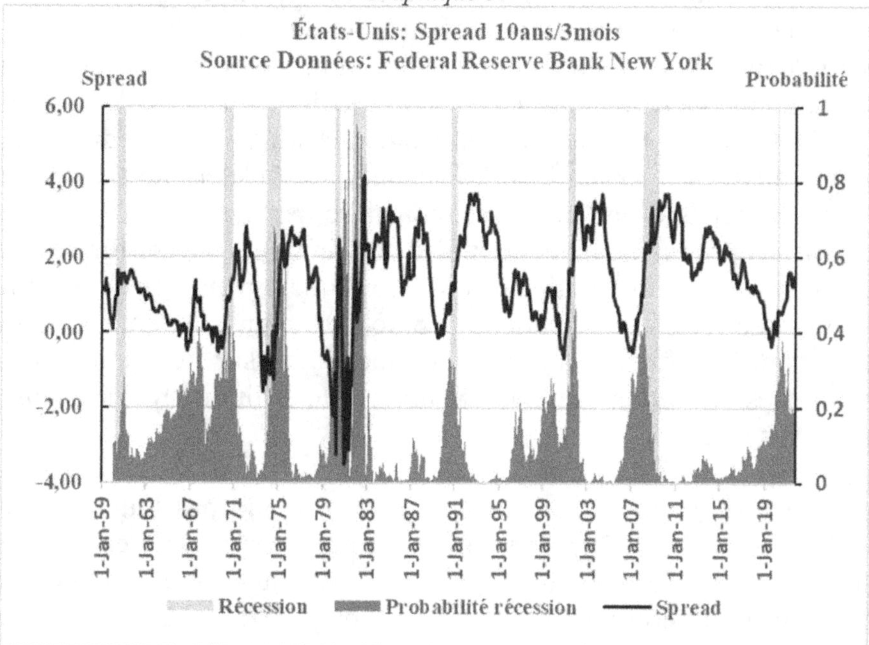

Si la courbe des taux peut révéler au banquier central la nature des anticipations et les appréciations du risque de la part des agents économiques, elle indique aussi à celui-ci les différents canaux par lesquels il peut espérer agir sur la structure des taux. Les trois instruments non conventionnels de politique monétaire précédemment énumérés, de communication, d'accroissement de la taille du bilan de banque centrale et de modification de sa composition, reposent sur des actions visant à modifier de manière plus ou moins directe les anticipations de taux courts et les primes de terme des différents actifs.

B – Une politique de communication.

On a déjà noté l'importance de la « *forward guidance* », guidage prospectif, dans une politique de communication destinée à agir sur les anticipations des agents économiques. En 2013, Bernanke[1] constatait que faire de la politique monétaire est souvent comparé à la conduite d'un véhicule, le décideur politique appuyant sur l'accélérateur ou sur

---

[1] Bernanke Ben S. (2013) : "Communication and Monetary Policy", conférence au National Economists Club Annual Dinner, Herbert Stein Memorial Lecture, Washington, D.C, 19 novembre.

le frein selon que l'économie doit accélérer ou ralentir dans l'immédiat. Cette analogie, note-t-il, est imparfaite pour au moins deux raisons. La première tient au fait que les effets d'une politique monétaire ne se font sentir qu'au bout de quelques trimestres ou mêmes années, de sorte que le décideur ne doit pas simplement réagir à la situation immédiate, mais essayer aussi de voir au-delà. La seconde raison tient au fait que les effets immédiats d'une politique monétaire dépendent non seulement des actions présentes, mais aussi des anticipations que se forment les agents concernant l'évolution de cette politique. En matière de politique économique, les anticipations comptent, non seulement celles concernant les effets d'une politique monétaire sur l'économie, mais aussi celles concernant la manière dont cette politique réagira dans le futur à ces effets.

L'attention apportée au guidage prospectif n'a pas toujours été à l'ordre du jour de l'agenda des banquiers centraux. Les banques centrales, note Karl Brunner[1] en 1981, ont toujours été « entourées d'une mystique politique particulière et protectrice… La mystique se nourrit du sentiment omniprésent que la Banque Centrale est un art ésotérique. L'accès à cet art et sa bonne exécution sont limités à une élite initiée. La nature ésotérique de l'art se révèle d'ailleurs par une impossibilité inhérente d'articuler les intuitions de cet art en des mots et des phrases intelligibles et explicites ». Dans la bouche de représentants du FOMC, à l'occasion en 1975 d'un recours (Merrill versus FOMC) qui monta jusqu'à la Cour suprême des États-Unis contre le délai (90 jours) trop long de divulgation des procès-verbaux de réunion de cet organisme, ce n'est pas tant l'impossibilité d'articuler les éléments d'une politique monétaire qui fut avancée, mais bien plutôt le fait que les divulguer porterait atteinte à l'efficacité de cette politique. Lors des débats qui en résultèrent[2], contraint à défendre devant la Cour suprême le secret (temporaire) de ses résolutions sur la base d'arguments monétaires et financiers, le FOMC dut justifier en termes

---

[1] Brunner, Karl (1981) : "The Art of Central Banking", Center for Research in Government Policy and Business, Graduate School of Management, University of Rochester, Working Paper No. GPB 81-6, juin, p. 5.

[2] Goodfriend, Marvin. (1986) : "Monetary Mystique: Secrecy and Central Banking", Journal of Monetary Economics 17, janvier, p. 63-92.

économiques la valeur du secret. Le document le plus important en cause concernait la Directive de Politique domestique. Celle-ci contenait les instructions du FOMC adressées au gestionnaire du « Compte des opérations d'*open market* » concernant la conduite des opérations à mener entre deux réunions de cet organisme. Ces instructions faisaient état d'objectifs de court terme de croissance de la masse monétaire ainsi que d'intervalles de tolérance pour les fluctuations des fonds fédéraux. Parmi les arguments en faveur du secret furent avancés :

- Le fait que, dans la mesure où la Directive doit être intrinsèquement vague et ne peut pas toujours être interprétée avec précision, la divulgation complète de celle-ci fournirait au marché des informations imparfaites et trompeuses.

- Le fait que le FOMC, dont l'expérience a été acquise entièrement dans un environnement politique sans divulgation, ne serait pas en mesure, au moins au départ, de prédire comment le marché réagirait dans un régime de divulgation rapide.

- Le fait que, dans la mesure où les opérations au jour le jour sur le marché dépendent d'événements futurs incertains, une publication immédiate de la Directive pourrait laisser croire que le FOMC est engagé temporellement dans certaines opérations qui, en fait, dépendent d'événements futurs. Ces attentes tendraient alors à réduire la flexibilité opérationnelle de la politique monétaire.

En première instance, la Cour de district statua en mars 1976 en faveur du plaignant alors que la Cour suprême, impressionnée particulièrement par l'argument qu'une divulgation coûterait cher au Trésor, renvoya l'affaire au District. Constatant alors qu'il s'agissait non pas d'une question de faits objectifs, mais d'un désaccord entre experts économiques, la Cour de district décida en juin 1981 qu'elle manquait d'expertise pour substituer son jugement ou celui du plaignant à celui du FOMC et statua en faveur du secret temporaire.

Aujourd'hui, la crise de 2008 et ses conséquences économiques ont conduit les banques centrales à prendre de plus en plus conscience de la nécessité de renforcer leur communication concernant le sens de leur politique. On est loin de l'époque de banquiers centraux cultivant une aura de mystère, à l'image d'Alan Greenspan déclarant en 1988 : « s'il m'arrive d'être particulièrement clair, vous m'avez probablement mal compris ». En 2017, dans une conférence à la BCE, Charles Evans[1], Président de la *Federal Reserve Bank* de Chicago, constatait qu'avant 1994 les communications de la Fed consécutives à une réunion du FOMC se limitaient à : « la réunion du FOMC s'est terminée ». Aux marchés d'imaginer à partir des interventions concrètes de la Fed les principes de la politique monétaire suivie.

Bien sûr, pour être efficace, une politique de guidage prospectif doit être crédible. En tant qu'instrument, elle doit énumérer explicitement les objectifs poursuivis par la politique de taux, justifier l'adéquation de cette dernière aux objectifs et préciser les conditions de son maintien. À la fin de 2012, le FOMC annonce pour la première fois une politique de taux futurs contingents, assurant qu'aucun accroissement du *federal funds rate* ne doit être anticipé aussi longtemps que le chômage demeure au-dessus de 6,5% et que l'inflation et les anticipations d'inflation demeurent stables et proches de l'objectif de 2%. De même, dans le cadre de son mandat privilégiant le contrôle de l'inflation, en 2018, la BCE communique que « le Conseil des Gouverneurs s'attend à ce que les taux d'intérêt clés demeurent à leur niveau présent jusqu'à l'été 2019 et, de toute façon aussi longtemps qu'il est nécessaire pour assurer la convergence continue et soutenue de l'inflation vers des niveaux proches de 2% dans le moyen terme »[2]. Dans la crainte d'une spirale déflationniste, chercher à ancrer les anticipations d'inflation sur une valeur positive est d'ailleurs pour beaucoup d'observateurs une solution « naturelle » à un choc de désendettement, car elle permet d'obtenir un taux d'intérêt réel négatif dans le cas où les taux nominaux seraient au plancher zéro.

L'importance de la clarté d'une politique de communication a été remise sur la table à l'occasion de la publication par la Fed en août 2020 de la révision de ses énoncés d'objectifs de long terme et de sa stratégie de politique monétaire précédemment adoptés en janvier 2012 dans le "*Statement on Longer-run Goals and Monetary Policy Strategy*". Qualifiée de « robuste évolution » par le Vice-Président de la Fed

[1] Evans Charles L. (2017) : "The Future of Odyssean and Delphic Guidance", European Central Bank Conference, Frankfurt, 14 novembre.

[2] Hartmann Philipp et Frank Smets (2018) : "The first twenty years of the European Central Bank monetary policy", ECB Working Paper Series No 2219 / décembre, p. 36.

Richard Clarida[1] et critiquée par un certain nombre d'économistes, cette révision repose sur deux constatations. La première entérine la baisse du taux d'intérêt naturel. On passe d'une valeur médiane projetée à 2,5% par le FOMC en 2012 à une valeur médiane projetée à 0,5%. La seconde entérine le fait que l'inflation actuelle semble moins sensible aux écarts réels, à l'*Output gap* ou à la déviation de l'emploi du taux de chômage naturel. La courbe de Phillips retenue par le FOMC est plate. Pour le Vice-Président de la Fed, ces deux constatations demandent une révision de la politique de communication concernant en particulier l'objectif d'inflation.

Avec une courbe de Phillips plate, $\pi_t = \pi_{at} + \phi(Y_t - Y_p)$ et $\phi \cong 0$, un rôle primordial est attribué aux anticipations d'inflation dans l'évolution de l'inflation observée. Et si ces anticipations, $\pi_{at} = (1 - \lambda)\bar{\pi} + \lambda\pi_{t-1}$, reposent sur un ancrage important, $\lambda \cong 0$, la visibilité et la crédibilité de l'objectif de taux d'inflation retenu par la Banque centrale sont primordiales. Or, constate Richard Clarida, dans le cas d'une récession, avec un taux d'intérêt naturel proche de zéro et le peu de marge de manœuvre dont dispose la Banque centrale pour baisser son taux directeur, si la Banque ne cherche qu'à revenir à un taux d'inflation de 2%, il y a de fortes chances de n'arriver qu'à une inflation en moyenne inférieure à 2% et ainsi de rater la cible et conforter une pression persistante à la baisse des anticipations d'inflation. Afin d'éliminer ce biais, la nouvelle politique de communication doit donc reconnaître la nécessité de dépasser ce seuil en période de reprise économique. Pour être clair, le nouvel énoncé de politique ne se réfère plus à un objectif symétrique d'inflation de 2%. Le FOMC cherche à atteindre dans le temps une inflation moyenne de 2%. Cet objectif « représente une aspiration ex ante et non la description d'une fonction de réaction mécanique, ni même un engagement de conduire une politique monétaire attachée à une formule ou une règle particulière. En fait, comme il est résumé dans les minutes de la réunion du FOMC de septembre 2019, le Comité est sceptique concernant les bénéfices, la crédibilité ou la praticabilité d'utiliser une règle d'objectif

[1] Clarida Richard H. (2020) : "The Federal Reserve's New Monetary Policy Framework : "A Robust Evolution", conférence au Peterson Institute for International Economics, Washington D.C., 31 août.

en termes d'un niveau numérique formel de prix ou d'une inflation moyenne »[1]. Mais a-t-on véritablement gagné ici en clarté ?

Cette révision de l'objectif de stabilité des prix a été sévèrement critiquée par Levy et Plosser[2]. Le consensus obtenu en 2012 était important, constatent-ils, parce qu'il établissait un objectif quantitatif clair pour l'inflation, de plus symétrique. Il était alors clair que la Fed cherchait à retourner à une inflation de 2% pour maintenir les anticipations de long terme fermement ancrées sur cet objectif, que l'inflation soit inférieure ou supérieure à ce seuil. Le problème avec la révision proposée est qu'elle exige pour être crédible une communication beaucoup plus importante concernant la manière dont est mise en œuvre la politique énoncée[3]. Sur quel horizon par exemple (2 ans, 5 ans, 10 ans), la Banque centrale envisage-t-elle de réaliser son objectif moyen ? Quels écarts par rapport à la moyenne, en plus ou en moins, seront tolérés et pour combien de temps avant que la Banque centrale réagisse ? En l'absence de repères clairs concernant sa stratégie, la Fed ne peut rendre compréhensible pour le public sa nouvelle stratégie et contribue à affaiblir la capacité de l'institution à gérer les anticipations. De plus, remarquent les auteurs, s'il est juste de reconnaître les problèmes de fiabilité d'une courbe de Phillips en tant qu'instrument de prévision et de contrôle de l'inflation, la Fed dans sa nouvelle stratégie ne l'a remplacée par aucune autre approche théorique. Or, comme on l'a vu, en proposant sa règle en 1993, Taylor[4] affirmait qu'il était « important de préserver le concept de règle

---

[1] Clarida (2020), p.14.

[2] Levy Mickey D. et Charles Plosser (2022) : "The Murky Future of Monetary Policy", Federal Reserve Bank of St. Louis Review, p. 178-88.

[3] Ultérieurement, Richard Clarida remarque que le bilan postpandémique de la politique monétaire aux États-Unis, et dans d'autres économies avancées est « mieux compris comme résultant d'erreurs de tactique et d'exécution dans "le brouillard de la guerre" et non comme résultant des cadres de politique monétaire mis en place par les banques centrales au moment de la poussée inflationniste postpandémique. La Déclaration d'août 2020 sur les objectifs à plus long terme et la stratégie de politique monétaire de la Fed — comme c'était également le cas pour la Déclaration-cadre originale adoptée par la Fed en 2012 — ne dit rien sur la manière dont les outils de la politique monétaire doivent être déployés pour atteindre l'objectif du double mandat de la Fed ». Richard Clarida (2024) : "Remarks Prepared for NBER Conference on "Inflation in the Covid Era"", National Bureau of Economic Research conference on Inflation in the COVID Era and Beyond, Cambridge, MA, mai 16–17.

[4] Taylor (1993), p. 197.

politique même dans un environnement où il est pratiquement impossible de suivre mécaniquement les formules algébriques en fonction desquelles les économistes ont écrit leur règle préférée ». La comparaison des données de deux enquêtes conduites par la Fed de New York, l'enquête SPD (*Survey of Primary Dealers)* et l'enquête SMP (*Survey of Market Participants*), avant et après l'annonce de la révision de la politique monétaire, témoigne d'ailleurs d'une modification significative de la perception qu'ont les agents des effets de la nouvelle stratégie[1]. Ces derniers en viennent à anticiper un taux d'inflation plus élevé et un taux de chômage plus faible lors de la prochaine augmentation du *federal funds rate* souhaitée par le FOMC.

C – Une politique de modification de la taille du bilan de Banque centrale.

Accroître simplement la taille du bilan de la Banque centrale par des achats d'obligations publiques au-delà du niveau nécessaire pour porter le taux de marché interbancaire à son plancher effectif n'est en un sens rien d'autre qu'une extension de la politique conventionnelle *d'open market*. [2]Dans une situation où le taux réel de court terme est trop élevé, l'économie en récession et (ou) l'inflation est trop basse, éventuellement négative, remarque Svensson, l'objectif doit être d'accroître plus directement les anticipations du niveau général de prix afin de réduire le taux d'intérêt réel plutôt que d'essayer de diminuer des anticipations de taux nominaux courts déjà ancrés à un faible niveau. En augmentant les réserves des banques et donc la base monétaire, à multiplicateurs monétaires constants, on agit sur la quantité de monnaie au sens large et sur l'offre de crédit. Encore faut-il que l'abondance de réserves ainsi créée s'investisse dans le secteur réel plutôt que de gonfler le volume des réserves excédentaires.

Il y a, note Krugman (1998), un mystère central dans l'existence d'une trappe pour la liquidité dans la mesure où un économiste se

---

[1] Bush Ryan, Haitham Jendoubi, Matthew Raskin et Giorgio Topa (2020) : "How Did Market Perceptions of the FOMC's Reaction Function change after the Fed's Framework Review ?", Federal Reserve Bank of New York, Liberty Street Economics, 18 décembre.

[2] Svensson Lars E.O. (2004) : "Comments on Bernanke, Reinhart, and Sack : "An Empirical Assessment of Monetary Policy Alternatives at the Zero Bound", Brookings Panel on Economic Activity, Princeton University, CEPR, and NBER, novembre.

refusera toujours à entériner la proposition qu'un accroissement de l'offre de monnaie à la période présente et valable pour toutes les périodes futures n'a pas d'effet sur les prix. En fait, constate-t-il, l'existence d'une trappe pour la liquidité ne peut être séparée d'un problème de crédibilité de la politique monétaire. Quels que soient les problèmes structurels d'une économie, si un accroissement de la masse monétaire n'a aucun effet sur les anticipations d'inflation, la raison en est que le public ne s'attend pas à ce que cette expansion soit pérenne. Avec des banques centrales ayant retrouvé durant les années 70 leur crédibilité de lutte contre l'inflation, la politique monétaire ne peut être efficace contre la déflation que si elle réussit à convaincre le public qu'elles sont redevenues « irresponsables ». Dans un essai publié en 1969, Milton Friedman[1] décrivait d'ailleurs ce qu'il considérait être un mécanisme sûr pour générer de l'inflation : jeter à partir d'hélicoptères des billets de banque sur la population en promettant de ne jamais les retirer de la circulation.

Irresponsable ou pas, lorsqu'une Banque centrale fixe son offre de réserves au-delà du niveau nécessaire pour porter le taux de marché interbancaire à son plancher effectif, cette politique conduit à modifier les modalités de sa politique de taux. Comme on l'a vu, un nombre important de banques centrales ont, jusqu'à la crise de 2008, piloté le taux du marché interbancaire par un système dit de « corridor ». Une facilité de prêt permet aux banques d'emprunter auprès de la Banque centrale (contre collatéral) à un taux TFP supérieur au taux de marché interbancaire. Une facilité de dépôt permet aux banques de déposer au jour le jour leurs liquidités excédentaires à la Banque centrale, rémunérées à un taux TFD inférieur au taux de marché interbancaire. De cette manière, les deux taux délimitent un corridor à l'intérieur duquel la Banque centrale vise la réalisation de son objectif de taux par l'ajustement de son offre de réserves et le TFD joue le rôle de taux plancher. Lorsqu'aucune rémunération sur les dépôts n'existe, comme ce fut le cas aux États-Unis avant 2008, le taux plancher du corridor a la valeur zéro. Autorisée par le *Financial Services Regulatory Relief Ac*t de 2006 à payer des intérêts sur les dépôts et commençant à payer un intérêt sur les réserves à partir d'octobre 2008, la Fed reconnaît

[1] Friedman M. (1969) : "The Optimum Quantity of Money", in Milton Friedman : The Optimum Quantity of Money and Other Essays, Chicago: Adline Publishing Company, p. 1-50.

explicitement en 2011 que l'existence d'un taux plancher positif représenté par le taux IOER (*interest on excess reserves*) lui permet de gonfler son bilan autant qu'il est nécessaire pour la stabilité du système financier sans compromettre sa politique monétaire de taux.

Un système de contrôle « plancher » des taux repose sur l'idée simple de fixer le taux de facilité de dépôt TFD au niveau de l'objectif de taux directeur de la Banque centrale et d'offrir des réserves en quantité suffisante pour que l'équilibre de marché se fasse sur la portion horizontale de la courbe de demande générée par ce taux, graphique 38. À partir du moment où l'offre de réserves OR est supérieure à OR^*, le taux d'intérêt du marché atteint son niveau plancher et l'offre de réserves peut être augmentée sans provoquer de baisse supplémentaire du taux.

Graphique 38

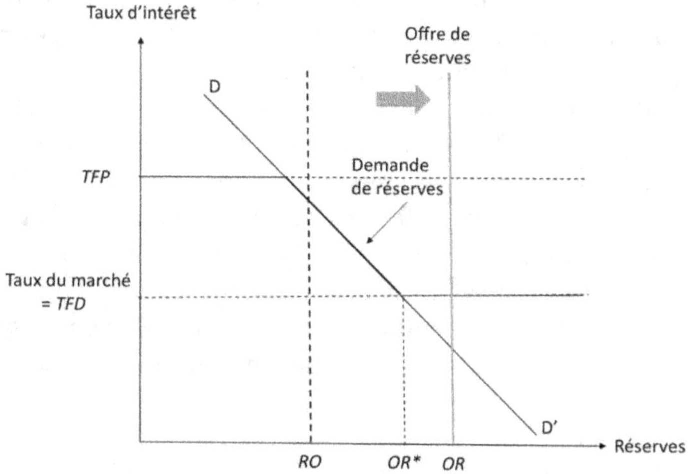

Un système « plancher » possède un avantage parfois négligé, celui d'instaurer un divorce entre la quantité de monnaie de banque centrale et l'objectif de taux et de permettre ainsi à la Banque centrale de disposer de deux instruments de politique séparés[1]. Les taux d'intérêt peuvent être fixés indépendamment des réserves et le même taux d'intérêt peut être obtenu avec différents niveaux de réserves. L'objectif

[1] Keister Todd, Antoine Martin et James McAndrews (2008) : "Divorcing Money from Monetary Policy", FRBNY Economic Policy Review , septembre, p. 41-56.

de taux peut être fixé en fonction des considérations habituelles d'inflation et d'emploi et la quantité de monnaie en fonction d'autres considérations relevant du fonctionnement général des marchés monétaires et financiers. Après la crise de 2008, suivant en cela la BCE, parmi les banques centrales d'un certain nombre de pays (Canada, Angleterre, Japon, Norvège, Australie, Nouvelle-Zélande, Suède ...) ayant opéré sous des versions d'un système « corridor », certaines (Japon, Canada, Angleterre, Norvège) sont passées à un système plancher, l'importance des réserves excédentaires ayant conduit les taux de marché au taux rémunérant les dépôts, pratiquement zéro.

Dans une déclaration du 11 octobre 2019 concernant la mise en œuvre de la politique monétaire des États-Unis, le FOMC synthétise bien le principe de ce système : « le Comité réaffirme son intention de mettre en application la politique monétaire dans le cadre d'un régime où une ample offre de réserves assure que le contrôle du *federal funds rate* et des autres taux de court terme est réalisé principalement par les taux directeurs de la *Federal Reserve* et dans lequel une gestion active de l'offre de réserves n'est pas exigée ». Cependant, ce système n'est pas exempt de critiques. Pour John Taylor[1], il est nécessaire de revenir dès que possible à un système « corridor ». L'une des raisons principales avancées tient au fait qu'avec une offre de réserves supérieure à la demande et un taux de banque centrale nécessairement administré à travers le taux de facilité de dépôt, le *federal fund rate* n'est plus un taux déterminé par le marché. Par ailleurs, la déconnexion entre le montant des réserves et le taux du marché monétaire augmente la probabilité que la Fed intervienne dans des domaines ne relevant pas de sa compétence et mette en jeu son indépendance (voir la section III de ce chapitre).

D – Une politique de modification de la composition du bilan de Banque centrale : le *Quantitative easing* QE.

En 1961, sous l'administration Kennedy, confrontée à des sorties de capitaux et à une économie en récession depuis avril 1960, la Fed met en place ce qui fut appelé l'opération *Twist* destinée à stimuler

---

[1] Taylor John B. (2018) : "Alternatives for Reserve Balances and the Fed's Balance Sheet in the Future", in The Structural Foundations of Monetary Policy, Michael Bordo, John Cochrane et Amit Seru (Eds.), Hoover Institution Press, Stanford, California, p. 16-27.

l'investissement domestique par la baisse des taux d'intérêt longs et combattre le déficit de la balance des paiements par l'augmentation des taux courts afin d'attirer les capitaux étrangers. Dans cette opération, la Fed vend des titres publics de court terme et utilise la recette de la vente pour acheter des titres publics de long terme. Ventes et achats étant d'un égal montant, le bilan de la Banque centrale n'est pas affecté en volume. Cependant, la substitution dans ce bilan de titres longs à des titres courts diminue la disponibilité des premiers sur le marché secondaire, contribue à augmenter les prix de ces titres et à faire baisser leurs rendements. La stratégie adoptée repose sur l'idée qu'il est possible d'influencer la structure à terme des taux d'intérêt et agir ainsi sur la courbe des taux à travers la structure de maturité des titres publics acquis lors des opérations d'*open market*.

Sur la période 1990-2007, Hamilton et Wu[1] constatent l'existence de relations prédictives statistiquement significatives entre la structure de maturité de la dette du Trésor américain détenue par le public et le comportement des taux d'intérêt. Ces relations suggèrent que la Fed disposerait d'un certain pouvoir d'aplatir la courbe des taux en vendant des titres de court terme et en achetant des titres de long terme. Les corrélations historiques constatées seraient cohérentes, selon les auteurs, avec le fait que si la Fed en décembre 2006 avait vendu la totalité de ses titres publics de moins d'un an de maturité (environ 400 milliards) pour racheter de la dette publique de long terme, ceci aurait conduit à une diminution de 14 points de base pour le taux à 10 ans et de 11 points de base pour le taux à 6 mois. Dans des situations où essayer de faire baisser les taux d'intérêt de court terme n'offre que peu d'espoir d'agir sur la demande globale, remplacer de la dette de long terme par de la dette de court terme diminuerait les taux longs et exercerait une influence favorable sur l'investissement.

À la fin de 2008, en réponse aux dysfonctionnements des marchés financiers, après avoir diminué son objectif de taux monétaire au voisinage de zéro, de novembre 2008 jusqu'en 2013, la Fed annonce trois rounds d'achat d'actifs pour un total d'environ trois mille milliards de dollars. Peu de temps après, dans des situations de taux plancher effectif, les banques centrales d'autres économies avancées, Japon,

---

[1] Hamilton James D. et Jing Cynthia Wu (2011) : "The Effectiveness of Alternative Monetary Policy Tools In A Zero Lower Bound Environment", Working Paper 16956 NBER, avril.

Angleterre et zone euro, mettent en place ou relancent une importante politique d'achat de titres de long terme majoritairement publics. À côté de la nécessité de fournir un support à des marchés spécifiques de crédit (immobiliers aux États-Unis en particulier), l'argument en faveur des tels achats considère que les investisseurs ayant vendu ces titres à la Banque centrale vont les remplacer par des titres plus risqués de maturité similaire, contribuant à propager la baisse des rendements aux titres privés, réduisant les taux d'intérêt à moyen et long terme et favorisant la reprise de l'activité économique.

Dans une conférence tenue à Londres, Philip Lane (2019), membre du bureau exécutif de la BCE, constate qu'il existe un large consensus concernant le fait que ces achats de banque centrale conduisent à un aplatissement de la courbe des taux, les rendements des titres longs tendant à diminuer plus que ceux des titres courts. Deux effets expliquent cet aplatissement : un effet signal et un effet rééquilibrage de portefeuille. Les achats d'actifs de la Banque centrale signalent son engagement à conserver les taux directeurs à un bas niveau dans un futur proche, *forward guidance*. L'effet de rééquilibrage résulte de la recomposition des portefeuilles privés confrontés à une modification des offres relatives de titres de maturité différente. Dans la formule (39), exprimant un taux long en fonction des anticipations formées sur les taux courts et d'une prime de terme, sous l'effet signal c'est la composante anticipation des taux courts qui décroît alors que sous l'effet rééquilibrage, c'est la prime de terme qui est comprimée. Ainsi, entre l'été 2014 et l'annonce de l'opération de QE de la BCE en janvier 2015, des événements renforçant sur les marchés l'idée du lancement d'une telle opération conduisent le taux d'intérêt de long terme sur titre public allemand (Bund) à diminuer de trente points de base. Une analyse économétrique permettant de discriminer entre les deux effets montre que la compression de rendement est expliquée ici exclusivement par la compression de la prime de terme.

Dans l'effet de rééquilibrage de portefeuille, deux canaux de transmission interviennent.

- Le premier est un « canal d'offre locale » : l'achat d'une obligation publique de huit ans de maturité diminue l'offre de ce titre disponible sur le marché, accroît le prix de ce titre et comprime donc son rendement. Les titres de maturité similaire qui sont de proches substituts verront leur rendement affecté, mais pas les titres de maturité très différente.

- Le second canal est un « canal d'extraction de risque ». Sous ce canal, l'achat d'une obligation de maturité donnée n'affecte pas seulement la demande et l'offre locales de ce type de titre. L'extraction de risque qu'opère la Banque centrale en réduisant par ses achats la maturité moyenne des obligations détenues par les investisseurs, jointe à un environnement de taux bas sur titres publics, incite les agents bancaires et non bancaires à se tourner vers des investissements plus risqués, contribuant à diminuer la prime de terme moyenne sur les marchés.

Dans la période de dysfonctionnement des marchés financiers de 2008, l'extraction de risque de la politique de QE menée par la Fed ne s'est d'ailleurs pas contentée d'une simple substitution de titres publics de long terme à des titres publics de court terme. En situation de crise d'endettement, remarquent Caballero et Fahri[1], avec des agents économiques privés cherchant à substituer à leurs actifs risqués des actifs plus sûrs, en l'absence de mécanismes permettant de diminuer les taux d'actifs sans risque, les politiques efficaces sont celles qui aident le secteur privé à réaliser de telles substitutions. Ce fut notamment le cas de la politique de la Fed dans sa première opération de QE en 2008 rachetant sur les marchés un montant important de titres hypothécaires risqués (MBS *Mortgage backed securities*) lors de la crise des *subprimes*.

Bien que la littérature soit d'accord pour reconnaître que la politique monétaire non conventionnelle contribue à réduire les taux de long terme et à favoriser la reprise économique, les effets de cette politique sont cependant difficiles à identifier. Lors d'une politique de QE, l'interprétation d'une modification de la pente de la courbe des rendements s'avère délicate. Le message qu'en 2019 l'aplatissement de la courbe transmet pour la zone euro, constate Philip Lane, n'est pas nécessairement celui d'une prochaine récession, comme pourrait le suggérer le fait que dans les pays de la zone, de 1968 à 2019, les inversions des taux à un an et dix ans ont été suivies de récession. L'aplatissement est provoqué par la baisse du segment de long terme de la courbe et non par la hausse du segment de court terme. L'inversion

[1] Caballero Ricardo J. et Emmanuel Farhi (2014) : "The Safety Trap", NBER Working Papers Series 19927.

n'intervient donc pas, comme par le passé, dans un contexte de politique monétaire restrictive ayant augmenté les taux courts et provoqué l'anticipation d'une baisse future de ces derniers. Elle résulte d'une action de la Banque centrale visant directement les taux longs.

Les rendements peuvent par ailleurs être impactés par d'autres facteurs affectant le marché des obligations et l'état général de l'économie interagit avec la politique monétaire rendant difficile l'identification de la causalité. Dans la mesure où la méthodologie en la matière repose sur l'étude des effets instantanés que les annonces politiques exercent sur les variables financières, les résultats dépendent de la taille de la fenêtre temporelle utilisée. Une fenêtre trop étroite peut manquer de capturer la réponse des marchés financiers aux annonces de la Banque centrale. Une fenêtre plus large peut incorporer de manière incorrecte d'autres facteurs influençant les variables. En 2018, dans une note sceptique concernant les effets de la politique de QE de la Fed, Greenlaw et al.[1] remettent en cause le consensus selon lequel cette politique aurait réduit les rendements à 10 ans d'environ 100 points de base. À l'aide d'une population d'événements plus large qu'habituelle en exploitant les interprétations fournies par la presse économique, les auteurs constatent que les décisions et les annonces de la Fed n'ont pas été un déterminant dominant de ces rendements. Quel que soit par ailleurs l'impact initial des annonces, les effets ne tendent pas à persister.

III – Des politiques monétaires non conventionnelles : Japon, États-Unis, zone euro.

Dans une étude comparative des programmes de QE de quatre banques centrales, Fed, BOE (Bank of England), BOJ (Bank of Japan) et BCE, Agostini et al. (2016)[2] notent que si dans tous les cas le QE a conduit les banques centrales à augmenter leur bilan et leur base monétaire de manière significative, les structures économiques et

---

[1] Greenlaw David, James D. Hamilton, Ethan Harris et Kenneth D West (2018) : "A Skeptical View of the Impact of the Fed's Balance Sheet", NBER Working Paper No. 24687 juin.

[2] Agostini Gabriel, Juan P Garcia, Álvaro González, Jingwen Jia, Laura Muller et Ali Zaidi, (2016) : "Comparative Study of Central Bank Quantitative Easing Programs : Federal Reserve Bank, Bank of England, Bank of Japan, European Central Bank", School of International and Public Affairs (SIPA), Columbia University, avril.

financières différentes des pays ont eu un impact sur les instruments utilisés pour mettre en place cette politique. À la différence de systèmes financiers d'autres économies avancées, les sources de financement du système financier des États-Unis dépendent étroitement des institutions financières non bancaires et des marchés de capitaux. À l'opposé, les systèmes financiers du Japon et de la zone euro dépendent des banques. Dans la zone euro, plus de 75% du financement des sociétés et des ménages provient du secteur bancaire. Ainsi, lorsque la crise frappe, les urgences peuvent être différentes. La temporalité de la mise en place des interventions de QE est également différente selon les pays. La BOJ est la première en mars 2001 à mettre en place une politique de QE à la suite de l'inefficacité de sa politique conventionnelle de lutte contre la déflation. Les États-Unis, avec leur premier programme de QE en 2008, ont en particulier comme objectif de sauver le marché des crédits hypothécaires en rachetant les actifs « pourris » détenus par les banques et les investisseurs financiers. Pour la BCE, il faut attendre octobre 2014 pour que le Conseil des Gouverneurs de la BCE mette véritablement en place une série de mesures non conventionnelles de politique monétaire.

A – L'assouplissement quantitatif au Japon.

La dénomination *Quantitative Easing* a été pour la première fois utilisée dans les années 1990 pour décrire la politique monétaire suivie par la Banque centrale du Japon en réponse à l'éclatement de la bulle immobilière et des pressions déflationnistes qui suivirent. En une courte période de cinq années, de 1985 à 1990, la situation économique du Japon s'est transformée, faisant se succéder aux trente années de développement économique d'après-guerre une longue période de stagnation et récession, décrite au Japon comme « les deux décennies perdues[1] », graphique 39.

[1] Horioka Charles Yuji (2006) : "The Causes of Japan's Lost Decade", in Japan and The World Economy, Vol. 18-4, p. 378-400.

Graphique 39

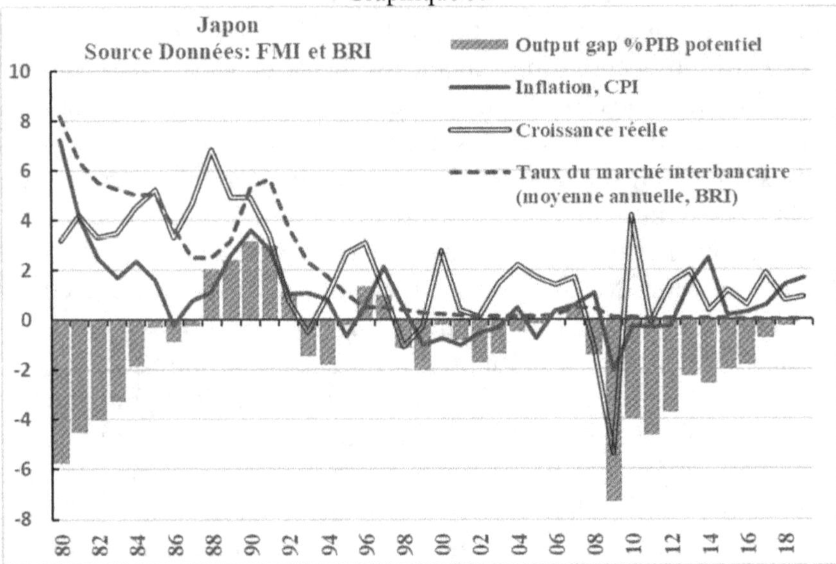

En septembre 1985, à la suite de l'accord de la Plaza ayant permis aux États-Unis d'imposer une appréciation du yen et à la suite de la baisse résultante des taux d'intérêt japonais destinée à relancer la demande intérieure et éviter des appréciations ultérieures du yen , les marchés financiers et immobiliers japonais s'emballent. Comme on peut le constater sur le graphique, à partir de mai 1989, en réponse à cet emballement, la politique monétaire devient restrictive (augmentation du taux du marché interbancaire, le *uncollateralised overnight call rate*) et se prolonge sur les années 90 et 91 provoquant l'éclatement de la bulle financière.

Les marchés financiers plongent de 60% de la fin 89 à la mi 92 et le marché immobilier amorce une baisse qui se poursuivra jusqu'en 2001 pour atteindre 70%. À la fin de l'année 91, l'éclatement de la bulle est terminé et commence alors l'impact de cet éclatement sur l'économie réelle que la Banque centrale tente d'amoindrir par une baisse du taux directeur, passant de 6% au début de 1990 à 0,5% en 1995. Cependant, l'insuffisance des mesures de déficit budgétaire et la crise financière et bancaire asiatique de 1997 ont raison de la faible reprise et l'économie japonaise est de nouveau en récession en 1998. En réponse, la Banque centrale diminue encore le taux directeur et en 1999 adopte une politique de taux de plancher zéro. Néanmoins, préoccupée plus par les risques de reprise de l'inflation que par la déflation qui s'installe, la Banque centrale, ni par ses déclarations pas plus que par ses actions, ne contribue à convaincre les agents économiques de la continuité de cette politique accommodante.

À partir du mois de mars 2001, confrontée à la persistance de taux d'inflation négatifs, la Banque centrale inaugure une politique de rachat de titres publics de long terme auprès des institutions financières avec l'objectif proclamé d'augmenter de manière importante les réserves et maintenir une liquidité abondante sur le marché monétaire jusqu'à ce que le taux d'inflation se stabilise à zéro. Cette politique se poursuit jusqu'en 2006 et les réserves auprès de la Banque centrale passent graduellement de cinq mille milliards de yens à un pic de 36 mille milliards de yens (comparé à des réserves obligatoires d'environ six mille milliards de yens !), pour décliner ensuite en raison d'indices de fin de déflation. Sur cette période, l'impact du QE sur l'activité économique et l'inflation est cependant généralement considéré comme faible[1]. Le système bancaire, lui-même fragilisé notamment par ses précédents engagements sur les marchés immobiliers, cherche toujours à se désendetter et n'utilise pas ses réserves excédentaires pour accroître de manière significative la masse monétaire et le crédit à l'économie.

À la suite de la crise financière de 2008, bien qu'ayant alors restructuré son système financier, le Japon subit une baisse de son PIB plus importante qu'en Europe et aux États-Unis. Avec un taux directeur de 0,5% en particulier, contrairement à l'Europe et aux États-Unis où des diminutions de 3 à 4% de taux étaient possibles, la Banque centrale japonaise ne peut plus intervenir par une baisse conséquente de son taux. Confrontée à une réémergence de la déflation, la Banque centrale accentue ses achats de titres publics et à partir de 2010 les étend à des actifs privés dans le cadre du programme d'achat *Comprehensive Monetary Easing* (CME) lancé en octobre 2010, sans cependant parvenir à sortir de la déflation. Les choses changent en mars 2013, lorsqu'à la suite de l'élection de décembre 2012, Shinzo Abe devient Premier ministre. Celui-ci lance alors sa politique « *Abenomics* » et nomme en mars 2013 Haruhiko Kuroda Gouverneur de la Banque centrale pour conduire le volant monétaire de sa politique économique, le QQE *Quantitative and Qualitative Monetary Easing* ou Q^2E.

Pour le nouveau Gouverneur, si jusqu'à présent, la politique de QE n'a pas réussi, c'est parce que le Japon est confronté à une baisse

[1] Ugai, H. (2007) : "Effects of the Quantitative Easing Policy : A Survey of Empirical Analyses", Monetary and Economic Studies, Institute for Monetary and Economic Studies, Bank of Japan, vol. 25(1), mars, p. 1-48.

simultanée du taux d'intérêt naturel et des anticipations d'inflation. De sorte que, avec un taux directeur nominal au plancher zéro et un taux d'inflation anticipée négatif, on ne peut obtenir de taux réels inférieurs au taux naturel et relancer l'économie. La nouvelle politique de QQE repose alors sur deux piliers[1].

(1) Agir directement sur les anticipations d'inflation à travers un objectif de stabilité des prix à 2% d'inflation, accompagné par un engagement ferme et clair de faire tout ce qui est nécessaire pour le réaliser.

(2) Favoriser directement une diminution des taux d'intérêt de long terme (là où il reste des marges de manœuvre) à travers une large politique d'achat d'obligations publiques de long terme.

Le graphique 40 suivant illustre de manière éloquente, en termes d'évolution des réserves des institutions financières auprès de la Banque centrale, l'importance de la politique d'achat menée à partir de 2013 comparée à celle conduite jusqu'en 2006.

Graphique 40

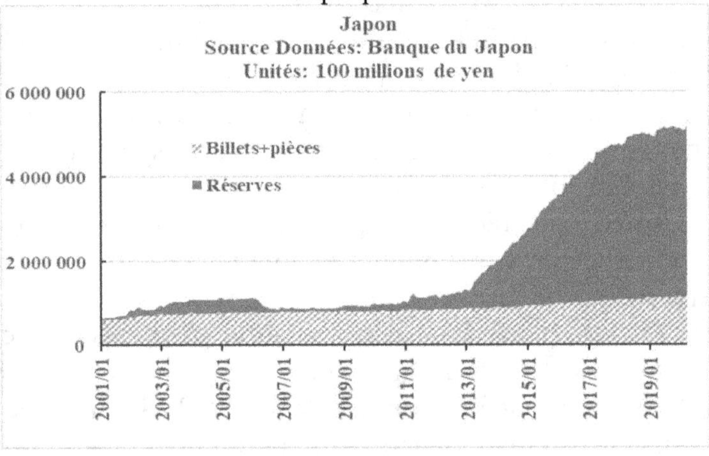

À partir de 2014, le rythme annuel d'expansion de la base monétaire et d'achat d'obligations publiques de long terme (jusqu'à 40 années de maturité) est porté à quatre-vingt mille milliards de yens et celui d'actifs risqués à plus de six mille milliards de yens. En janvier 2016, enfin, un taux d'intérêt négatif est appliqué à une partie des réserves. Ceci fait,

[1] Kuroda Haruhiko (2017) : "The Role of Expectations in Monetary Policy : Evolution of Theories and the Bank of Japan's Experience", Speech at the University of Oxford, Bank of Japan, 8 Juin 2017.

constate le Gouverneur de la Banque centrale en 2017, si cette politique a fait évoluer l'économie japonaise dans la bonne direction (réduction de l'*Output gap* négatif, réduction des taux d'intérêt de long terme et fin de la déflation), un taux de changement de l'indice du niveau général des prix proche de zéro montre qu'il reste un long chemin à parcourir avant d'atteindre l'objectif d'inflation de 2%. La raison principale de cet échec relatif tient en particulier au comportement des anticipations d'inflation.

Des études concernant le comportement des anticipations d'inflation[1] au Japon après 2013 montrent que si ces dernières ont augmenté durant la première année, elles sont restées largement constantes la seconde année et ont décru la troisième année. Ces changements ont été le résultat de l'influence de deux forces contraires s'exerçant sur les anticipations, celle concernant l'ancrage des anticipations $\bar{\pi}$ et celle concernant la composante adaptative π_{t-1} de l'équation d'anticipation $\pi_{at} = (1 - \lambda)\bar{\pi} + \lambda\pi_{t-1}$. En ce qui concerne l'ancrage des anticipations, le fort engagement public de la Banque centrale à réaliser son objectif de stabilité des prix à 2%, joint à la politique agressive de *Quantitative Easing*, a contribué à pousser $\bar{\pi}$ en direction de cet objectif. Mais, pour sa part, la composante adaptative λ, de valeur plus importante au Japon qu'aux États-Unis ou en Europe, a exercé un effet contraire sous l'influence de taux d'inflation passés décroissant en fonction de la chute des prix du pétrole en 2014 et des turbulences des marchés financiers en 2015 et 2016. Cette constatation conduit alors la Banque centrale à la fin 2016 à s'engager à réaliser de manière durable un taux d'inflation supérieur à l'objectif (*inflation-over shooting commiment*) afin d'influencer plus efficacement les anticipations d'inflation.

Mais le fait de n'avoir pas jusqu'à présent réalisé le *shooting* (2% d'inflation) rend-il crédible l'*over shooting* ? Mervyn King, Gouverneur de la Banque d'Angleterre de 2003 à 2013, constatait en

---

[1] Nishino Kousuke, Hiroki Yamamoto, Jun Kitahara et Takashi Nagahata (2016) : "Developments in Inflation Expectations over the Three Years since the Introduction of Quantitative and Qualitative Monetary Easing (QQE)", Supplementary Paper Series for the "Comprehensive Assessment" (1), Monetary Affairs Department, Bank of Japan, octobre.
Kan Kazutoshi, Yui Kishaba et Tomohiro Tsuruga (2016) : "Policy Effects since the Introduction of Quantitative and Qualitative Monetary Easing (QQE) Assessment Based on the Bank of Japan's Large-scale Macroeconomic Model (Q-JEM)", Bank of Japan Working Paper Series, novembre.

2020 qu'à partir du moment où une Banque centrale a échoué à atteindre un objectif d'inflation de 2%, pourquoi les marchés croiraient-ils qu'elle puisse aller au-delà ? Des athlètes olympiques en saut en hauteur qui ont échoué deux fois de suite à passer les deux mètres ne demandent pas qu'on mette la barre à deux mètres cinquante. Le défi réel est de comprendre les forces agissant sur l'économie et de reconnaître qu'elles ne peuvent être disciplinées par la seule action de la Banque centrale[1]. La question n'est pas sans importance à partir du moment où l'on considère qu'après avoir baissé dans les dernières décades, le taux naturel va demeurer dans de nombreux pays à un faible niveau, contraignant le taux directeur à atteindre fréquemment son plancher zéro en cas de récession, privant la politique monétaire de son instrument conventionnel d'action.

Aujourd'hui, le bilan que beaucoup d'observateurs font de l'*Abenomics* n'est pas très encourageant. Les objectifs d'inflation et de croissance n'ont pas été réalisés, en partie parce que le volant de réforme structurelle de cette politique ne s'est pas concrétisé et qu'en face d'une dette publique d'environ 236% du PIB et la crainte de problèmes de soutenabilité, le Japon préfère utiliser la politique monétaire plutôt que la politique budgétaire pour tenter de résoudre sa croissance anémique. La contrepartie de tout cela, c'est un bilan de banque centrale de plus de 100% du PIB, une Banque centrale détenant plus de 40% des émissions de titres publics et pratiquement 70% des fonds indiciels cotés (ETF *exchange traded funds*). Masaaki Shirakawa[2], ayant précédé Haruhiko Kuroda à la tête de la Banque centrale, constate que le défi est de savoir comment augmenter le taux de croissance potentiel de l'économie avec une population vieillissant rapidement et une faible productivité totale des facteurs. Aucun pays ne pourra résoudre les problèmes liés à la démographie et à la productivité avec plus de dette et de croissance monétaire. Ces problèmes ne pourront pas plus être résolus par une dépense publique accrue de manière durable qui risque de n'être qu'un transfert massif de ressources du secteur productif vers le secteur non productif, obérant le développement des secteurs de haute technologie et zombifiant les secteurs obsolètes.

---

[1] King Mervyn (2020) : "The framework for monetary policy matters less than understanding what's happening in the economy", Bloomberg Opinion, 9 septembre.
[2] Shirakawa Masaaki (2019) : "Governments should focus on raising productivity, not on specter of deflation", Nikkei Asia, 21 octobre.

B– L'assouplissement quantitatif aux États-Unis.

Lorsqu'à l'été 2007, la crise financière s'installe aux États-Unis, la Fed utilise d'abord la boite à outils conventionnelle de baisse des taux. De septembre 2007 jusqu'à décembre 2008, la Fed réduit l'objectif du *federal funds rate* d'environ 500 points de base, le portant de 5,25% à pratiquement zéro (entre 0% et 0,25%) tout en étendant son action de prêteur en dernier ressort à des marchés financiers traditionnellement en dehors de ses responsabilités bancaires[1]. L'explosion de la crise en octobre 2008 quand Lehman Brothers est mis en faillite et que AIG doit être secouru traduit alors l'extension des problèmes financiers à l'ensemble de l'économie. Avec un taux directeur au taux plancher et des facilités de crédit déjà considérablement étendues, graphique 41, de nouveaux instruments d'intervention doivent être envisagés.

Graphique 41

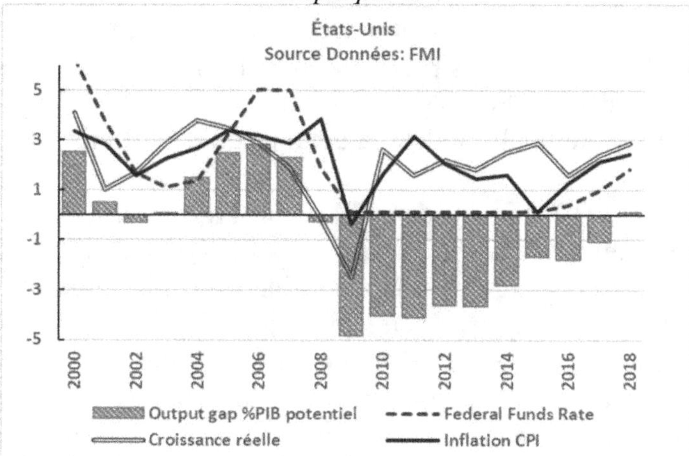

Pour Bernanke, alors Gouverneur de la Fed[2], nous ne vivons plus dans un monde où les banques centrales sont confinées à ajuster leurs taux d'intérêt de court terme. Par l'utilisation de leur bilan, la Fed et les autres banques centrales développent de nouveaux instruments pour soutenir la croissance économique.

---

[1] Fed Committee for a Responsible Federal Budget (2009) : "The Extraordinary Actions taken by the Federal Reserve to Address the Economic and Financial Crisis", juin.

[2] Bernanke Ben S. (2009) : "The Federal Reserve's Balance Sheet", conférence au Federal Reserve Bank of Richmond Credit Markets Symposium, Charlotte, North Carolina, 3 avril.

Le premier programme de *Quantitative Easing* QE-1, débuté en 2008 et terminé à la mi-2009, a non seulement pour objectif de fournir des liquidités aux banques dans un contexte de marché interbancaire gelé, mais aussi de racheter des actifs « pourris » détenus par les banques et les investisseurs financiers. À la différence du QE japonais visant essentiellement les réserves des banques, l'action de la Fed, bien qu'augmentant le volume des réserves, se concentre sur des achats d'actifs non publics sur des marchés financiers spécifiques en crise. Ainsi, sur les mille sept cent cinquante milliards de dollars de titres achetés par la Fed, si cinq cents milliards concernent des bons du Trésor américain ou des bons d'agences publiques (Fannie Mae, Freddie Mac et Sallie Mae), mille deux cent cinquante milliards concernent des crédits hypothécaires MBS. Critiquée par certains pour ses interventions de prêt sur des marchés spécifiques plutôt que de se centrer sur la liquidité générale du marché monétaire, l'action de la Fed est complétée par des interventions du Trésor américain autorisé par le Congrès en octobre 2008 à prendre à travers le programme TARP (*Troubled Asset Relief*) des participations dans le capital d'institutions financières menacées. Pour assurer le financement de ce programme, le Congrès augmente le plafond de la dette jusqu'à 11,3 mille milliards de dollars.

À partir de 2010 et jusqu'en 2014, le programme QE-1 est complété par 3 programmes successifs. Le programme QE-2 de novembre 2010 jusqu'à juin 2011, avec son annonce d'acheter 600 milliards de titres publics, vise à protéger la dette publique d'une remontée des taux d'intérêt et permettre au Trésor d'emprunter à bon marché. Contrairement au QE japonais dans lequel la Banque centrale n'achetait des titres que sur les marchés secondaires, la Fed achète ici directement sur le marché primaire les titres émis par le Trésor américain. Mais en fait, que ce soit sur le marché primaire ou secondaire, en théorie, le Trésor n'a pas le pouvoir d'imposer à la Fed, pas plus qu'aux autres institutions financières, de souscrire à ses émissions. L'indépendance de la Banque centrale est en théorie là pour garantir que la création monétaire ne soit pas déterminée par le déficit public, mais bien par les décisions de la Banque, prises dans le cadre des objectifs et missions exprimés par son mandat. Dans les deux cas, il y a création de monnaie, soit directement par la création de réserves supplémentaires lors des achats de la Banque centrale sur les marchés secondaires, soit indirectement par le gonflement ultérieur des comptes courants des bénéficiaires des dépenses publiques. Le problème est de savoir, dans le cas d'augmentation des réserves, si celles-ci seront placées en réserves excédentaires ou utilisées pour fournir des crédits à l'économie.

Avec QE-3 débutant en septembre 2012, la Fed annonce sa volonté d'acheter 40 milliards de titres hypothécaires et de poursuivre sa politique entreprise en QE-2 d'allonger la maturité moyenne de sa détention de titres publics en réinvestissant sur des obligations de long terme les sommes disponibles résultant de l'arrivée à échéance des bons du Trésor (résurgence d'une opération *Twist*). La Banque s'engage également à maintenir le *federal funds rate* à son plancher zéro jusqu'en 2015. Enfin, le programme QE-4, mis en place en janvier 2013, prévoit pour sa part des achats pour 85 milliards de dollars d'obligations publiques de long terme et de titres hypothécaires. Parallèlement, il met fin à l'opération *Twist* tout en promettant de continuer sa politique de QE tant que l'une des deux conditions suivantes ne sera pas réalisée : soit un taux de sous-emploi inférieur à 6,5%, soit un taux d'inflation au-dessus de 2,5%. Finalement, en octobre 2014, constatant l'amélioration de la situation, le FOMC annonce qu'il met fin au QE. Dans le bilan de la Fed, la détention de titres a plus que doublé, passant de 2,1 mille milliards de dollars à 4,5 mille milliards de dollars.

Comme on peut le voir sur le graphique 41, la politique de QE a eu un effet plus favorable sur l'économie américaine que ne l'a eu sur l'économie japonaise la politique de QQE de Shinzo Abe. À partir de 2015, la remontée du taux d'inflation et les perspectives de croissance permettent à la Fed d'entamer une normalisation de sa politique monétaire, tant sur le plan des outils conventionnels que sur le plan des outils non conventionnels. Au mois de septembre 2014, la Fed publie ses principes de normalisation, prévoyant une réduction progressive de la taille de son bilan en réduisant progressivement le montant des réinvestissements de titres arrivant à échéance et en augmentant progressivement le *federal funds rate* et le taux rémunérant les réserves excédentaires. Cependant, comme le montre le graphique 42, si la politique de QE a permis d'assainir les bilans des institutions financières en les purgeant des actifs toxiques et de rétablir le fonctionnement des marchés, comme dans d'autres pays la Fed se trouve confrontée à un excès de liquidités résultant de l'accumulation de réserves excédentaires.

Graphique 42

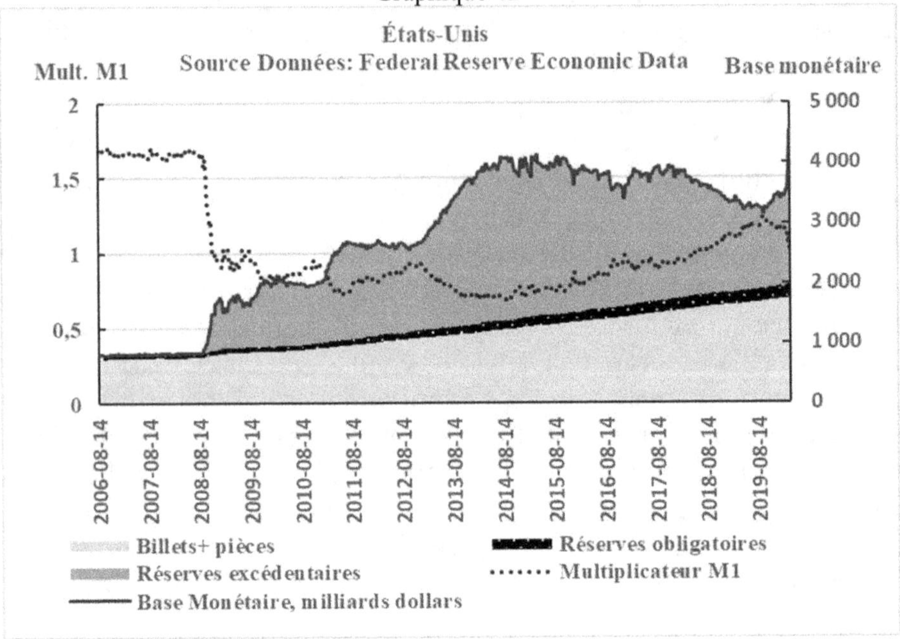

La politique d'achat massif de titres par la Banque centrale ne s'est pas traduite par un accroissement important de la masse monétaire. À partir de 2009, le multiplicateur de M_1 plonge vers des valeurs inférieures à un et les réserves excédentaires atteignent un pic de 2.500 milliards de dollars en 2014-2015.

C – La BCE et la zone euro.

Quatre périodes caractéristiques peuvent être distinguées sur les vingt dernières années, graphique 43. D'abord un ralentissement de la croissance (1999-2003) à la suite de l'éclatement de la bulle Internet à la fin du mois de mars 2000 à laquelle succède une période de croissance accélérée favorisée par une politique d'expansion monétaire et du crédit accompagnée par une inflation relativement stable (2004-2007). Cette période est alors suivie par une récession « à double creux » (2008-2013) résultant du déclenchement de la crise financière américaine et de la crise des dettes souveraines de la zone euro. Enfin, de 2014 à 2019, une période de reprise de la croissance s'observe, accompagnée d'un taux d'inflation remarquablement faible.

Graphique 43

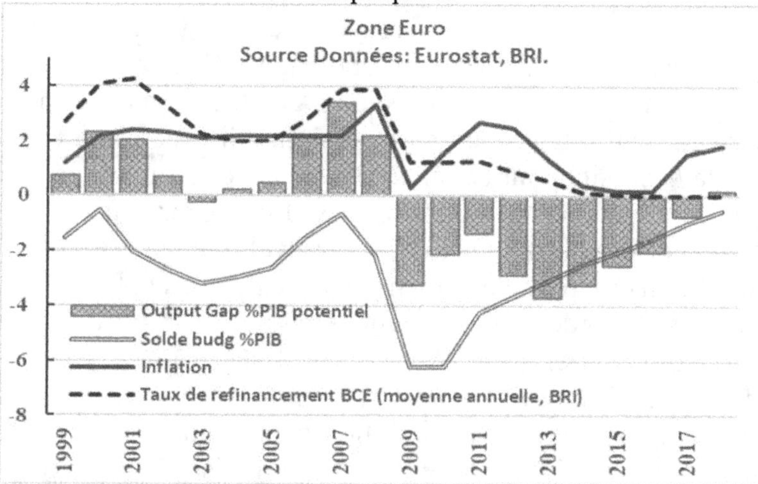

Une comparaison du chômage aux États-Unis et dans la zone euro montre clairement que la zone euro a subi à partir de 2008 un choc négatif particulièrement important et d'une nature spécifique. Alors que les États-Unis sont confrontés à un seul épisode de croissance forte et rapide du chômage après 2007, la zone euro supporte deux épisodes de croissance du chômage caractéristiques de sa récession « à double creux ». De 2008 jusqu'en 2011, les évolutions dans les deux régions sont similaires, d'abord une croissance du sous-emploi à laquelle succède ensuite une décroissance de celui-ci reflétant la synchronisation mondiale des conjonctures issues de la crise. Mais à partir de 2011, le développement des deux régions diverge. Le sous-emploi diminue de manière constante aux États-Unis. Dans la zone euro, il réaugmente jusqu'en avril 2013 illustrant le second choc résultant d'une crise spécifique à la zone euro et se traduisant par une récession de 6 trimestres.

Pour Mario Draghi[1] en 2019, président de la BCE, le second creux de la récession dans la zone euro est en particulier dû à un changement de *policy mix* macroéconomique. Tandis que dans la première phase de la crise, de 2008 à 2010, la politique monétaire et la politique budgétaire se renforcent mutuellement en vue de contrer les pressions déflationnistes (le creusement du déficit budgétaire de la zone accompagnant la baisse des taux directeurs de la BCE), par la suite ces

[1] Draghi Mario (2019) : "Twenty Years of the ECB's monetary policy", conférence à la BCE, Forum on Central Banking, Sintra, 18 juin.

deux politiques divergent. En réponse à la crise des dettes souveraines, la politique budgétaire devient procyclique, accentuant les pressions déflationnistes par un resserrement budgétaire d'environ quatre points de pourcentage de PIB potentiel jusqu'en 2013, durant des années où la zone euro est majoritairement en récession. Ainsi constate Draghi, en raison de la nécessité pour certains pays de la zone euro de rétablir leur crédibilité budgétaire, à l'opposé des États-Unis où la politique budgétaire conservait son action contracyclique, la BCE se trouve confrontée à un environnement dans lequel existent à la fois la nécessité de contrer les chocs de demande et une pression croissante pour utiliser la politique monétaire.

Mario Draghi a en un sens raison de se féliciter que sur la période 1989-1999, les anticipations d'inflation aient chuté à moins de 2% et que sur la décade suivante, elles aient internalisé l'engagement de la BCE de maintenir un taux d'inflation modéré en demeurant inférieures à ce chiffre. Cependant, remarque Laurence Ball[1], dans la mesure où les effets d'hystérèse des récessions contribuent à détériorer les possibilités futures de production et où la politique monétaire n'affecte pas uniquement les variables nominales dans le long terme, aucune Banque centrale ne devrait avoir un mandat limité à la stabilité des prix. Le danger d'un tel mandat unique, poursuit Ball, est illustré « par l'intervention remarquée de Jean-Claude Trichet lors d'une conférence de presse en 2011. Pressé de justifier la politique de la BCE, Trichet déclarait : « nous étions appelés par toutes les démocraties d'Europe à stabiliser les prix… Nous avons stabilisé les prix sur les douze, treize premières années de l'euro ! Impeccablement ! J'aimerais beaucoup entendre quelques félicitations… ». Or, soutient Ball (p. 49), dans la mesure où « en 2011, le sous-emploi dans la zone euro était d'environ 10%, de 15% en Irlande, de 18% en Grèce et de 21% en Espagne, la BCE a besoin d'un mandat dual afin qu'aucun décideur ne puisse espérer de félicitations dans de telles circonstances ».

Contrairement aux États-Unis où la politique de QE démarre dès l'année 2008, il faut attendre octobre 2014 pour que le Conseil des Gouverneurs de la BCE mette véritablement en place une série de mesures non conventionnelles de politique monétaire sous la forme de plusieurs programmes d'achat d'actifs financiers (APP *Asset Purchase*

---

[1] Ball Laurence (2015) : "Comment on "Inflation and activity" by Olivier Blanchard, Eugenio Cerutti and Lawrence Summers", in Inflation and unemployment in Europe, Conference proceedings 21-23, Sintra, Portugal, mai.

Programme)[1]. Jusqu'à cette date, ce sont essentiellement des opérations d'*open market* conventionnelles qui visent à assurer le fonctionnement du marché monétaire et le pilotage des taux d'intérêt. L'essentiel à ce titre du refinancement des banques est constitué d'opérations principales de refinancement (MRO *Main Refinancing Operations*, prêts d'une durée d'une semaine garantis par la prise en pension d'actifs), et d'opérations de refinancement à plus long terme (LTRO *Longer-Terme Refinancing Operations*) sur trois mois qui, à partir de 2007 s'étendent à des maturités plus longues pouvant aller jusqu'à trois ans (VLTRO). Cependant, le processus de désendettement du secteur bancaire s'accélérant, les bilans des banques se contractent en 2013 et, à la fin de cette même année, le crédit au secteur privé diminue de 2,4% par rapport à l'année précédente. La BCE réagit conventionnellement en diminuant en 2013 deux fois son taux principal de refinancement, de 0,75% à 0,25%, mais en 2014 un effondrement de 60% des prix du pétrole pousse l'inflation de la zone euro dans des territoires négatifs.

Dans ce contexte marqué par une détérioration continue des perspectives d'inflation de moyen terme, à partir d'octobre 2014, accompagnant l'instauration d'un taux d'intérêt négatif sur les réserves bancaires et le lancement d'opérations de refinancement de long terme ciblées (TLTRO *Target Long Terme Refinancing Operations*), quatre programmes non conventionnels d'achat d'actifs APP sont successivement mis en place, toutes les banques centrales de l'Eurosystème et la BCE participant aux achats.

Un programme d'achat d'obligations sécurisées de banque (CBPP3, *Covered Bond Purchase Program*) commence en octobre 2014, suivi en novembre de cette même année d'un programme d'achat de titres adossés à des actifs (ABSPP, *Asset-Backed Securities Purchase Program*). Ces programmes sont ensuite complétés en mars 2015 par un programme d'achat de titres du secteur public (PSPP, *Public Sector Purchase Program*) et en juin 2016 par un programme d'achat d'obligations émises par les

[1] Face à la crise des dettes souveraines, ces programmes avaient été précédés par le programme SMP, lancé en mai 2010, rachetant sur le marché secondaire les obligations souveraines des États de la zone euro qui faisaient face à la défiance des investisseurs. La BCE a ainsi procédé au rachat d'obligations du Portugal, de l'Irlande, de l'Italie, de la Grèce et de l'Espagne pour un montant total d'environ 220 milliards d'euros. On sait que ce programme fut remplacé en septembre 2012 par le programme OMT (*Outright Monetary Transactions*) dont la seule annonce par Draghi suffit à calmer les marchés.

entreprises (CSPP, *Corporate Sector Purchase Program*) de la zone euro. En conformité avec l'article 123 du TFUE prohibant le financement monétaire, les achats de titres publics n'interviennent que sur le marché secondaire à la différence des achats de titres du secteur privé pouvant s'effectuer à la fois sur les marchés primaires et secondaires. L'importance de ces actions, jugées à l'aune de celles relevant de la politique conventionnelle, se remarque clairement dans l'évolution de la détention relative de titres figurant au bilan de la BCE et correspondant aux opérations MRO, LTRO et APP, graphique 44.

Entre octobre 2014 et décembre 2018, l'Eurosystème[1] conduit des achats nets de titres sous l'un ou plusieurs des quatre programmes pour des montants mensuels importants : 60 milliards d'euros de mars 2015 à mars 2016, 80 milliards d'euros d'avril 2016 à mars 2017, 60 milliards d'euros d'avril 2017 à décembre 2017, 30 milliards d'euros de janvier à septembre 2018 et finalement 15 milliards d'euros sur le dernier trimestre 2018.

Graphique 44

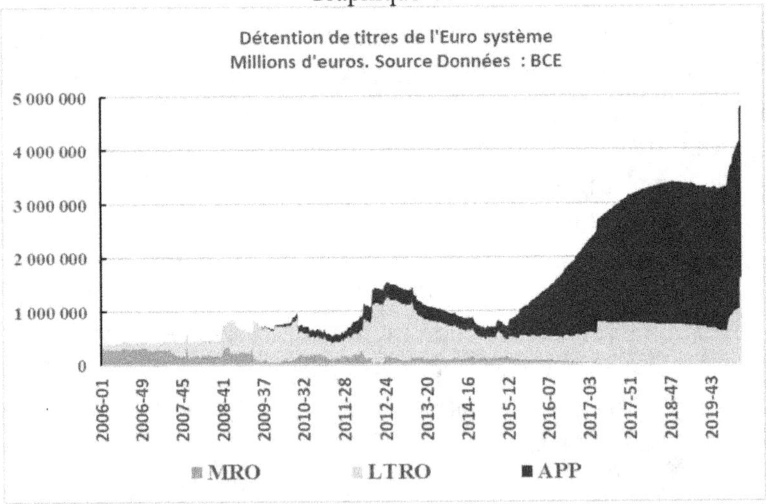

[1] Le degré d'implication des banques centrales de l'Eurosystème dans la mise en œuvre des programmes d'achat est déterminé en fonction de la clé de répartition de chaque banque centrale nationale dans le capital de la BCE. Chacune est appelée à agir principalement sur son marché national. En particulier, la Banque de France prend à sa charge environ 20% de l'exécution des programmes, exclusivement sur des titres d'émetteurs français ou supranationaux.

À partir de 2019, les achats concernent uniquement le réinvestissement des titres arrivant à maturité. L'ensemble de ces programmes d'achat de titres de l'Eurosystème représentait plus de deux mille milliards d'euros en juin 2017, soit près de 20% du PIB de la zone euro, ou presque l'équivalent du PIB français en 2016.En mai 2020, chiffrée en milliards d'euros, la détention de titres à l'actif du bilan de l'Eurosystème résultant des quatre programmes est la suivante : en pourcentages arrondis sur un total de 2.743 milliards d'euros on obtient PSPP (80%), CBPP3 (20%), CSPP (8%) et ABSPP (2%). La contrepartie de ces achats au passif du bilan de banque centrale s'est traduite par un gonflement des réserves, graphique 45.

Graphique 45

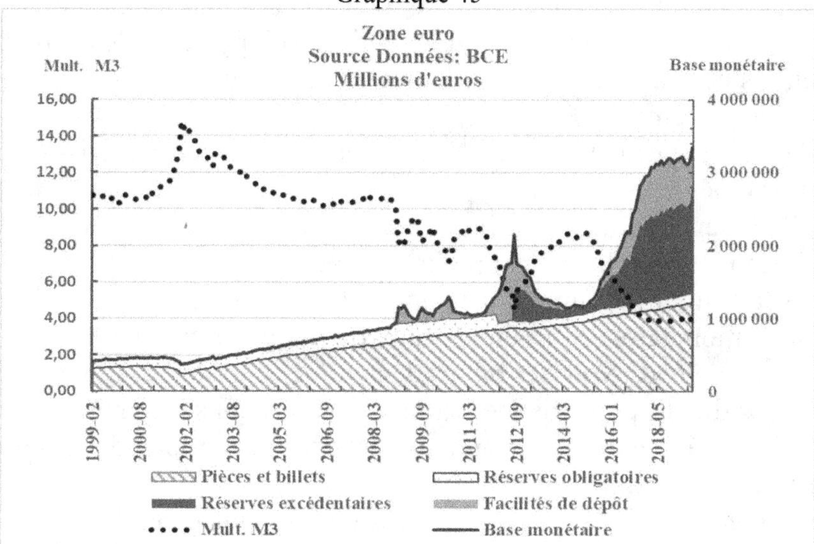

Sur ce graphique, l'évolution de la base monétaire (pièces et billets, plus réserves obligatoires, plus réserves excédentaires, plus facilités de dépôt) reflétait avant la crise de 2008 largement les changements de ses deux premières composantes, monnaie en circulation et réserves obligatoires. Dans un fonctionnement normal du marché interbancaire, les banques cherchent à limiter les réserves excédentaires ne rapportant pas d'intérêt (à la différence des facilités de dépôt) et à prêter sur ce marché à un taux supérieur au taux de facilité de dépôt. Dans le cadre d'une politique monétaire conventionnelle, c'est la demande par les banques de liquidités de banque centrale et les dispositions réglementaires concernant les réserves obligatoires qui conditionnent, en dernier ressort, l'expansion du bilan de la Banque centrale. Avec le démarrage des programmes APP en 2014, c'est la Banque centrale qui au contraire mène la danse pour accroître son bilan, avec en contrepartie un gonflement considérable des réserves excédentaires. Et un effondrement des multiplicateurs de masse monétaire, en particulier celui de M_3.

Section III – L'indépendance des Banques centrales

Avant la crise financière, note en 2013 Alan Blinder[1] dans un rapport destiné à explorer les différentes issues de sortie de crise auxquelles les banques centrales pourraient être confrontées, un large consensus concernant la politique monétaire s'était développé dans les cercles de banquiers centraux. Parmi les éléments principaux de ce consensus se trouvaient affirmés :

- le principe d'une indépendance de la Banque centrale vis-à-vis du Gouvernement.
- l'existence d'une politique monétaire reposant sur un objectif d'inflation flexible tournant autour de 2%.
- le fait que l'instrument principal, et peut-être même le seul, de la politique monétaire devait être le taux du marché interbancaire.
- la nécessité d'avoir des bilans de banque centrale de taille modeste, composés d'actifs sans risque, par exemple les bons du Trésor.
- le fait d'éviter pour les banques centrales de se mêler d'attributions spécifiques de crédit.
- le rôle important, en cas de crise, de la Banque centrale en tant que prêteur en dernier ressort.

Publié en 2013, ce rapport témoignait de préoccupations qui n'ont pas cessé d'être d'actualité jusqu'à un présent récent. Ces préoccupations tournent autour de trois thèmes.

---

[1] Blinder Alan S. (2013) : "Exit to What? The Status Quo Ante or Some New Normal?", in Exit Strategy, Geneva Reports on the World Economy 15, International Center for Monetary and Banking Studies (ICMB), septembre, p. 5-12.

- La nouvelle « normalité » sera-t-elle identique à la précédente ? De nouveaux instruments ont été testés qui ne seront sans doute pas délaissés.

- Comment effectuer la transition de la situation présente au nouveau statu quo ? Deux instruments principaux sont disponibles, le taux d'intérêt utilisé pour des opérations monétaires conventionnelles et le bilan de banque centrale pour des considérations financières plus générales.

- Comment s'inscriront les banques centrales dans le nouveau paysage ? Avec les nouvelles responsabilités prises, les banques centrales se sont aventurées dans les eaux troubles de la politique redistributive et budgétaire, situation loin d'être sans conséquence en ce qui concerne leur statut.

Pour tous les participants au débat, avec des bilans de banque centrale composés de portefeuilles de titres de nature et de maturité très diverses, il est clair que ce que sera la nouvelle « normalité » n'est pas évident à définir, entre (1) un retour à l'ancienne normalité, considérant que depuis 2007-2008 l'importance des chocs n'a rien changé fondamentalement, n'imposant qu'un retour plus long qu'à l'accoutumée à des situations maîtrisées, ou (2) la constatation que de nombreux facteurs ont contribué à une baisse substantielle du taux d'intérêt naturel de sorte que des taux au plancher zéro imposeront le maintien de politiques de QE dans les économies avancées. Il est également clair (3) que dans la mesure où les nouveaux instruments de politique monétaire ont franchi la frontière séparant la politique monétaire de la politique budgétaire, si l'on est d'accord pour continuer à les utiliser, on doit être attentif à reformuler les règles qui gouvernent la relation entre la Banque centrale et l'autorité budgétaire.

Une politique budgétaire englobe quatre objectifs[1] : (1) le financement de la dépense publique à moindre coût, (2) la minimisation du risque budgétaire, (3) la gestion de la demande globale et (4) la promotion de la stabilité financière. Sur ces quatre objectifs, des conflits peuvent surgir avec la Banque centrale. Les deux premiers objectifs,

---

[1] Greenwood Robin, Samuel Gregory Hanson, Joshua S. Rudolph et Lawrence Summers (2015) : "Debt Management Conflicts between the U.S. Treasury and the Federal Reserve", Chap. 2 in The $13 Trillion Question: How America Manages Its Debt, David Wessel ed., Brookings Institution Press, p. 43–89.

minimiser le coût de la dette tout en limitant le risque budgétaire, relèvent d'une gestion stricto sensu de la dette publique, de l'arbitrage coût- bénéfice d'une dette de maturité moyenne déterminée, gestion qui peut cependant être en contradiction avec la politique monétaire poursuivie. Les deux objectifs suivants, gérer la demande globale et promouvoir la stabilité financière, renvoient eux à des conflits possibles plus importants qui mettent en jeu la délimitation respective des domaines monétaire et budgétaire.

Où se trouve précisément cette frontière ? Dans quelle mesure est-elle susceptible de se modifier et quelles peuvent en être les conséquences ? L'histoire montre, à l'occasion de conflits ayant opposé des banques centrales aux autorités budgétaires, que ces questions ne cessent de se poser.

I – Un conflit considéré comme fondateur de l'indépendance de la *Federal Reserve.*

À l'entrée dans la Deuxième Guerre mondiale, confrontés à l'accroissement rapide de la dépense gouvernementale pour faire face aux dépenses de guerre tout en limitant le coût de la dette, la Fed et le Trésor américain se mettent d'accord pour fixer la courbe des taux d'emprunts publics : les rendements des bons du Trésor à 3 mois sont limités à 0,375% et ceux des obligations fixés à 2,5%. Dans ce cadre, la Fed doit se tenir prête à acheter ou vendre la quantité de titres publics nécessaire pour maintenir les taux à leur niveau désiré. En particulier, quand le Trésor émet de nouveaux emprunts et que le public devient réticent à les acheter, c'est la Fed qui doit les acquérir pour éviter la hausse des taux, avec en contrepartie un accroissement des réserves et de la base monétaire. En s'engageant ainsi à maintenir des taux bas à la demande du Trésor, la Fed perd le contrôle de la taille de son bilan et de la quantité de monnaie.

Après la guerre, avec un poids important et croissant de la dette, le Trésor maintient sa pression sur la Fed alors que cette dernière désire disposer de plus de marges de manœuvre dans sa gestion des taux courts afin de contrôler l'inflation résultant de la fin du contrôle des prix. Dans la préoccupation encore dominante d'empêcher le retour de la Grande Récession des années 30, si les objectifs de politique monétaire restent encore secondaires par rapport à la gestion de la dette, la potentialité d'un conflit entre le Trésor et la Banque centrale commence à s'inscrire progressivement dans le paysage. En 1947, un accord est néanmoins conclu pour une série d'augmentations du taux des bons du Trésor qui atteint 1% en 1948.

Le conflit entre la Fed et le Trésor américain se cristallise durant l'année 1950 avec la guerre de Corée, où les perspectives d'une inflation croissante et d'une augmentation de l'endettement public renforcent les oppositions d'objectifs[1]. En novembre 1950, six armées chinoises ont déjà franchi le fleuve Yalu et la perspective d'une guerre avec la Chine, celle d'une reprise des contrôles et du rationnement font grimper les prix. Entre le mois de juin 1950 et le mois de mars 1951, les prix de gros augmentent de 16% et sur une période de trois mois se terminant en février 1951, l'indice des prix à la consommation augmente au taux annualisé de 21%.

Contre l'opinion du Secrétaire au Trésor John Snyder appuyé par le Président Truman, la Fed désire augmenter les taux courts et par ce biais agir également sur les taux longs. Le Président Truman et son Secrétaire au Trésor en revanche désirent que la Banque centrale s'engage publiquement à maintenir à 2,5% le taux des obligations. Témoignant devant le Congrès en janvier 1951, M. S. Eccles, Gouverneur de la Fed affirme que cette politique reviendrait à faire du système bancaire dans son ensemble un engin d'inflation. Le conflit n'est pas feutré. Lorsqu'en janvier 1951, Snyder annonce publiquement, en contradiction avec les faits, que le FOMC est d'accord pour que les emprunts futurs se fassent au taux de 2,5%, le New York Times publie le commentaire suivant: « Jeudi dernier fut la première occasion dans l'histoire où le chef du Trésor d'une grande nation eut l'effronterie ou l'incompétence, ou même les deux, de délivrer un discours public dans lequel il usurpe la fonction de la Banque centrale chargée de dire à la nation à quelle sorte de politique monétaire elle va être soumise » (cité par Hetzel et Leach, p. 42).

Le conflit se poursuit à travers de nombreuses pressions sur la Fed et le FOMC de la part notamment de représentants élus, le sénateur O'Mahoney du Wyoming invoquant le souhait des dictateurs soviétiques de voir le système capitaliste s'effondrer pour soutenir qu'il

---

[1] Hetzel Robert L. et Ralph F. Leach (2001-b) : "The Treasury-Fed Accord : A New Narrative Account", Federal Reserve Bank of Richmond Economic Quarterly Volume 87/1, p. 33-55.
Voir également, Thorvald Grung Moe (2014) : "Marriner S. Eccles and the 1951 Treasury–Federal Reserve Accord: Lessons for Central Bank Independence", WP 06/2014, Banque centrale de Norvège.

est impératif de ne pas avoir de conflit entre la Fed et le Trésor ! En dépit des affirmations venant du Président Truman lui-même, affirmant que le FOMC est en accord avec son administration, la Fed maintient sa position et le 19 février informe le Trésor qu'en l'absence d'une personne au Trésor capable de contribuer à un règlement rapide et définitif, elle devra prendre une action unilatérale. Confronté au problème du renouvellement de la dette et à l'inquiétude des marchés, le Trésor se résout finalement à mettre fin à la dispute et un accord est ratifié le 4 mars 1951. L'accord affranchit la Fed de l'obligation de soutenir le poids de la dette par ses interventions et pose les fondements institutionnels d'une politique monétaire indépendante. Le dernier espoir de Truman de gagner la bataille fut perdu lorsqu'après l'accord et après avoir limogé le Président du Bureau des Gouverneurs de la Fed, le successeur, choisi par lui, réaffirma l'indépendance de la Banque centrale. Mais de quelle indépendance s'agit-il ?

En 1952, actant de l'accord de mars 1951 énonçant l'objectif commun des deux institutions « d'assurer le financement des demandes gouvernementales et dans le même temps, de minimiser la monétisation de la dette publique », le rapport Patman[1], émanant d'un sous-comité du Congrès des États-Unis portant sur la politique monétaire et la gestion de la dette publique, constate une évidence. « La première question », note-t-il, « qui doit être soulevée dans toute discussion concernant l'indépendance du *Federal Reserve System* est : l'indépendance par rapport à qui ? », page 51. Il ne peut s'agir, poursuit-il, d'une indépendance *par rapport* au Gouvernement, mais plutôt d'une indépendance *dans* le Gouvernement. En particulier, page 52, « l'indépendance formelle du Bureau des Gouverneurs par rapport au Président est inévitablement limitée par le fait que les politiques budgétaire et monétaire doivent se coordonner entre elles et avec les autres politiques et objectifs du Gouvernement… Le but final, bien sûr, n'est pas que le *Federal Reserve System* soit indépendant, mais que le pays ait une politique économique saine. L'indépendance du *Federal Reserve System* est un concept relatif et non pas absolu ».

Mais si l'accord Fed-Trésor de 1951 demande une coordination des politiques budgétaire et monétaire, son énoncé en exprimant le souhait ne dit rien sur la manière dont le Trésor et la Fed doivent résoudre leur

[1] Rapport Patman (1952) : "Monetary Policy and the Management of the Public Debt", Report of the Subcommittee on General Credit Control and Debt Management of the Joint Committee on the Economic Report, Congress of the United States.

conflit. Les discussions qui suivirent l'accord durant les années cinquante et les oppositions à l'intérieur même de la Fed, notamment entre Allan Sproul Président de la FRB de New York et William McChesney Martin, Président du FOMC, sont à cet égard éclairantes et d'actualité au regard de la politique de bilan menée aujourd'hui par les banques centrales dans le cadre du *Quantitative Easing*[1]. Ces discussions concernent en particulier le type d'actifs devant figurer dans le bilan des banques centrales.

II – Quel type d'actifs dans le Bilan d'une Banque centrale ?

Un marché de titres publics assure deux fonctions importantes susceptibles d'opposer le Trésor et la Banque centrale. La première est d'assurer au Trésor une source de financement pour le déficit budgétaire à travers la mise sur le marché de titres publics de différentes maturités. La seconde est d'offrir à la Banque centrale des instruments de conduite de la politique monétaire et de régulation des marchés financiers. Dans le cadre d'une politique monétaire conventionnelle d'*open market* de gestion des marchés par le côté court - le taux du marché interbancaire - les bons du Trésor constituent l'instrument privilégié de cette politique et assurent l'existence d'un collatéral suffisant pour couvrir adéquatement le risque de crédit. De la sorte, soutient en 1951 W. M. Martin, partisan de la doctrine « *Bills Only* », contre A. Sproul, Président de la FRNY, la Banque centrale doit se limiter à assurer par ce moyen la liquidité du marché interbancaire et se limiter à cette fonction. Toute autre politique d'achat de titres publics ou même privés de la part de la Banque la conduirait à franchir la frontière séparant le domaine de la politique budgétaire du domaine de la politique monétaire et l'exposerait à des risques pouvant mettre en cause son indépendance.

Si la doctrine « *Bills Only* », « Bons du Trésor seulement », limite le rôle de la Banque centrale à assurer principalement la liquidité du marché interbancaire et la protège des pressions du Trésor qui doit trouver sur les marchés financiers le financement à long terme de ses dépenses publiques, en 2008 lors du premier programme de *Quantitative Easing* QE-1 de la Fed, pour les responsables de la

[1] Hetzel Robert L. et Ralph F. Leach (2001-a) : "After the Accord: Reminiscences on the Birth of the Modern Fed", Federal Reserve Bank of Richmond Economic Quarterly, volume 87/1, p. 57-64.

politique monétaire le problème n'était pas tant le financement du déficit public que l'intrusion de la Banque centrale dans des opérations qualifiées de « *credit easing* ». Dans le numéro de la revue de la *Federal Reserve Ban*k de Richmond consacré au conflit Fed-Trésor de 1951, Broaddus et Goodfriend[1] insistent sur la nécessité pour l'indépendance d'une Banque centrale de distinguer la politique monétaire et la politique du « crédit ». La politique monétaire concerne la taille globale du bilan de la Banque centrale et la politique du crédit concerne la composition des actifs que la Banque centrale acquiert lorsqu'elle crée de la monnaie de base. D'un point de vue opérationnel, les actifs achetés ont peu d'importance pour la politique monétaire ; ils ne sont que le véhicule par lequel la Banque centrale injecte de la monnaie dans l'économie. Mais on doit regarder au-delà de la simple exigence d'une base monétaire donnée lorsqu'on envisage une politique de détention de titres. L'acquisition d'actifs par la Banque centrale doit se plier à deux principes : celui du respect de l'intégrité de la politique budgétaire d'une part et, d'autre part, celui de la protection de son indépendance.

Une démocratie saine, remarquent Broaddus et Goodfriend, exige une divulgation publique complète et une discussion des programmes de dépense des fonds publics. Or c'est précisément parce qu'une Banque centrale, en l'occurrence ici la Fed, se trouve exemptée d'un processus d'appropriation démocratique de la dépense qu'elle doit s'abstenir dans toute la mesure possible de prendre des décisions relevant du domaine budgétaire. Quand la Fed se contente d'acquérir des titres publics et à ce titre se contente d'ouvrir un crédit au Trésor, elle laisse à ce dernier et au Congrès l'entière disposition de l'usage des fonds et n'empiète pas ainsi sur les prérogatives budgétaires. En revanche, quand la Fed attribue des crédits à des entités privées ou à d'autres entités publiques, elle attribue ces crédits à des emprunteurs particuliers et s'immisce dans le domaine budgétaire. Deux conséquences fâcheuses d'une telle immixtion sont susceptibles d'advenir : celle d'impliquer la Banque centrale dans des discussions contentieuses concernant sa politique d'acquisition d'actifs et celle de l'exposer à un risque financier non contrôlé mettant en cause son indépendance. Le sauvetage en 2008 par la Fed de la banque

[1] Broaddus J. Alfred et Marvin Goodfriend (2001) : "What Assets Should the Federal Reserve Buy ? ", Federal Reserve Bank of Richmond Economic Quarterly, vol. 87/1, p. 7-22.

d'investissement Bear Stearns illustre bien le type de problème soulevé ici.

Au début du mois de mars 2008, il devient évident que cette banque d'investissement vieille de 84 ans, mal gérée, avec un actif de 400 milliards de dollars disproportionnellement exposé aux crédits hypothécaires « *subprimes* », va vers la faillite. La perte de confiance des marchés envers une institution dépendant d'emprunts de court terme pour son fonctionnement, devant emprunter 33 dollars pour chaque dollar de capital propre à son passif, conduit ces derniers à refuser le renouvellement des prêts, même en échange de bons du Trésor à titre de collatéral. Les réserves de liquidités de la banque passent alors en quelques jours de 18 milliards à 2 milliards de dollars. Si « *too big to fail* » est devenu le slogan de la crise, note Geithner[1], alors Président de la *Federal Reserve* de New York, la peur à l'époque était que Bear Stearns fut trop interconnectée pour ne pas provoquer un dommage catastrophique en cas de faillite. En fait, les cinq des plus grandes banques d'investissement américaines partageaient alors une vulnérabilité commune, empruntant court et prêtant long, sans bénéficier de la garantie de dépôt assurée par la *Federal Deposit Insurance Corporation* (FDIC) ou de l'accès aux facilités de prêt de la Fed à travers la « *discount window* » réservé aux banques commerciales.

En tant que banque non commerciale, Bear Stearns ne pouvait obtenir de liquidités de la Fed en échange de son collatéral et il devint clair que seules deux options restaient offertes : soit le rachat de la banque par JPMorgan, soit la banqueroute. À la suite des négociations qui suivirent, entre Timothy Geithner, Ben Bernanke Président du Bureau des Gouverneurs de la Fed, Hank Paulson Secrétaire d'État au Trésor et JPMorgan, un accord mi-mars fut conclu par lequel JPMorgan acceptait de racheter Bear Stearns pour un total d'environ 3 milliards, acceptant de payer 10 dollars chaque part de Bear Stearns évaluée l'année précédente à 128 dollars. Pour faciliter la transaction, la Fed consentit un prêt à 10 ans d'un montant de 29 milliards à la nouvelle

---

[1] Geithner Timothy F. (2014) : Stress Test. Reflections on Financial Crisis, Broadway Books, New York.
Cecchetti Stephen G. 2008) : "Crisis and Responses: The Federal Reserve and The Financial Crisis of 2007-2008", NBER Working Paper 14134, juin.

SARL devant disposer d'un actif d'une valeur de 30 milliards constitué par les crédits hypothécaires détenus par Bear Stearns.

Dans cette affaire, un certain nombre de commentateurs ont relevé les efforts faits par l'administration Bush pour se tenir à distance de l'opération. En dépit de rapports initiaux indiquant un pilotage conjoint Fed-Trésor, le Secrétaire au Trésor Hank Paulson et la Maison-Blanche ont tenté de faire porter à la Fed l'entière responsabilité de l'opération, les contribuables américains risquant dans cette affaire 30 milliards de dollars. Bien que le prêt ait été consenti au taux de facilité de prêt de la Fed, l'opération n'offrait pas à la Fed les garanties habituelles de récupération de la mise. Si la valeur des actifs placés dans la nouvelle compagnie s'avérait inférieure à 29 milliards, la Fed et donc les contribuables américains subiraient une perte non négligeable. Il serait donc préférable pour la Fed, constatait Geithner (p. 55), « que nous disposions de la protection financière du Trésor et donc je dis à Hank que nous ferions l'opération seulement si le Trésor nous indemnisait de toute perte. Il répondit qu'il essaierait ». Les juristes du Trésor ayant indiqué qu'une telle garantie ne pouvait être accordée sans l'accord du Congrès, l'opération fut assurée par une simple lettre du Secrétaire au Trésor au Président de la Fed de New York stipulant (Geithner p. 156) que « si la Fed supporte des pertes, celles-ci viendront en déduction des revenus nets que la Fed reverse chaque année au Trésor[1] ».

La couverture du Trésor a protégé la Fed d'une des conséquences possibles du sauvetage de Bear Stearns, la possibilité d'un risque financier non contrôlé. Elle n'a cependant pas permis à la Banque centrale d'éviter d'autres critiques, de nature plus contentieuse. Comme l'a fait remarquer Larry Summers (Geithner, p. 159), aux yeux du public, l'opération pouvait apparaître comme un renflouement abusif, une entente favorisant le PDG de JPMorgan par ailleurs membre du Bureau des Directeurs de la Fed de New York. D'ailleurs, dans le sauvetage suivant d'un des plus grands conglomérats d'assurance américains AIG mené à la suite de la faillite de Lehman Brothers (la Fed fournissant un crédit de 85 milliards à un taux de pénalité de plus de 11% sous la garantie de 79,9% des actifs de la firme, sous couvert

---

[1] La Fed étant un organisme à but non lucratif, ses profits annuels sont reversés au Trésor. La Fed touche des intérêts sur ses actifs et la majorité de son passif ne lui coûte rien (billets plus pièces) ou peu (comme les intérêts à 0,5% payés sur les réserves). En 2015, le Gouvernement fédéral a une charge d'intérêt de 223 milliards et la Fed lui en reverse pratiquement 100 milliards, soit environ 45% de cette charge.

de l'approbation du Trésor), une critique identique resurgit dans le New York Times, accusant l'opération d'être conduite en faveur de l'un des collègues du Secrétaire au Trésor précédemment chez Goldman Sachs.

Tirant un premier bilan des actions « combatives et créatives » conduites par la Fed pour faire face à la crise, dans l'ensemble constate Bernanke (2009) en avril 2009, les actions qui furent menées pour financer directement des institutions systémiques importantes comportaient beaucoup de risque et ne furent entreprises qu'avec réticence et seulement parce qu'aucune autre option raisonnable n'existait. D'une manière générale, remarque-t-il, la Fed dans ses activités de financement doit éviter les risques crédit et éviter d'attribuer des crédits à des secteurs ou classes d'emprunteurs trop étroitement définis.

III – La BCE outrepasse-t-elle ses compétences ? L'Arrêt Gauweiler de la Cour de justice de l'Union européenne.

Réagissant à la montée des taux en Italie, Espagne et Portugal, les marchés doutant de la solvabilité de ces États, le président de la BCE Mario Draghi annonce en juillet 2012 un programme d'achat d'obligations des États en difficulté de la zone euro. Ce programme OMT, « Opérations monétaires sur titres », *Outright monetary transactions*, est destiné à remplacer l'ancien programme de rachat lancé en mai 2010, le *Securities Market Program* (SMP) qui n'avait pas suffi à rassurer durablement les marchés malgré le rachat de quelque 210 milliards d'euros d'obligations d'État.

Bien qu'il ait suffi d'une simple annonce du programme OMT pour calmer les marchés financiers, en février 2014, à la suite d'un recours formé l'année précédente par de nombreux citoyens allemands estimant que l'abstention de leur gouvernement de former un recours en annulation contre ce programme violait leurs droits fondamentaux, la Cour constitutionnelle fédérale allemande CCFA de Karlsruhe adopte une conclusion préliminaire constatant que le programme n'est pas conforme aux principes fondamentaux du Traité sur le fonctionnement de l'Union européenne TFUE. Cependant, avant d'exprimer son jugement final, la Cour constitutionnelle introduit un renvoi préjudiciel devant la Cour de justice de l'Union européenne CJUE pour qu'elle évalue le dispositif proposé. Deux questions sont posées par le juge constitutionnel allemand : (1) contrairement à ce qu'affirme la BCE, le programme OMT ne constitue-t-il pas une mesure de politique économique et non de politique monétaire ? (2) le programme n'est-il pas susceptible de violer les dispositions de l'article 123[1] du TFUE interdisant à la BCE de financer directement les États membres de la zone euro ?

Le problème de la séparation des mesures de politique monétaire des autres mesures de politique économique avait déjà fait l'objet en 2012 d'une conclusion de la CJUE (arrêt Pringle) à l'occasion de la contestation du Mécanisme européen de stabilité MES[2]. Dans une construction où le traité de Maastricht confie au niveau supranational la responsabilité de la politique monétaire à la BCE, institution indépendante, et la responsabilité de la politique budgétaire aux États, ce problème est loin d'être de nature purement sémantique. Et sur les deux questions posées, l'arrêt Gauweiler affirme la compatibilité du programme OMT avec le droit de l'Union européenne, considérant que (1) l'achat de titres de dette souveraine constitue une mesure de politique monétaire et que (2) le rachat par la BCE de titres de dette souveraine sur les marchés secondaires ne constitue pas un financement monétaire prohibé par l'article 123.

Le TFUE distingue dans deux chapitres différents ce qui relève de la politique économique (chapitre 1) et ce qui relève de la politique monétaire (chapitre 2). L'article 127.1 du chapitre 2 énonce que « l'objectif principal du Système européen de banques centrales SEBC est de maintenir la stabilité des prix » pour ensuite ajouter : « sans préjudice de l'objectif de stabilité des prix, le SEBC apporte son soutien aux politiques économiques générales dans l'Union, en vue de contribuer à la réalisation des objectifs de l'Union, tels que définis à l'article 3 du traité sur l'Union européenne[3] ». Dans ce cadre, la BCE

---

[1] Article 123 du traité de Lisbonne: "Il est interdit à la Banque centrale européenne et aux banques centrales des États membres, ci-après dénommées "banques centrales nationales", d'accorder des découverts ou tout autre type de crédit aux institutions, organes ou organismes de l'Union, aux administrations centrales, aux autorités régionales ou locales, aux autres autorités publiques, aux autres organismes ou entreprises publics des États membres; l'acquisition directe, auprès d'eux, par la Banque centrale européenne ou les banques centrales nationales, des instruments de leur dette est également interdite."

[2] L'analyse de cet arrêt est abordée dans la deuxième partie, chap. 1, section III, II B.

[3] Étrangement d'ailleurs, l'article 3 se contente de préciser les domaines dans lesquels l'Union dispose d'une compétence exclusive. Article 3. 1 : L'Union dispose d'une compétence exclusive dans les domaines suivants : (a) l'union douanière,

respecte son mandat dès lors qu'elle affirme poursuivre l'objectif principal de stabilité des prix. Un rapport présenté au Sénat français en juin 2015 constatait cependant que, selon [1] l'article 127, dans la mesure où « l'Union œuvre pour le développement durable de l'Europe fondé sur une croissance économique équilibrée et sur la stabilité des prix, une économie sociale de marché hautement compétitive, qui tend au plein emploi et au progrès social, et un niveau élevé de protection et d'amélioration de la qualité de l'environnement, le mandat de la BCE est donc, *in fine*, assez large » ! Dans l'exposé des motifs justifiant le jugement de la CJUE en faveur de la BCE, l'avocat général de la Cour, Pedro Cruz Villalón, justifie d'ailleurs la largesse de ce mandat par la nature particulière des mesures de politique monétaire. Concernant la vérification du principe de proportionnalité des mesures aux objectifs poursuivis énoncé dans l'article 5-4 du TFUE[2], affirme-t-il, « en ce qui concerne le contrôle juridictionnel du respect de ces conditions, le Système européen des Banques centrales étant appelé … à procéder à des choix de nature technique et à effectuer des prévisions et des appréciations complexes, il y a lieu de lui reconnaître, dans ce cadre, un large pouvoir d'appréciation » (point 68 de l'arrêt Gauweiler).

En un sens, remarque Buiter[3], il est difficile de justifier de manière convaincante une délégation de la politique monétaire à une agence spécialisée de l'État dotée d'une indépendance opérationnelle sans avoir recours à une certaine forme de rationalité limitée. L'argument est que la politique monétaire relève de compétences techniques qui vont bien au-delà de celles possédées par les autorités budgétaires et qu'il est ainsi préférable de reconnaître à l'agence « un large pouvoir d'appréciation » dans le cadre des missions qui lui sont dévolues. Mais jusqu'où peut aller « un large pouvoir d'appréciation » ? Montagu

---

(b) l'établissement des règles de concurrence nécessaires au fonctionnement du marché intérieur, (c) la politique monétaire pour les États membres dont la monnaie est l'euro, (d) la conservation des ressources biologiques de la mer dans le cadre de la politique commune de la pêche, (e) la politique commerciale commune.

[1] Rapport d'information fait au nom de la commission des affaires européennes (1) sur le rôle de la Banque centrale européenne face à la crise, enregistré à la Présidence du Sénat le 18 juin 2015.

[2] Article 5-4 :« le contenu et la forme de l'action de l'Union n'excèdent pas ce qui est nécessaire pour atteindre les objectifs des traités ».

[3] Buiter Willem H. (2005) : "New Developments in Monetary Economics: Two Ghosts, Two Eccentricities, a Fallacy, a Mirage and a Mythos", The Economic Journal, 115, C1-C31, mars.

Norman, Gouverneur de la Banque d'Angleterre de 1921 à 1944, était réputé avoir comme devise personnelle « ne jamais expliquer, ne jamais s'excuser ». Cet aphorisme, remarque Bernanke[1], illustre la manière dont de nombreux banquiers centraux envisageaient à l'époque de Norman la politique monétaire : un art ésotérique, pratiqué le mieux en dehors de la vue du public. Cela dit :

1 – Sur la première question concernant la nature économique ou monétaire du programme OMT.

Pour la Cour constitutionnelle fédérale allemande, précisément parce que la BCE bénéficie par son indépendance d'un statut particulier dérogeant au principe démocratique au sein de l'UE, son mandat doit être soumis à une interprétation restrictive. Dans la mesure où les achats d'obligations souveraines sur les marchés secondaires sont susceptibles d'avoir des effets indirects sur la stabilité de la zone euro, le programme OMT relève du domaine de la politique économique et ne saurait donc être décidé de manière indépendante par la BCE. En 2013, dans sa déposition devant la Cour fédérale allemande, Jörg Asmussen, membre du bureau exécutif de la BCE, concédait d'ailleurs que le programme OMT poursuivait deux objectifs : protéger le mécanisme de marché d'une part afin, d'autre part, d'obliger les États membres à faire les réformes nécessaires. Or si le premier objectif relève du mandat de la BCE, le second relève de la décision des États de l'Union.

Sur cette question répond cependant la CJUE, « une mesure de politique monétaire ne peut être assimilée à une mesure de politique économique du seul fait qu'elle est susceptible d'avoir des effets indirects sur la stabilité de la zone euro ». En la matière, affirme la CJUE, point 63 de l'arrêt Gauweiler[2], pour distinguer une mesure de politique économique d'une mesure de politique monétaire, la différence entre les objectifs poursuivis est décisive. Des achats d'obligations souveraines sur les marchés secondaires ne relèvent pas

---

[1] Bernanke Ben S. (2007) : Federal Reserve Communications speech at the Cato Institute, 25th Annual Monetary Conference, Washington, D.C, 14 novembre.

[2] Point 63, arrêt Gauweiler : « Dans ces conditions, la circonstance que l'acquisition d'obligations souveraines sur les marchés secondaires sous condition de respecter un programme d'ajustement macroéconomique a pu être considérée comme relevant de la politique économique lorsqu'elle est pratiquée par le MES (voir, en ce sens, arrêt Pringle, C-370/12, EU:C:2012:756, points 60) n'implique pas qu'il devrait en être de même lorsque cet instrument est utilisé par le SEBC dans le cadre d'un programme tel que celui annoncé dans le communiqué de presse ».

du même objectif lorsqu'ils sont pratiqués dans le cadre du Système européen des Banques centrales (stabilité des prix) et dans le cadre du Mécanisme européen de Stabilité (stabilité de la zone euro). Cependant, en l'occurrence, il s'agissait bien pour le programme OMT de préserver la stabilité de la zone euro, comme le révélait l'intervention dramatique de Draghi affirmant, lors de la présentation du programme que la BCE était prête à prendre toutes les mesures nécessaires pour préserver l'euro !

2 – Sur la seconde question, violation par le programme OMT des dispositions de l'article 123 du TFUE interdisant à la BCE de financer directement les États membres de la zone euro.

On sait que cette question resurgit en mai 2020 à la suite de l'extension des opérations de QE résultant de la crise du COVID[1]. Si à cette occasion, constate la CCFA, la BCE n'acquiert pas directement auprès des institutions, organes ou organismes de l'Union et autres organismes des États membres les instruments de leur dette, par l'accumulation de liquidités résultant des programmes d'achat d'actifs sur les marchés secondaires, les programmes de QE améliorent considérablement les conditions de refinancement des États membres et par là même exercent un impact significatif sur la nature des décisions prises par ces derniers en matière budgétaire. À l'époque des politiques monétaires conventionnelles, une régulation du Conseil européen (n° 3603/93) de décembre 1993 faisait remarquer que l'article 123 ne devait pas faire oublier que, sur les marchés secondaires, les achats de titres de dette souveraine ne sont autorisés que dans le cadre d'opérations d'*open market* destinées à assurer la liquidité des marchés et non à remédier à une crise de dette souveraine. Dès la mise en place en 2010 des programmes d'achat de titres, le rappel de cette distinction s'était accompagné de deux démissions retentissantes, celle d'Axel Weber de la présidence de la Bundesbank et celle de Jürgen Stark du Bureau exécutif de la BCE, tous deux défavorables à la mise en place du QE et de ses effets induits sur les conditions de financement des États membres. En l'absence de souverain, constate en 2013 Lucrezia

[1] En l'occurrence 120 milliards d'achats supplémentaires en mars 2020 au titre des programmes existants APP, complétés par le lancement d'un programme d'achat d'urgence COVID PEPP (*Pandemic Emergency Purchase Program*) de 750 milliards, lequel sera augmenté de 600 milliards supplémentaires en juin 2020 et susceptible d'extension tous les six mois jusqu'en juin 2021.

Reichlin[1], les conflits entre la CCFA et la CJUE illustrent le fait que, dans l'environnement politique particulier de l'UE, « sans règles claires gouvernant la relation entre les autorités budgétaires et monétaires, la Banque centrale peut être poussée à en faire trop peu de crainte d'aléa moral ou en faire trop en raison du manque d'action des autres autorités. … Dans ce second cas, la Banque centrale devient une sorte d'institution de dernier ressort qui, plutôt que d'être indépendante, est souveraine ». La tendance à en faire trop est favorisée, note Beck (2017)[2], par un activisme judiciaire extrême de la part de la CJUE enracinée dans une approche interprétative ultra flexible des textes, priorisant en cas de conflit les objectifs d'intégration et de stabilité de l'UE dans un cadre où les traités lui ont donné le pouvoir d'avoir le dernier mot.

IV – Banque centrale et neutralité de marché.

Aujourd'hui, les actifs des banques centrales qui comptaient pour moins de 15% de PIB en 2007 se chiffrent entre 25% pour le Canada et 60% pour la zone euro, le Japon étant hors norme avec un actif dépassant 125% de PIB. Que se passera-t-il alors si les banques centrales continuent sur cette lancée, s'interrogent Cecchetti et Schoenhol[3] ? Avec des taux d'intérêt bas et de faibles taux d'inflation, la politique budgétaire est devenue l'instrument de choix pour la stabilisation macroéconomique. Dans ces circonstances, remarquent- ils, il est extrêmement tentant d'utiliser la Banque centrale comme agent du Trésor public pour financer le budget de l' État et intervenir pour fournir directement des crédits à des institutions non financières. Pour contrer une telle tendance à la « fiscalisation » de la Banque centrale, pour s'assurer que les banques centrales peuvent faire ce pour quoi elles ont été créées, il est nécessaire d'imposer des limites claires concernant à la fois les actifs qu'elles peuvent acheter et les organismes auxquels elles peuvent prêter. Nous avons besoin, affirment ces auteurs, d'un système dans lequel les banquiers centraux ne se

[1] Reichlin Lucrezia (2013) : "Comments" in Exit Strategy, Geneva Reports on the World Economy 15, septembre, p. 39.

[2] Beck Gunnar (2017) : "Judicial Activism in the Court of Justice of the EU", University of Queensland Law Journal, vol. 36(2), p. 333-353.

[3] Cecchetti Stephen G et Kermit L. Schoenholtz (2021-a) ; "Limiting Central Banking", Money&Banking, mars 01.

pensent pas comme le seul recours de sorte que, quand la politique monétaire atteint la limite de son efficacité, ils ne se sentent pas obligés d'intervenir de manière quasi budgétaire.

Cette préoccupation est particulièrement appropriée au moment où, après le *Quantitative Easing*, les banquiers centraux déclarent la finance verte « nouvelle frontière du vingt et unième siècle » et décident d'introduire un « biais vert » dans leurs programmes d'achat d'actifs. Avec des programmes de QE atteignant déjà fin 2017 plus de 2 000 milliards d'euros et le Pandemic Emergency Programme PEPP de 1 850 milliards à dépenser d'ici mars 2022, la BCE est entrée, comme ses consœurs d'autres pays, dans les eaux troubles de la politique budgétaire redistributive qu'un « verdissement » de ses programmes d'achat de titres ne fera qu'accentuer. Faut-il s'en inquiéter ?

Pour comprendre les risques posés par le changement climatique, on a coutume de distinguer les risques physiques et les risques de transition. Les risques physiques sont définis comme ceux qui résultent de l'interaction des aléas liés au climat avec la vulnérabilité des systèmes naturels et humains, renvoyant à la capacité de ces derniers de s'adapter. Les sources de ces risques physiques sont à rechercher dans le réchauffement climatique global et dans l'accroissement d'événements climatiques extrêmes. Les risques de transition sont ceux susceptibles de provenir de la transition vers une économie bas carbone afin de réaliser l'objectif de l'accord de Paris d'une limite du réchauffement global. Tous ces risques sont susceptibles d'avoir un impact sur la politique monétaire suivie par les banques centrales.

Au sens de la politique monétaire conventionnelle, celui d'une recherche de la stabilité des prix et d'un produit proche du produit potentiel, l'aléa climatique par ses chocs d'offre et (ou) de demande imprévus introduit une plus grande volatilité de l'inflation et plus d'incertitude concernant l'évaluation des modifications du produit potentiel. Ex ante, l'impact économique d'un désastre naturel peut être moins sévère si les risques physiques sont pris en compte et appréciés dans le cadre de contrats d'assurance. Ex post, pour la Banque centrale, en pratique, il faut évaluer l'impact du désastre naturel sur l'*Output gap* et sur les pressions inflationnistes afin d'ajuster la politique monétaire si nécessaire. Ainsi, remarquent Batten et al.[1], la Fed a augmenté son taux d'intérêt lors de sa première réunion après le passage de l'ouragan Katrina en août 2005 qui provoqua une perte totale équivalente à 1% du PIB US de cette même année, arguant d'effets significatifs macroéconomiques de l'ouragan, mais essentiellement temporaires. À la suite du tremblement de terre de l'est du Japon en 2011 qui provoqua une perte équivalente à 3,6% du PIB de cette même année, la Banque centrale du Japon augmenta son programme d'achat d'actifs dans l'optique de contrecarrer la détérioration du climat des affaires et l'accroissement du risque sur les marchés financiers.

Sur le plan macroéconomique, le risque de transition majeur résulte de la politique visant à décarboner l'économie. Dans un rapport de février 2016, le Comité européen du risque systémique[2] (ESRB *European Systemic Risk Board*) évalue le risque financier d'une transition trop tardive et brutale vers une économie bas carbone, résultant de la mise en place de contraintes quantitatives et de prix sur les sources d'énergie intensives en carbone. Un renforcement soudain et peu anticipé des contraintes concernant les émissions de carbone correspond à un choc d'offre négatif. Une augmentation du prix du carbone est susceptible de n'avoir qu'un effet temporaire sur l'inflation, les prix relatifs des biens intensifs en carbone devenant simplement plus élevés de manière permanente. Mais les effets sur la réévaluation des actifs intensifs en carbone consécutive à l'obsolescence brutale des technologies intensives en carbone et des réserves d'énergie correspondantes ne doivent pas être négligés. En 2015, des estimations conduisent à considérer que si l'on veut maintenir la croissance de la température moyenne globale en dessous de 2%, approximativement 35% des réserves connues de pétrole, 50% des réserves de gaz et pratiquement 90% des réserves de charbon deviennent inutilisables. Dans un scénario d'atterrissage brutal, les marchés réévaluent la valeur des actifs des entreprises impliquées dans l'extraction et l'utilisation des énergies non renouvelables et l'endettement important de ces entreprises peut exacerber l'impact financier déstabilisateur de mesures

---

[1] Batten Sandra, Rhiannon Sowerbutts et Misa Tanaka (2020) : "Climate change: Macroeconomic impact and implications for monetary policy", chap. 2 in Ecological, Societal, and Technological Risks and the Financial Sector, Palgrave Studies in sustainable business in association with future Earth, 2020, p. 13-38.

[2] ESRB ASC (2016) : "Too late, too sudden: Transition to a low-carbon economy and systemic risk", Reports of the Advisory Scientific Committee No 6, ESRB ASC Report No 6 /Février.

rendues nécessaires par l'urgence. C'est sans doute la conscience de tels effets et l'inaction relative des gouvernements qui ont conduit certaines banques centrales à envisager de s'attribuer un rôle plus actif qui, pour certains observateurs, transgresse les limites de leur mandat.

Dans son discours introductif à la Conférence juridique du Système européen des banques centrales, Yves Mersch[1], membre du Bureau exécutif de la BCE, souligne en 2020 que parmi les contraintes à l'intérieur desquelles la BCE dispose du pouvoir exclusif de définir sa politique figure celle de respecter le principe d'une économie de marché ouverte dans laquelle les ressources sont allouées de manière efficace. Sous une autre forme, ce principe se traduit dans le langage des banquiers centraux par un concept de neutralité de marché. Dans la mesure où le mécanisme des prix est un « instrument de découverte » conduisant à une allocation efficace des ressources, les banques centrales doivent s'attacher à minimiser les effets de distorsion susceptibles de résulter de leurs interventions sur les marchés financiers. En d'autres termes, la répartition sectorielle de leurs achats doit s'aligner sur la répartition sectorielle de la capitalisation observée sur les marchés financiers.

Pour un certain nombre d'observateurs, cette neutralité est un mythe et la respecter ne conduit pas à une allocation efficace des ressources. Il est largement reconnu que les risques climatiques sont inexactement évalués par les marchés financiers, les prix n'internalisant pas spontanément les effets néfastes qu'exercent les activités sur l'environnement. Dans une intervention à un séminaire concernant le « verdissement de la politique monétaire »[2], Isabel Schnabel, membre du Bureau exécutif de la BCE, attirait l'attention sur le fait qu'un principe de neutralité de marché conduit à un « biais d'émission » dans le portefeuille de titres privés détenus par la Banque centrale. Utilisant les statistiques d'Eurostat concernant les émissions de carbone par secteur, une étude de Papoutsi et al. (2021)[3] constate que, dans le

---

[1] Mersch Yves (2020) : "Exploring the legal framework governing the ECB's actions – scope and general legal principles", discours introductif à l'ESCB Legal Conference 2020, Frankfurt am Main, 2 novembre, p. 9-17.

[2] Schnabel Isabel (2021-a) : "From green neglect to green dominance", intervention au Greening Monetary Policy -Central Banking and Climate Change, online séminaire Cleveland Fed Conversations on Central Banking, 3 mars.

[3] Papoutsi Melina, Monika Piazzesi et Martin Schneider (2021) : "How unconventional is green monetary policy ?", WP, 17 octobre.

portefeuille de titres privés de la BCE, les secteurs surreprésentés sont ceux qui sont caractérisés par une émission importante de carbone. Ce biais d'émission résulte de la structure sous-jacente du marché des obligations, dans la mesure où ce sont les grandes entreprises intensives en émission de carbone qui sont les plus susceptibles d'entrer sur ce marché. La part plus grande d'obligations de ces entreprises sur le marché se traduit ainsi par une plus grande intensité carbone des titres éligibles aux achats de la Banque centrale. Un portefeuille neutre par rapport au marché n'est donc pas neutre par rapport au risque climatique : il subventionne non intentionnellement les entreprises qui contribuent le plus à ce risque. Dans cette situation, soutient Schnabel, il est judicieux de remplacer le principe de neutralité de marché par celui de marché efficace[1] et de prendre en compte le risque climatique dans la politique monétaire de la Banque. Mais ce risque climatique peut être pris en compte de différentes manières.

Remédier au « biais d'émission » peut par exemple conduire la Banque centrale à exclure de ses achats les obligations des entreprises intensives en carbone. Mais faut-il simplement corriger le « biais d'émission » du portefeuille ou adopter une politique plus proactive influençant de manière intentionnelle les prix relatifs ? On peut être d'accord pour dire que le changement climatique risque de poser des problèmes pour la stabilité financière, constate Sir Paul Tucker[2] dans une audition à la Commission des affaires économiques de la Chambre des Lords du Royaume-Uni. Mais, poursuit-il : « les guerres sont très mauvaises pour la stabilité financière... Les banques centrales doivent- elles rationner la fourniture de crédit aux fabricants d'armes ? Quand je présentai cette question à un groupe de banquiers centraux, ils furent surpris et dirent : nous n'y avons pas pensé. Le point est qu'ils ne devraient pas y penser, mais que vous, membres du Parlement, vous devriez y penser ». Plus profondément impliqués depuis la crise dans la régulation financière, les banquiers centraux ne doivent néanmoins pas se substituer aux gouvernements. Une politique monétaire bien conduite varie avec le cycle économique alors que le « verdissement »

[1] Schnabel Isabel (2021-b) : "From market neutrality to market efficiency", allocution d'accueil, ECB DG-Research Symposium "Climate change, financial markets and green growth", Frankfurt am Main, 14 juin.

[2] Tucker Paul (2021) : Audition à la Commission des affaires économiques de la Chambre des Lords du Royaume-Uni, 2 février. Quantitative Easing - Oral evidence- Committees - UK Parliament.

de l'économie relève de mesures structurelles de long terme que les gouvernements doivent prendre.

En tant que régulateurs financiers, les banques centrales peuvent s'investir dans la définition de règles et de standards et promouvoir la recherche en vue d'une meilleure compréhension des risques financiers résultant du changement climatique. À travers le collatéral exigé dans le cadre de leurs facilités de prêt, les banques centrales sont d'ailleurs exposées à ces risques. Les prêts qu'elles consentent aux banques commerciales ne sont accordés qu'en échange de garanties. L'Eurosystème publie d'ailleurs une liste des actifs acceptés en garantie, actifs éligibles, et mieux connaitre le risque climatique peut permettre d'inclure dans cette liste une part plus grande d'obligations « vertes ». Ce « verdissement » de la politique d'achat de titres soulève cependant plus de questions lorsqu'il est fait dans le cadre de la politique de QE qui, par ses volumes, est susceptible de créer des distorsions importantes sur les marchés. Dans le cadre de ses programmes d'achat d'obligations privées (CSPP) et du *Pandemic Emergency Programme* PEPP, l'Eurosystème détient en 2021 environ 20% de l'univers des obligations privées vertes éligibles. Surpondérer dans le portefeuille de la BCE les actifs verts peut avoir deux conséquences fâcheuses : augmenter le risque de portefeuille et priver d'autres investisseurs d'une source de financement nécessaire.

Deuxième partie : Dette publique et budget

Le 20 novembre 2019, la Commission européenne présentait ses Avis sur les projets de plan budgétaire des États membres de la zone euro pour 2020, COM(2019) 900 final. Notant que les États membres de la zone avaient des situations budgétaires très différentes en ce qui concerne la dette publique, elle tentait d'apprécier sur la base de ses prévisions les risques de soutenabilité de la dette publique de différents pays, en fonction notamment de l'importance de la dette présente, du solde budgétaire primaire et du coût du vieillissement de la population.

Dans ces avis, la Commission notait que si aucun des membres de la zone euro ne faisait face à des risques de soutenabilité dans le court terme, il n'en demeurait pas moins vrai que la soutenabilité des finances publiques italiennes restait vulnérable à l'accroissement du coût de la dette. Des vulnérabilités de court terme et de moyen terme étaient aussi identifiées pour la Belgique, l'Espagne et la France. Les avis formulés par la Commission épinglaient en particulier quatre pays pour l'augmentation de leur déficit et de leur dette : la France, l'Italie, l'Espagne et le Portugal. Pour le vice-président de la Commission Valdis Dombrovskis, ces pays sont critiqués pour n'avoir pas utilisé suffisamment les bonnes conditions économiques pour réduire leur dette et ne comptent pas le faire en 2020, ce qui les place en position de risque en cas de choc financier. Les États membres fortement endettés — comme la Belgique, la France, l'Italie et l'Espagne — devraient profiter de la baisse des dépenses consacrées au paiement d'intérêts pour réduire leur dette.

On peut être d'accord avec la Commission pour considérer que l'une des questions clés est celle de l'existence dans les économies avancées d'un espace budgétaire offrant des marges de manœuvre suffisantes en cas de choc, permettant d'opérer des ajustements pour assurer la soutenabilité de la dette publique. Les garanties de renflouement financier, des déficits budgétaires importants et la faiblesse des prélèvements fiscaux lors de la récession de 2008 ont tous contribué à produire avant la crise de la COVID certains des rapports dette sur PIB et déficits primaires les plus élevés parmi ceux observés sur les quarante dernières années. Avant la pandémie, pour le groupe des économies avancées (sauf USA) ce rapport atteignait plus de 105% en 2012 et il ne descendait que très rarement en dessous de ce niveau. Pour le groupe des économies de marché émergentes et économies en développement, la reprise à partir de 2012-2013 de politiques budgétaires expansionnistes porte ce rapport à plus de 50% en 2018. En 2020, le rapport global approche 100% et pour la moitié du monde il est prévu de rester au-dessus de son niveau prépandémique. Pour le FMI, évalués en 2023, en dépit de baisses importantes en 2021 et 2022, les rapports de dette vont dans le futur reprendre leur progression et continuer à augmenter d'environ 1,25 point de pourcentage par an sur le moyen terme jusqu'en 2028 si l'on inclut les États-Unis et la Chine dans les agrégats mesurés. De tels rapports de dette sont-ils excessifs et quels sont les risques encourus par des pays dont l'endettement public est important ?

Le premier chapitre de cette partie fournit des éléments de réponse à ces questions. Ce n'est pas tant le montant de la dette publique qui importe que les facteurs qui déterminent son évolution dynamique. Sur le court et long terme, deux facteurs sont importants pour cette évolution, le taux d'intérêt de la dette et le taux de croissance de l'économie. Ce chapitre ne saurait par ailleurs négliger d'aborder les problèmes spécifiques à la zone euro. Pour la Commission européenne en 2020, lorsqu'elle formule ses avis sur les projets de plan budgétaire des États membres, ce sont les risques de crise de la dette qui la préoccupe. Ces risques sont à évaluer à l'aune de la crise financière des années 2008-2012 où, deux ans après le sauvetage en 2010 de la Grèce par l'UE et le FMI, une crise de dette souveraine continuait de menacer certains pays, Espagne et Portugal. Dans l'évaluation de ces risques de crise, l'architecture de l'Union monétaire la rend particulièrement vulnérable lorsque les mécanismes devant assurer la responsabilité individuelle des États introduisent de l'aléa moral. En 2012, à l'occasion de la contestation du Mécanisme européen de Stabilité, l'arrêt Pringle de la Cour de Justice de l'Union européenne CJUE permet d'évaluer les difficultés à porter remède aux particularités de cette architecture.

Le second chapitre se consacre à l'étude des effets de la politique budgétaire. Contrairement aux affirmations souvent péremptoires des responsables politiques, la plupart des économistes admettent l'existence d'une incertitude substantielle dans l'évaluation quantitative des effets de la politique budgétaire. Cette incertitude provient des estimations empiriques des paramètres des modèles, mais aussi de vues différentes concernant la théorie et les méthodes d'estimation utilisées. L'incertitude affecte en particulier un concept central dans l'évaluation de la politique budgétaire, celui de multiplicateur budgétaire. De cette incertitude résultent non seulement de nombreuses controverses sur les politiques budgétaires à suivre, mais aussi de nombreux désaccords lorsqu'au sein de l'Union monétaire, la Commission tente d'évaluer la nature des politiques budgétaires à l'aide du concept de solde budgétaire corrigé des effets des stabilisateurs économiques, qualifié de solde budgétaire structurel ou *Cyclic Adjusted Budget* (CAB).

Chapitre I : La dette publique

Section I – Coûts et bénéfices de la dette publique.

L'accroissement général du poids de la dette publique, reflétant un « biais favorable au déficit », suscite de nombreuses discussions théoriques et empiriques portant sur les avantages et inconvénients d'une dette publique croissante nourrie par des politiques budgétaires pouvant transgresser les frontières réservant ces politiques aux seules préoccupations de stabilisation des cycles. Sous cet aspect et en fonction des caractéristiques de l'environnement économique doivent être évalués les trois arguments principaux donnés pour limiter les déficits publics, à savoir :

- Un coût fiscal : une dette plus élevée implique plus de prélèvements fiscaux dans le futur.
- Un coût de « bien-être » : le financement de la dette s'exerce au détriment de l'investissement privé, diminue l'accumulation de capital physique et donc la production et la consommation future.
- Un risque de crise de soutenabilité de la dette.

Qu'en est-il réellement ? Pour répondre à cette question, il n'est pas inutile de commencer par un peu d'arithmétique de la dette.

I – Un peu d'arithmétique de la dette.

Partons d'une situation initiale caractérisée par la constitution d'une dette nominale D_0 en fin de période 0. Le gouvernement à la période suivante doit alors prendre en considération, en plus de ses dépenses publiques G_1, le paiement des intérêts de la dette, soit iD_0, avec i taux d'intérêt nominal. Étant donné T_1 prélèvement fiscal de la période 1 et le solde budgétaire $T_1 - (G_1 + iD_0)$, la dette à la période 1 est égale à la dette de la période 0 moins le solde budgétaire, soit $D_1 = D_0 - [T_1 - (G_1 + iD_0)]$. Un solde budgétaire négatif doit être financé par l'emprunt et augmente la dette publique. Un excédent permet de diminuer la dette.

Étant donné le solde de budget primaire $T_1 - G_1$ faisant abstraction de la charge d'intérêt de la dette, on peut écrire

$$D_1 = (1+i)D_0 - (T_1 - G_1) \qquad (1)$$

Ainsi, avec un budget primaire à l'équilibre, la dette publique augmentera d'année en année au taux i. Si l'on veut la maintenir constante, il faut dégager un excédent primaire égal à la charge d'intérêt de la dette.

Lorsqu'on s'intéresse au poids de la dette et à sa soutenabilité, ce n'est pas tant la valeur absolue de celle-ci qui nous intéresse que son importance relativement au produit intérieur brut PIB dont dépend le prélèvement fiscal possible. Si l'on note d le rapport Dette sur PIB nominal et s le rapport solde du budget primaire sur PIB, avec Δd variation du rapport Dette sur PIB et un PIB nominal croissant au taux g, il vient l'expression[1]

$$\Delta d = (i-g)d - s \qquad (2)$$

Est-il alors préoccupant que la dette D augmente d'année en année ? Avec un solde primaire égal à zéro, donc un financement des intérêts de la dette par une dette supplémentaire (somme toute un schéma à la Ponzi), tout va dépendre du taux de croissance de l'économie. La dette augmente au taux i mais le PIB augmente au taux g donc le rapport Dette sur PIB varie selon le taux $i-g$. Dans la littérature, le terme $(i-g)d$ est qualifié d'effet « boule de neige », *snow ball*. Il traduit avec un budget primaire à l'équilibre, la variation autoentretenue du rapport Dette sur PIB sous le poids de la charge d'intérêt compensée par la croissance du produit. La boule de neige peut cependant grossir ou diminuer. En particulier, si $g > i$, un schéma à la Ponzi est compatible avec la diminution du rapport dette sur PIB.

Considérons un rapport de dette publique d et une soutenabilité de la dette publique définie par la constance du rapport Dette sur PIB, soit $\Delta d = 0$. De (2), il vient $i = g + \frac{1}{d}s$ et l'on peut tracer, graphique 1, une droite croissante (passant par les points M et K) représentant les

---

[1] Pour Y produit intérieur brut, $\frac{D_1}{Y_1} = (1+i)\frac{Y_0}{Y_1}\frac{D_0}{Y_0} - \frac{T_1-G_1}{Y_1}$. Avec $Y_1 = (1+g)Y_0$, le rapport devient $\frac{D_1}{Y_1} = \frac{(1+i)}{(1+g)}\frac{D_0}{Y_0} - \frac{T_1-G_1}{Y_1}$ et comme $\frac{(1+i)}{(1+g)} \cong 1 + i - g$, on obtient (2).

différentes combinaisons possibles de taux d'intérêt et de solde primaire vérifiant la soutenabilité du rapport d.

Graphique 1 : Soutenabilité de la dette publique

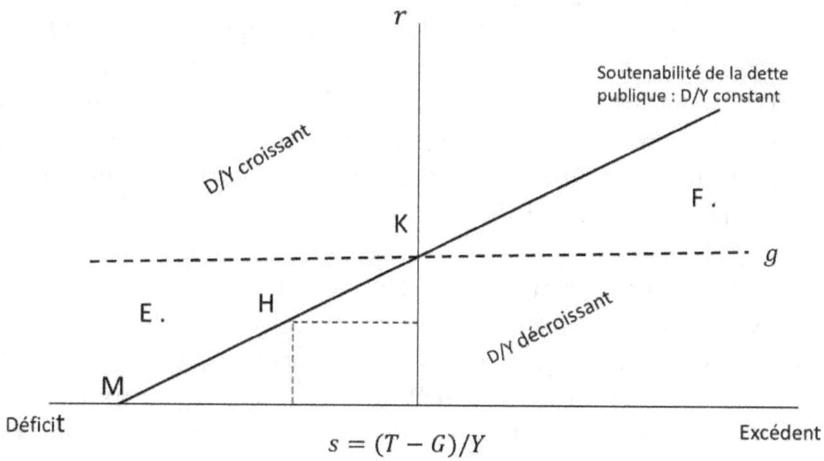

Sur cette droite, au point K, avec $i = g$ et donc un effet boule de neige nul, la dette se refinance par emprunt sans exiger d'excédent primaire. Lorsque $i > g$, la soutenabilité exige de dégager un excédent primaire croissant avec i, alors qu'avec $i < g$, un déficit primaire est permis. La droite sépare sur le graphique deux régions :

- Au-dessus de la droite, le rapport D/Y est croissant, car $(i - g)d - s > 0$. Au point E par exemple, bien que $i < g$, le déficit primaire est trop important pour être compensé par l'effet boule de neige et, à taux i et g constants, le rapport de dette augmente.

- En dessous de la droite, le rapport D/Y est décroissant. En un point F par exemple, bien que $i > g$ augmente le rapport de dette, l'importance de l'excédent primaire permet la diminution de ce rapport.

Les marges de manœuvre offertes à la politique budgétaire sont ainsi très différentes selon que $i \geq g$ ou $i < g$. Dans le premier cas, la soutenabilité de la dette publique interdit les déficits primaires[1]. Avec $i < g$, elle permet des déficits primaires, comme l'illustre le point H.

Compte tenu de cette arithmétique, y avait-il avant la pandémie des préoccupations excessives concernant la dette ? C'est la question que soulève Olivier Blanchard[2] dans sa conférence présidentielle de l'*American Economic Association* de janvier 2019 faisant remarquer que, dans l'environnement actuel de taux bas (un point du triangle OMK par exemple), l'effet boule de neige négatif peut autoriser un déficit primaire sans remettre en cause la soutenabilité de la dette publique.

Aux États-Unis, remarque Blanchard, les taux d'intérêt nominaux à 10 ans tournent autour de 3% alors que les prévisions de croissance du produit nominal avoisinent 4% (2% réel et 2% d'inflation). Historiquement d'ailleurs, bien que les taux d'intérêt sur la dette publique aient varié, des taux inférieurs aux taux de croissance ont été dans ce pays beaucoup plus la règle que l'exception. Dans cette comparaison, il faut évidemment tenir compte de la maturité moyenne d'une dette composée d'obligations de maturité différente et calculer un taux d'intérêt moyen pondéré, notamment des taux à un an et 10 ans[3]. En se limitant ici à une appréciation comparant le taux de croissance nominale du PIB au taux d'intérêt apparent de la dette (rapport de la charge d'intérêt à la dette), le graphique 2 illustre pour quatre pays de la zone euro l'évolution de la différence $i - g$ entre 1990 et 2018.

---

[1] Il est intéressant de noter que si après la Seconde Guerre mondiale, de nombreux pays avaient des rapports Dette/PIB supérieurs à 100%, deux ou trois décennies plus tard, ces rapports étaient en majorité inférieurs à 50%. Cette réduction s'est effectuée en partie à l'aide d'excédents primaires. Cependant, même en l'absence de tels excédents, le rapport Dette/PIB aurait diminué en raison de forts taux de croissance du produit et de taux d'intérêt réel négatifs résultant d'une inflation importante.

[2] Blanchard Olivier (2019-a) : "Public Debt and Low Interest Rates", American Economic Review, 109 (4), p. 1197-1229.

[3] De la sorte, de 1950 à 2018, aux États-Unis, la moyenne du taux d'intérêt ajusté a été substantiellement plus basse que la moyenne du taux nominal de croissance, 3,8% contre 6,3.

Graphique 2

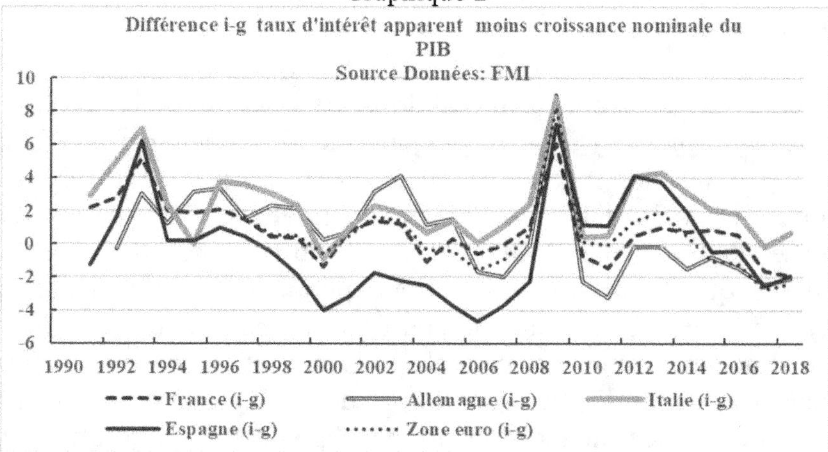

On notera qu'en majorité, mise à part l'Espagne, l'effet boule de neige positif joue en faveur d'un accroissement du rapport Dette/PIB. En particulier, pour l'Italie, à part en 2000 et 2017, le taux i a été constamment supérieur à g alors que la différence entre i et g en faveur d'une diminution du rapport Dette/PIB ne devient réellement importante pour l'Allemagne qu'après la crise de 2008. La France suit, en ce qui la concerne, la tendance moyenne de la zone euro. Après 2012, l'évolution vers un effet boule de neige favorable à une diminution du poids de la dette s'explique notamment par la diminution des taux d'intérêt, due en grande partie à la politique monétaire accommodante des banques centrales. Le taux nominal sur obligations publiques à 10 ans était fin 2018 en moyenne de 1,4% dans la zone euro, comparé à un taux de croissance sur 10 ans autour de 3,2% (1,5 réel et 2% d'inflation). Il tombe en septembre 2019 à 0,05%.

En fait, dans la zone euro, huit pays non négligeables empruntent en 2019 à des taux nominaux négatifs (dont l'Autriche, l'Allemagne, la France, l'Irlande, les Pays-Bas). En dehors de cette zone, le Japon dont la dette publique dépasse les 200% de PIB emprunte à un taux nominal à 10 ans de 0,1% comparé à des prévisions de croissance nominale autour de 1,4% (1% réel et 0,4% d'inflation). En somme, dans ces conditions, si l'on suppose un futur identique au passé, hypothèse hasardeuse, on le sait aujourd'hui, la dette publique peut augmenter sans exiger un accroissement du solde budgétaire primaire.

II – Qu'en est-il à plus long terme du coût de « bien-être » de la dette publique ?

De quelle manière la dette publique affecte-t-elle l'économie ? En posant cette question à la fin des années 90, Elmendorf et Mankiv[1] remarquent que les macroéconomistes sont divisés sur la réponse à apporter. Dans le débat concernant le mode de financement de la dépense publique, par l'impôt ou l'emprunt, la vue conventionnelle considère que l'émission d'une dette publique stimule la demande globale et la croissance dans le court terme, mais réduit dans le long terme l'accumulation de capital physique et le revenu national. Cependant, depuis l'article de Barro[2] de 1974, une vision qualifiée d'équivalence ricardienne concurrence la vue conventionnelle. Elle soutient qu'en ce qui concerne le financement des dépenses publiques, le débat à propos du choix entre l'impôt ou l'emprunt est sans objet : les effets de ces deux modes de financement sont équivalents.

Dans sa conception théorique, l'équivalence ricardienne combine deux idées fondamentales : la prise en considération de la contrainte budgétaire gouvernementale en premier lieu et l'hypothèse du revenu permanent en second lieu. Parce que les agents du secteur privé ont intégré dans leurs décisions la contrainte budgétaire du gouvernement, à dépenses publiques constantes présentes et futures, l'émission d'une dette gouvernementale à la place d'un prélèvement fiscal ne représente pas pour ces agents un allègement de la pression fiscale, mais simplement un report de celle-ci dans le temps. Toute chose égale par ailleurs, avec un gouvernement finançant une dépense publique D à la période présente par l'emprunt au taux i plutôt que par l'impôt et prévoyant de rembourser cet emprunt à la période suivante, les agents du secteur privé échangent un supplément de revenu présent D contre un supplément de prélèvement fiscal $(1 + i)D$ à la période suivante. En valeur actualisée sur les deux périodes concernées par le changement,

[1] Elmendorf, D. W. et G. N. Mankiv (1999) : "Government debt", Handbook of Macroeconomics, J.B. Taylor et M. Woodford eds., vol.1, chap.25, Elsevier 1999, p. 1615–1669.

[2] Barro, R.J. (1974) : "Are Government Bonds Net Wealth?", Journal of Political Economy, Vol. 82(6), p. 1095-1117.

la variation du prélèvement fiscal total $-D + \frac{(1+i)D}{1+i}$ est nulle[1]. Avec des ménages qui font ainsi reposer leurs décisions de consommation sur un revenu permanent dépendant de la valeur présente de revenus anticipés après impôts, le revenu permanent restant le même dans les deux modes de financement, les décisions de consommation restent les mêmes. La réduction présente d'impôts est alors totalement épargnée en vue du financement du prélèvement fiscal futur.

Même si la plupart des économistes doutent que l'équivalence ricardienne puisse décrire le comportement réel des consommateurs, cette théorie n'en est cependant pas moins importante, car elle offre un point de départ naturel pour l'analyse de la dette publique. Si en cas d'endettement public, l'augmentation de l'épargne privée compense exactement la diminution de l'épargne publique, il n'y a pas de concurrence accrue entre besoin de financement privé et besoin de financement public et donc pas d'effet d'éviction de l'investissement privé par la hausse des taux d'intérêt. Expliquer alors pourquoi l'équivalence ricardienne n'est pas vérifiée peut conduire à une meilleure compréhension des effets de l'endettement public sur l'économie. En négligeant l'argument facile de consommateurs aussi myopes que des taupes pour ne considérer que le présent et celui de consommateurs dont l'horizon temporel des choix s'étendrait à l'infini, il existe de nombreuses raisons pour lesquelles la consommation présente est susceptible d'augmenter lors de la substitution de la dette à l'impôt. Certaines de ces raisons renvoient à l'existence d'effets redistributifs intergénérationnels, d'autres aux imperfections des marchés financiers.

La substitution de la dette à l'impôt est d'abord susceptible d'opérer une redistribution de revenu entre différentes générations de contribuables lorsqu'une part des prélèvements futurs concerne des contribuables non encore existants et exonère ainsi les contribuables présents d'une partie du poids de la dette, les enrichissant et les incitant à consommer. On peut bien sûr argumenter avec Barro que des

---

[1] Il en serait de même au cas où le prélèvement fiscal serait remplacé par un emprunt en échange duquel serait opéré un prélèvement perpétuel de iD. Dans ce cas, la valeur actualisée des prélèvements futurs, soit $\frac{iD}{1+i} + \frac{iD}{(1+i)^2} + \frac{iD}{(1+i)^3} + \cdots$, est encore égale à l'accroissement de revenu présent D résultant du remplacement de l'impôt par la dette. Cette valeur s'écrit $\frac{iD}{1+i}\left(1 + \frac{1}{1+i} + \frac{1}{(1+i)^2} + \cdots\right)$. Le terme entre parenthèses, progression géométrique de raison $\frac{1}{1+i}$ converge vers $\frac{1+i}{i}$ et on obtient D.

générations présentes ayant un comportement altruiste envers les générations futures répugneront à profiter de cet avantage et lègueront aux générations suivantes de quoi faire face aux prélèvements futurs. On peut cependant douter que l'existence d'un altruisme intergénérationnel soit d'une importance suffisante pour justifier l'équivalence ricardienne.

Une autre raison en faveur de l'augmentation de la consommation présente tient à l'existence d'imperfections des marchés financiers contraignant les transferts intertemporels des ménages. Des ménages jeunes dotés d'une préférence pour le présent importante et désirant affecter par emprunt une partie de leur revenu futur à la consommation présente peuvent être contraints par ces imperfections. Dans ce cas, la substitution de la dette à l'impôt offre à ces agents frustrés l'opportunité de réaliser une partie de ce transfert en affectant une part de l'allègement fiscal à la consommation. Dans ce cas, avec une épargne privée ne compensant pas totalement la réduction de l'épargne publique, une concurrence accrue entre besoins de financement public et privé se traduit par une hausse de taux d'intérêt, une réduction de l'investissement privé et de l'accumulation de capital.

Le *Congressional Budget Office* (CBO) du Congrès des États-Unis présente régulièrement des rapports et publie des documents de travail concernant le budget des États-Unis et l'évolution de la dette. L'un de ces documents[1] évalue, sur la base d'études publiées sur les deux dernières décennies, les ordres de grandeur possibles concernant les compensations qu'apporte au déficit public l'augmentation de l'épargne privée et de l'investissement net de l'étranger, source d'épargne non domestique. En fonction de ces grandeurs, pour chaque dollar d'augmentation du déficit fédéral, conclut le CBO, l'effet d'éviction de l'investissement privé varie entre 15% et 50% de ce déficit supplémentaire, avec une estimation centrale de 33%. Plus précisément :

- Dans l'estimation la plus basse, un dollar d'augmentation du déficit est compensé par une augmentation de 0,61 de l'épargne privée. L'épargne domestique diminue donc de 0,39. Sachant qu'un dollar de réduction de cette épargne est compensé par 0,61 d'investissement net

[1] Jonathan Huntley : "The Long-Run Effects of Federal Budget Deficits on National Saving and Private Domestic Investment", Working Paper 2014-02, Congressional Budget Office Washington, D.C., 2014.

de l'étranger supplémentaire, la compensation totale à l'augmentation du déficit est donc de $0{,}61 + (0{,}61 \times 0{,}39) \cong 0{,}85$. L'investissement privé diminue donc de 0,15 dollar.

- Dans l'estimation la plus haute, un dollar d'augmentation du déficit est compensé par une augmentation de 0,29 de l'épargne privée. L'épargne domestique diminue donc de 0,71. Sachant qu'un dollar de réduction de cette épargne est compensé par 0,29 d'investissement net supplémentaire de l'étranger, la compensation totale à l'augmentation du déficit est donc de $0{,}29 + (0{,}71 \times 0{,}29) \cong 0{,}50$. L'investissement privé diminue donc de 0,50 dollar.

Dans un autre de ces documents, Gamber et Seliski[1] s'attachent à évaluer dans le cadre de l'équilibre de long terme d'une économie l'effet qu'une augmentation du rapport dette publique sur PIB peut avoir sur le taux d'intérêt réel. Sur les données américaines de 2017, avec $\alpha = 0{,}33$ part du capital dans le PIB et un rapport capital sur PIB $K/Y = 2{,}5$, pour un point de pourcentage de plus du rapport Dette sur PIB on obtient une variation en pourcentage du taux d'intérêt égale à 0,035 en l'absence de compensation par l'épargne privée domestique ou étrangère et 0,021 pour une compensation partielle. À partir d'une relation entre dette fédérale projetée et taux d'intérêt à long terme attendu sur des données couvrant la période janvier 1976-juin 2017, les estimations sous forme réduite suggèrent qu'aux États-Unis, l'effet moyen de long terme de la dette publique sur les taux d'intérêt varie entre 2 et 3 points de base par accroissement de 1% de la dette publique.

L'existence d'un seuil de dette à partir duquel les possibilités de croissance se réduiraient est cependant un sujet controversé tant sur le plan de l'identification du sens de la relation causale (une croissance faible peut être la cause d'une dette publique particulièrement élevée plutôt que l'inverse) que sur le plan de l'identification d'un seuil précis[2]. Pour le FMI, il n'y a pas de relation simple entre dette et croissance. De nombreux facteurs

---

[1] Gamber Edward et John Seliski (2019) : "The Effect of Government Debt on Interest Rates", Working Paper Series 2019-01 Congressional Budget Office Washington, D.C.

[2] Pescatori Andrea, Damiano Sandri et John Simon (2014) : "Debt and Growth: Is There a Magic Threshold ?", IMF Working Paper Research Department, WP/14/34, février.

Panizza Ugo et Andrea F. Presbitero (2013) : "Public Debt and Economic Growth in Advanced Economies: A Survey", MOFIR Group, WP 78, janvier.

sont importants de sorte qu'il n'y a pas de seuil unique qui pourrait permettre de distinguer les bons rapports de dette sur PIB des mauvais rapports. Pour la Commission européenne d'ailleurs, dans ses Avis sur les projets de plan budgétaire des États membres de la zone euro pour 2020, ce sont beaucoup plus les effets de court terme de la dette publique qui la préoccupent, en particulier les risques de crise de la dette.

Section II – La zone euro et les risques de crise de dette publique.

I – Des risques de crise dans la zone euro.

Si les études concernant les effets de long terme de la dépense publique sur la croissance ne dégagent pas de résultats dépourvus d'ambiguïté, elles mettent cependant en évidence la plus grande volatilité d'un niveau de PIB associé à une dette élevée. Ce qui suggère que des niveaux élevés de dette peuvent être associés à des pressions de la part des marchés financiers et à des mesures de politique monétaire ou budgétaire qui, même sans avoir d'effets négatifs importants sur la croissance à moyen terme, déstabilisent cette dernière en tentant de corriger une crise de dette rampante[1]. La possibilité d'être confronté à ce genre de situation est un argument pertinent en faveur d'un contrôle de la dette, mais les implications directes qu'on peut en tirer pour un niveau approprié de dette ne sont pas claires. À partir de quel pourcentage de dette ce processus se déclenche-t-il ? S'il n'y a pas de valeur magique à la formation d'anticipations déstabilisatrices, il existe en revanche « des manières préférables de réduire le risque en allongeant la maturité de la dette ou en accroissant de manière contingente le surplus primaire quand les taux d'intérêt augmentent »[2]. Le rapport Dette sur PIB en tant que tel n'a pas de signification en l'absence d'information sur la charge d'intérêt de la dette à supporter par un surplus primaire.

---

[1] Lorenzoni Guido et Iván Werning (2019) : "Slow Moving Debt Crises", American Economic Review, 109 (9): p. 3229-63.

[2] Blanchard Olivier (2019-b) : "Public Debt: Fiscal and Welfare Costs in a Time of Low Interest Rates", PIIE Working Paper 19-4, février.

Pour la Commission européenne, les risques de crise future sont certainement à évaluer à l'aune de la crise financière des années 2008-2012 de la zone euro. À la fin de l'année 2010, les taux d'intérêt sur les obligations publiques en Italie, Espagne et Portugal augmentent de manière importante. Dans ces pays, un déficit extérieur structurel les oblige à s'endetter sans cesse à l'étranger, rebutant les prêteurs non-résidents. En raison de leur appartenance à la zone euro, ce déficit ne peut se traduire par une dépréciation du taux de change permettant de le corriger. Il se traduit par une augmentation des taux d'intérêt de la dette, mettant en doute la soutenabilité de celle-ci. Ainsi, deux ans après le sauvetage en 2010 de la Grèce par l'UE et le FMI, une crise de la dette souveraine continuait de menacer certains pays de la zone euro.

À cette époque, sur les dix-sept membres de la zone euro, seuls quatre ont des obligations de long terme bénéficiant de la note *AAA* la plus élevée de *Standard and Poor* (Finlande, Allemagne, Luxembourg et Pays-Bas) tandis que les obligations de cinq pays (Chypre, Irlande, Italie, Portugal et Espagne) sont des obligations à haut risque, notées *BBB+* ou moins. Les obligations grecques, ayant reçu la note la plus basse , *CCC* en juillet 2011, ne sont plus notées et sont enregistrées comme *SD*, indiquant que le gouvernement grec a fait sélectivement défaut sur certaines des émissions. Pour l'Italie en 2012, avec une croissance nominale de 2,7% et un rapport Dette sur PIB autour de 120%, on peut, avec la formule $(i - g)d = s$, évaluer en pourcentage du PIB le solde primaire nécessaire pour stabiliser le rapport. Avec un taux d'intérêt de 3%, le solde est de 0,36%, en revanche à des taux de 5%, 8% et 10%, l'excédent primaire se monte respectivement à 2,76%, 6,36% et 8,76% du PIB. En fait, en 2012, avec un taux d'intérêt avoisinant 7%, une stabilisation de ce rapport exigeait un excédent primaire de plus de 5%. Ce dernier se fixait aux alentours de 2%, d'où le risque d'une spirale cumulative pouvant conduire l'Italie à faire défaut sur sa dette et mettre en cause l'existence de l'euro.

À partir de quel moment faut-il s'inquiéter du poids de la dette ? De l'équation (2) $\Delta d = (i - g)d - s$, il est clair que le rapport de dette dans le futur dépend du rapport de dette initial, des taux présents et futurs d'intérêt et de la croissance du produit, des soldes primaires présents et futurs. Les gouvernements ont un contrôle limité sur i et g. Le taux des emprunts publics est sous le contrôle de la Banque centrale et la croissance du produit potentiel est difficile à modifier dans le moyen terme. De sorte que, lorsqu'on considère la soutenabilité de la dette, le point focal est le solde primaire présent et futur.

Avec $i - g > 0$, et les taux i et g constants, en assimilant la soutenabilité de la dette à la constance du rapport de dette, se demander quel est le rapport de dette maximum soutenable revient à se demander quel est le solde primaire maximum supportable par l'économie. Or, à côté du solde courant, beaucoup d'autres éléments sont à prendre en considération, en particulier l'effort budgétaire que le pays est disposé à faire et peut faire si le besoin s'en fait sentir, lequel dépend de la nature du système politique, de celle des recettes et des dépenses publiques et de la rapidité des changements possibles. Si l'on suppose le solde déterminé en fonction du rapport de dette, soit $s = c + ad$, il vient de (2) $\Delta d = [(i - g) - a]d - c$ et si $a > i - g$, l'effet boule de neige est négatif et le rapport de dette converge vers une limite finie, positive si le solde primaire c en l'absence de dette est négatif. Cette convergence n'est cependant possible que si le solde primaire ne dépasse pas son niveau supportable. Pour $\bar{s}$ niveau supportable, le rapport de dette maximum soutenable est $\bar{d} = \bar{s}/(i - g)$, égal à 150% pour $\bar{s} = 3\%$ et $i - g = 2\%$.

Dans la réalité, de nombreuses incertitudes affectent les valeurs futures de $\bar{s}, i$ et g. Ce fait, notent Blanchard et al. (2021)[1], a de nombreuses conséquences dont l'une est d'engendrer la prudence en face d'une dette élevée, quand bien même $i - g < 0$. Essentiel à la formation d'une crise de dette se trouve un mécanisme par lequel l'anticipation d'un risque de défaut se traduit par une augmentation des rendements des obligations accroissant la charge d'intérêt à payer et exigeant ainsi en retour un surplus primaire de plus en plus grand. Des doutes concernant la réalisation de tels surplus alimentent alors des probabilités de plus en plus grandes de défaut, provoquant de nouvelles augmentations d'intérêt[2]. Le seuil de dette à partir duquel peut se

[1] Blanchard Olivier, Álvaro Leandro et Jeromin Zettelmeyer (2021) : "Redesigning EU Fiscal Rules: From Rules to Standards", PIIE WP 21-1, février.

[2] Pour avoir une idée des effets d'un risque de défaut sur le rendement actuariel d'une obligation à échéance d'un an de valeur nominale 100 (promettant un versement de 100 dans un an), considérons qu'en l'absence de risque de défaut, sa valeur actualisée l'est au taux de 2%, soit égale à $100/(1 + 0{,}02) = 98{,}04$. Le gouvernement obtient donc au taux de 2% un financement de 98,04 en échange de sa promesse de s'acquitter de 100 dans un an. Supposons maintenant une probabilité de défaut de 50% et en cas de défaut un remboursement limité à 60% de la valeur nominale. À quel prix cette

déclencher soit une dynamique vertueuse (dette, taux d'intérêt et probabilité de défaut diminuent) soit une dynamique néfaste (ces éléments s'accroissent) n'est pas évident. À court terme, dégager un excédent primaire important s'exerce au détriment de l'activité économique et peut diminuer g sans véritable effet compensateur sur i. Un phénomène de « fatigue fiscale[1]» peut apparaître, la diminution de l'activité économique réduisant la capacité fiscale du pays et la capacité de dégager les excédents primaires souhaités par les marchés financiers. Ces derniers peuvent en venir à douter de la solvabilité de l'État.

Supposons que la dépendance du taux d'intérêt au rapport de dette soit exprimée par la fonction $i = \delta + kd$. La dette limite à partir de laquelle $i - g$ devient positif est donc égale à $(g - \bar{\iota})/k$. Pour $k = 0{,}04$, $g = 0{,}02$ et $\delta = -0{,}032$, le taux d'intérêt est égal à un taux de croissance de 2% lorsque le rapport de dette atteint 130%. Pour une sensibilité moindre de l'intérêt à la dette définie par $k = 0{,}02$, l'effet boule de neige ne deviendrait positif qu'à partir d'un rapport de dette de 260%. De tels chiffres ne doivent cependant pas inciter à l'insouciance, car une perte de confiance dans la soutenabilité de la dette peut augmenter le coefficient k, provoquer une boule de neige positive pour un rapport de dette peu élevé et imposer un rapport de dette maximum soutenable relativement faible. Pour $k = 0{,}06$, le taux d'intérêt est égal à g $(= 2\%)$ pour un rapport de dette de 87%. Et pour un solde primaire $\bar{s} = 2\%$, le rapport de dette maximum soutenable, solution de l'équation $[\bar{\iota} + kd - g]d - \bar{s} = 0$, se réduit à 115,5%.

La flambée des taux sur emprunts publics en zone euro à partir de 2010 illustrait bien ce phénomène, graphique 3.

---

obligation sera-t-elle souscrite par le marché ? En fait, un prêteur s'attend à ne toucher à échéance que $(0{,}50)100 + (0{,}50)60 = 80$ de sorte que le prix de l'obligation, valeur présente de ce revenu escompté, est de $80/(1 + 0{,}02) = 78{,}40$. En d'autres termes, en échange d'une promesse de payer 100 l'année suivante, le gouvernement n'obtient que 78,40 ce qui correspond à un rendement actuariel, taux d'intérêt i déterminé par $100 = 78{,}40(1 + i)$, égal à 27,5%. Le spread (par rapport à un actif non risqué au taux de 2%) est donc de 25,5 points de pourcentage.

[1] Popularisé par Ghosh et al. (2011), le terme 'fatigue fiscale" traduit l'existence une limite endogène de dette au-delà de laquelle le refinancement de celle-ci devient problématique, voir Ghosh Atish R., Jun I. Kim, Enrique G. Mendoza, Jonathan D. Ostry et Mahvash S. Qureshi (2011) : "Fiscal Fatigue, Fiscal Space and Debt Sustainability in Advanced Economies", NBER, Working Paper No. 16782, février.

Graphique 3

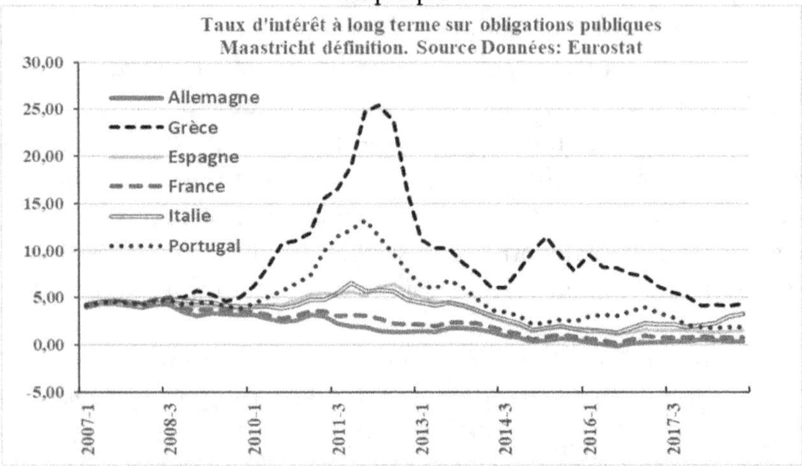

Devant ce risque, réagissant à la montée des taux en Italie, Espagne et Portugal, le président de la BCE Mario Draghi annonçait en juillet 2012 un programme[1] d'achat d'obligations des États en difficulté de la zone euro, déclarant « en respectant son mandat, la BCE est prête à prendre toutes les mesures nécessaires pour préserver l'euro et, croyez-moi, ce sera suffisant ». Comme le montre le graphique, l'annonce à elle seule fut suffisamment crédible pour casser les anticipations de crise, provoquant une diminution des taux d'intérêt. Les effets de cette annonce furent ensuite consolidés en 2015 par la politique de QE menée par la BCE[2]. Mais la volatilité des taux observés notamment pour l'Italie en 2018 montre que les marchés financiers restaient attentifs au niveau de la dette.

---

[1] Baptisé *Outright monetary transactions* ou « Opérations monétaires sur titres » OMT, ce programme est destiné à remplacer l'ancien programme de rachat lancé en mai 2010, le *Securities Market Program* (SMP) qui n'avait pas suffi à rassurer durablement les marchés malgré le rachat de quelque 210 milliards d'euros d'obligations d'État. Le programme d'achats par la BCE d'obligations souveraines sur le marché secondaire est illimité (en termes de quantité et de temps). La BCE ne fixe aucun niveau d'écart maximum de taux d'emprunt entre les États de la zone euro au-delà duquel elle interviendrait en achetant des titres de dette. Cette intervention ne peut cependant s'effectuer qu'à la stricte condition que les États qui souhaitent en bénéficier fassent formellement appel à l'aide des fonds de secours européens, FESF puis MES.

[2] Démarrée en retard par rapport à d'autres pays, la politique de QE en Europe a concerné des montants importants : l'ensemble des programmes d'achats de titres de l'Eurosystème représentait plus de 2 000 milliards d'euros en juin 2017, soit près de 20% du PIB de la zone euro, presque l'équivalent du PIB français de 2016.

Notons enfin que la formule $D_1 = D_0 + (G_1 - T_1) + iD_0$ occulte un problème susceptible d'être crucial en cas de crise de confiance, celui du refinancement de la dette existante. Avec une partie de la dette arrivant à échéance, la contrainte budgétaire d'un gouvernement demande que le total des ressources provenant des recettes fiscales T et de la souscription de nouvelles obligations S_{sous} soit égal au total des ressources affectées aux dépenses publiques G et au remboursement d'obligations arrivées à échéance R_{emb}, plus le paiement des intérêts sur obligations non échues Int, soit la relation (3).

$$T + S_{sous} = G + (R_{emb} + Int) \qquad (3)$$

L'existence de crises autoréalisatrices de la dette est étroitement liée à la nécessité qu'un gouvernement rencontre de procéder fréquemment à d'importantes émissions d'obligations[1]. En cas d'anticipations de défaut, les prêteurs ne sont disposés à souscrire qu'à très bas prix aux nouvelles obligations émises alors que le remboursement des obligations échues se fait à leur valeur nominale. Si le gouvernement n'arrive pas à réaliser l'émission désirée d'obligations et ne peut dégager le surplus primaire exigé par la contrainte budgétaire, le remboursement des obligations échues pose un problème. Il est largement considéré que des échéances à long terme fournissent une certaine protection. Un échéancier de long terme permet en cas de hausse des taux d'intérêt de n'induire qu'une augmentation graduelle de la charge de la dette dans la mesure où le gouvernement ne remplace qu'une proportion des obligations par des obligations nouvellement émises. Dans ce cadre, le gouvernement peut conserver un accès aux marchés financiers grâce à une dynamique de la dette n'incorporant que lentement les effets des hausses de taux sur la probabilité d'un défaut de court terme[2]. Avec une règle budgétaire déterminant le surplus

---

[1] Cole Harold L. et Timothy J. Kehoe (2000) : "Self-Fulfilling Debt Crises", The Review of Economic Studies, Volume 67, Issue 1, janvier, p. 91-116.
Arellano Cristina, Juan Carlos Conesa et Timothy J Kehoe (2012) : "Chronic sovereign debt crises in the Eurozone, 2010–2012", Federal Reserve Bank of Minneapolis Economic Policy Paper, 2012/59.

[2] Lorenzoni Guido et Iván Werning (2019) : "Slow Moving Debt Crises", American Economic Review, 109 (9): 3229-63. La plus grande part des dettes publiques est à une échéance de long terme plutôt qu'à échéance de trois mois ou un an. L'échéance moyenne de la dette grecque, espagnole, portugaise et italienne se situe dans un intervalle de 5 à 7 ans pour la période 2000-2009. La maturité moyenne de la dette est d'environ 8 ans en France et en Allemagne.

primaire en fonction du niveau de la dette et des chocs économiques, la nature de la crise peut n'être que transitoire si la règle budgétaire est suffisamment agressive.

II – Austérité budgétaire et dette. L'Italie, un cas intéressant.

Le cas de l'Italie est intéressant à examiner de plus près, car les maux dont souffre ce pays constituent, pour certains[1], un avertissement pour l'ensemble de la zone euro. Dans une étude cherchant à examiner pour différents pays les bénéfices en termes de PIB de leur entrée dans l'Union monétaire (Autriche, Belgique, Finlande, France, Allemagne, Grèce, Irlande, Italie, Pays-Bas, Portugal et Espagne), Verstegen et al. (2017)[2] montrent que tous, à l'exception de l'Italie, ont bénéficié jusqu'en 2008 de l'appartenance à l'Union monétaire. Mais ensuite, durant la période de crise, de nombreux pays auraient été mieux s'ils n'avaient pas fait partie de l'Union, en particulier la Grèce, l'Italie et l'Espagne. En somme, appréciée en 2017, l'Italie serait l'un des rares pays à n'avoir jamais tiré bénéfice de son entrée dans l'Union. Et pourtant, depuis la sortie de la monnaie italienne du SME en septembre 1992, que d'efforts ce pays n'a-t-il pas déployé pour persuader les marchés de la viabilité de son entrée dans l'Union monétaire.

Le déclin économique de l'Italie à partir de 1992 apparaît clairement lorsqu'on suit l'évolution du PIB par tête de ce pays exprimée en pourcentages du PIB par tête d'autres pays ou groupes de pays. Jusqu'au début des années 1990, l'Italie bénéficie d'une croissance relativement robuste la rapprochant d'autres pays de l'Union

---

[1] Storm Servaas (2019) : "Lost in deflation: Why Italy's woes are a warning to the whole Eurozone ", Working Paper No. 94 Institute for New Economic Thinking, 5 avril.

[2] Verstegen L., van Groezen B. et Meijdam L. (2017) : "Benefits of EMU Participation: Estimates using the Synthetic Control Method", CentER Discussion Paper; Vol. 2017-032. Tilburg. Dans cette étude, les auteurs utilisent une méthode de contrôle synthétique destinée, pour chacun des pays, à répondre à la question : « quel PIB aurait été obtenu dans le cas où le pays ne serait pas entré dans l'Union monétaire », à comparer à celui observé réellement pour ce pays. Répondre à la question suppose de construire une contrefaçon du pays réel à l'aide d'une combinaison pondérée de différents pays choisis de telle sorte que les caractéristiques de la contrefaçon reproduisent au mieux celles du pays avant l'introduction de l'euro.

européenne. En 1991, le PIB par tête italien est de 102,17% du PIB par tête du groupe de pays de la zone euro à 12. Au milieu des années 1990, l'Italie a pratiquement rattrapé la France avec en 1996 un PIB par tête égale à 98,54% du PIB par tête français. Ensuite, l'entrée dans l'Union monétaire a été le début d'un déclin marqué conduisant en 2018 le PIB par tête italien à 84,86% du PIB par tête de la zone euro à 12. Il est par ailleurs à cette date égale à 82,76% du PIB par tête français, valeur inférieure à celle de 1960, égale à 85,50.

Pour de nombreux commentateurs de cette évolution, le diagnostic est partagé : l'Italie souffre d'un déficit chronique de demande, créé par (1) une austérité budgétaire permanente, (2) des restrictions sur les salaires réels et (3) un manque de compétitivité technologique. Ces facteurs, combinés à un taux de change de l'euro peu favorable au pays, réduisent la capacité à l'exportation des entreprises italiennes soumises sur leurs créneaux de production à la concurrence de pays à bas coûts. La part de l'Italie dans le volume des exportations mondiales (intra- européennes comprises) passe de 4,76% en 1992 à 2,82% en 2018.

L'histoire italienne d'une austérité budgétaire permanente à partir de 1990 se raconte à partir du graphique 4.

Graphique 4

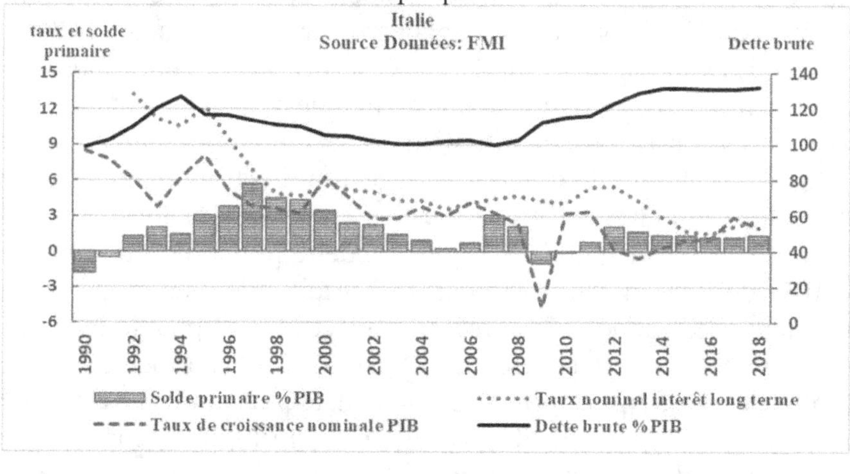

Quand l'Italie signe le traité de Maastricht, sa dette publique est de 109% de son PIB et ce rapport augmente jusqu'à 125% en 1994. À partir de cette date et jusqu'à la crise de 2008, un processus de consolidation budgétaire est entrepris, comme le montre l'importance des soldes primaires dégagés, diminuant la dette publique à 102% du PIB en 2002 et à moins de 100% en 2007. Entre 1995 et 2008, les gouvernements italiens réalisent un surplus budgétaire primaire en moyenne de 2,70% de PIB par an. Situation d'autant plus remarquable si on la compare à celle de la France qui, sur la même période, réalise en moyenne un déficit primaire de 0,47% de PIB par an, portant sa dette de 36,40% en 1992 à 64,61% en 2007. Quant à l'Allemagne sur cette période, elle se contente en moyenne d'un surplus de 0,3% de PIB par an, portant sa dette de 41,45% en 1992 à 64,00% de PIB en 2007.

Malgré cette austérité budgétaire, la dette italienne ne diminue que lentement entre 1995 et 2008, car une croissance faible du PIB (nominal) relativement à l'importance de la charge d'intérêt fait que l'effet « boule de neige » annule en partie l'effet des surplus primaires. Dans les années 1990, la charge nominale d'intérêt sur la dette italienne est trois fois supérieure à celle de la France et de l'Allemagne et deux fois supérieure sur les années 1999-2008. L'Italie paie par une prime de risque importante son niveau élevé de dette et sa plus grande instabilité politique.

Sur la période 2008-2018, l'Italie maintient, à l'exception de 2009, un surplus primaire non négligeable, 1,48% de PIB sur 2012-2018. L'austérité budgétaire est particulièrement sévère sous le gouvernement technocratique de Mario Monti (ancien commissaire européen et conseiller de Goldman Sachs) dégageant sur les années 2012-2013 en moyenne un surplus primaire de 1,9% de PIB et un déficit budgétaire qui, à partir de 2012 satisfait au 3% de PIB de déficit budgétaire. Ayant réussi à imposer au parlement italien en décembre 2011 un ajustement de plus de 20 milliards d'euros, Mario Monti est optimiste ! L'année 2013 sera une année de croissance, affirme-t-il. En fait, le taux de croissance réel fut négatif (−1,7%). La dette publique sera ramenée à 116,10% de PIB en 2015, soutient-il. En fait, elle atteint 131,50% de PIB sur cette année. La même austérité se poursuit sous le gouvernement de Matteo Renzi (2014-2016). Sur la période 1992-2018, la politique de surplus primaire est considérée comme responsable d'une perte de demande d'environ mille milliards d'euros (à prix constants de 2010), ce qui correspond à environ deux tiers du PIB italien de 2018, Storm (2019).

Évalué alors en 2018, quel futur pour le pays ? Depuis 2006, année de la chute du gouvernement Berlusconi après 5 années de pouvoir, remplacé par Prodi, la valse des chefs de gouvernement n'a pas cessé. Berlusconi revient au pouvoir en avril 2008, est remplacé par Monti en novembre 2011 qui démissionne en décembre 2012. Le gouvernement Renzi ne dure que de février 2014 jusqu'à décembre 2016, remplacé par un gouvernement Gentiloni qui se voit remercié le 4 mars 2018. Les Italiens, ulcérés par les effets de la crise et des politiques d'austérité, sanctionnent les partis « de gouvernement » (le PD et Forza Italia) et votent pour le Mouvement Cinq Étoiles (M5E, « populiste ») et la Ligue (extrême droite), lesquels s'empressent, dès leur alliance concrétisée, de contester l'orthodoxie de Maastricht.

Au mois d'octobre 2018, la Commission européenne rejette le budget présenté par le gouvernement italien. Ce budget prévoit un déficit public de 2,4 % pour 2019, alors que le précédent gouvernement italien travaillait à un déficit de 0,8 %. Le rapport de la Commission européenne concernant ce pays, COM(2019) 532 final, publié au mois de juin 2019, recommande le déclenchement d'une procédure pour déficit excessif (PDE). À la suite de négociations, un communiqué de presse de la Commission européenne du 3 juillet 2019 déclare : « La Commission a fait le point aujourd'hui de l'effort budgétaire supplémentaire annoncé cette semaine par les autorités italiennes et a conclu que celui-ci était suffisamment important pour qu'elle ne propose pas au Conseil l'ouverture, à ce stade, d'une procédure pour déficit excessif envers l'Italie pour non-respect du critère de la dette ».

Le rapport de la Commission de juin 2019 recommandant le déclenchement d'une procédure pour déficit excessif contient des informations chiffrées permettant d'analyser la dynamique de la dette publique de 2013 jusqu'aux prévisions pour 2019 et 2020 en fonction de la relation $\Delta d = (i - g)d - s +$ (*ajustement stock flux*)[1]. Ces informations sont reportées sur le graphique 5.

[1] L'ajustement stock flux concerne des opérations sur actifs et engagements publics non pris en compte dans le solde primaire.

Graphique 5

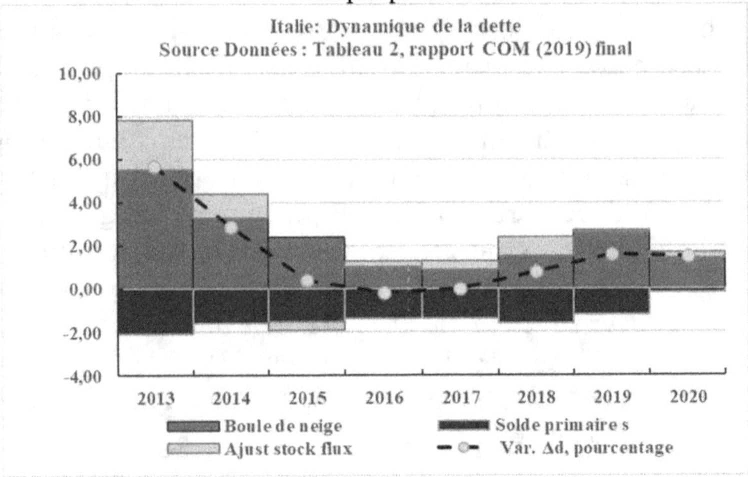

Sur ce graphique, l'excédent primaire s (porté en négatif sur le graphique) n'a pratiquement jamais permis de compenser l'effet « boule de neige » $(i - g)d$ de sorte que, faisant suite à une augmentation d'environ cinq points de pourcentage par an en moyenne au cours de la récession 2008-2013, le rapport Dette sur PIB a continué sa progression, cependant plus lentement sur 2014-2016 grâce à un environnement de taux bas soutenant également la relance progressive de l'économie. Mais à partir de 2017, l'évolution est devenue préoccupante, témoignant d'un recul de l'excédent primaire sur fond de faible croissance du PIB réel et d'inflation faible.

En raison d'un besoin de refinancement important de sa dette (environ 17% du PIB en 2019), l'Italie demeure exposée à des situations d'aversion croissante au risque de la part des marchés financiers. À moyen terme, constate la Commission, réaliser en 2033 une dette de 60% du PIB exigerait un effort budgétaire cumulatif important se montant à 10,2 points de pourcentage du PIB sur 2021-2025. À long terme, l'ajustement budgétaire nécessaire pour stabiliser le rapport Dette sur PIB semble difficilement réalisable, demandant un accroissement permanent de l'excédent budgétaire primaire d'environ 3,2 points de pourcentage de PIB.

Le conflit entre la Commission et le gouvernement italien à propos du projet de budget 2019 conduisant à la recommandation d'une PDE, significatif pour apprécier les rapports de force au sein de la zone euro entre gouvernements nationaux et institutions européennes, ne doit pas masquer des problématiques plus fondamentales. Au-delà des sempiternelles admonestations formulées par la Commission à une Italie dotée d'une dette de plus de 130% de PIB (et qui n'est pratiquement jamais descendue en dessous de 100% depuis 1990 !) d'avoir à respecter le critère de Maastricht de 60%, les questions pertinentes à poser sont les suivantes, Blanchard et al (2018)[1] : Le projet de budget rejeté par la Commission est-il économiquement bon ou mauvais ? Augmentera-t-il la croissance dans le court terme et le long terme ? Est-il compatible avec une dette soutenable ?

Comme le font remarquer les auteurs, il s'agit d'apprécier ici l'impact d'une modification budgétaire qui substitue un projet d'assouplissement budgétaire de 0,8% de PIB potentiel sans consolidations ultérieures à un programme de stabilité envisageant une consolidation budgétaire planifiée de 0,6% de PIB potentiel. Plutôt que de chercher à diminuer l'importance de la dette par une politique déflationniste susceptible de diminuer la croissance à court et moyen terme, le projet proposé envisage les effets positifs sur la croissance d'une politique budgétaire expansionniste.

L'impact macroéconomique sur la demande globale d'une augmentation de dépense publique financée par la dette dépend de l'importance du multiplicateur de dépense publique d'une part et de l'importance de l'effet d'éviction de demande privée résultant de l'accroissement des taux d'intérêt d'autre part.

Notons m le multiplicateur budgétaire mesurant à taux d'intérêt constant l'effet favorable sur le PIB d'un accroissement du déficit public et y l'effet défavorable sur le PIB d'une augmentation des taux d'intérêt. Dans le projet d'assouplissement budgétaire, étant donné un accroissement projeté de déficit de 0,8% de PIB et un multiplicateur d'environ 1,5, l'effet positif se monte à $0{,}8 \times 1{,}5$ soit 1,2% de PIB. D'autre part, sachant qu'une augmentation de 100 points de base du taux des obligations se traduit par une diminution de 0,8% de PIB, pour une augmentation prévue de taux de 160 points de base, l'effet négatif est de $0{,}8 \times 1{,}6 = 1{,}28\%$ de PIB. Au total, constatent Blanchard et al. (2018), l'effet est négatif

[1] Blanchard Olivier, Álvaro Leandro, Silvia Merler et Jeromin Zettelmeyer (2018) : "Impact of Italy's Draft Budget on Growth and Fiscal Solvency", PIIE, Policy Briefs, novembre, p. 18-24.
Blanchard Olivier et Jeromin Zettelmeyer (2018)_: "The Italian Budget: À Case of Contractionary Fiscal Expansion?" PIIE, 25 octobre.

en raison de la forte augmentation des taux d'intérêt à laquelle serait confrontée l'Italie dans le cadre d'un projet à visée expansionniste qui risque fort de décevoir ses concepteurs.

Le cas de l'Italie illustre bien les problèmes que peuvent rencontrer dans la zone euro des pays qui, privés d'instruments de politique monétaire autonome, se trouvent sous le contrôle suspicieux des marchés. Au plus fort de la crise de la dette, beaucoup de politiciens et d'économistes ont soutenu l'idée qu'une politique de consolidation budgétaire vigoureuse pouvait avoir un effet positif sur l'économie, la confiance restaurée par ce biais diminuant le coût du crédit et surcompensant l'effet déflationniste du resserrement budgétaire. C'était la doctrine de la BCE que les marchés n'ont pas validée. Lorsque la Grèce, l'Irlande, le Portugal et l'Espagne ont annoncé des paquets d'austérité agressive, les taux d'intérêt sur obligations publiques de ces pays ont continué à grimper. Réaction logique, un choc déflationniste augmente le risque crédit dans l'économie, diminue les revenus, accroît les transferts sociaux sans que ce choc puisse être compensé par une dépréciation du taux de change favorisant les échanges extérieurs. Et si une banque centrale ne se tient pas derrière le gouvernement et que le gouvernement ne peut pas créer de la monnaie, il existe un risque majeur de défaut du souverain.

Mais il y a également le risque que les marchés n'achètent pas une politique budgétaire expansionniste en l'absence d'un soutien de banque centrale visant à contrôler la hausse du coût du crédit. La nécessité d'adopter une politique budgétaire à même de convaincre les investisseurs de la soutenabilité de la dette est une contrainte qui pèse d'autant plus lourdement qu'un pays n'a plus le contrôle de sa politique monétaire. Pour l'Italie dont la dette en 2024 est anticipée à 134% par le FMI (elle est en fait de 140% au début 2024) et dont l'excédent primaire est prévu en constante diminution (il est négatif en 2024), s'il existe un sentier étroit le long duquel la stabilité peut être maintenue, des risques de dérapage ne sont pas exclus. Dans un article se rapportant à l'histoire moderne de la prudence et de la prodigalité budgétaire dans différents pays, Mauro et al.[1] constatent qu'en pratique, ces termes renvoient à des concepts de moyen terme : « la prudence,

---

[1] Mauro Paolo, Rafael Romeu, Ariel Binder et Asad Zaman (2013) : "A Modern History of Fiscal Prudence and Profligacy", FMI Working Paper/13/5.

pas plus que la prodigalité, ne s'acquiert en une seule nuit ...Mais inversement, on ne peut s'attendre à ce que, dans la vie réelle, les gens patientent jusqu'à l'infini pour vérifier que la contrainte budgétaire intertemporelle est satisfaite ».

Succédant en février 2021 à Giuseppe Conte comme président du Conseil, Mario Draghi n'a pourtant pas semblé s'engager dans la prudence avec son Plan de reconstruction et de résilience (*Piano Nazionale di Ripresa e Resilienza*). De 2021 à 2026, l'Italie doit recevoir 69 milliards d'euros, soit près de 4% de son PIB, en dons de la part de l'Union européenne dans le cadre du « *Next Generation EU* », programme décidé à la suite de la pandémie de COVID-19. C'est significativement plus, en part de PIB, que les 2,6% obtenus par les pays européens dans le cadre du Plan Marshall. Malgré cela, Draghi a décidé d'augmenter la mise avec 13 milliards de subventions européennes supplémentaires et 150 milliards d'emprunts majoritairement auprès de l'Union. Finalement, le total se monte à plus de 235 milliards d'euros et la question est : les marchés financiers vont-ils « acheter » le programme italien ? La dette italienne est, en pourcentage du PIB, la plus élevée des pays de l'Union européenne après celle de la Grèce. Cette question se pose avec encore plus d'acuité après le départ de Draghi et l'émergence du gouvernement Georgia Meloni.

III – Dette publique, inflation et consolidation budgétaire.

Trois ans après l'émergence de la pandémie, dans son rapport de surveillance budgétaire (Fiscal Monitor)[1] d'avril 2023, le FMI constate que la politique budgétaire tend à retourner à la normale. Au niveau mondial, après une croissance exceptionnelle de la dette publique atteignant en 2020 pratiquement 100% du PIB en raison de la contraction économique et des mesures budgétaires de soutien massif aux effets de la pandémie, les déficits budgétaires commencent à se réduire. La forte croissance du PIB nominal en 2021-2022 réduit à la fin de 2022 le rapport Dette publique sur PIB à 92%. Cependant, ces réductions dans les ratios de dette et les déficits publics s'expliquent pour une grande part par une croissance atypique des PIB à la fin de la

[1] Fiscal Monit Fiscal Monitor (2023) : On the Path to Policy Normalization. International Monetary Fund (IMF). Washington, DC: IMF, avril.

pandémie et par une accélération particulière de l'inflation, graphique 6.

Graphique 6

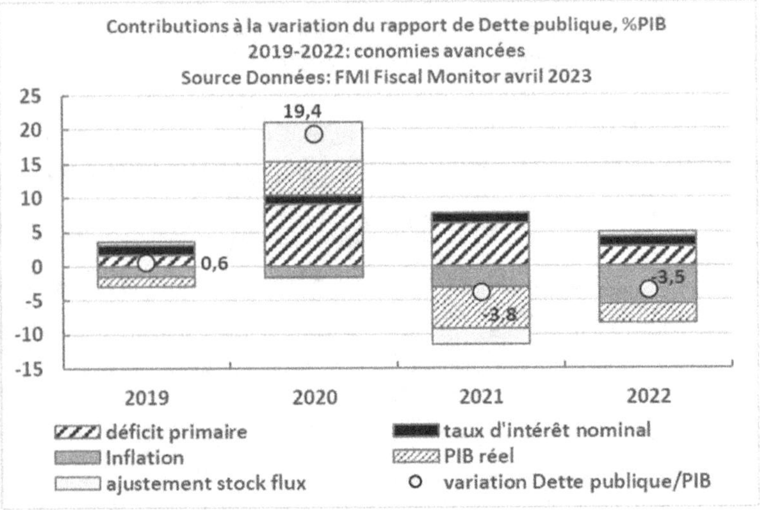

Ce graphique décompose pour les économies avancées la variation annuelle du rapport Dette publique sur PIB nominal pour l'attribuer à l'impact de différents facteurs, compte tenu de la relation $\Delta d = (i - g)d - s + a$justement stock flux. Comme on peut le constater, la variation annuelle du rapport de dette fluctue de manière importante sur les années 2020-2022. Elle varie sur les années 20 et 21 pour les économies avancées de 19,4% à −3,8%. Pour l'année 2020, l'augmentation importante du rapport est due principalement à un accroissement des déficits primaires ($s < 0$) conjointement avec une réduction du taux de croissance du produit réel, non compensée par l'inflation dans les économies avancées. Après le choc de la pandémie, avec la réduction des déficits primaires, c'est l'augmentation du PIB nominal résultant à la fois de la croissance réelle et d'une inflation qui s'accélère qui contribue alors à la réduction du rapport en 2021 et 2022.

1 – **L'inflation peut-elle réduire le poids de la dette ?** Une inflation qui s'accélère est l'un des moyens potentiels de réduire le poids de la dette en termes du rapport dette sur PIB nominal, en augmentant le dénominateur. Après la Seconde Guerre mondiale, ce fut un moyen sur le long terme pour diminuer le poids de la dette publique, accompagné en particulier par une « répression financière » contribuant à maintenir

les taux d'intérêt réels sur emprunts publics à des niveaux inférieurs aux taux de marché. Aujourd'hui, après une période d'inflation basse durant laquelle la croissance économique a été faible ou modérée et le rapport de dette est resté élevé, une inflation supérieure peut-elle contribuer à réduire le poids de la dette ?

En 2019, sur la base d'un panel d'observations de 1997 à 2017 concernant 19 économies avancées, évaluant les effets des chocs d'inflation sur le rapport dette publique sur PIB, un document de travail[1] du FMI suggère qu'en 2018 un choc temporaire de 1% sur le taux d'inflation aurait contribué à diminuer en moyenne le rapport de dette de 0,5 à 1 point de pourcentage. L'importance et la persistance de l'impact varient en fonction des chocs. Les impacts initiaux sont environ d'un point de pourcentage et les pics de l'impact varient entre 2 et 3 points de pourcentage, concentrés sur la première année en raison de la nature temporaire des chocs. Sur la base de ces résultats, en supposant que les chocs temporaires n'affectent pas la crédibilité de la politique monétaire des banques centrales, le rapport conclut qu'une accélération temporaire de l'inflation, même accompagnée d'une répression financière destinée à éviter la hausse consécutive des taux, ne peut réduire que marginalement le poids de la dette publique dans les économies avancées. Le Fiscal Monitor d'avril 2023 confirme ces résultats à partir de données historiques concernant 85 économies sur la période 1962-2019. Pour les économies dont le rapport de dette est supérieur à 50%, un pic initial d'inflation de 1% conduit à un déclin cumulatif du ratio de dette de seulement 0,6 point de pourcentage.

En se concentrant sur les effets favorables provoqués par un pic d'inflation, les deux études précédentes prennent soin de distinguer les effets de court terme d'un tel pic des effets que peut avoir une augmentation de l'inflation anticipée. Seule une inflation non anticipée est susceptible d'avoir un effet favorable sur la dette. Si une augmentation de l'inflation anticipée peut réduire les ratios d'endettement à court terme en augmentant le dénominateur du ratio, à long terme, elle s'accompagne d'un relèvement des taux d'intérêt et d'un raccourcissement des échéances. Dans ce cas, pour les économies de ratio de dette supérieur à 50%, le gain est nul.

---

[1] Fukunaga Ichiro, Takuji Komatsuzaki et Hideaki Matsuoka (2019) : "Inflation and Public Debt Reversals in Advanced Economies", IMF Working Paper, Strategy, Policy, and Review Department, WP/19/297.

Une vision de plus long terme des effets de l'inflation sur le ratio de dette doit tenir compte de l'évolution à long terme de la différence $i - g$. De la fin des années 90 jusqu'à la résurgence de l'inflation à la suite de la pandémie et de la crise ukrainienne, ce différentiel est faible, d'une valeur médiane pour 23 pays de l'OCDE[1] pratiquement nulle, en partie expliquée par une faible volatilité de l'inflation associée à des politiques monétaires ciblant de manière crédible un faible taux d'inflation. La valeur de ce différentiel dépend cependant d'autres facteurs susceptibles de se retourner, en particulier de l'augmentation du taux d'intérêt résultant de la croissance de la prime de risque exigée sur une dette souveraine importante. Le différentiel est fonction du niveau de la dette, mais aussi de la position de l'économie dans le cycle. Le tableau 4 ci-dessous[2] reporte pour la zone euro à 12 la moyenne historique du différentiel sur la période 1985-2017 en fonction d'un seuil de dette de 90% et d'une position dans le cycle reposant sur une valeur de l'*Output gap* OG de $-1{,}5\%$ permettant de distinguer les bonnes périodes économiques ($OG \geq -1{,}5\%$) et les mauvaises ($OG < -1{,}5\%$).

Tableau 4: Moyenne historique du différentiel (i – g) pour la zone euro à 12 pays. Période 1985-2017, en fonction de la dette publique et des effets de cycle

global	$dette < 90\%\ PIB$	$dette \geq 90\%\ PIB$
0,9	0,4	1,9
global	$OG \geq -1{,}5\%$	$OG < -1{,}5\%$
0,9	0,1	2,9
global	$OG < -1{,}5\%$ et $dette < 90\%\ PIB$	$OG < -1{,}5\%$ et $dette \geq 90\%\ PIB$
2,9	2,4	3,7

En fonction de ces résultats et d'études chiffrant à 75% du PIB un seuil de dette à partir duquel tout point de pourcentage supplémentaire conduirait à une augmentation du différentiel de quatre points de base (0,04%), de nombreux pays dépassant ce seuil sont confrontés aujourd'hui à un différentiel positif et à la nécessité d'une politique de consolidation budgétaire. À la place de pressions déflationnistes antérieures qui, sur la période ayant suivi la crise de 2008, ont permis

[1] Turner David et Francesca Spinelli (2011) : "Explaining the Interest-Rate-Growth Differential Underlying Government Debt Dynamics", OCDE Economics Department WP No. 919.

[2] Checherita-Westphal Cristina (2019) : "Government Debt Dynamics", ECB Economic Bulletin, Issue 2/2019.

aux banques centrales de poursuivre leur politique de faibles taux en toute indépendance, aujourd'hui, en raison d'une inflation forte jointe à des montants élevés de dette publique et privée, un arbitrage doit s'envisager entre une politique monétaire qui envisage de réduire la demande agrégée en augmentant les taux d'intérêt et celle qui se préoccupe d'assurer la stabilité financière. Les faillites en cascade de la Silicon Valley Bank et de la Signature Bank à la mi-mars 2023, suivies par celle de la First Republic Bank le 1er mai, témoignent de la fragilité du système bancaire américain confronté à des hausses de taux pouvant conduire la valeur de marché des actifs de certaines banques à diminuer potentiellement à un niveau inférieur à la valeur des dépôts. Pour les banques centrales, même si cette tension ne devient claire que sur le long terme[1], il y a toujours un arbitrage à faire entre un objectif de stabilité des prix et un objectif de stabilité financière. Se reposer exclusivement sur une politique monétaire pour ralentir l'inflation se traduit par des hausses de taux d'intérêt, une augmentation du poids de la dette publique et des risques d'instabilité financière. Une politique coordonnée de consolidation budgétaire peut atténuer la tension en contribuant à une réduction de la demande agrégée permettant de ne pas faire porter le poids de l'ajustement sur la seule politique monétaire restrictive des banques centrales.

2 – Effets d'une consolidation budgétaire. En octobre 2010, constatant que toutes les économies avancées vont être confrontées dans un futur proche au défi de la consolidation budgétaire, le World Economic Outlook du FMI[2] s'interroge sur les effets macroéconomiques d'une telle consolidation et pose la question : cela fera-t-il souffrir ? Bien qu'il y ait un accord concernant le fait qu'une réduction de la dette a des effets bénéfiques sur le long terme, il n'existe pas de consensus concernant les effets de court terme de l'austérité budgétaire. À l'opposé d'une vision keynésienne traditionnelle des effets récessifs de court terme d'une réduction de la dépense publique et (ou) d'une augmentation du prélèvement fiscal réduisant via le multiplicateur le niveau de produit réel et augmentant le chômage, une

---

[1] Brunnermeier Markus K (2023) : "Rethinking Monetary Policy in a Changing World", Finance & Development, International Monetary Fund, volume 60, n°1, p. 6- 9.

[2] World Economic Outlook (2010) : "Chapter 3. Will It Hurt? Macroeconomic Effects of Fiscal Consolidation", Recovery, Risk, and Rebalancing, FMI octobre, p. 93-124.

autre vision soutient qu'une diminution des déficits budgétaires peut, même dans le court terme, stimuler l'économie. L'argument principal en faveur d'une consolidation budgétaire expansionniste repose sur les effets de confiance provoqués par cette dernière, particulièrement lorsque la solvabilité des finances publiques est mise en question. La consolidation rassure les marchés et permet alors à la demande privée de prendre le relais de la demande publique. Qu'en est-il réellement ?

Sur la base d'un échantillon identifiant sur la période 1980-2009 les politiques budgétaires destinées à réduire le déficit dans quinze des économies avancées (Australie, Belgique, Canada, Danemark, Finlande, France, Allemagne, Irlande, Italie, Japon, Portugal, Espagne, Suède, Royaume-Uni et États-Unis), le rapport du FMI identifie 173 années sur lesquelles des mesures de consolidation budgétaire ont été mises en place (en moyenne 40% des années). Sur cette base empirique, une analyse historique de ces événements conduit à constater que sur le court terme la consolidation budgétaire est typiquement récessive. Une consolidation budgétaire de 1% de PIB réduit le produit réel d'environ 0,5% après deux ans. Trois facteurs principaux interviennent dans ce résultat : les taux d'intérêt et les taux de change d'abord, ensuite la composition de la consolidation budgétaire et enfin la perception du risque de défaut du pays entreprenant la consolidation.

- L'effet récessif de la consolidation budgétaire est en partie atténué par la baisse des taux d'intérêt réels et de change nominaux (de court et de long terme) dans la mesure où le taux d'inflation varie peu. C'est en fait la dépréciation externe de la monnaie qui contribue le plus à limiter l'impact de la consolidation par son effet favorable sur la balance commerciale. En l'absence d'un accroissement des exportations nettes, le coût de la consolidation budgétaire serait en termes de produit réel deux fois plus élevé.

- Les ajustements reposant sur une réduction des dépenses plus que sur une augmentation des prélèvements fiscaux ont des effets récessifs moins importants. Une réduction de postes de dépense politiquement sensibles peut être interprétée par les banques centrales comme le signal d'un engagement crédible à réduire le déficit budgétaire, favorisant une politique monétaire plus accommodante.

De manière générale, une consolidation budgétaire n'a pas d'effets expansionnistes de court terme sur le produit réel en raison de la réduction du risque de défaut. Même pour le groupe des pays à haut risque, les résultats ne sont pas en faveur d'un accroissement de produit réel. Les deux seules exceptions, Danemark en 1983 et Irlande en 1987, ne peuvent être considérées comme représentatives d'un effet normal pour un pays. Il est enfin important de s'interroger sur les effets d'une consolidation dans le cas où les banques centrales seraient confrontées à des situations de taux plancher effectif. Dans l'échantillon retenu, seul le Japon présente des épisodes de consolidation budgétaire dans un environnement de taux zéro, pour les autres pays la baisse des taux est postérieure à la consolidation. Sous réserve que la Banque centrale n'intervienne pas par une politique monétaire non conventionnelle, des simulations effectuées pour une petite économie ouverte implémentant une consolidation montrent qu'une situation de TPZ double le coût de la consolidation par rapport à une situation sans TPZ.

Section III – Dette publique et aléa moral.

À la suite de la crise de l'euro, des transformations importantes ont été introduites dans les dispositions initiales du traité de Maastricht et du Pacte de Stabilité et de Croissance, PSC. Avec des prix et des salaires rigides dans le court terme, dans une union monétaire, des chocs asymétriques en l'absence de taux de change flexibles provoquent des déséquilibres internes et externes plus importants que lorsque le taux de change nominal peut s'ajuster, neutralisant les rigidités nominales domestiques. En l'absence d'un tel ajustement, les prix et salaires doivent changer et s'ils ne le font que très lentement, ce sont les quantités qui varient avec un sous-emploi persistant excessif dans certains pays de l'Union.

Le problème de l'ajustement des pays de la zone euro à de tels chocs se complique par le fait que la zone euro est la première union monétaire dans laquelle la politique monétaire est mise en place au niveau central et la politique budgétaire au niveau infracentral (national). L'élaboration de la politique monétaire est confiée à une autorité monétaire commune, la Banque Centrale européenne BCE dont l'indépendance doit garantir le maintien de la stabilité des prix[1]. La

[1] Les banques centrales nationales (BCN) des pays membres de l'UE sont intégrées dans le Système Européen de Banques centrales (SEBC) composé de ces banques et de la Banque Centrale européenne (BCE) située à Frankfort. Le Conseil des gouverneurs du SEBC détermine la politique monétaire de la zone euro, la BCE exécute les décisions du SEBC et les BCN des États membres sont chargées de faire appliquer les décisions de la BCE à l'échelle nationale. Il est interdit aux membres du

politique budgétaire au sein de l'Union demeure en revanche de la responsabilité des gouvernements nationaux, encadrée par un ensemble de règles définies par le traité de Maastricht et le Pacte de Stabilité et de Croissance. Ces règles d'ailleurs concernent également les États de l'Union Économique et Monétaire non-membres de la zone euro. Elles sont gérées au niveau central par la Commission européenne dans le cadre d'un dialogue avec les États membres.

Cette particularité de la zone euro n'est pas sans poser quelques problèmes. Dans les faits d'ailleurs, l'architecture de l'Union monétaire européenne reposait initialement sur l'idée que la plupart des chocs macroéconomiques seraient symétriques et pourraient ainsi être traités par une politique monétaire commune, le traitement des chocs résiduels asymétriques relevant alors des politiques budgétaires nationales. Une approximation simple à l'époque considérait qu'une diminution de 1% du PIB ne détériorerait l'équilibre budgétaire que d'environ 0,5% grâce aux stabilisateurs automatiques. Dans ce cadre, pour des diminutions de PIB inférieures à 6%, à partir d'une situation d'équilibre budgétaire, un gouvernement disposerait alors d'une marge de manœuvre lui permettant, au-delà des effets des stabilisateurs économiques, de conduire une politique budgétaire expansionniste sans sortir d'un déficit public de 3% imposé par Maastricht.

Or bien avant la crise de 2010 de la zone euro, cette vision optimiste avait été démentie par les faits, justifiant a posteriori les inquiétudes allemandes exprimées au moment de la signature du traité de Maastricht en 1992 décidant de créer une union économique et monétaire. À ces différentes craintes allemandes, crainte que la Banque Centrale européenne soit moins contraignante concernant la stabilité des prix que ne l'est la Bundesbank, crainte que des politiques budgétaires laxistes de certains États membres nuisent à la stabilité de la monnaie commune et crainte que le contribuable allemand soit obligé de supporter les dettes d'autres États membres, les articles 123, 125, 126 et 127 du Traité ont tenté de répondre, exprimant la conviction, en particulier à travers la clause « *no bail out* » de l'article 125[1], que l'interdiction de

Conseil des gouverneurs de prendre leurs instructions auprès des gouvernements dont ils relèvent.

[1] Article 125, communément appelé clause « *no bail out* » : « L'Union ne répond pas des engagements des administrations centrales, des autorités régionales ou locales, des autres autorités publiques ou d'autres organismes ou entreprises publics d'un État

renflouement réciproque des États au sein de la zone assurerait une gestion rigoureuse des finances publiques.

Vision optimiste qui n'aurait pas été démentie au cas où l'idée initiale sur laquelle reposait l'architecture de l'Union monétaire se serait vérifiée. Mais en cas de déséquilibres asymétriques importants dont la persistance peut mettre en jeu l'existence même de l'Union, la clause *no bail out* devient pour les États membres, une menace non crédible. Lorsque la dette d'un pays de l'Union monétaire devient non soutenable, le cautionnement de la dette de ce pays par l'Union peut être le meilleur choix pour tous les partenaires si le coût d'un défaut sur une dette souveraine est élevé, incluant non seulement les conséquences économiques et sociales supportées par le pays faisant défaut, mais aussi toutes les répercussions de ce défaut sur les autres pays de l'Union. De la sorte, en dépit de cette clause, l'anticipation d'un renflouement introduit un problème d'aléa moral à la fois du côté du prêteur et de l'emprunteur. Le prêteur n'est pas incité à demander des rendements importants pour compenser le risque de prêt, encourageant une prise de risque excessif de la part de l'emprunteur et potentiellement accroissant la probabilité d'un défaut.

Cette question de l'aléa moral ainsi créé, bien connue et évoquée dans un autre cadre en 2001 par Anne Krueger, première directrice adjointe du FMI, remarquant que « les institutions privées pourraient se trouver encouragées à prêter et à investir imprudemment ou du moins plus qu'elles ne devraient dans la croyance que le FMI fera en sorte que leurs débiteurs puissent les rembourser »[1], est nichée au cœur de l'architecture particulière de la zone euro. Ainsi, pour le futur de l'Union monétaire et celui de la construction européenne, revenir sur l'ampleur de l'aléa moral que cette construction implique et la manière d'y remédier peut être encore d'actualité au regard de l'expérience passée.

---

membre, ni ne les prend à sa charge, sans préjudice des garanties financières mutuelles pour la réalisation en commun d'un projet spécifique. Un État membre ne répond pas des engagements des administrations centrales, des autorités régionales ou locales, des autres autorités publiques ou d'autres organismes ou entreprises publics d'un autre État membre, ni ne les prend à sa charge, sans préjudice des garanties financières mutuelles pour la réalisation en commun d'un projet spécifique ».

[1] Krueger Anne (2001) : "A New Approach to Sovereign Debt Restructuring", allocution prononcée devant le National Economists' Club, American Enterprise Institute, Washington, 26 novembre.

I – Crédibilité de la clause « *no bail out* ».

Considérons la situation suivante[1]. Confronté à un choc exogène, un État membre de l'Union doit prendre une décision concernant la politique économique à suivre. Il peut choisir entre une politique de consolidation budgétaire électoralement coûteuse ou une politique d'endettement peu soutenable susceptible de provoquer une crise de la dette. Bien évidemment, son choix prend en considération la crédibilité de l'engagement de l'Union monétaire, notamment à travers l'article 125 du traité, de respecter en cas de crise la clause « *no bail out* ». Compte tenu des coûts pour l'Union d'un défaut de l'État membre, cette crédibilité pose un problème. L'Union peut affirmer sa résolution de respecter la clause, mais ce ne peut être que du « *cheap talk* », un simple engagement verbal dont celle-ci s'affranchira en cas de crise.

L'incertitude d'une telle situation pour un État membre est représentée sur le graphique 7 suivant, schématisée par un tirage aléatoire susceptible de placer l'État membre dans deux configurations possibles.

Graphique 7

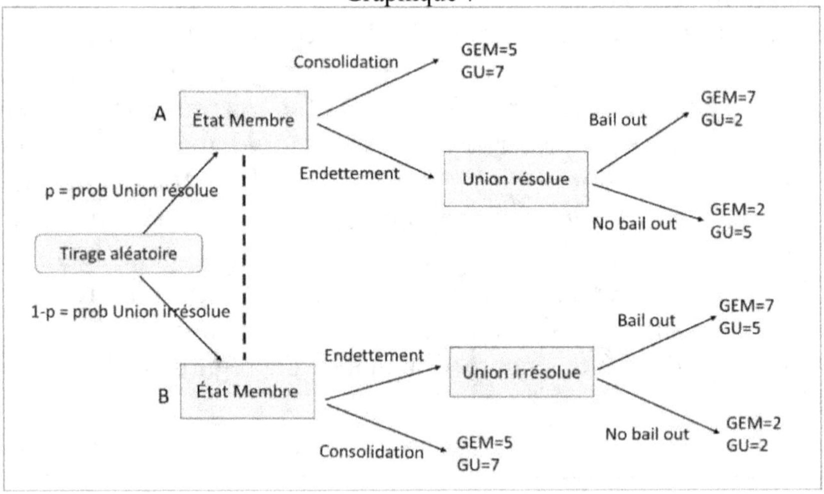

---

[1] Pour une présentation plus élaborée, voir : Rodden Jonathan (2004) : "Achieving Fiscal Discipline in Federations: Germany and the EMU", atelier Fiscal policy in EMU: New Issues and Challenges, Workshop, Brussels, 12 November 2004. Gourinchas Pierre-Olivier, Martin Philippe et Messer Todd (2020) : "The Economics of Sovereign Debt, Bailouts and the Eurozone Crisis", NBER Working Paper No. WP27403, juin.

La première configuration, envisagée par l'État membre avec une probabilité p, est la situation A, celle d'une Union résolue à appliquer la clause. La seconde configuration, possible avec une probabilité $1 - p$, est la situation B, celle d'une Union irrésolue. Quelle que soit la situation possible, l'État membre doit choisir entre une politique de consolidation budgétaire ou de dette. Lorsque la dette est choisie et qu'une crise de dette survient, l'Union peut intervenir pour renflouer l'État membre (*bail out*) ou pour nc pas le renflouer (*no bail out*). Les préférences des protagonistes correspondant aux six issues possibles sont exprimées en termes de gains fictifs, GEM pour gain de l' État membre et GU pour gain de l'Union. Ainsi, en cas de crise de dette de l' État membre, une Union résolue préfère ne pas cautionner la dette (*No bail out* : GU= 5 plutôt que *Bail out* : GU=2) et une Union irrésolue préfère cautionner cette dernière (*Bail out* GU= 5 plutôt que *No bail out* : GU= 2).

En cas d'information parfaite, si l'État membre est certain d'être confronté à une Union résolue, $p = 1$, il choisira la consolidation budgétaire (GEM= 5) sachant qu'en cas de crise de la dette, l'Union appliquera le « *no bail out* ». Et s'il est certain d'être confronté à une Union irrésolue, $p = 0$, il choisira de s'endetter (GEM= 7) sachant qu'en cas de crise, l'Union se portera caution de sa dette. En cas d'information imparfaite, $0 < p < 1$, l'État membre compare le gain d'une politique de consolidation GEM= 5 au gain d'une politique d'endettement égal à $p(GEM = 2) + (1 - p)(GEM = 7)$.

La politique d'endettement sera choisie lorsque $2p + 7(1 - p) > 5$, soit $p < 0{,}4$ probabilité faible que l'Union soit résolue. Et si tous les États considèrent qu'il est peu probable qu'en cas de crise l'Union respecte son engagement, le problème principal n'est plus alors celui du respect de la clause « *no bail out* », mais celui de la survie de l'Union.

Il est ainsi clair que les anticipations des agents économiques concernant la crédibilité de l'application de la clause « *no bail out* » sont cruciales pour le respect de la discipline budgétaire que cette clause vise à instaurer. Elles le sont pour les États membres qui en cas de crédibilité de la clause « *no bail out* » respectent une discipline budgétaire, anticipant qu'en cas d'endettement excessif, la situation résultant du non-renflouement de leur dette sera sanctionnée par les électeurs. Elles le sont également pour les marchés financiers susceptibles, en cas de non-respect de la clause, de ne pas instaurer de taux d'intérêt suffisamment élevés pour dissuader les États membres d'emprunter de manière excessive. Avec une Union considérée comme irrésolue, les incitations sont fortes pour un État membre de se comporter en passager clandestin, cherchant à bénéficier de la discipline budgétaire des autres en s'abstenant de s'y soumettre. Au niveau collectif, celui de l'Union, la meilleure situation est que tous respectent la discipline budgétaire. Mais au niveau individuel, en l'absence d'une coordination internationale contraignante, des États membres disposant d'une politique budgétaire autonome peuvent être incités à dévier de cet objectif commun. Dans une telle configuration quels peuvent être les remèdes à l'aléa moral de la clause « *no bail out* » ?

Lorsqu'un État membre fait défaut sur sa dette, il impose des externalités négatives aux autres membres de l'Union. Lorsque celles-ci sont importantes, ces derniers préfèrent cautionner la dette. Une manière de rendre plus crédible la clause « *no bail out* » consiste alors à diminuer l'importance de ces externalités et corrélativement l'importance du coût collectif du défaut. Si des fonctions essentielles de l'État membre (emploi, retraites, santé ...) sont assurées dans le cadre de délégations de pouvoir à l'Union, le défaut de dette ne menace pas le fonctionnement de base de l'État membre et ne crée pas d'externalités négatives importantes au niveau de l'Union, Rodden (2004). Le faible coût du défaut de la dette pour l'Union renforce alors la crédibilité de la clause, au prix cependant de transferts de souveraineté peu probables à faire accepter si ceux-ci sont de grande ampleur.

En ce sens, il semble plus réaliste d'envisager d'agir sur l'aléa moral à la fois par une délégation partielle de pouvoir et un partage de risque entre l'État membre et l'Union. Par rapport à un *« bail out »* qui prendrait en charge au niveau de l'Union la totalité du coût de défaut, une part de ce coût laissée à la charge de l'État membre renforce chez ce dernier les incitations à choisir une politique prudente. Elle diminue également le coût pour les autres États membres du risque de défaut de l'un d'entre eux, rendant l'adoption d'un tel schéma acceptable du point de vue économique et politique pour l'Union. Berger et al.[1] ont formalisé cette approche de la manière suivante à travers l'adoption

[1] Berger Helge, Giovanni Dell'Ariccia et Maurice Obstfeld (2018) : "Revisiting the Economic Case for Fiscal Union in the Euro Area", CEPR Discussion Paper No. DP13813.

d'un schéma de partage de risque au niveau de l'Union. Dans ce schéma, le partage de risque peut prendre deux formes :

- soit la conclusion ex ante d'accords formels de partage de risque représentés par s, $0 \leq s \leq 1$, s part de risque supportée par l'Union.

- soit un support ad hoc ex post fourni par l'Union après le déclenchement de la crise. L'aide ex post ponctuellc a probablement un coût social supplémentaire, parce qu'elle intervient (trop) tard, alors qu'une crise s'est déjà aggravée. Pour simplifier, il est supposé que lorsque ce support ad hoc intervient, il est censé correspondre à un partage de risque équivalent à celui que fournirait l'Union lorsqu'elle assume la totalité des risques, $s = 1$.

La probabilité p d'obtenir un support ad hoc est décroissante avec la part de risque supportée par l'Union. Un degré plus élevé de partage formel de risque atténue le choc négatif régional et les retombées potentielles sur les régions partenaires, rendant plus crédible le respect de la clause *no bail out*. En notant $p = 1 - s$, si l'une ou l'autre forme de partage de risque est déclenchée par les circonstances économiques d'un État membre, le niveau attendu de partage de risque est défini par la formule

$$\hat{s} = p + (1 - p)s \qquad (4)$$

Compte tenu de l'expression de p en fonction de s, $\hat{s}$ s'écrit aussi $1 + s(s - 1)$ qui prend sa valeur maximum pour $s = 0$ et $s = 1$ et minimum pour $s = 1/2$. Pour les deux schémas formels extrêmes de partage de risque, $s = 0$ et $s = 1$, la couverture générale de risque est maximum et égale à 1. Pour $s = 0$, pas de partage de risque et le coût du défaut étant inacceptable, la probabilité du renflouement ad hoc est égale à un. Pour $s = 1$, l'Union assume ex ante la totalité du risque de renflouement.

Si l'on considère maintenant l'aléa moral indicateur de la propension d'un État membre à prendre des risques, celui-ci est une fonction croissante de la couverture générale de risque et une fonction décroissante du degré de délégation de pouvoir consenti à l'Union. Dans la mesure où il n'y a pas d'aléa moral lorsque toutes les décisions sont déléguées au centre, pour d proportion de pouvoir délégué au centre et prenant ses valeurs dans l'intervalle [0 1], l'aléa moral peut s'exprimer par la formule

$$m = (1 - d)\hat{s} \qquad (5)$$

et le graphique 8 suivant illustre la manière dont varie l'aléa moral en fonction du schéma formel de partage de risque s et de la délégation de pouvoir d.

L'aléa moral est une fonction décroissante de l'importance de la délégation de pouvoir. Avec une délégation totale de pouvoir à l'Union, $d = 1$, un État membre perd toute autonomie politique et l'aléa moral est nul. Il est plus intéressant de noter que, pour une valeur donnée quelconque de d, l'aléa moral est minimum pour $s = 0{,}5$ et est maximum pour $s = 0$ et $s = 1$ en raison des caractéristiques de la couverture générale de risque. L'acceptation par l'Union d'une couverture partielle de risque renforce la crédibilité de la clause no bail out.

Graphique 8 : Aléa moral

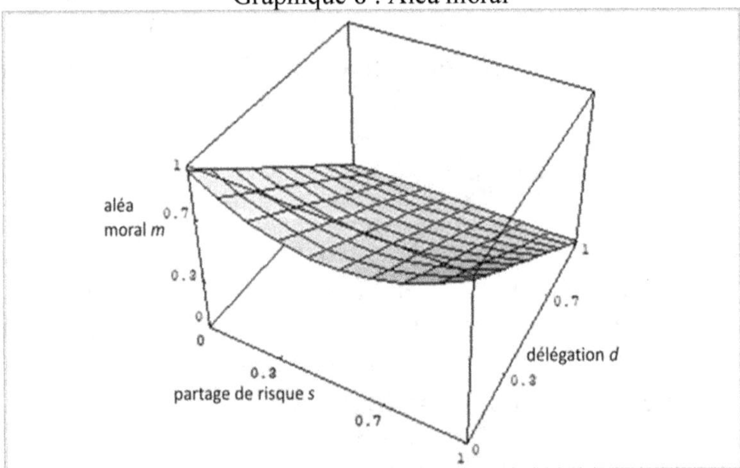

Le choix d'un point sur la surface dépend des bénéfices attendus de la réduction de l'aléa moral, $(1 - d)\hat{s}$, des coûts associés à la couverture générale de risque et à la délégation de pouvoir. Compte tenu des contraintes de souveraineté et de respect des préférences locales, une délégation importante de pouvoir peut s'avérer très coûteuse en termes politiques. De manière générale, la solution doit combiner un certain niveau de délégation au centre et un degré non nul de partage formel des risques. Pour le futur de l'Union européenne, deux interrogations liées sont donc importantes :

(1) Quels abandons de souveraineté les États membres sont-ils disposés à consentir ?
(2) Quel degré de partage des risques l'Union est-elle disposée à accepter ?

Tout en gardant en mémoire que, comme dans tout mécanisme d'assurance, plus est grand le degré de partage formel des risques, plus il est important de disposer de contrôles efficaces destinés à limiter l'aléa moral. Dans ce domaine, comme va le voir, l'expérience passée de la crise de l'euro offre quelques enseignements.

II – Les vicissitudes de la clause « *no bail out* » dans la zone euro.

Dans le passé, l'incapacité de la gouvernance économique de l'Union monétaire à prévenir ou corriger des politiques nationales contraires aux objectifs fixés fut flagrante, de la faible application de recommandations politiques à l'inadéquation des mesures de rétorsion visant à décourager les infractions aux limites définies par le Pacte de stabilité et de croissance PSC. Assez rapidement, la zone euro s'est ainsi trouvée placée dans des situations où la crédibilité de la clause « *no bail out* » pouvait être mise en doute. Initialement, dans une situation d'absence de schéma formel de partage de risque, sont institués de manière ad hoc des fonds destinés à apporter une aide financière aux États à problèmes sous forme de prêts ou de lignes de crédit à partir de fonds levés sur les marchés financiers. Ultérieurement, en 2010, le Conseil de l'Europe s'accorde pour créer en 2012 dans le cadre d'une organisation intergouvernementale un mécanisme permanent de gestion de crise, le MES, mécanisme européen de stabilité. Celui-ci fut l'objet de contestations mettant en cause sa compatibilité avec l'article 125 du TFUE.

A – Initialement, pas de partage formel des risques et interventions ad hoc.

Comme en témoigne le graphique 9 reportant les soldes des budgets publics d'un certain nombre de pays étant entrés dans l'Union monétaire, il est difficile d'observer sur la période 1997-2007 une convergence marquée vers l'objectif de moyen terme d'un solde budgétaire proche de l'équilibre.

Graphique 9

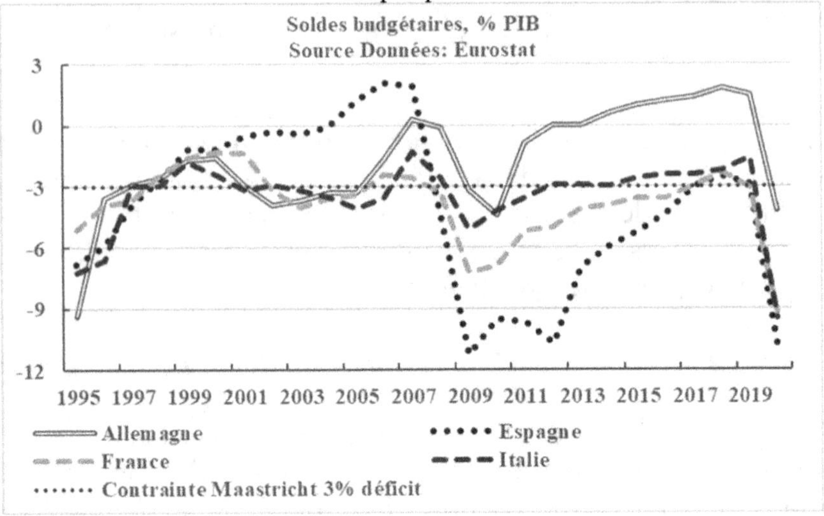

En fait, depuis le passage à la monnaie unique, pas moins de 77 violations des limites budgétaires ont été observées sans que le Conseil de l'Europe n'ait jamais décidé de sanctions et soit allé au-delà de la mise en demeure (étape de la procédure précédant immédiatement la décision éventuelle de sanctions). Les limites fixées d'ailleurs par les critères de Maastricht ont vu leur caractère contraignant se modifier au cours du temps. Une réforme du PSC en 2005 assouplit les contraintes, redéfinissant la notion de « circonstances exceptionnelles » permettant à la Commission européenne ou au Conseil d'autoriser un État à avoir temporairement un déficit public supérieur à 3 % du PIB et élargissant les modalités de prise en compte de « tous les autres facteurs pertinents ».

Ainsi, le Conseil de l'Europe finit par retenir l'idée d'objectifs à moyen terme différenciés pour les États membres. Le règlement (CE) No 1055/2005 du Conseil énonce que « compte tenu de l'hétérogénéité économique et budgétaire au sein de l'Union, l'objectif à moyen terme devrait être différencié selon les États membres de manière à tenir compte de la diversité des positions et développements économiques et budgétaires ainsi que du risque budgétaire par rapport à la viabilité des finances publiques, compte tenu également des évolutions démographiques prévisibles ». Avec ces objectifs différenciés (raisonnables dans leur principe) et une liste à la Prévert[1] des conditions d'appréciation d'un déficit excessif, on appréciera l'ironie involontaire d'une des phrases du préambule de ce règlement : « Il y a lieu de modifier le règlement (CE) no 1467/97 afin que l'amélioration convenue de la mise en œuvre du Pacte de stabilité et de croissance puisse être pleinement appliquée ».

Il y a, fait remarquer une note du Bulletin de la Banque Centrale européenne[2], en principe deux mécanismes permettant de maîtriser des politiques budgétaires déraisonnables. Le premier mécanisme repose sur une gouvernance de la discipline budgétaire par des règles et le second sur une discipline imposée par les marchés.

- Une gouvernance efficace de la discipline budgétaire par des règles suppose l'existence de règles claires et de moyens pour s'assurer de leur respect. Or si le PSC a débuté par des règles numériques simples pour le déficit et la dette, il s'est ensuite complexifié avec plus de flexibilité pour tenir compte de phases cycliques, des coûts des réformes structurelles et des charges budgétaires consécutives à la crise. Cela s'est traduit, dans un domaine où le respect des règles dépend crucialement de l'examen public et de la pression politique, par moins de transparence et de traçabilité. Confronté à cette situation, Jens Weidmann, président de la Bundesbank et membre du Conseil des gouverneurs de la BCE, affirmait alors qu'il serait utile de créer une institution indépendante chargée d'évaluer objectivement si les règles sont respectées, car cela déchargerait la Commission de ce travail et

---

[1] Concernant l'appréciation d'un déficit excessif, Règlement (CE) No 1056/2005 du Conseil du 27 juin 2005 : « En particulier la Commission, lorsqu'elle élabore un rapport en vertu de l'article 104, paragraphe 3, du traité, tient compte de tous les facteurs pertinents, comme le prévoit cet article. Le rapport reflète de façon appropriée l'évolution de la position économique à moyen terme (en particulier le potentiel de croissance, les conditions conjoncturelles, la mise en œuvre de politiques dans le cadre du programme de Lisbonne et les politiques visant à encourager la R&D et l'innovation) et l'évolution de la position budgétaire à moyen terme (notamment les efforts d'assainissement budgétaire au cours de «périodes de conjoncture favorable», la viabilité de la dette, les investissements publics et la qualité globale des finances publiques). En outre, la Commission accorde toute l'attention voulue à tout autre facteur qui, de l'avis de l'État membre concerné, est pertinent pour pouvoir évaluer globalement, en termes qualitatifs, le dépassement de la valeur de référence, et que l'État membre a présenté à la Commission et au Conseil »

[2] Leiner-Killinger Nadine et Carolin Nerlich (2019) : "Fiscal rules in the euro area and lessons from other monetary unions", ECB Economic Bulletin, Issue 3/2019.

séparerait l'analyse économique de la décision politique. Pour ajouter cependant qu'actuellement, les procédures sont si complexes et opaques que personne ne peut dire si un pays respecte ces règles ou non !

- En ce qui concerne la discipline imposée par les marchés financiers, la crédibilité d'une clause « *no bail out* » est importante. Pour se financer, un État émet de la dette sous forme d'obligations dont les intérêts comprennent des primes de risque déterminées en fonction de la solvabilité des emprunts effectués. Avec une clause « *no bail out* » considérée comme crédible par les marchés, le risque d'insolvabilité de l'État se traduit par des primes de risque importantes augmentant le coût des emprunts et la charge future de la dette de l' État emprunteur. À cet égard, observée sur le graphique 10, la convergence des taux d'intérêt sur obligations publiques entre 1997 et 2007 suscite un certain nombre d'interrogations.

Graphique 10

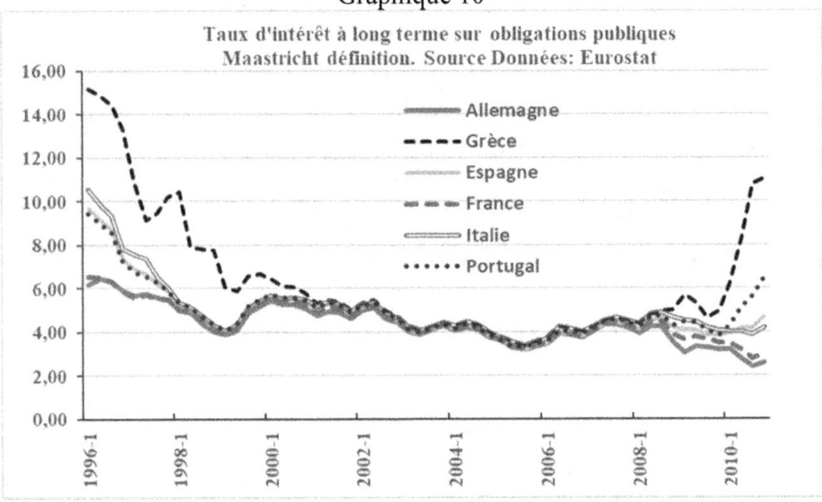

Dans le cadre d'une Union monétaire, avec une monnaie unique et une libre circulation des capitaux, les taux d'intérêt sont certes soumis à un processus de convergence si l'on fait abstraction des risques pays. Mais qui pouvait bien considérer après la création de l'euro que la dette grecque était pratiquement équivalente à la dette allemande ? Martin Wolf [1] remarque à juste titre que depuis la régulation Bâle 1, les banques sont autorisées à considérer les

[1] Wolf Martin (2014) : The Shifts and the Shocks, Penguin Press.

titres publics comme dépourvus de risque, ce qui est en un sens justifiable pour un pays qui emprunte dans sa propre monnaie. Mais pour les pays de la zone euro empruntant en euros créés par une Banque centrale européenne indépendante à laquelle l'article 123 du TFUE interdit « l'acquisition directe, auprès d'eux, des instruments de leur dette », une telle négligence des risques pays est assez remarquable. On peut considérer que les marchés n'apprécient pas toujours correctement les risques souverains, mais aussi considérer que l'absence de schéma formel de partage de risque, dans une union monétaire où des externalités importantes existent, a contribué à la création d'un aléa moral important dans le cadre duquel la clause *« no bail out »* fut jugée peu crédible[1].

Comme le montre le graphique 10, à la suite des crises financières dans la zone euro, les écarts de taux auxquels la Grèce, le Portugal, l'Irlande, l'Italie et l'Espagne empruntent - relativement à celui de l'Allemagne (*spread*) - augmentent brutalement et provoquent une intervention ad hoc de crise. En 2010 sont créés alors dans l'urgence le FESF (Fonds européen de stabilité financière) et le MESF (Mécanisme européen de stabilisation financière) destinés à apporter une aide financière aux États sous forme de prêts ou de lignes de crédit à partir de fonds levés sur les marchés financiers à des conditions plus favorables compte tenu de la garantie apportée par les États à la constitution de ces fonds[2]. Au titre du FESF, entre 2011 et 2013, la Grèce (pour 141,8 milliards), l'Irlande (pour 17,7 milliards) et le Portugal (pour 26 milliards) bénéficient de ces prêts. Il convient de noter cependant que ce système d'assistance financière d'urgence pose quelques problèmes au regard de l'article 125 du TFUE. Avec le MESF sont accordés par l'Union des prêts à certains États membres de la zone euro ; avec le FESF, c'est par des États de la zone euro, donc par des États membres de l'Union que des prêts sont accordés à d'autres États membres.

---

[1] Allard Céline, Petya Koeva Brooks, John C. Bluedorn, Fabian Bornhorst, Katharine Christopherson, Franziska Ohnsorge et Tigran Poghosyan (2016) :" Toward a Fiscal Union for the Euro Area", IMF Staff discussion note 2013, décembre.

[2] Le MESF peut lever jusqu'à 60 milliards d'euros garantis par le budget de l'Union économique, le FESF est autorisé, lui, à lever jusqu'à 440 milliards d'euros garantis par les États de la zone euro.

B – D'un support ad hoc à un schéma formel de partage de risque : le Mécanisme européen de Stabilité (MES) et l'arrêt Pringle de 2012.

En 2010, le Conseil de l'Europe s'accorde pour créer en 2012 dans le cadre d'une organisation intergouvernementale (donc hors du cadre juridique de l'Union) un mécanisme permanent de gestion de crise, le MES, mécanisme européen de stabilité, appelé à remplacer à partir de juillet 2013 le FESF et le MESF. Disposant d'un capital de 700 milliards d'euros (dont 80 de fonds propres plus 620 milliards exigibles des États contributeurs en fonction de leur richesse), le MES est destiné à fournir aux États membres une assistance financière dans le cas où celle-ci s'avérerait indispensable à la stabilité financière de la zone euro. Les prêts sont financés par des emprunts du MES sur les marchés financiers et sont garantis par ses actionnaires (les États membres de la zone euro).

À cette occasion, devant la Haute Cour et la Cour suprême de l'Irlande, un recours est déposé par M. Pringle, parlementaire irlandais, contre le Gouvernement de l'Irlande, arguant qu'en signant le MES, l'Irlande accepte de s'engager dans un mécanisme dont les dispositions sont contraires à la Constitution irlandaise (atteinte de souveraineté) et à certaines dispositions du TFUE. Rejetant l'argument d'inconstitutionnalité, la Cour suprême de l'Irlande demande néanmoins à la Cour de Justice européenne de se prononcer sur les éventuelles violations du TFEU et notamment sur la compatibilité de ce mécanisme permanent d'assistance financière avec l'article 125 du TFUE, la clause « *no bail out* ». Dans l'arrêt Pringle (Case C-370/12) du 27 novembre 2012, la Cour de Justice européenne formule un certain nombre de considérations sur la base desquelles elle conclut à la compatibilité du processus de création du MES avec le TFEU et en particulier avec l'article 125 du traité. Il est intéressant d'examiner ici certaines des considérations avancées dans cet article[1].

---

[1] Une autre disposition du MES était également contestée, concernant la procédure de révision simplifiée adoptée pour ajouter une troisième clause à l'article 136 du TFEU, autorisant les États membres de la zone euro à créer au sein de l'Union économique, par un agrément international ordinaire, un mécanisme dans un domaine où des pouvoirs exclusifs avaient été transférés à l'Union économique et monétaire. En effet, soutiennent les plaignants, dans la mesure où la politique monétaire est de la compétence exclusive de l'UEM, la révision souhaitée concernant la stabilité de la

Dans son jugement, la Cour de Justice européenne fait d'abord remarquer que la terminologie employée par l'article 125 ne fait qu'interdire à l'Union ou à un État membre de *répondre des engagements* des administrations centrales et des autorités régionales ou locales d'un État membre ou *de prendre à sa charge* ces derniers. Il convient donc de préciser ce qu'on entend par cette terminologie. La Cour fait alors remarquer que :

1. Tel qu'il est formulé, l'article 125 n'a pas pour objet d'interdire à l'Union ou à un État membre d'octroyer toute forme d'assistance financière à un autre État membre. Si cela était le cas, l'article 122 autorisant l'Union à fournir une assistance financière ad hoc à un État membre en difficulté sérieuse pour des raisons hors de son contrôle aurait dû stipuler qu'il dérogeait à l'article 125. Plus subtilement par ailleurs, la Cour note que l'article 123 interdisant au Système européen des banques centrales d'octroyer « des découverts ou tout autre type de crédit » emploie une terminologie plus stricte et différente de celle employée par l'article 125 ce qui renforce l'idée que la prohibition énoncée par cet article n'interdit pas l'assistance financière. Ceci posé, il convient de déterminer quelle forme d'assistance financière est compatible avec l'article 125.

2. Pour déterminer quelle forme d'assistance financière est compatible avec l'article 125, il est nécessaire de prendre en considération l'objectif poursuivi par cet article. À partir des travaux préparatoires au traité de Maastricht, il est clair que l'objectif poursuivi est de s'assurer que les États membres suivent une politique budgétaire saine, assurant la stabilité financière de l'Union. De la sorte, « l'activation d'une assistance financière au moyen d'un mécanisme de stabilité tel que le MES n'est pas compatible avec l'article 125 à moins qu'elle soit indispensable à la sauvegarde de la stabilité financière de la zone euro et soumise à des conditions strictes ».

---

zone euro relève du domaine monétaire et doit relever des dispositions générales de l'UEM. La Cour rejette la contestation, arguant que le MES relève, non pas exclusivement du domaine de la politique monétaire, mais beaucoup plus largement de la politique économique : « bien que la stabilité de la zone euro puisse avoir des répercussions sur la stabilité de la monnaie utilisée dans cette zone, une mesure de politique économique ne peut être considérée comme équivalente à une mesure de politique monétaire pour la seule raison qu'elle peut avoir des effets indirects sur la stabilité de l'euro ».

3. Ces conditions strictes interdisent de fournir à un État membre une assistance financière dont le résultat serait de diminuer l'incitation de cet État à conduire une politique budgétaire saine. Ainsi, l'assistance financière fournie à un membre du MES sous la forme d'une ligne de crédit ou de prêt n'implique en aucun cas que le MES prenne en charge les dettes de l'État membre. Au contraire, l'assistance revient à créer vis-à-vis du MES une nouvelle dette de l'État membre qui demeure responsable de tous ses engagements antérieurs. L'article 136 du traité créant le MES stipule par ailleurs que cette assistance financière doit être remboursée par l'État membre au MES, avec une marge supplémentaire appropriée de coût.

Dans la mesure où l'article 125 du Traité ne précise pas ce qui est susceptible de se produire lorsqu'un État perd l'accès aux marchés financiers, l'arrêt Pringle tente de clarifier les choses et de les régulariser en adoptant un cadre supprimant tout prêt accordé par l'Union et substituant à des dispositifs temporaires ad hoc une organisation intergouvernementale permanente entre États de la zone euro dans le cadre de laquelle seuls les États membres de la zone prêtent à d'autres membres de cette même zone. Pour certains, cette tentative de clarification est un tour de passe-passe juridique peu convaincant[1]. Pour Christine Lagarde, à l'époque directrice du FMI, plus franchement, « on transgresse la loi pour sauver l'Euro ». Mais le problème essentiel ici est de savoir si ce Mécanisme Européen de Stabilité ne contribue pas à affaiblir la discipline budgétaire que vise à instaurer l'article 125. La confiance que semble mettre la Cour dans l'efficacité des conditions strictes imposées aux États par l'assistance financière du MES est d'autant plus surprenante que les contraintes

---

[1] Gunnar Beck (2012) : « les États membres eux-mêmes ne semblent pas perturbés par des restrictions non équivoques au Traité quand en 2011 ils décident de remplacer les procédures existantes de « *bail out* » par un fonds de secours permanent opérant comme une sorte de violation institutionnelle du Traité », in "The euro zone and why Chancellor Merkel should not place her trust in rules", Eutopia Law, juillet 2012.

Chris Koedooder (2013) : "Sûrement, la partie anticipée la plus attendue concernait l'interprétation de la Cour de la clause « *no bail out* » figurant dans l'article 125 du TFEU. ... La longueur de la réponse fournie par l'Avocate générale Kokott, pratiquement un tiers de son énoncé, reflète la position difficile dans laquelle elle, ainsi que la Cour, se trouvent placées" in "The Pringle Judgment : Economic and/or Monetary Union ? ", Fordham International Law Journal Volume 37, Issue 1Article 10, p. 121.

précédentes du PSC n'ont cessé d'être violées par une moyenne des 2/3 des États membres de la zone euro ! Paul Craig[1] remarque que, pour la Cour de Justice européenne, la compatibilité du MES avec l'article 125 repose sur la prémisse que toute assistance conditionnelle fournie à des États demeurant ultimement responsables de leur dette suffit à assurer une saine politique budgétaire et est donc conforme à l'article 125. Plus profondément, soutient-il, l'arrêt Pringle traduit le souci que la survie de l'euro est ici en jeu et qu'une interprétation stricte d'une clause « *no bail out* » porterait atteint à la souveraineté des États à protéger leurs intérêts communs et à l'existence de l'Union monétaire. Mais jusqu'où peut aller une interprétation non stricte de cette clause ?

C – Discipline de marché ou contrôle bureaucratique ?

Pour la Banque Centrale européenne[2], il est crucial « que l'existence, la conception et les activités du MES ne créent pas d'aléa moral, mais au contraire renforcent les incitations à des politiques budgétaires et économiques prudentes dans tous les pays de la zone euro ». Si avec le MES, dans le paquet de mesures adoptées en mars 2011 par le Conseil européen, figure un mécanisme permanent de gestion de crise en tant qu'ultime garantie contre les déséquilibres des pays membres, c'est parce que l'expérience récente a montré le besoin de crédibilité et de prédictibilité dans les réponses de crise. Un mécanisme crédible de gestion de crise devrait aider à la formation des anticipations de marché en fournissant des règles du jeu claires et ainsi influencer les incitations à la fois des créditeurs privés et des débiteurs publics. Ces incitations dépendent de manière critique de la conception du mécanisme, en particulier de la manière dont celui-ci renforce les incitations des gouvernements à adopter des politiques budgétaires et macroéconomiques saines et les incitations des investisseurs à évaluer correctement le risque lorsqu'ils prêtent aux gouvernements. Mais en quoi le passage d'une clause « *no bail out* » jusqu'alors non respectée à une clause explicite de « *bail out* » conditionnel contribue-t-il au renforcement de la discipline budgétaire ?

---

[1] Craig Paul P. (2013) : "Pringle: Legal Reasoning, Text, Purpose and Teleology", Maastricht Journal of European and Comparative Law, p. 1-11.
[2] ECB, Monthly Bulletin, juillet 2011.

Un mécanisme crédible de gestion de crise peut être considéré comme un schéma de partage de risque dans la mesure où en cas de crise, la résolution des problèmes peut être plus rapide et moins coûteuse pour tous, imposant un coût clairement établi pour l'État faisant défaut. Mais le caractère conditionnel de la clause « *bail out* », conçu pour discipliner les États membres, à lui seul ne peut remédier à l'aléa moral. Dans le cas où l'assistance financière du MES est indispensable à la sauvegarde de la stabilité de la zone euro, refuser de mobiliser ce mécanisme parce que l'État fautif refuse d'accepter les conditions strictes imposées n'est pas nécessairement crédible pour un pays important. Le Pacte de Stabilité et de Croissance et la Procédure pour déficit excessif (PDE) mis en place par le Traité de Maastricht ont d'ailleurs perdu leur crédibilité dès que la France et l'Allemagne non seulement se sont abstenues de manière répétée de respecter les plafonds de déficit en 2001, 2002,2003, 2004 et 2005, mais aussi quand le Conseil Européen, dans sa décision du 25 novembre 2003, suspendit la PDE pour ces deux pays représentant environ 50% des votes dans le Conseil. Une plage de négociations s'ouvre alors, dans le cadre de laquelle les règles du jeu perdent leur clarté initiale, contribuant prêteurs et emprunteurs à accepter plus de risque.

Comme dans tout mécanisme d'assurance, plus est grand le degré de partage formel des risques, plus il est important d'envisager de délégation de pouvoir et de disposer de contrôles stricts destinés à limiter ces risques, ce que schématise le tableau suivant.

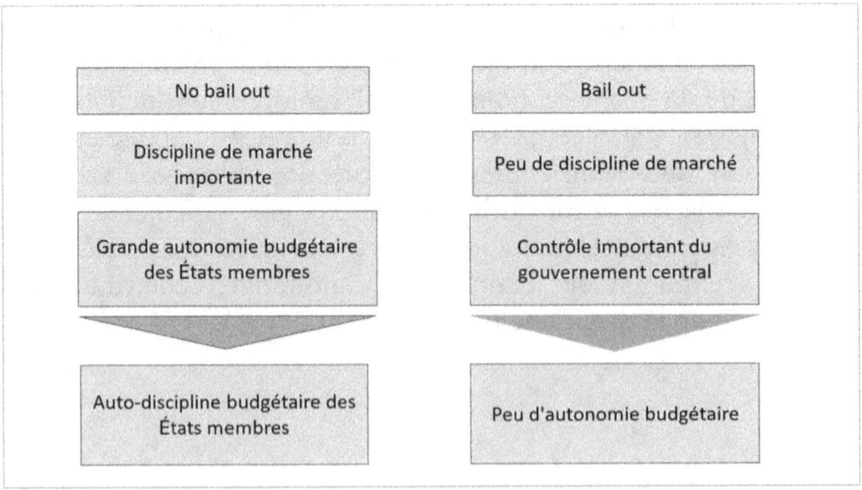

Jean Pisani-Ferry[1] faisait remarquer en 2012 que si la question débattue à la suite de la crise de l'euro était de savoir si l'on mutualise au niveau de la zone la dette par la création d'*eurobonds* bénéficiant d'une garantie mutuelle, en contrepartie les États doivent alors abandonner la liberté d'émettre à volonté de la dette et soumettre leur budget à une approbation préalable. Or dans une conjoncture politique d'opposition constante à des délégations plus importantes de pouvoir, la limitation du risque s'est traduite par une floraison de contrôles et de sanctions hypothétiques dont témoigne l'évolution du PSC depuis 1997.

Alors que la première révision de 2005 introduisait, avec ses objectifs différenciés de moyen terme, plus de flexibilité dans les critères d'appréciation d'un déficit public excessif, à partir de 2010, dans le contexte de la crise de dette souveraine, le *Six Pack* en 2011 renforce à la fois les volets préventifs et correctifs du Pacte avec de nouvelles règles, de nouvelles sanctions et des clauses d'exemption complémentaires. À cette occasion, beaucoup d'observateurs ont fait remarquer que l'arme préventive de la discipline budgétaire du PSC n'avait pas d'équivalent en dehors de l'Europe. La surveillance ex ante et les procédures de coordination qu'elle complexifie au cours du temps reflètent la conscience de la faiblesse relative des mesures de coercition et de sanction et corrélativement le désir de renforcer la pression des pairs[2].

En 2012, un Traité sur la Stabilité, la Coordination et la Gouvernance définit une règle d'or pour les budgets des administrations publiques avec obligation de transcrire dans les droits nationaux cette règle ainsi que les procédures permettant de la respecter. Enfin, pour les pays de la zone euro en 2013, le *Two Pack* renforce encore la surveillance et la coordination, reflétant la préoccupation d'introduire des contraintes supplémentaires en raison des externalités propres à la zone. En complément de ces actes législatifs, la Commission européenne renouvelle régulièrement et développe un Code de conduite détaillé et un vade-mecum sur le PSC qui spécifie les différents aspects de la mise en place des règles budgétaires. En 2018, ce vade-mecum nécessite plus de 200 pages pour expliquer les calculs à employer pour déterminer si

---

[1] Pisani-Ferry, J. (2012) : "The Euro Crisis and the New Impossible Trinity", Bruegel Policy Contribution 2012/01, janvier.

[2] Eyraud Luc et Tao Wu (2015) : "Playing by the Rules: Reforming Fiscal Governance in Europe", IMF Working Paper, mars.

un pays se conforme aux règles du Pacte. Les corrections et les sanctions sont aussi progressives, devenant plus strictes quand l'objectif en niveau n'est pas atteint et que les efforts pour corriger les déséquilibres sont insuffisants. Les États membres se trouvent ainsi requis de respecter une abondance de règles primaires et secondaires introduisant de la redondance et des incohérences. En 2019, l'encadrement budgétaire des pays membres comprend quatre règles budgétaires numériques :

1. Le déficit budgétaire doit être inférieur à 3% du PIB.
2. La dette publique brute doit être inférieure à 60% du PIB. Lorsqu'elle est supérieure, elle doit diminuer annuellement d'au moins un vingtième de l'écart existant.
3. Le solde budgétaire structurel (corrigé de l'impact du cycle économique et des mesures budgétaires exceptionnelles) doit être supérieur à l'objectif de moyen terme du pays qui, pour les pays de la zone euro, est fixé à −0,5% du PIB ou −1% pour les pays dont le rapport dette sur PIB est inférieur à 60%. Pour les pays dont le solde structurel est inférieur à l'objectif de moyen terme, ce solde doit augmenter annuellement de 0,5% du PIB.
4. Les dépenses publiques en termes réels ne peuvent augmenter plus vite que la croissance économique potentielle de moyen terme au cas où le solde structurel du pays est supérieur ou égal à son objectif de moyen terme. Dans le cas où le solde n'a pas atteint son objectif, la croissance des dépenses publiques doit être inférieure à celle de la croissance potentielle.

Devant cette évolution, dans une Europe peu disposée à accepter des abandons de souveraineté importants et ayant fait l'expérience de sanctions jamais appliquées, affaiblir les mécanismes de marché au profit de contraintes bureaucratiques n'est sans doute pas la meilleure des solutions pour réaliser une coordination économique efficace. Pour beaucoup d'économistes[1], la meilleure solution au problème de l'aléa moral inhérent à la construction européenne et à la zone euro réside dans l'existence d'arrangements bien conçus de partage de risque et

---

[1] Bénassy-Quéré Agnès et al. (2018) : "Reconciling risk sharing with market discipline: A constructive approach to euro area reform", CEPR POLICY INSIGHT No.91, janvier.

d'incitations améliorées. De meilleures règles et plus de discipline de marché doivent être complémentaires et non substituables.

Publié le 20 octobre 2020, le rapport annuel du comité budgétaire européen, organe consultatif indépendant de la Commission européenne, recommandait une réforme des règles budgétaires avant le rétablissement du Pacte de stabilité et de croissance. Suspendu en mars 2020 en raison de la pandémie, ce dernier devait faire son retour en 2024, sous une forme nouvelle, ne serait-ce qu'en raison de l'importance actuelle des dettes publiques des différents pays de l'Union européenne. Au quatrième trimestre 2021, la dette publique de la zone euro atteint 95,4% du PIB, graphique 11 (en gris clair les pays dont le ratio de dette est inférieur à 60%).

Graphique 11

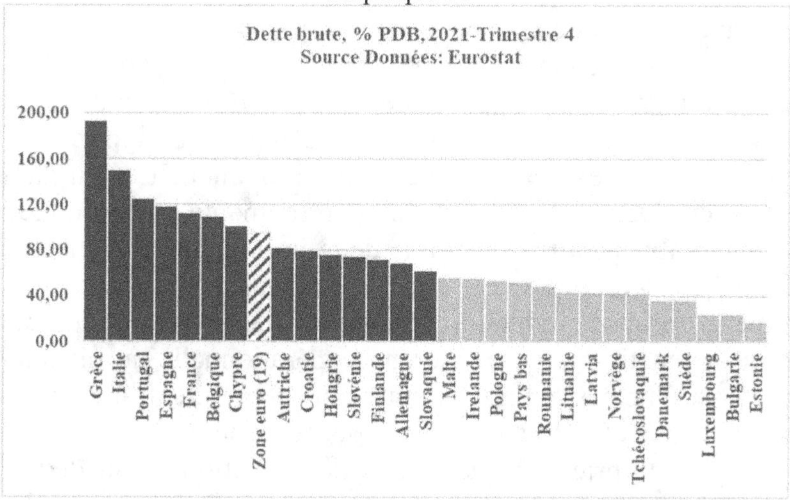

De nombreux États touchés par la crise atteignent des niveaux d'endettement historiques, la dette la plus élevée étant celle de la Grèce (193,3%), suivie par celle de l'Italie (150,3%) et celle du Portugal (125,5%).

Le problème d'une réforme du Pacte n'est pas simple. À l'origine d'ailleurs, ses règles étaient conçues pour atteindre des niveaux faibles de dette dans un environnement de taux d'intérêt positif. La réalité post- COVID a, pendant un court moment, dessiné un environnement de haut niveau de dette avec des taux d'intérêt très bas, suggérant que le problème de la soutenabilité de la dette n'était pas une urgence à prendre en considération. Or les trends structurels de long terme actuels (démographiques et climatiques) posent des défis significatifs à la soutenabilité des finances publiques et à la croissance alors même que la gouvernance passée a montré sa relative inefficacité. Dans un tel cadre, remarquent Blanchard et al.[1], étant donnée la complexité de la réponse, c'est une illusion de croire que les règles budgétaires de l'UE peuvent être simples et aussi une illusion de penser qu'elles peuvent être suffisamment complexes pour prendre en compte les contingences les plus significatives. À l'issue de la crise COVID, une certaine convergence a cependant émergé autour de quatre lignes : (1) la nécessité de repenser l'objectif de dette, (2) substituer à une règle de solde structurel une règle de dépense nationale, (3) introduire une différenciation entre pays et (4) promouvoir le respect et l'appropriation des règles par les États membres.

Dans une communication précisant les orientations d'une réforme de la gouvernance économique de l'Union[2], sans abandonner les références à un déficit budgétaire de 3% du PIB et à une dette de 60% du PIB, la Commission reconnaît que, pour un rapport de dette supérieur à 60%, l'exigence d'une diminution annuelle d'au moins un vingtième de l'écart existant est trop contraignante en particulier pour les États membres confrontés à une dette importante. Dans la pratique d'ailleurs, le Comité budgétaire européen avait constaté l'abandon de fait de cette norme de réduction de sorte que le système de surveillance européen a fonctionné sans référence opérationnelle au niveau de la dette, alors même que c'était le risque d'insolvabilité qu'il s'agissait de contrôler. L'objectif doit donc être de se concentrer sur un sentier crédible et approprié sur quatre ans de réduction de la dette. Pour faciliter l'élaboration et la surveillance de ce sentier, un seul indicateur opérationnel de soutenabilité de la dette serait pris en compte, celui d'un sentier de dépense publique primaire nette assurant la décroissance plausible de la dette sur un horizon de dix ans et le respect sur cet horizon d'un déficit inférieur à 3% du PIB.

---

[1] Blanchard Olivier, Álvaro Leandro et Jeromin Zettelmeyer (2021) : "Redesigning EU Fiscal Rules: From Rules to Standards", PIIE WP 21-1, février.

[2] Commission européenne (2022) : "Communication on orientations for a reform of the EU economic governance framework", communication finale de la Commission au Parlement européen, au Conseil, à la Banque centrale européenne, au Comité économique et social européen et au Comité des régions, Brussels, 9.11.2022 Com (2022) 583 final.

Cette proposition de réforme reprend dans son principe une suggestion faite par de nombreux observateurs du Pacte. Dans une proposition de refonte du cadre budgétaire européen émanant du Conseil d'analyse économique[1] (CAE), compte tenu de l'évolution du rapport de dette, le schéma suivant explicite le principe retenu : chaque gouvernement retient une cible de dette à moyen terme en fonction d'une évaluation du surplus primaire maximum, des risques concernant le différentiel $i - g$ et d'une marge de sécurité propre au pays.

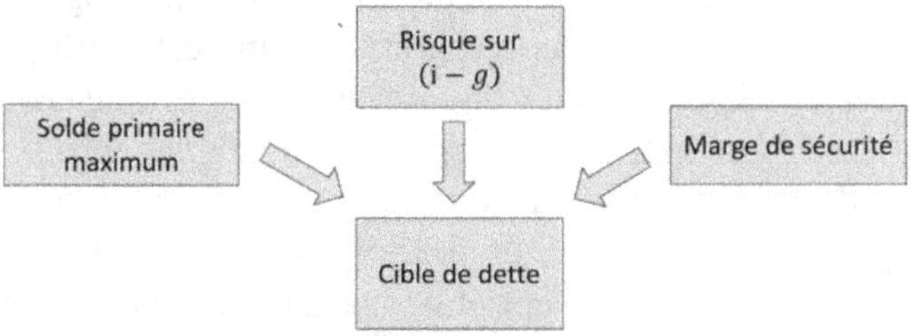

La cible de dette une fois fixée sert alors d'ancrage à la programmation à moyen terme des finances publiques du pays, permettant sur la base d'hypothèses de croissance potentielle et d'inflation la détermination d'une norme d'évolution de la dépense publique cohérente avec la cible. Mais à la différence de la proposition de la Commission, la proposition du CAE ne retient pas un plafond commun de dette de 60%. La soutenabilité des finances publiques, considère le CAE, « dépend fondamentalement de la capacité à maintenir un surplus primaire suffisant pour éviter une dérive du ratio d'endettement dans une configuration de croissance et de taux d'intérêt défavorable. Or tant le niveau du surplus primaire maximum que l'écart entre taux d'intérêt et taux de croissance $i - g$ sont spécifiques à chaque pays ». Concernant enfin le critère de déficit de 3%, la proposition du CAE note que « le maintien des 3 % aurait cependant d'importants effets pervers. Outre qu'il n'a aucun fondement analytique, cela pourrait contraindre à l'excès les politiques budgétaires dans un contexte dans lequel elles peuvent être appelées à jouer durablement un rôle de soutien ».

[1] Martin Philippe, Jean Pisani-Ferry et Xavier Ragot (2021) : « Pour une refonte du cadre budgétaire européen », Les notes du conseil d'analyse économique, n° 63, avril.

En février 2024, le Conseil de l'Union européenne et le Parlement européen parviennent à un accord sur un nouveau cadre de gouvernance économique pour les membres de l'Union européenne (Commission européenne 2024). Prenant en compte les défis budgétaires auxquels chaque État membre est confronté, des trajectoires d'ajustement à moyen terme spécifiques à chaque pays sont établies sur la base d'un cadre commun qui cependant conserve les critères de convergence d'un rapport de dette de 60% et d'un déficit budgétaire inférieur à 3% de PIB. Or, si le recours à des trajectoires de dépenses nominales pluriannuelles facilite la surveillance du respect des engagements, les sentiers d'ajustement demandent toujours un support politique pour leur mise en œuvre. Il faut rappeler encore une fois ici que dans le passé, parmi les douze États membres appartenant à la zone euro, cinq avaient fait l'objet d'une procédure de déficit excessif (Allemagne, France, Grèce, Pays-Bas, Portugal) et parmi les treize États membres n'appartenant pas à la zone, sept étaient également concernés par cette procédure. Dans les faits cependant, le Conseil n'a jamais décidé de sanctions. Il n'est jamais allé au-delà de la mise en demeure, décidée dans un seul cas, celui de la Grèce, en février 2005. Et si à la suite de la crise financière, Angela Merkel et Wolfgang Schäuble réussissent à imposer en 2011 et 2013 un durcissement du Pacte de stabilité budgétaire, la procédure pour déficit excessif ouverte par la Commission en 2015 contre l'Espagne et le Portugal s'accompagne d'une avalanche de déclarations des ministres des Finances et de la Commission, affirmant tout à la fois qu'il n'est pas question de ne pas respecter les règles du pacte et pas question non plus de sanctionner. Comme le confirmait Pierre Moscovici, alors Commissaire européen aux Affaires économiques et financières, « des sanctions égales à zéro étaient une possibilité » !

Chapitre II : La Politique budgétaire

En janvier 2009, Christina Romer (Présidente du *Council of Economic Advisers* du Président Barak Obama) et Jared Bernstein (économiste au Bureau du Vice-Président Joe Biden) mettent en circulation un rapport[1] soulignant l'importance d'une politique budgétaire discrétionnaire dans un environnement de récession économique et de taux d'intérêt au plancher zéro. Dans le but de convaincre à la fois le Congrès et le public qu'une politique budgétaire agressive est nécessaire, le document fait ressortir qu'un stimulus budgétaire d'environ 800 milliards de dollars empêcherait le chômage de dépasser 8% alors qu'en son absence ce dernier atteindrait au moins 9%. Le 13 février 2009, le Congrès vote le *American Recovery and Reinvestment Act* (ARRA), stimulus budgétaire de 787 milliards étalé sur 10 ans, avec 19% des fonds attribués à la dépense fédérale, 43,4% à des transferts aux États et 47,6% attribués à des réductions d'impôt. Lorsqu'au quatrième trimestre 2009, le taux de chômage atteint un pic de 10% pour encore dépasser 9% en 2010, des voix s'élèvent pour contester l'efficacité d'une telle politique.

Bien qu'on puisse faire remarquer que l'efficacité d'une politique ne peut s'apprécier qu'en comparant ses effets à ce qui se trouverait réalisé en son absence, il est reconnu aujourd'hui, par les auteurs du rapport eux-mêmes, que les effets bénéfiques annoncés reposaient sur des estimations trop optimistes. Romer et Bernstein estimaient qu'accroître la dépense publique de manière permanente de 1% du PIB conduirait à obtenir 1,6% de plus de PIB qu'en l'absence d'un tel accroissement. Sur cette base, constataient-ils, un stimulus budgétaire de la taille de l'ARRA augmenterait le PIB de 3 à 4% et créerait trois à quatre millions d'emplois supplémentaires à la fin de 2010. Contestant ces résultats, Cogan et al.[2] évaluent pour leur part l'impact total du programme à un sixième de l'effet estimé par Romer et Bernstein. En 2010, le PIB ne serait alors que de 0,65% plus grand et cet accroissement n'induirait que 600.000 emplois supplémentaires.

---

[1] Romer, Christina and Jared Bernstein (2009) : "The Job Impact of the American Recovery and Reinvestment Plan", 8 janvier.

[2] Cogan, John F., Tobias Cwik, John B. Taylor et Volker Wieland (2010) : "New Keynesian versus Old Keynesian Government Spending Multipliers", Journal of Economic Dynamics and Control 34(3): p. 281-95.

Qu'est-ce qui explique une telle différence d'évaluation ? La plupart des macroéconomistes admettent l'existence d'une incertitude substantielle dans l'évaluation quantitative des effets de la politique budgétaire. Cette incertitude provient des estimations empiriques des paramètres des modèles, mais aussi de vues différentes concernant la théorie et les méthodes d'estimation utilisées. L'incertitude affecte en particulier un concept central dans l'évaluation de la politique budgétaire, celui de multiplicateur budgétaire.

La première section du chapitre constate que les multiplicateurs sont divers et que les études sur données agrégées reposant sur des moyennes pour un pays particulier fournissent des estimations qui dépendent de nombreuses particularités historiques difficiles à contrôler. Elle examine ensuite un argument parfois présenté en faveur d'une « indiscipline budgétaire », celui de l'existence d'un phénomène d'hystérèse.

La seconde section constate qu'apprécier la nature d'une politique budgétaire demande de savoir, dans la variation de ses composantes budgétaires (recettes, dépenses), quelle part attribuer à la politique discrétionnaire et quelle part attribuer à la variation de l'environnement économique. Pour l'appréciation et le contrôle de la politique budgétaire, distinguer les variations purement conjoncturelles et les variations discrétionnaires d'un solde est alors crucial. Cette section montre qu'utilisé dans le cadre de la zone euro, le concept de budget structurel a dévoilé au cours du temps un certain nombre de problèmes qu'on peut sans doute pardonner à un pur instrument analytique, mais qui soulèvent de nombreuses interrogations quand l'instrument commence à jouer un rôle important dans la teneur de conclusions politiques.

Section I – Les multiplicateurs budgétaires

Revisitant en 2011 après la crise ce que la théorie peut dire des effets potentiels de la dépense publique, Valerie Ramey[1] constate que le « multiplicateur » budgétaire est un concept « nébuleux » à propos duquel les recherches théoriques fournissent un large éventail de valeurs possibles dépendant du type de modèle utilisé, des hypothèses faites sur la politique monétaire, du type et de la persistance de la

[1] Ramey, Valerie A. (2011) : "Can Government Purchases Stimulate the Economy ? ", Journal of Economic Literature 49, no. 3: p. 673-85.

dépense publique, de la manière dont celle-ci est financée. Prolongeant en 2019 cette revue de littérature[1], elle observe que si depuis la crise on a beaucoup appris tant sur le plan théorique qu'empirique, bien souvent les divergences de mesure du multiplicateur tiennent plus à la manière dont on construit celui-ci à partir des données brutes plutôt qu'à des différences de méthodes économétriques ou d'échantillons. Dans la pratique, ce que les chercheurs appellent « multiplicateur » a parfois peu de choses à voir avec les multiplicateurs envisagés par les politiques.

I – Diversité des multiplicateurs

Selon les notes techniques du FMI [2], les multiplicateurs budgétaires mesurent l'impact de court terme d'une politique budgétaire discrétionnaire sur le produit. Ils sont généralement définis comme le rapport du changement du produit réel (ΔY) au changement discrétionnaire de la dépense publique (ΔG) et (ou) au changement des prélèvements fiscaux (ΔT). Dans la présentation des manuels de macroéconomie élémentaire, les choses paraissent simples. À partir d'un modèle keynésien de base et de la relation d'équilibre sur le marché des biens et services $Y = C + I + G + X - M$, avec Y produit intérieur brut, C consommation finale, I investissement privé, G dépense publique, X exportations et M importations, grandeurs en termes réels, et une fonction de consommation $C = a(Y - T) + b$, il vient la relation

$$Y = \frac{1}{1-a}(G - aT + I + X - M + b) \qquad (1)$$

On obtient donc, toute chose égale par ailleurs, $\Delta Y = \frac{1}{1-a}\Delta G$ pour une variation de la dépense publique, $\Delta Y = -\frac{a}{1-a}\Delta T$ pour une variation des recettes fiscales. Pour une variation conjointe de G et T

---

[1] Ramey, Valerie A. (2019 : "Ten Years after the Financial Crisis: What Have We Learned from the Renaissance in Fiscal Research ? ", Journal of Economic Perspectives, 33 (2): p. 89-114.

[2] Batini Nicoletta, Luc Eyraud, Lorenzo Forni et Anke Weber (2014) : "Fiscal Multipliers: Size, Determinants, and Use in Macroeconomic Projections", Technical notes and Manuals, FMI, Fiscal Affairs Department, septembre.

($\Delta G = \Delta T$) qui maintient le solde budgétaire constant, on a $\Delta Y = \Delta G$. Les multiplicateurs dépendent donc ici de la propension marginale à consommer le revenu disponible courant, $0 < a < 1$. Ainsi, le multiplicateur de dépense publique $\frac{1}{1-a}$ est positif et supérieur à un. Le multiplicateur de recette fiscale $-\frac{a}{1-a}$ est négatif, en valeur absolue supérieure à 1 si $a > 0{,}5$.

La présentation élémentaire des manuels s'attache à exprimer l'effet d'une variation de la dépense publique en le décomposant en une succession d'étapes, prenant en considération les augmentations successives de la consommation résultant de l'augmentation à la période t de la demande globale à la suite d'une augmentation de la dépense publique ΔG_t.

$$\begin{aligned}
\Delta Y_t &= \Delta G_t \\
\Delta Y_{t+1} &= a\Delta Y_t = a\Delta G_t \\
\Delta Y_{t+2} &= a\Delta Y_{t+1} = a^2\Delta G_t \\
&\cdots\cdots\cdots\cdots\cdots \\
\Delta Y_{t+k} &= a\Delta Y_{t+k-1} = a^k\Delta G_t
\end{aligned}$$

D'où il vient

$$\Delta Y = (1 + a + a^2 + \cdots)\Delta G_t = \frac{1}{1-a}\Delta G_t \qquad (2)$$

Cette décomposition du multiplicateur en différentes étapes, illustration mathématique de la convergence d'une progression géométrique négligée dans la suite du discours d'équilibre statique, mérite cependant quelques instants d'attention. Elle renvoie à l'idée qu'une politique budgétaire a des effets dynamiques qu'on ne saurait négliger. Une décision budgétaire définit généralement un sentier de dépenses et d'impôts dans le temps et le multiplicateur doit alors tenir compte des effets multitemporels à la fois sur le budget public et sur le produit. Les notes techniques du FMI prennent en compte ces effets dynamiques en distinguant différents types de multiplicateurs en fonction du séquençage temporel, trimestriel ou annuel, retenu. Pour une dépense publique variant à la période t d'un montant ΔG_t, on distingue :

- Un multiplicateur d'impact $\Delta Y_t / \Delta G_t$.

- Un multiplicateur à l'horizon k défini par le rapport $\Delta Y_{t+k}/\Delta G_t$.

- Un multiplicateur à son pic sur un horizon T, max $\{\Delta Y_{t+j}/\Delta G_t\}_{0\leq j\leq T}$.

- Un multiplicateur cumulatif sur un horizon T, non actualisé $\frac{\sum_{j=0}^{T}\Delta Y_{t+j}}{\sum_{j=0}^{T}\Delta G_{t+j}}$ ou actualisé $\frac{\sum_{j=0}^{T}(1+i)^{-j}\Delta Y_{t+j}}{\sum_{j=0}^{T}(1+i)^{-j}\Delta G_{t+j}}$.

On conçoit qu'en fonction du type de multiplicateur envisagé, les résultats puissent diverger[1]. Ainsi, sur des données trimestrielles concernant les États-Unis sur la période 1939.Tri1-2015.Tri4, l'estimation des fonctions de réponse de la dépense publique et du produit à un choc initial de dépense conduit pour un multiplicateur à l'horizon k, $\Delta Y_{t+k}/\Delta G_t$, successivement sur 20 trimestres à une suite de valeurs qui, partant d'une valeur inférieure à l'unité, augmente continûment jusqu'à un pic de 2,2 atteint au sixième trimestre pour ensuite décroître vers des valeurs inférieures à 1. En revanche, un multiplicateur cumulatif actualisé fournit des valeurs peu variables et toujours comprises entre 0,7 et 1.

L'expression élémentaire du multiplicateur budgétaire est ce qu'elle est : élémentaire. Une raison évidente tient au fait que dans la formule (2), beaucoup des variables considérées comme exogènes varient en réalité avec le niveau du produit. Dans le système fiscal, les prélèvements fiscaux sont proportionnés au niveau du produit. Les importations le sont également via la propension marginale à importer. De la sorte, avec une recette fiscale endogène $T = \beta Y$, on obtient un multiplicateur de dépense publique $\frac{1}{1-a(1-\beta)}$; avec en plus des importations endogènes $M = mY$, celui-ci devient $\frac{1}{1-a(1-\beta)+m}$. Pour $a = 0{,}8$, $\beta = 0{,}4$ et $m = 0{,}3$, en prenant successivement en considération l'endogénéité de la recette fiscale et des importations, on passe d'un multiplicateur de 5 à un multiplicateur de 1,92 puis de 1,21. Ces effets peuvent être non négligeables et conduire à diminuer la valeur du multiplicateur, mais d'autres raisons plus importantes interviennent encore et conduisent, sur la base d'arguments théoriques et empiriques, à relativiser les valeurs obtenues. Les études sur données

[1] Ramey (2019).

agrégées obtiennent des estimations de multiplicateurs reposant sur des moyennes pour un pays particulier sur une période historique donnée, de sorte que ces estimations dépendent de nombreuses particularités historiques fortuites difficiles à contrôler. Trois particularités sont à noter : le comportement des consommateurs en relation avec la manière dont la dépense publique est financée, la manière dont la politique monétaire est conduite et la position de l'économie dans le cycle.

1 – Le comportement des consommateurs : ricardiens ou non ricardiens. Même si de nombreux modèles macroéconomiques prédisent que l'augmentation des dépenses publiques a un effet positif sur le produit, ces modèles divergent quant à l'effet de la dépense sur la consommation. Cette constatation tient à la question de savoir quel type de consommateur le modèle envisage, ricardien ou non ricardien.

Dans la formulation keynésienne de base, le consommateur se comporte de manière non ricardienne, sa consommation étant fonction de son revenu disponible courant et non de la valeur actualisée de ses ressources sur sa durée de vie. Le modèle prédit donc que la consommation doit augmenter puisque le revenu disponible courant augmente. Avec des prix rigides, un *Output gap* négatif et un sous-emploi, l'accroissement de la dépense publique se transmet au produit réel via la propension marginale à consommer. Ici, le mode de financement de la dépense publique a son importance. Financée par l'impôt, $\Delta G = \Delta T$, le multiplicateur est égal à un, toute chose égale par ailleurs. Financé par la dette, $\Delta T = 0$, avec des consommateurs myopes n'intégrant pas dans le présent le remboursement de la dette et la charge future d'intérêts, le multiplicateur est supérieur à un.

Avec des consommateurs ricardiens optimisant sur leur cycle de vie, prenant en tout point du temps des décisions reposant sur une contrainte budgétaire intertemporelle, que la dépense publique soit financée par l'emprunt ou par l'impôt n'a pas d'effet sur leurs décisions. Dans les deux modes de financement, intégrant en cas d'emprunt dans l'évaluation de leur revenu permanent la hausse future des prélèvements fiscaux, l'accroissement de la dépense publique est assimilé à une augmentation de la fiscalité et à une diminution de la valeur présente du revenu après impôt. En ce sens, à partir de l'équation (1) permettant d'écrire $\Delta Y = \frac{1}{1-a}(\Delta G + \Delta b)$, si l'augmentation présente de l'épargne privée compense exactement la réduction de l'épargne publique $\Delta b = -\Delta G$, l'effet multiplicateur est nul. La dépense publique évince la consommation privée[1], les consommateurs épargnant en vue du supplément de charge fiscale future.

L'évidence empirique permet-elle de discriminer entre ces types théoriques de consommateurs ? Gali et al.[2] constatent qu'un certain nombre d'études, estimant sur séries temporelles la réponse de la consommation à une augmentation exogène de la dépense publique, ne fournissent pas d'évidence en faveur d'un effet d'éviction de la consommation privée par la dépense publique. Prolongeant ces études à partir de données trimestrielles américaines 1954.Tri1-2003.Tri4, les auteurs obtiennent (1) un multiplicateur de la dépense publique sur la consommation $(\Delta C_{t+k}/\Delta G_t)$ variant de 0,7 à l'impact $(k = 0)$ à 0,95 à la fin de la seconde année $(k = 8)$ et (2) un multiplicateur de dépense publique sur le produit $(\Delta Y_{t+k}/\Delta G_t)$ variant de 0,78 à l'impact à 1,74 au huitième trimestre. Sur un plan théorique par ailleurs, la présence au côté de consommateurs ricardiens d'une proportion suffisante de consommateurs contraints à dépenser la totalité de leur revenu disponible courant peut permettre de rendre compte d'une covariation positive de la consommation privée et de la dépense publique. Les consommateurs contraints compensent dans ce cas les effets de richesse négatifs des consommateurs ricardiens et rendent la demande globale plus sensible au revenu courant disponible.

2 – Quelle conduite de politique monétaire ? Dans la modélisation précédente, Gali et al. (2007), la Banque centrale conduit sa politique monétaire selon la règle $iBC = \pi + r + \phi\pi$, ce qui correspond à une règle de Taylor simple, $iBC = \pi + r + \phi(\pi - \pi^*) + \varphi(Y - Y_p)$, dans laquelle $\varphi = 0$ et à un objectif d'inflation $\pi^* = 0$. Sous cette hypothèse, le modèle met en évidence une relation de sens inverse entre la taille

[1] Cet effet d'éviction n'est cependant pas la fin de l'histoire. Anticipant un niveau d'impôt supérieur dans le futur, les consommateurs vont substituer au travail futur du travail présent et augmenter dans le présent leur offre de travail pour profiter d'une taxation inférieure. La baisse résultante de salaire réel augmente alors l'emploi et le produit. Ici, l'effet de relance de la dépense publique transite par la sensibilité de l'offre de travail au salaire réel plutôt que par la propension marginale à consommer et la demande de consommation.

[2] Gali, Jordi, J. David López-Salido et Javier Vallés (2007) : "Understanding the Effects of Government Spending on Consumption", Journal of the European Economic Association, 5, p. 227-270.

des multiplicateurs d'impact et l'importance ϕ qu'accorde la Banque centrale à l'inflation. Lorsque celle-ci augmente son taux directeur en réponse à une politique budgétaire expansionniste, deux effets se produisent : (1) en réponse à une rémunération supérieure de l'épargne, les consommateurs ricardiens diminuent encore plus leur consommation présente, (2) la hausse du taux d'intérêt réel affecte l'investissement privé. Avec une fonction d'investissement dépendant négativement du taux d'intérêt réel $I = -\beta r + \delta$ et une fonction de réaction de la Banque centrale $\Delta r = \alpha \Delta Y$, toute chose égale par ailleurs, la relation (1) conduit à $\Delta Y = \frac{1}{1-\alpha+\beta} \Delta G$ et le multiplicateur est d'autant plus petit que le coefficient α et la sensibilité β de l'investissement au taux d'intérêt réel sont grands.

La nature des relations entre la Banque centrale et les autorités budgétaires est donc importante. Ces institutions peuvent coopérer afin de soutenir la demande globale, la Banque centrale conservant le taux d'intérêt réel constant en cas de politique budgétaire expansionniste. Elles peuvent s'opposer comme durant la période d'inflation des années 1970 où, plutôt que de contribuer à soutenir les effets de la politique budgétaire, les mouvements des taux d'intérêt réels contribuaient à les atténuer. Sur les années les plus récentes, le FMI a dans son Fiscal Monitor d'avril 2023 recensé les pourcentages de pays coordonnant leur politique monétaire et budgétaire. Sur l'année 2020, en l'absence de signes évidents de résurgence de l'inflation et en présence de dysfonctionnements résultant de la pandémie de COVID 19, les trois quarts des pays assouplissent simultanément leur politique monétaire et budgétaire. Sur l'année 2022, confrontés à une accélération de l'inflation et à une dette publique importante dont le coût augmente, les trois quarts des pays resserrent simultanément leurs deux politiques [1].

L'existence et l'importance des effets de la conduite de la politique monétaire peuvent être approchées en estimant la valeur de multiplicateurs sur des épisodes durant lesquels la politique monétaire a été accommodante et sur des épisodes de taux plancher effectif (TPE).

---

[1] L'échantillon concerne 34 économies avancées, 48 économies de marché émergentes et 16 économies en développement à bas niveau de revenu. La politique budgétaire se resserre (se desserre) si le changement annuel du solde budgétaire primaire est positif (négatif ou nul). La politique monétaire se resserre (se desserre) si le changement annuel du taux de banque central est positif (négatif ou nul).

Dans le cadre d'épisodes où le taux d'intérêt nominal reste à son taux plancher effectif, une augmentation de l'inflation et des anticipations d'inflation résultant d'une augmentation de la dépense publique diminue le taux d'intérêt réel, ce qui stimule la consommation privée et l'investissement, renforçant l'effet multiplicateur de la dépense publique. Sur un plan théorique, des modélisations dynamiques stochastiques d'équilibre général obtiennent des multiplicateurs compris entre 2 et 3 lorsque la période de politique monétaire accommodante est suffisamment longue. Sur le plan empirique, des multiplicateurs autour de 1,5 ont été obtenus sur certains échantillons historiques de données aux États-Unis[1].

Le Japon est par ailleurs une source d'information pertinente dans la mesure où le taux d'intérêt nominal est resté au voisinage de zéro pratiquement depuis le quatrième trimestre 1995 fournissant 25 années de données TPZ. Sur des données trimestrielles japonaises entre 1980.Tri1 et 2014.Tri1, Miyamoto et al.[2] fournissent des estimations de multiplicateurs, distinguant une période normale jusqu'en 1995.T3 et une période TPZ ensuite. Sur le PIB, le multiplicateur de dépense publique est à l'impact de 1,48 en période TPZ et croissant jusqu'au trimestre 4 à la valeur 2,37. En dehors de cette période, il est de 0,71 et décroissant vers une valeur négative au trimestre 8. Un choc de dépense publique augmente par ailleurs la consommation et l'investissement privé en période TPZ et évince en revanche ces composants dans la période normale en raison de la hausse du taux d'intérêt nominal.

3– Le caractère cyclique des multiplicateurs. Comme on vient de le voir, la valeur d'un multiplicateur budgétaire est d'autant plus grande que (a) les fuites sont peu nombreuses (une faible part du stimulus est épargnée ou dépensée en importations) et (b) la politique monétaire est accommodante (le taux d'intérêt réel soutient la politique budgétaire). À la suite de la crise de 2008, avec des taux d'intérêt nominaux au plancher zéro, de larges *Output gaps* négatifs et des banques centrales dans l'incapacité de conduire une politique monétaire conventionnelle, une littérature a émergé, cherchant à différencier les multiplicateurs budgétaires « de temps normal » des multiplicateurs de circonstances qualifiées d'« anormales » ou d' « extraordinaires ». L'idée est qu'en

---

[1] Ramey (2019).

[2] Miyamoto, Wataru, Thuy Lan Nguyen et Dmitriy Sergeyev (2018) : "Government Spending Multipliers under the Zero Lower Bound: Evidence from Japan", American Economic Journal: Macroeconomics, 10 (3), p. 247-77.

période de récession, avec un *Output gap* négatif, des consommateurs financièrement contraints et une Banque centrale accommodante, l'économie dispose d'une plus grande quantité de ressources inemployées permettant à la dépense publique d'exercer son effet sur le PIB sans évincer une part de la demande privée. En période d'expansion en revanche, les tensions sur l'emploi et une Banque centrale plus attentive à l'inflation instaurent une concurrence plus accentuée entre demande privée et demande publique. En ce sens, les multiplicateurs budgétaires dépendraient de la position de l'économie dans le cycle, plus grands en période de récession et plus faibles en période d'expansion.

En la matière, compte tenu des problèmes d'identification, de contrôle des variables, des méthodes empiriques utilisées et de la manière dont on définit la position de l'économie dans le cycle, les résultats sont controversés. Une étude de Auerbach et Gorodnichenko (2012)[1] , estimant des multiplicateurs pour un grand nombre de pays de l'OCDE, fait état de multiplicateurs plus grands en régime de récession qu'en régime d'expansion. La valeur moyenne sur trois ans du multiplicateur de dépense publique serait en régime de récession d'environ 2,3. En régime d'expansion, la réponse est beaucoup plus faible, en fait négative sur certains horizons sans qu'on puisse cependant rejeter l'hypothèse qu'elle soit nulle sur la plupart des horizons.

Ces résultats, fragiles aux changements de spécification et de mesure, se retrouvent dans d'autres études. En particulier, Fazzari et al. (2015)[2], sur des données trimestrielles 1967.Tri1–2012.Tri4 concernant les États-Unis, distinguent des régimes de faible et de forte utilisation des capacités productives. Dans le premier cas (qui compte pour plus de la moitié des observations) un multiplicateur de dépense publique plus élevé (1,6) est obtenu que dans le second cas, imputable principalement à la réponse de la consommation privée (pic de 0,8 au bout de 3 ans) plus importante que celle de l'investissement (pic de 0,4 et devenant insignifiant après une année). Pour leur part cependant, estimant un multiplicateur de dépense publique sur une base de données

[1] Auerbach Alan J. et Yuriy Gorodnichenko, (2012) : "Measuring the Output Responses to Fiscal Policy", American Economic Journal: Economic Policy, American Economic Association, vol. 4(2), p. 1-27.

[2] Fazzari, Steven M., James Morley et Irina Panovska (2015) : "State-Dependent Effects of Fiscal Policy." Studies in Nonlinear Dynamics and Econometrics 19(3), p. 285–315.

trimestrielles pour les États-Unis à partir de l'année 1889 et comprenant des épisodes de larges variations de la dépense publique, avec des régimes économiques en « récession » dès lors que le taux de chômage est supérieur à 6,5%, Ramey et Zubairy (2018)[1] ne constatent aucune évidence en faveur de multiplicateurs en récession supérieurs à ceux obtenus en expansion. La plupart sont compris entre 0,6 et 1.

II – L'Hystérèse : une remise en cause de la frugalité budgétaire ?

Il a été longtemps considéré que le sentier de croissance du produit potentiel était invariant à la grandeur des fluctuations cycliques, en particulier invariant à des périodes de récession importantes et prolongées. Cependant, à la suite d'un article de Blanchard et Summers (1986)[2] expliquant la persistance du sous-emploi en Europe par l'effet que de telles périodes peuvent avoir sur les caractéristiques structurelles du marché du travail, une hypothèse d'hystérèse macroéconomique est prise en considération.

Emprunté à la physique, le terme d'hystérèse renvoie à la persistance d'un phénomène lorsque sa cause a disparu. Pour Blanchard et Summers, dans les années 1980, le chômage conjoncturel européen s'est enkysté à des niveaux importants et, à la sortie des récessions, est devenu structurel, contribuant à une perte de produit potentiel. Cette hypothèse d'hystérèse s'est trouvée réactualisée après la crise financière de 2008 par les évolutions observées de PIB dans les économies avancées. Plus de neuf ans après la crise, les niveaux de PIB témoignent encore des effets d'une récession prolongée avec un retour très limité aux trends de croissance précédents.

S'il est admis que les récessions impriment des effets permanents sur les trends de PIB potentiel, il y a moins de consensus en ce qui concerne l'origine de cette permanence et la manière dont celle-ci devrait être prise en compte dans la politique économique, Fatás et Summers (2018)[3]. Selon l'hypothèse de stagnation séculaire, on peut voir cette permanence comme le reflet d'une dégradation de long terme de

---

[1] Ramey, Valerie A. et S. Zubairy (2018) : "Government spending multipliers in good times and in bad: Evidence from us historical data", Journal of Political Economy 126(2), p. 850–901.

[2] Blanchard, Olivier J. et Lawrence H. Summers, (1986) : Hysteresis and the European unemployment problem", NBER Macroeconomics Annual 1986, vol 1, p. 15- 78.

[3] Fatás Antonio et Lawrence H. Summers 2018) : «"The Permanent Effects of Fiscal Consolidations", Journal of International Economics Volume 112, mai, p. 238-250.

certains fondamentaux économiques (démographie, productivité …) et conclure à la nécessité de réformes structurelles. On peut aussi la voir comme le résultat de phénomènes cycliques et conclure alors à la nécessité de politiques monétaires et budgétaires plus agressives pour lutter contre les récessions. Si les crises financières et les récessions paraissent avoir un impact sur le produit potentiel même après la restauration des conditions normales, des mesures minorant les effets des chocs négatifs sur la demande globale sont susceptibles de procurer des bénéfices de long terme comme le suggère un petit modèle simple présenté par Delong et al. (2012)[1].

Considérons que la soutenabilité de la dette publique exige un rapport dette sur PIB potentiel constant et , lorsque $Y < Y_p$, on envisage de financer une dépense publique supplémentaire par l'emprunt. Pour un accroissement de dépense publique ΔG et un multiplicateur de dépense publique μ, l'accroissement résultant de PIB est $\Delta Y = \mu\Delta G$. Avec un taux τ de prélèvement fiscal, on bénéficie par ailleurs d'un supplément $\tau\mu\Delta G$ de recette fiscale de sorte que le montant à financer par l'emprunt est $\Delta G - \tau\mu\Delta G = (1 - \tau\mu)\Delta G$.

Selon la relation $\Delta d = (r - g)d - s$, afin de maintenir constant le rapporte dette sur PIB potentiel, pour un emprunt supplémentaire de ΔD et pour g taux de croissance réel du PIB potentiel, il faut dégager en pourcentage de produit potentiel un excédent budgétaire primaire de $(r - g)\frac{\Delta D}{Y_p}$, soit

$$(r - g)\frac{(1 - \tau\mu)\Delta G}{Y_p} \qquad (3)$$

Supposons maintenant que, par le fait d'avoir épargné à l'économie une période de récession prolongée, l'accroissement de dépense publique se traduise par un effet sur le produit potentiel proportionnel à ΔY. Avec un coefficient d'hystérèse η et $\Delta Y_p = \eta\Delta Y$, au niveau de produit potentiel on disposera donc, en pourcentage de produit potentiel, d'un supplément de recette fiscale de

[1] DeLong, J. Bradford et Lawrence H. Summers (2012) : "Fiscal Policy in a Depressed Economy [with Comments and Discussion]", Brookings Papers on Economic Activity, p. 233–297.

$$\eta\tau\mu\frac{\Delta G}{Y_p} \qquad (4)$$

De la sorte, si en raison d'un effet d'hystérèse, le supplément de recette fiscale obtenu (4) est supérieur ou égal à l'excédent budgétaire primaire (3) nécessaire pour maintenir le rapport dette sur PIB constant, soit

$$r \leq g + \frac{\eta\tau\mu}{1-\tau\mu} \qquad (5)$$

la relance de l'économie par la dépense publique, appréciée au retour au produit potentiel, ne s'effectue pas au détriment de la soutenabilité de la dette.

Comme le notent les auteurs, ce résultat ne suggère en aucun cas que ce soit là une recommandation politique standard à faire à tous les gouvernants et à toute époque. Mais pour des économies dans lesquelles le produit est bien en dessous du produit potentiel, l'emploi bien inférieur au plein emploi, la politique monétaire contrainte par un taux d'intérêt au plancher effectif et la Banque centrale ne désirant pas se lancer dans une politique de QE, cette option est à prendre en considération. Sa validité dépend des valeurs prises par les paramètres de l'inégalité (5).

Pour g taux de croissance du PIB potentiel et un coefficient de recette fiscale τ donnés, cette inégalité est d'autant plus respectée que le multiplicateur de dépense publique μ est important et le coefficient d'hystérèse η non négligeable. Reprenant la formule (5), Fatás et Summers (2018) évaluent les conditions de vérification de cette inégalité.

- Pour les États-Unis, avec un taux de croissance $g = 1{,}90$ estimé à l'époque par le CBO et un coefficient de recette fiscale $\tau = 0{,}333$, pour un multiplicateur de 1,0 et un coefficient d'hystérèse de 0,050 (respectivement 0,100), le taux d'intérêt réel ne doit pas dépasser 4,40 (respectivement 6,89) pour que l'effet favorable se manifeste.

- Pour la zone euro avec une croissance estimée par la BCE autour de $g = 1{,}00$ et $\tau = 0{,}35$, dans les mêmes conditions, le taux d'intérêt réel ne doit pas dépasser 3,39 (respectivement 6,38) pour que l'effet favorable se manifeste.

Sur la base de ces valeurs, compte tenu des taux d'intérêt réels sur dette publique, dès le début des années 2000 les décideurs politiques pouvaient considérer la possibilité qu'une augmentation de la dépense publique puisse s'autofinancer ou, ce qui revient au même, la possibilité qu'une consolidation budgétaire obtenue par réduction de la dépense publique puisse aggraver le poids de la dette. De plus, lorsque $r < g$, un effet d'hystérèse n'est pas nécessaire. À l'époque, constataient Fatás et Summers, les prévisions utilisées par le département des affaires budgétaires du FMI pour évaluer la soutenabilité des dettes publiques retenaient d'ailleurs pour la majorité des pays européens et pour les cinq ans à venir des taux d'intérêt inférieurs aux taux de croissance du PIB.

Dans les discussions qui suivirent la présentation de Delong et Summers, les remarques et objections tournèrent essentiellement autour des valeurs du multiplicateur budgétaire μ et du coefficient d'hystérèse η. Compte tenu des incertitudes affectant la mesure des multiplicateurs budgétaires, un effet d'hystérèse suffisant est crucial pour obtenir des déficits budgétaires s'autofinançant sans aggraver le poids de la dette.

On peut penser le paramètre d'hystérèse comme exprimant la proportion des pertes de produit cyclique qui se transforment en pertes permanentes de PIB en cas de récession. En 2013, l'écart entre le PIB tendanciel américain (estimé en prolongeant la tendance 2000–2009) et le PIB observé atteignait 8,2 points du PIB tendanciel. Sur cet écart, 3,4 points étaient imputables à l'*Output gap* et 4,8 points à une réduction de PIB potentiel. De même, les estimations du niveau de PIB de la plupart des pays de l'OCDE en 2014 sont significativement inférieures au niveau hypothétique impliqué par le trend de produit potentiel d'avant la crise, inférieures de 30% pour la Grèce, proches de 10% pour l'Italie et le Royaume-Uni. Pour ces pays, Rawdanowicz et al. (2014)[1] calculent un coefficient d'hystérèse en divisant la perte de produit potentiel résultant de la crise par le cumul des écarts négatifs de l'*Output gap* sur la période 2009–2014. Mesurant l'impact sur le produit potentiel d'un *Output gap* négatif de 1% sur la période, ce coefficient implicite d'hystérèse varie selon les pays. Les estimations sont comprises entre 0,1 (États-Unis) et 1,2 (Corée du Sud). Ainsi, aux États-Unis, 1% d'*Output gap* négatif réduirait d'un dixième de point de pourcentage le produit potentiel. Pour le Japon, la France et

[1] Rawdanowicz L, Bouis R, Inaba K-I et Christensen A.K (2014) : "Secular Stagnation: Evidence and Implications for Economic Policy", OECD WP 1169.

l'Allemagne, aucune perte de produit potentiel ne semble avoir eu lieu. Par ailleurs, un document de travail de la BIS[1] montre à partir d'une étude de la croissance de 24 économies avancées et émergentes, de 1970 jusqu'à aujourd'hui, que les récessions importantes ont eu des effets de long terme sur la croissance, déprimant le niveau de PIB sur au moins les dix années qui suivent.

Section II – Nature et évaluation de la politique budgétaire.

En matière de politique budgétaire, le fait que les fluctuations économiques soient au moins partiellement temporaires et qu'elles se compensent sur le cycle influence l'appréciation de la politique suivie. En raison de l'existence de stabilisateurs automatiques, liés au caractère endogène des recettes fiscales et de certaines dépenses publiques (notamment celles liées à l'indemnisation du chômage), les soldes budgétaires nominaux ne traduisent pas nécessairement les politiques discrétionnaires retenues par les gouvernements. Quand l'activité économique se ralentit, les recettes sont affectées de manière négative et les dépenses sociales augmentent automatiquement, détériorant le solde budgétaire. Cette détérioration peut suggérer l'existence d'une décision budgétaire de nature expansionniste alors qu'elle n'est que le résultat de facteurs conjoncturels.

Pour l'appréciation et le contrôle de la politique budgétaire, distinguer alors les variations purement conjoncturelles et les variations discrétionnaires d'un solde devient crucial, en particulier dans l'environnement économique de l'Union européenne où, après le lancement du Pacte de stabilité et de croissance, il devint clair que les budgets nominaux étaient beaucoup trop volatils pour servir de mesure à la politique budgétaire suivie. Une politique contracyclique est souvent appréciée par l'existence de déficits budgétaires dans les périodes de contraction économique et d'excédents dans les périodes d'expansion. Mais l'observation ex post de résultats ne saurait traduire exactement la réalité de la politique conduite. Contrairement au rôle contracyclique des stabilisateurs automatiques, des politiques

[1] Aikman David, Mathias Drehmann, Mikael Juselius et Xiaochuan Xing (2022) : "The scarring effects of deep contractions", BIS WP, octobre.

discrétionnaires peuvent induire des variations de solde budgétaire pro ou contracyclique.

Pour dissiper certaines confusions dans ce domaine, remarquent Kaminsky et al. (2004)[1], il devrait être indispensable de préciser d'abord en termes d'instruments la nature des décisions prises pour ensuite s'intéresser aux conséquences concernant les variables budgétaires endogènes importantes.

Une politique budgétaire est acyclique lorsque les décideurs restent passifs devant les changements de conjoncture et se reposent sur les stabilisateurs économiques pour amortir les chocs de demande. En réduisant ici les stabilisateurs du côté des dépenses à un taux d'indemnisation sociale t_{ind} et du côté des recettes à un taux de prélèvement fiscal t_{fisc}, une politique fiscale discrétionnaire, procyclique ou contracyclique, renvoie à des changements de taux en réponse aux fluctuations conjoncturelles. Ainsi :

- Une politique active contracyclique tend à stabiliser les fluctuations cycliques, en faisant varier le taux de prélèvement fiscal dans le même sens que le cycle (augmentant en période d'expansion et diminuant en période de contraction) et le taux d'indemnisation sociale en sens contraire (augmentant en période de contraction et diminuant en période d'expansion).
- Une politique procyclique, à l'inverse, tend à renforcer les fluctuations cycliques, en faisant varier le taux de prélèvement fiscal en sens contraire du cycle (diminuant en période d'expansion et augmentant en période de contraction) et le taux d'indemnisation sociale dans le même sens que le cycle (augmentant en période d'expansion et diminuant en période de contraction).

Pour une politique budgétaire définie par la manière dont varient avec le cycle les instruments t_{fisc} et t_{ind}, la nature des corrélations des variables endogènes avec le cycle (nulle 0, positive +, négative −, indéterminée ■) est précisée dans le tableau 1 suivant concernant la recette fiscale R, la dépense publique G, le solde budgétaire primaire SBP et le rapport de ces variables au PIB. La recette fiscale est

[1] Kaminsky Graciela L., Carmen M. Reinhart et Carlos A. Végh (2004) : "When it Rains, it Pours: Procyclical Capital Flows and Macroeconomic Policies", NBER Working Paper No. 10780, septembre.

déterminée par $R = t_{fisc} \times base\ fiscale$ et la dépense publique par $G = t_{ind} \times base\ d'indemnisation.$

Tableau 1 : Corrélations avec le cycle économique*

Politique budgétaire	Instruments t_{fisc}	t_{ind}	R	G	SP	R/Y	G/Y	SBP/Y
Acyclique	0	0	+	−	+	■	−	■
Contracyclique	+	−	+	−	+	■	−	■
Procyclique	−	+	■	■	■	■	■	■

*Kaminsky et al. (2004)

Ainsi, dans le cas d'une politique procyclique, la corrélation de la recette fiscale avec le cycle est indéterminée, car si t_{fisc} diminue (augmente) en période d'expansion (de contraction), la base fiscale varie en sens inverse. Il en est de même pour la dépense publique pour laquelle t_{ind} augmente (diminue) en période d'expansion (de contraction) et la base d'indemnisation varie en sens inverse. Ainsi, si l'on veut lever toute incertitude concernant la nature de la politique budgétaire, il faut connaitre la manière dont varient les deux instruments t_{fisc} et t_{ind} en fonction du cycle, la réaction des variables endogènes concernées ne permettant pas toujours de lever l'ambiguïté. Certaines des indéterminations du tableau sont cependant susceptibles d'être levées si l'on prend en considération la progressivité du taux de prélèvement fiscal ou si l'on dispose d'information concernant les élasticités des bases fiscale et d'indemnisation. Ce qui n'est pas loin de distinguer la composante structurelle du budget de sa composante conjoncturelle, comme on va le voir.

I –La notion de budget structurel.

Les stabilisateurs automatiques sont des mécanismes budgétaires qui aident à stabiliser l'économie en modifiant les recettes et les dépenses publiques en réponse aux mouvements conjoncturels du PIB et du chômage. Quand l'économie opère en dessous de son potentiel, $Y < Y_p$, les recettes sont inférieures à ce qu'elles seraient au potentiel et les dépenses (principalement celles résultant de l'assurance chômage et des programmes de transferts sociaux) sont supérieures à ce qu'elles seraient au potentiel. Le solde budgétaire obtenu dans une telle situation (généralement un déficit) est ainsi inférieur au solde budgétaire qui résulterait des dispositions législatives définissant la politique budgétaire si l'on faisait abstraction des effets conjoncturels. À l'inverse, lorsque l'économie opère au-dessus de son potentiel, $Y > Y_p$, le solde budgétaire obtenu est supérieur au solde budgétaire corrigé des effets conjoncturels. Par rapport à leur valeur au potentiel, les recettes sont dans ce cas supérieures et les dépenses inférieures.

Un budget corrigé des effets des stabilisateurs économiques, qualifié de budget structurel, ou *Cyclic Adjusted Budget* (CAB), est alors susceptible d'être utilisé pour évaluer grossièrement l'orientation de la politique budgétaire et son impact sur la croissance du PIB. La modification d'un déficit ou un surplus budgétaire structurel, dans la mesure où ce solde constitue une estimation de ce que serait ce déficit ou surplus si l'économie était à son potentiel, peut permettre de révéler une modification discrétionnaire de la politique budgétaire. Elle permet à l'observateur d'estimer si les changements dans un solde budgétaire sont provoqués par les mouvements du cycle et ne sont que d'effets temporaires plutôt que d'être la source d'effets de plus long terme.

Aux États-Unis, le *Congressional Budget Office* (CBO) évalue régulièrement la taille des stabilisateurs automatiques. Il obtient des estimations historiques de leurs effets depuis 1973 et peut mesurer l'importance des déficits structurels et projeter dans le futur la valeur de ceux-ci[1]. La plupart des types de recette publique, principalement les impôts des particuliers, des sociétés et les transferts sociaux, sont sensibles au cycle économique et représentent la plus grande part de la valeur des stabilisateurs du côté des recettes . Une part relativement plus faible des dépenses publiques totales, celle des programmes qui visent à soutenir le revenu des particuliers et qui ont une composante conjoncturelle, contribue à la valeur des stabilisateurs automatiques (prestations de l'assurance-chômage, de *Medicaid* et du *SNAP Supplemental Nutrition Assistance Program*).

Les recettes structurelles corrigées du cycle R_{aj} (en l'absence des effets des stabilisateurs automatiques), sont calculées à partir des recettes réelles R à l'aide de la formule[2]

[1] The Budget and Economic Outlook: 2023 to 2033. Rapport du CBO, février 2023.

[2] Dans la réalité du calcul, ces élasticités sont des élasticités moyennes calculées à partir des élasticités obtenues pour chaque type de recette et base de recette envisagés. Pour la méthode, voir Russek Frank et Kim Kowalewski (2015) : "How CBO Estimates Automatic Stabilizers", Working Paper 2015-07, CBO novembre.

$$R_{aj} = R[1 - \varepsilon_B^R \varepsilon_{OG}^B OG] \qquad (6)$$

dans laquelle

- $\varepsilon_B^R = \frac{dR}{dB}\frac{B}{R}$ est l'élasticité des recettes par rapport à la base d'imposition B, estimée sur données transversales annuelles du Service des recettes internes (IRS) du département du Trésor US.

- $\varepsilon_{OG}^B = \frac{dB}{dOG}\frac{OG}{B}$ est l'élasticité de la base d'imposition par rapport à l'*Output gap* OG, estimée sur données chronologiques trimestrielles faisant dépendre la base d'imposition des valeurs de l'*Output gap* courant et passé.

En ce qui concerne les dépenses publiques structurelles corrigées du cycle, G_{aj}, elles sont obtenues directement à l'aide d'une relation estimée les faisant dépendre de l'écart entre le taux de chômage constaté et le taux de chômage au produit potentiel pour le trimestre courant et les trimestres passés. Le CBO utilise l'écart au chômage potentiel plutôt que l'*Output gap* pour mesurer la sensibilité des dépenses au cycle dans la mesure où ces dernières dépendent plus étroitement de cet écart. Le graphique 2 illustre l'effet des stabilisateurs automatiques sur les recettes, $R - R_{aj}$, et sur les dépenses, $G - G_{aj}$ et le graphique 3 illustre les soldes budgétaires avec et en l'absence des stabilisateurs.

Graphique 2

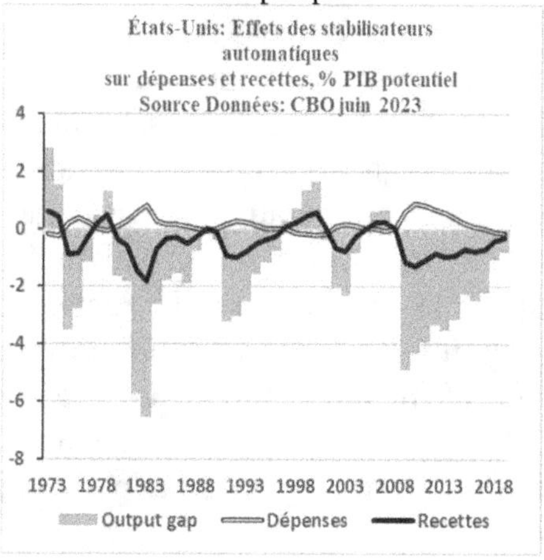

Graphique 3

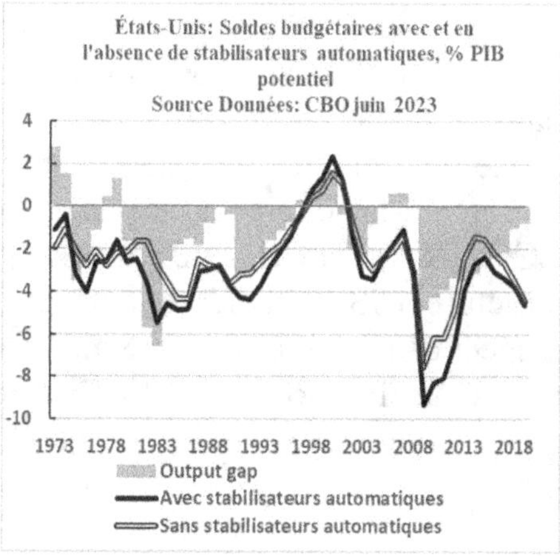

Sur le graphique 2, dans la mesure où pour les recettes, les deux élasticités ε_B^R et ε_{OG}^B sont positives et $R - R_{aj}$ est mesuré par $(\varepsilon_B^R \varepsilon_{OG}^B OG)R$, un *Output gap* positif (négatif) majore (minore) les recettes par rapport aux recettes structurelles et la composante cyclique $R - R_{aj}$ est positive (négative). Pour les dépenses, c'est l'inverse. De sorte que, sur le graphique 3, un *Output gap* négatif est associé à un solde budgétaire (avec stabilisateurs) inférieur au solde budgétaire structurel (sans stabilisateurs).

Depuis 1965, note le *Working Paper* du CBO 2015, sur les trente- quatre années budgétaires de ralentissement économique, lorsque le PIB était en moyenne inférieur de 2,4 % au PIB potentiel, les stabilisateurs automatiques augmentaient en moyenne le déficit de 0,8 % du PIB potentiel. En comparaison, sur les seize années d'expansion économique, lorsque le PIB était en moyenne de 1,8 % supérieur au PIB potentiel, les stabilisateurs automatiques réduisaient en moyenne le déficit de 0,7 % du PIB potentiel. On notera sur le graphique 3 que le solde budgétaire structurel purgé des effets des stabilisateurs économiques dépend encore de la conjoncture. Pour le CBO, dans la mesure où le solde structurel intègre les effets de mesures discrétionnaires prises au cours du cycle et où les estimations des stabilisateurs automatiques ne tiennent pas pleinement compte de tous les effets du cycle sur les recettes et les dépenses, un tel solde ne peut évaluer avec précision l'orientation de la politique budgétaire et servir de mesure précise au caractère pro ou contracyclique de cette dernière.

Pour l'UE, en revanche, le solde budgétaire corrigé des variations conjoncturelles est l'épine dorsale du cadre de surveillance budgétaire, dans ses volets préventifs comme dans ses volets correctifs. À partir d'une recommandation de la Commission de novembre 2002 visant à renforcer la coordination des politiques budgétaires, le Conseil ECOFIN adopte en 2003 une disposition faisant du solde budgétaire structurel (SBS) un élément clé du respect des dispositions du Pacte. Le respect d'un objectif budgétaire de moyen terme proche de l'équilibre ou en surplus doit alors s'apprécier en termes structurels. La « règle d'or » budgétaire spécifie que le déficit structurel ne doit pas dépasser 0,5% du PIB et 1% du PIB pour les pays dont le rapport dette publique sur PIB est sensiblement inférieur à 60%.

En conformité avec la méthodologie adoptée par l'OCDE, le cadre budgétaire de l'UE consiste à calculer d'abord la composante conjoncturelle du budget, puis à la soustraire du solde budgétaire réel. La détermination de la composante conjoncturelle nécessite deux intrants : (i) une mesure de la position conjoncturelle de l'économie, l'*Output gap* OG et (ii) une mesure du lien entre le cycle économique et le budget (paramètre d'ajustement conjoncturel ε). Le produit des deux intrants donne la composante conjoncturelle du budget, εOG. Le solde budgétaire structurel, en pourcentage du PIB, est alors déterminé par la formule

$$sbs = \frac{R - G}{Y} - \varepsilon OG = sb - \varepsilon OG \qquad (7)$$

dans laquelle $sb = SB/Y = (R - G)/Y$, avec SB solde budgétaire, R et G respectivement recettes et dépenses publiques, Y PIB, $OG = (Y - Y_p)/Y_p$ et $sbs = SBS/Y$. Le solde budgétaire structurel correspond donc au solde budgétaire qui prévaudrait lorsque l'économie est au potentiel, $OG = 0$.

Le coefficient ε mesurant la sensibilité de sb par rapport au cycle est exprimé par une semi-élasticité budgétaire[1]

$$\varepsilon = d\left(\frac{SB}{Y}\right) \Big/ \frac{dY}{Y} \qquad (8$$

qu'on peut décomposer en une semi-élasticité de la recette publique et une semi-élasticité de la dépense publique[2], soit

---

[1] Mourre Gilles, Caterina Astarita et Savina Princen (2014) : "Adjusting the budget balance for the business cycle: the EU methodology", European Commission Directorate-General for Economic and Financial Affairs, Economic Papers 536, novembre.

[2] Il est important de ne pas confondre le concept de semi-élasticité et celui d'élasticité. Par définition, l'élasticité de la recette par rapport au produit est $\eta_R = \frac{dR}{dY}\frac{Y}{R}$ d'où l'on peut facilement vérifier que $\varepsilon_R = (\eta_R - 1)\frac{R}{Y}$. Ainsi $\varepsilon_R = 0$ traduit une élasticité de la recette égale à 1. On a également $\varepsilon_G = (\eta_G - 1)\frac{G}{Y}$. Quatre catégories de recettes

$$\varepsilon = \frac{d\left(\frac{SB}{Y}\right)}{\frac{dY}{Y}} = \frac{d\left(\frac{R}{Y}\right)}{\frac{dY}{Y}} - \frac{d\left(\frac{G}{Y}\right)}{\frac{dY}{Y}} = \varepsilon_R - \varepsilon_G \qquad (9)$$

La semi-élasticité de la recette ε_R est peu différente de zéro dans la mesure où le rapport de la recette au PIB est pratiquement stable dans le temps, les recettes fiscales suivant l'évolution conjoncturelle du PIB. En ce qui concerne la semi-élasticité de la dépense ε_G, seule la dépense liée au sous-emploi est considérée affectée par le cycle, les autres dépenses sont supposées invariantes. La dépense liée au sous-emploi étant une petite fraction de la dépense publique totale, il en résulte une variation conjoncturelle faible de cette dernière et un rapport G/Y dont la variation est principalement influencée par le dénominateur. D'où un comportement contracyclique de ce rapport : il augmente dans les périodes de mauvaise conjoncture et diminue dans les périodes de bonne conjoncture. En d'autres termes, ε_G est négative.

Ainsi, avec $\varepsilon_R \cong 0$ et $\varepsilon_G < 0$, on a $\varepsilon = \varepsilon_R - \varepsilon_G > 0$. Toute chose égale par ailleurs, à politique budgétaire structurelle donnée, le solde budgétaire $sb = sbs + \varepsilon OG$ s'améliore dans les bonnes conjonctures et se détériore dans les mauvaises, reflétant le jeu des stabilisateurs automatiques exerçant un effet contracyclique. Le tableau 5 ci-dessous fournit pour certains pays la valeur des semi-élasticités budgétaires des recettes et dépenses estimées par la Commission européenne pour 2014.

Tableau 5 : Semi-élasticités budgétaires

	ε_R	ε_G	ε
France	0,002	−0,601	0,603
Allemagne	−0,009	−0,560	0,551
Italie	0,038	−0,501	0,539
Royaume-Uni	0,120	−0,471	0,591
UE	0,024	−0,539	0,563
UE (moyenne)	0,005	−0,497	0,502

Corrigé des variations conjoncturelles, le solde budgétaire structurel est par définition moins sensible aux variations de la conjoncture.

(impôts sur le revenu des personnes physiques, impôts sur le revenu des sociétés, impôts indirects, cotisations de sécurité sociale) et une catégorie de dépenses (dépenses liées au chômage) sont sensibles au cycle économique et retenues ici.

Mourre et al. (2019)[1] constatent que, dans l'Union européenne sur 2002-2017, la corrélation de OG avec le solde budgétaire est de 71% alors qu'elle n'est plus que de 17% avec le solde budgétaire structurel. Cependant, si le solde budgétaire structurel est plus représentatif de la politique budgétaire discrétionnaire des gouvernements que le solde budgétaire sans correction conjoncturelle, ce concept de solde pose un certain nombre de problèmes.

II – Les problèmes d'un solde budgétaire structurel.

La performance d'une politique budgétaire peut être jugée en fonction de trois dimensions : (1) sa soutenabilité à long terme (un rapport dette sur PIB non explosif) ; (2) son comportement sur le cycle économique (pro ou contracyclique) ; (3) sa volatilité. Implicitement, une bonne politique budgétaire serait une politique soutenable, de préférence contracyclique et ne constituant pas une source d'instabilité.

La logique sous-jacente à l'utilisation d'un concept de budget structurel est simple : les déséquilibres budgétaires cycliques se compensent sur le cycle de sorte qu'il est légitime d'utiliser un solde budgétaire structurel pour apprécier la soutenabilité de la politique budgétaire sur le long terme. Des périodes de larges déficits peuvent paraitre moins inquiétantes lorsque le budget est corrigé des effets d'un environnement économique défavorable. Avec $sb = sbs + \varepsilon OG$, en présence d'un $sbs \cong 0$, dans le court terme un budget en déficit ($sb < 0$) n'est pas nécessairement alarmant s'il s'explique par les effets d'un *Output gap* négatif important destiné à se résorber ultérieurement. En revanche, dans le long terme, un budget structurel en déficit dont les déficits s'accumulent à chaque répétition du cycle risque de mettre en cause la soutenabilité de la dette publique.

Dans le contexte de l'Union monétaire, la soutenabilité est identifiée par le Traité de Maastricht comme la dimension la plus importante. Dans une Union monétaire où les politiques budgétaires sont décentralisées et la coordination plus difficile ou parfois même contraire aux intérêts nationaux, des politiques budgétaires non soutenables sont susceptibles d'engendrer des déséquilibres macroéconomiques pouvant remettre en cause l'existence même de

[1] Mourre Gilles, Aurélien Poissonnier et Martin Lausegger (2019) : "The Semi-Elasticities Underlying the Cyclically Adjusted Budget Balance: An Update & Further Analysis", European Economy Discussion Papers 098, mai.

l'Union. Et bien que la soutenabilité soit fonction du comportement de long terme de la politique budgétaire, elle est également fonction des politiques de plus court terme. Un gouvernement confronté à une dette non soutenable est confronté à un espace budgétaire restreint limitant sa liberté de laisser jouer ses stabilisateurs budgétaires en période de mauvaise conjoncture. Il est donc important de profiter des périodes d'*Output gap* positif pour dégager des surplus structurels afin de contrôler la dette sur le long terme.

A – Zone euro : une politique budgétaire procyclique ou contracyclique ?

Concernant le comportement cyclique de la politique budgétaire dans la zone euro, deux hypothèses sont avancées. La première considère qu'en raison des contraintes imposées par le Traité de Maastricht et le PSC, les politiques budgétaires nationales ne peuvent plus jouer le rôle stabilisateur qu'elles jouaient dans le passé. A contrario, la seconde hypothèse considère que dans le cadre de l'Union monétaire, l'abandon par les pays membres de la capacité de mener une politique monétaire autonome laisse l'objectif de stabilisation des cycles économiques nationaux exclusivement aux mains des autorités budgétaires nationales. En conséquence, on devrait s'attendre à ce que l'intégration des pays dans la zone euro soit associée à des politiques budgétaires contracycliques plus prononcées.

En gardant en mémoire l'imprécision des mesures, le graphique 4 suivant illustre sur la période 1996-2019 la politique budgétaire de la zone euro à 16 pays.

Graphique 4

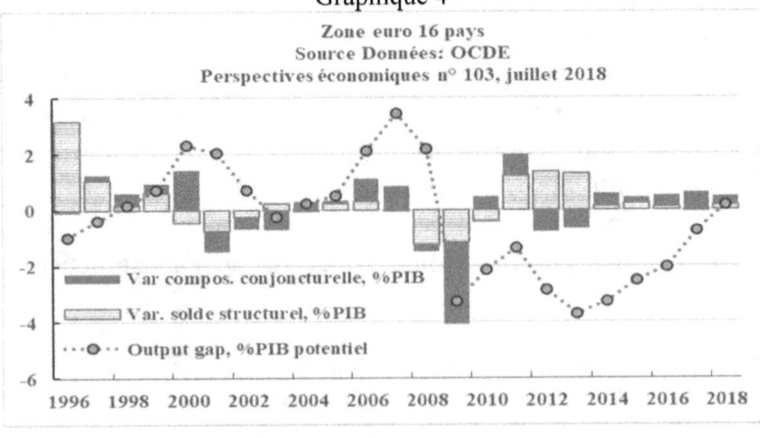

Conjointement avec les *Output gaps* annuels, il reporte les variations par rapport à l'année précédente du solde budgétaire sb, décomposées en une variation structurelle sbs et une variation conjoncturelle $sb - sbs$. Sur l'ensemble de la période 1996-2019, la variation de la composante conjoncturelle du solde reflète le comportement des stabilisateurs automatiques, positive avec l'accroissement de l'*Output gap* d'une année sur l'autre et négative avec la diminution de celui-ci. En ce qui concerne le comportement de la composante structurelle, sur la période 1995-2000, la variation positive du solde structurel accompagnant l'amélioration de la conjoncture traduit les efforts de consolidation budgétaire que durent accomplir les pays membres pour satisfaire aux contraintes de Maastricht et entrer dans l'euro, coïncidant avec une diminution du rapport dette sur PIB à partir de 1995. Une fois ces entrées effectuées, après 2000, l'évolution de la politique fiscale est marquée par des soldes budgétaires déficitaires croissants, traduisant le relâchement de la discipline budgétaire des pays membres, la variation de la composante structurelle renforçant jusqu'en 2003 la variation de la composante cyclique résultant de la crise financière 2001-2002 et du krach boursier des valeurs technologiques.

Il semble également que jusqu'en 2007, la zone euro n'ait pas profité des périodes d'*Output gap* positif pour reconstituer des marges de manœuvre budgétaire par des améliorations significatives de son solde structurel. Enfin, comme on le sait, après 2009, les efforts procycliques de consolidation budgétaire imposés au sein de la zone ont conduit à une récession en double creux que reflète l'évolution de l'*Output gap* entre 2008 et 2014. Pour la plupart des observateurs, la surveillance budgétaire du PSC n'a pas conduit à ce qu'en période d'expansion économique, les déficits et les niveaux de dette aient été réduits autant qu'ils auraient dû l'être.

Concernant l'arbitrage entre les deux hypothèses précédemment avancées, en réponse à la question « le traité de Maastricht a-t-il changé la nature de la politique budgétaire discrétionnaire ? », des études économétriques s'appuyant sur l'estimation de paramètres faisant dépendre une mesure de solde budgétaire structurel de l'*Output gap* fournissent des résultats contrastés.

- Sur les pays de la zone euro à 11 et sur la période 1980-2002, pour le paramètre affecté à l'*Output gap*, en distinguant le paramètre avant Maastricht (1980-1991) et le paramètre post-Maastricht (1992-2002), les estimations par pays et sur les pays regroupés en panel montrent qu'en moyenne si, avant Maastricht, la politique discrétionnaire fut modérément procyclique, elle devient après Maastricht essentiellement acyclique, Gali et al. (2003)[1]. Pour ces auteurs, l'évidence n'est donc pas en faveur d'une politique budgétaire moins contracyclique ou plus procyclique après Maastricht. L'entrée des pays dans la zone euro n'aurait pas amoindri les capacités de ceux-ci de conduire une politique contracyclique.

- Sur la zone euro à 12, analysée comparativement à un groupe de 22 pays de l'OCDE sur la période 1970-2007, Fatas et Mihov (2009)[2] constatent que globalement la politique budgétaire conduite dans les pays de la zone euro a été la plus procyclique des pays de ce groupe, à l'exception de celle des États-Unis montrant un comportement modérément contracyclique. De plus si l'on prend en compte l'éventualité d'un changement de politique budgétaire de la zone consécutif à l'introduction de la monnaie commune, en situant l'instant d'une rupture de régime en 1999 (année où les contraintes de Maastricht entrent en application), la rupture institutionnelle n'a pas sensiblement modifié la nature de la politique budgétaire discrétionnaire. L'intégration des pays dans la zone n'est donc pas associée à des politiques budgétaires contracycliques plus prononcées.

B – L'échec du processus de surveillance budgétaire du PSC.

En théorie pour l'UE, la règle d'un déficit budgétaire de 3% du PIB et celle d'une contrainte sur le déficit structurel doivent permettre aux stabilisateurs budgétaires de jouer leur rôle, même dans le cas de récessions raisonnablement importantes. À un déficit budgétaire sb de 3%, avec un déficit structurel sbs de 0,5% (règle d'or) et une composante cyclique εOG de déficit de 2,5%, pour un coefficient de sensibilité du budget au cycle $\varepsilon = 0{,}7$, il correspond un *Output gap* négatif de $2{,}5/0{,}7 \cong 3{,}6\%$ de PIB. Un rapport de l'Institut Bruegel[3] constate que des *Output gaps* négatifs de cette grandeur sont des événements relativement rares de sorte que les pays disposeraient, sous cette contrainte, de possibilités de stabilisation budgétaire suffisantes

---

[1] Gali Jordi et Roberto Perotti (2003) : "Fiscal Policy and Monetary Integration in Europe", NBER Working Paper 9773.

[2] Fatas Antonio et Ilian Mihov (2009) : "The Euro and Fiscal Policy", NBER Working Paper 14722, février.

[3] Claeys Grégory, Zsolt Darvas et Álvaro Leandro(2016) : "A Proposal to Revive The European Fiscal Framework", Bruegel Policy Contribution, 2016/07 mars.

pour éviter de s'exposer à une procédure pour déficit excessif. Sur la base de la distribution empirique des *Output gaps* estimés entre 1965 et 2016, ce type d'*Output gap* négatif ne serait attendu qu'environ tous les vingt ans dans les dix pays clés de l'UE à 15 et toutes les six années dans les cinq autres pays (Espagne, Portugal, Grèce, Irlande et Italie).

On sait ce qu'il en a été de cette vision optimiste. Dans une étude concernant la politique budgétaire des 19 pays de la zone euro, à partir de données ex ante extraites des programmes de stabilité et de convergence des États membres et de données ex post de la base AMECO sur la période 1999-2015, Eyraud et al. (2017)[1] relèvent la pauvre performance de la procédure de surveillance budgétaire mise en place par le Pacte. Pour ces pays, l'objectif budgétaire de moyen terme (déficit structurel de 0,5% du produit potentiel) n'est pas respecté dans 80% des observations, avec presque 2/3 des pays le dépassant chaque année. Pendant la crise, en 2009 l'objectif budgétaire de moyen terme est violé par 90% des pays, le plafond de dette par 50% des pays, le plafond budgétaire par 85% des pays et l'effort budgétaire exigé par 75% des pays. Parallèlement, la part des pays avec une dette supérieure à 60% passe de 35% en 1999 à 75% en 2015.

En l'absence de contrefactuels, il peut être présomptueux d'affirmer que le PSC n'a pas permis de renforcer la discipline budgétaire ; cela aurait pu être pire en son absence. Cependant, abstraction faite d'une réponse précise à cette question, faire reposer la surveillance budgétaire dans l'UE sur un concept contesté de budget structurel n'est sans doute pas la meilleure manière d'assurer le respect des règles.

C'est d'abord la logique même du concept qui peut être contestée. L'utilité d'une telle mesure en termes de soutenabilité de la dette publique renvoie à l'idée d'une économie qui sur longue période fluctue autour d'un trend sous-jacent stable de produit potentiel de sorte qu'un rapport stable de solde budgétaire au produit potentiel renseigne sur l'évolution à long terme de la dette. Mais en quoi le fait qu'un déficit important puisse se révéler être un surplus lorsqu'on l'apprécie à mi-cycle $(OG = 0)$ peut-il être un réconfort pour des pays de l'UE qui ne s'attendent pas à atteindre un tel point dans un futur prévisible,

[1] Eyraud Luc, Vitor Gaspar et Tigran Poghosyan (2017) : "Fiscal Politics in the Euro Area", IMF Working Paper, 30 janvier.
Voir aussi : Darvas Zsolt, Philippe Martin et Xavier Ragot (2018) : "European fiscal rules require a major overhaul", Policy Contribution Issue n°18, octobre.

s'interroge Blanchard (1990)[1] ? Ce qui est important pour la soutenabilité budgétaire n'est pas le point de mi-cycle. Il est de savoir où l'on se trouvera dans les trois ou dix ans à venir. Évaluer la soutenabilité demande nécessairement de prédire le futur et la correction de mi-cycle n'a d'intérêt que si l'on suppose que l'économie retourne rapidement à cette position. En l'absence de cette hypothèse, la correction n'a pas de sens.

C'est ensuite le fait que la détermination de la composante conjoncturelle du solde repose sur des concepts inobservables qu'il faut estimer, à savoir (1) une mesure de la position conjoncturelle de l'économie, l'*Output gap* OG, et (2) une mesure du lien entre la position conjoncturelle et le budget (paramètre d'ajustement conjoncturel ε). Dans la pratique, l'élimination des effets des fluctuations conjoncturelles néglige encore d'autres sources possibles de variation du solde budgétaire qui ne peuvent être qualifiées de discrétionnaires. En particulier, les variations de taux d'intérêt, non contrôlées par les autorités budgétaires, peuvent avoir des effets significatifs sur la situation budgétaire, qu'on peut cependant corriger en s'intéressant à un solde budgétaire primaire structurel.

Le problème des erreurs de mesure n'est pas mineur, comme en témoigne la réestimation d'une année sur l'autre du solde structurel d'un pays, effectuée par la Commission européenne. Cette réestimation est communément d'une grandeur supérieure à 0,5% de PIB. La moyenne de telles réestimations sur 2003-2014 s'avère être de 0,71% de PIB pour les dix pays clés de l'UE à 15 et de 1,84% pour les cinq pays périphériques. Et sur 2006-2014, la révision est de 1,24% de PIB pour les nouveaux pays membres[2]. Ainsi, pour de nombreux observateurs, il est inacceptable que la surveillance budgétaire de l'UE puisse reposer sur un indicateur dont l'erreur de mesure est supérieure à la correction imposée sur le solde (0,5% de PIB) pour des pays dont le solde structurel est inférieur à l'objectif de moyen terme. Plus spécifiquement par ailleurs, comme on va le voir, combinées à un phénomène d'inertie budgétaire, ces erreurs favorisent l'existence de biais dont les conséquences s'avèrent pernicieuses pour la politique de surveillance budgétaire de l'UE.

---

[1] Blanchard, Olivier (1990) : "Suggestions for a New Set of Fiscal. Indicators", OECD Economics Department Working Papers, No. 79.

[2] Bruegel Policy Contribution, 2016/07 mars

Toute prévision est par nature imprécise de sorte que la projection du produit potentiel et sa réalisation ne coïncident que rarement. Mais tant que les prévisions ne sont pas biaisées et l'écart type de l'erreur de prévision n'est pas trop grand, les effets sur le budget d'une surestimation ou d'une sous-estimation de la composante structurelle de la croissance peuvent être acceptés. En revanche, à partir du moment où ces prévisions s'avèrent être systématiquement biaisées et surestiment en particulier la croissance potentielle de l'économie, constatent Larch et al. (2003, 2009)[1], une combinaison d'erreurs de prévision et d'inertie budgétaires devient une composante systématique de la performance budgétaire et introduit un biais dans l'évaluation du budget structurel.

En principe, contrôler l'ajustement budgétaire semble être un exercice purement mécanique. Le solde budgétaire structurel peut être calculé chaque année et sa modification être l'indication de décisions budgétaires discrétionnaires. Mais à l'occasion de l'examen des plans budgétaires des États membres effectué par la Commission européenne dans le cadre des programmes de stabilité et de convergence, des interprétations divergentes ont surgi. La Commission considère que la détérioration du solde structurel est l'indication d'une politique budgétaire expansionniste et les États membres soutiennent qu'ils ont été fidèles aux plans retenus. Une partie des difficultés et des discussions concernant les ajustements budgétaires s'explique par ce qu'on entend par « réaliser les ajustements demandés », l'interprétation initiale étant que les États membres doivent effectuer les ajustements structurels, quelles que soient les conditions macroéconomiques. Cependant, lorsqu'il s'agit de comparer le solde budgétaire structurel prévu à celui réalisé, si ex post une amélioration ou une détérioration du solde structurel est une question purement factuelle, la manière dont ce changement s'explique et les conclusions à en tirer peuvent être très différentes. En fait, constatent Larch et al. (2003, 2009), une variation du solde budgétaire structurel n'est l'effet d'une modification discrétionnaire de la politique budgétaire que sous deux conditions :

---

[1] Larch Martin et Matteo Salto (2003) : "Fiscal rules, inertia and discretionary fiscal policy", Economic paper, N° 194 , Directorate-General for Economic and Financial Affairs, octobre.
Larch Martin et Alessandro Turrini (2009) : "The cyclically adjusted budget balance in EU fiscal policy making: A love at first sight turned into a mature relationship", European Commission, Directorate-General for Economic and Financial Affairs Publications. Economic Papers 374.

(1) Une prévision parfaite de la part des responsables budgétaires, impliquant que le produit potentiel et l'inflation observés sont identiques aux valeurs prévues lors de l'élaboration du budget.

(2) Une absence d'inertie budgétaire dans la phase de réalisation du budget, les responsables de la politique budgétaire ajustant les plans de dépenses structurelles en fonction d'une croissance économique supérieure ou inférieure aux prévisions.

Envisagée sous sa forme non résiduelle, la composante structurelle du solde budgétaire peut s'écrire

$$sbs = r_s(Pol, Y_p) - g_s(Pol, Y_p) \qquad (10)$$

différence (rapportée au PIB) entre les recettes structurelles r_s et les dépenses structurelles g_s, recettes et dépenses étant fonction de deux variables. La première variable est la politique budgétaire discrétionnaire de l'État, qu'on représente ici par la variable Pol. La seconde est le produit potentiel dans la mesure où les plans budgétaires retenus sont fonction de l'activité économique prévue. De la sorte, à politique budgétaire inchangée, $dPol = 0$, si l'on admet de noter la sensibilité au produit potentiel des recettes et dépenses prévues par des semi-élasticités ϵ^p_{RS} et ε^p_{GS}, la variation du solde structurel s'écrit :

$$d(sbs) = \left(\epsilon^p_{RS} - \varepsilon^p_{GS}\right)\frac{dY_p}{Y_p} \qquad (11)$$

Il résulte de la relation (11) que si (i) aucune erreur de prévision n'a été faite concernant le produit potentiel, $dY_p = 0$ et, dans le cas contraire (ii) « hypothèse de neutralité », les recettes et dépenses structurelles ont la même sensibilité au produit potentiel, $\epsilon^p_{RS} = \varepsilon^p_{GS}$, toute variation du solde structurel ne peut être imputée qu'à une modification de la politique budgétaire. En revanche, dans le cas où des erreurs de prévision, intentionnelles ou non, sont inévitables, le non-respect de l'hypothèse de neutralité ne doit pas être négligé. Ce non-respect résulte d'un « comportement budgétaire passif qui trouve son origine dans le développement divergent des recettes et des dépenses structurelles en cas de croissance différente de celle attendue », Larch et Salto (2003, p. 7).

Dans la phase d'élaboration du budget où le solde budgétaire structurel reste, en pourcentage du produit potentiel, au même niveau quel que soit le niveau du produit, l'hypothèse de neutralité est vérifiée, dépenses et recettes ayant par construction la même sensibilité au niveau de produit potentiel prévu. Mais lorsqu'une erreur est faite sur ce niveau, dans la phase d'implémentation des décisions budgétaires prévues, recettes et dépenses implémentées vont diverger dans leur évolution en raison du comportement passif des dépenses qui ne s'ajustent pas automatiquement au niveau du produit. La lenteur du processus politique nécessaire à la révision, à l'élaboration et à l'application de mesures correctives dans ce domaine, conduit très souvent à une exécution passive des dépenses prévues, alors que, du côté des recettes, à politique fiscale inchangée, les recettes s'ajustent automatiquement à la base d'imposition. Sous deux hypothèses, Larch et Salto, on peut obtenir une évaluation grossière des effets budgétaires de cette divergence.

- La première hypothèse suppose un taux de prélèvement fiscal proportionnel de sorte que le montant prélevé conserve automatiquement un rapport stable avec le niveau de l'activité économique. Dans la phase d'implémentation du budget, la sensibilité ex post de la recette structurelle au produit potentiel est donc la même que la sensibilité ex ante, d'où $\varepsilon_{RS}^{p} = 0$.

- La seconde hypothèse suppose qu'en cas de différence entre la croissance prévue et celle réalisée, les autorités budgétaires témoignent d'une passivité totale et n'ajustent pas les dépenses prévues à l'activité économique. En notant $\bar{G}_s$ le montant des dépenses structurelles prévues, égal ainsi au montant des dépenses implémentées, dans la phase d'implémentation on a donc une semi-élasticité ex post $\varepsilon_{GS}^{p} = d\left(\frac{\bar{G}_s}{Y_p}\right) \Big/ \frac{dY_p}{Y_p} = -\frac{\bar{G}_s}{Y_p}$.

Compte tenu de ces valeurs, on obtient à partir de la relation (11) la relation

$$d(sbs) = \frac{\bar{G}_s}{Y_p}\frac{dY_p}{Y_p} \qquad (12)$$

Ainsi, sous ces hypothèses, tout écart par rapport au produit potentiel projeté se traduit par une variation du rapport solde structurel sur PIB d'un montant égal au rapport des dépenses structurelles au PIB pour chaque point de pourcentage d'erreur de produit potentiel. Cette relation fournit une estimation de l'ajustement budgétaire discrétionnaire nécessaire pour réaliser le plan budgétaire prévu lorsque le produit potentiel a été surestimé, $dY_p < 0$. Cette surestimation provoque une détérioration du solde budgétaire structurel que les autorités budgétaires attribuent à tort à une mesure discrétionnaire laxiste. Acceptable pour le court terme, l'hypothèse d'une inertie budgétaire totale de la dépense est forte. « La quête d'une hypothèse alternative et plus réaliste ouvre la porte à la question plus fondamentale et difficile des déterminants de la dépense structurelle. Plus spécifiquement, pour identifier correctement les modifications politiques discrétionnaires dans le budget, on doit définir le trend des dépenses non cycliques en l'absence d'interventions politiques discrétionnaires », Larch et Salto (p. 9). Ce qui, simple pour certaines dépenses, peut s'avérer complexe pour bien d'autres dépenses.

Un pays peut avoir de multiples raisons de surestimer sa croissance potentielle, ne serait-ce que pour des raisons électorales, bien que sur la période 1999-2002, l'étude des cycles électoraux des pays de la zone euro n'ait pas montré de relation claire entre ces cycles et la surestimation systématique de la croissance potentielle. Une surestimation de la croissance potentielle peut plaider en faveur d'une plus grande marge de manœuvre dans la phase de préparation du budget. Pour les quatre plus grands pays de l'UE, l'Allemagne, la France, le Royaume-Uni et l'Italie, pour chaque année de la période 1987-2003, notent Larch et Salto, la comparaison des prévisions annuelles de produit potentiel des plans budgétaires aux réalisations estimées à partir des séries historiques de PIB témoigne d'une tendance à la surestimation du produit potentiel, notamment pour l'Allemagne et l'Italie. Pour ces pays, l'estimation de la relation entre le solde structurel et les erreurs de prévision de croissance potentielle montre que le solde se détériore ou s'améliore selon que la croissance potentielle est surestimée ou sous-estimée. Il en résulte que, dans des périodes de ralentissement économique du type de celles observées à partir de l'année 2000, la réticence des autorités à accepter une plus faible croissance potentielle jointe à l'inertie de la phase d'implémentation budgétaire s'exerce au détriment d'une consolidation budgétaire désirant réduire les déficits. De plus, qu'elles soient intentionnelles ou non, des erreurs de surestimation du produit potentiel couplées à des effets d'hystérèse sont susceptibles d'engendrer un cercle vicieux de consolidation, Fatás [1]. La logique de ce cercle vicieux est la suivante.

Une consolidation budgétaire, jointe à une sous-estimation des multiplicateurs budgétaires, conduit à une croissance plus faible que prévu, attribuable de manière erronée à une réduction du produit potentiel. L'erreur d'estimation, transmettant le biais déficitaire au solde structurel, pousse les responsables politiques à croire que des consolidations supplémentaires sont nécessaires. Quelques itérations de ce processus engendrent alors des estimations de produit potentiel procycliques et conduisent à des réductions successives de produit pouvant devenir permanentes via des effets d'hystérèse. Pour Fatás, il est significatif que sur la période 2007-2018, dans de nombreuses économies avancées et en particulier pour les pays membres de la zone euro, les erreurs de prévision faites sur le produit se soient traduites pratiquement immédiatement en révision du produit potentiel. Pour la zone euro, dans le cadre de la consolidation budgétaire en deux phases sur la période 2010–2014, les effets d'un tel cercle vicieux seraient observables. Dès la première phase de cette consolidation, 2010–2011, une sous-estimation des multiplicateurs budgétaires (évalués à 0,5 par le FMI contre 1,5 ou 1,6 en réalité) conduit à une réduction de produit plus grande qu'attendu de sorte que les engagements pris de réduction des soldes structurels sont non respectés. Dans cette phase, une réduction de 1% du déficit structurel provoque une réduction de 1,5% du PIB qui se traduit par un changement de l'estimation du produit potentiel de 0,8%. Dans les deux années qui suivent, l'indicateur d'effort budgétaire discrétionnaire témoigne alors d'un renforcement de la consolidation procyclique de la politique budgétaire sur 2012–2013.

---

[1] Fatás Antonio (2019) : "Fiscal Policy, Potential Output and the Shifting Goalposts", IMF Economic Review, Vol. 67, No. 3, Special Issue The Euro at 20, p. 684-702.

Troisième partie : Le système monétaire international

Dans une économie fermée, la Banque centrale peut toujours en principe répondre aux demandes de liquidités émanant des ménages, entreprises et gouvernements. Dans une économie ouverte, ce n'est plus nécessairement le cas. Lorsque la demande concerne une monnaie étrangère que la Banque centrale ne peut imprimer, les réserves de change disponibles et les possibilités d'obtention de prêts de la part du reste du monde contraignent son action. Aujourd'hui, comme précédemment à travers l'histoire, note Obstfeld[1], les problèmes de liquidité internationale et de gestion des taux de change demeurent centraux dans les discussions de politiques de coordination macroéconomique en raison des contraintes que la globalisation financière fait peser sur ces politiques. Dans l'analyse de l'évolution du système monétaire international et financier, constatent pour leur part Borio et al.[2], il existe deux histoires parallèles.

La première histoire concerne les déséquilibres des transactions courantes entre pays (échanges internationaux de biens et services) rendus responsables de la crise financière de 2008. Favorisés par le fait que les pays en déficit sont contraints à des ajustements alors que les pays en surplus peuvent s'en dispenser, les surplus de comptes courants dans les économies émergentes (l'excès d'épargne) ont nourri une expansion du crédit, une baisse des taux d'intérêt et favorisé une prise de risque dans les économies avancées où les comptes courants sont déficitaires.

La seconde histoire concerne le fait qu'aujourd'hui, dans une économie fortement mondialisée, les mouvements de capitaux dominent les échanges en biens et services de sorte que le facteur contributif le plus important de la crise financière de 2008 ne fut pas l'excès d'épargne, mais l'élasticité excessive du système international

---

[1] Obstfeld Maurice (2013) : "The International Monetary System Living with Asymmetry", in Globalization in an Age of Crisis: Multilateral Economic Cooperation in the Twenty-First Century, Robert C. Feenstra et Alan M. Taylor, eds, NBER, University of Chicago Press, p. 301-336.

[2] Borio Claudio, Harold James et Hyun Song Shin (2014) : "The international monetary and financial system: a capital account historical perspective", BIS Working Papers No 457, Monetary and Economic Department, août

monétaire et financier. À cet égard, notent les auteurs, l'attention portée aux comptes courants est une distraction. Le talon d'Achille[1] du système international monétaire et financier tient à sa propension à amplifier les cycles financiers générateurs de crises.

Si ces deux histoires cheminent parallèlement, elles ne sont cependant pas indépendantes, les soldes des comptes courants étant des vecteurs de transmission internationale des chocs et des porteurs de vulnérabilité financière, Obstfeld[2]. Avec la fin du système de Bretton Woods au début des années 70, c'est la persistance du déficit extérieur des États-Unis qui frappe, graphique 1, reflétant pour partie en miroir le surplus japonais des années 80 et, à partir des années 2000, les surplus de la Chine, de l'Asie émergente, des pays exportateurs de pétrole et de la zone euro.

Graphique 1

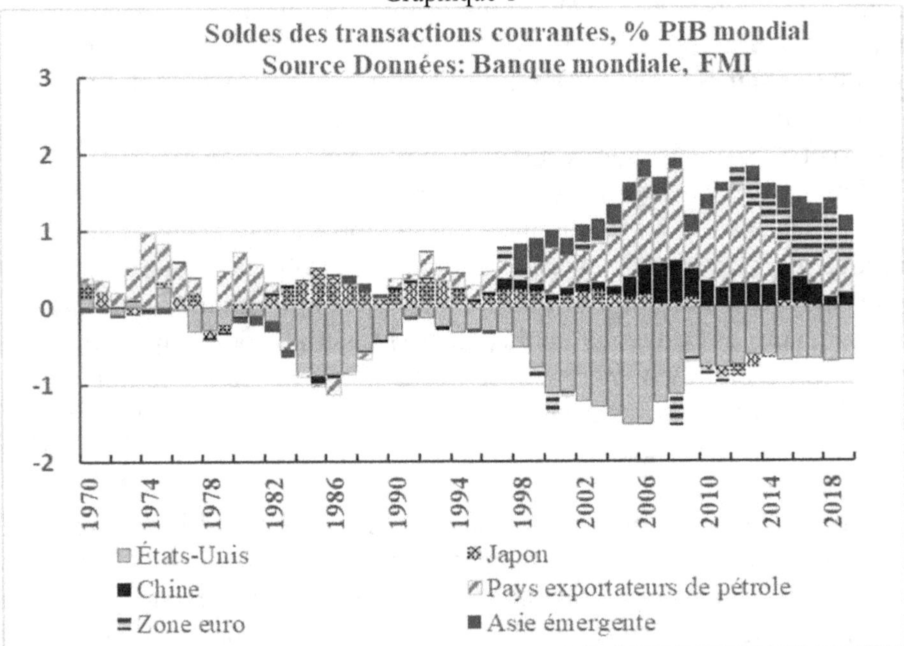

[1] Borio Claudio (2014) : "The international monetary and financial system: its Achilles heel and what to do about it", BIS Working Papers No 456, Monetary and Economic Department, août.

[2] Obstfeld Maurice (2012) : "Does the Current Account Still Matter?", Richard T. Ely Lecture, American Economic Review: Papers & Proceedings, 102(3): p. 1-23.

À ces déséquilibres globaux sont associées des variations dans les stocks d'actifs et d'engagements extérieurs des pays dont l'importance n'est pas mineure. Pour StA stock des actifs détenus par les résidents d'un pays sur le reste du monde et StE stock des engagements des résidents de ce pays vis-à-vis de l'extérieur, rapportée au PIB la valeur moyenne de ces deux grandeurs témoigne de l'ouverture d'un pays à l'extérieur et de l'importance des flux financiers bruts. En 2020, ce rapport, alors inférieur à un dans les années 70, n'est pas loin de 6 pour les États-Unis, de 2 pour la zone euro et de 3 pour les pays d'Asie nouvellement industrialisés (Hong Kong, Corée, Singapour et Taïwan). Au niveau mondial, les positions de stock financier en termes bruts n'ont cessé d'augmenter, la somme des avoirs et engagements extérieurs culminant à 455% du PIB mondial en 2020.

Rendre compte de tous ces phénomènes introduit dans l'analyse macroéconomique précédente une complexité supplémentaire et fait référence à un ensemble de concepts dont la méconnaissance nuit à la clarté des opinions exprimées.

C'est pourquoi le premier chapitre de cette partie s'ouvre sur une première section consacrée à des préliminaires conceptuels que les lecteurs bien informés peuvent se dispenser de lire. La section suivante se concentre sur l'analyse de ce qui est qualifié de trilemme de la politique macroéconomique en économie ouverte : le fait qu'une mobilité internationale des capitaux contraint un gouvernement à ne pas pouvoir simultanément adopter un régime de change fixe et poursuivre une politique monétaire orientée vers des objectifs domestiques.

Le second chapitre est consacré au rôle du dollar dans le système monétaire et financier international. Réfléchissant à la politique de la Fed dans un contexte international, Bernanke (2017)[1], président de cette institution durant deux mandats jusqu'au début de 2014, remarque qu'une des récriminations constantes qu'il entendit à l'occasion de ses fonctions concernait le statut asymétrique particulier du dollar, bénéficiant aux États-Unis et limitant sévèrement les options politiques de ses partenaires commerciaux. Ce statut asymétrique reflète, selon

[1] Bernanke, Ben S. (2017) : "Federal reserve policy in an international context", IMF Economic Review, 65(1), p. 5-36.

certains auteurs[1], l'existence d'un contrat implicite d'assurance passé entre ce pays et le reste du monde. La position centrale du dollar dans le système financier international résulte de la capacité des États-Unis de fournir au reste du monde des actifs sûrs en échange d'une position risquée. Et la question demeure d'apprécier aujourd'hui la pérennité de ce contrat.

[1] Gourinchas Pierre-Olivier (2021) : "The Dollar Hegemon ? Evidence and Implications for Policymakers", chap. 7 in The Asian Monetary Policy Forum, Steven J Davis Edward, S Robinson et Bernard Yeung eds, World Scientific, p. 264-300.

Chapitre I : Préliminaires et principes généraux

Section I – Préliminaires.

I – Taux de change nominal et réel. Parité de pouvoir d'achat (PPA)

1 – Parité de pouvoir d'achat. Le concept de parité de pouvoir d'achat, PPA, renvoie à la fois à une théorie de la détermination du taux de change et à une manière de comparer les coûts moyens des biens et services entre différents pays. Il repose sur la « loi du prix unique » qui régit en économie interne les marchés concurrentiels : en l'absence de coûts de transport et de taxes différentielles, des biens identiques doivent avoir le même prix sur deux marchés séparés. Dans une telle situation, si un bien a un prix différent, il existe une opportunité d'arbitrage profitable en achetant le bien sur le marché où le prix est le plus bas pour le revendre sur le marché où le prix est le plus élevé. Les modifications d'offre et de demande induites par cette opportunité conduisent à l'égalisation des prix sur les deux marchés.

Appliquée aux échanges internationaux entre pays dotés de monnaies différentes, par extension de cette loi, la PPA exprime l'idée qu'en l'absence de coûts de transport et de taxes différentielles, les taux de change doivent s'ajuster de manière que le prix d'un même panier de biens et services soit le même dans tous les pays lorsqu'il est exprimé dans une même unité monétaire. Renvoyant au coût général des biens et services d'un pays, le panier considéré est un échantillon de tous les biens et services qui composent la dépense finale du pays, à savoir consommation finale des ménages et des administrations publiques, formation de capital et exportations nettes. La PPA est mesurée généralement en unités monétaires locales par dollar US.

Considérons deux pays, l'un domestique, l'autre étranger. Par convention, en se plaçant du côté domestique, le taux de change nominal e est la valeur de la monnaie domestique en termes de la monnaie étrangère ($1/e$ étant la valeur de la monnaie étrangère en termes de la monnaie domestique). Pour un panier de biens et services de composition identique dans les deux pays, le taux de change réel exprime la valeur du panier domestique en termes de paniers étrangers. Étant donné P prix du panier en monnaie domestique et P^* prix du panier en monnaie étrangère, on peut donc acheter avec un panier domestique $e(P/P^*)$ paniers étrangers de sorte que le taux de change réel φ entre le pays domestique et le pays étranger est exprimé par la formule

$$\varphi = e \times (P/P^*) \qquad (1)$$

Une augmentation du taux de change réel augmente donc la valeur des biens domestiques en termes des biens étrangers et détériore la compétitivité du pays domestique relativement au pays étranger.

On remarquera qu'exprimé en une même monnaie, la monnaie étrangère par exemple, le prix du panier domestique $P \times e = \varphi \times P^*$ est différent du prix du panier étranger P^* dans la mesure où le taux de change réel φ est différent de l'unité. Avec $\varphi = 2$ par exemple, le panier domestique est deux fois plus cher que le panier étranger. En d'autres termes, lorsqu'exprimés dans une même monnaie, les deux paniers ont la même valeur, le taux de change réel est égal à l'unité. Il en résulte que le taux de change nominal à la parité de pouvoir d'achat est déterminé par $e \times (P/P^*) = 1$, soit

$$e_{ppa} = \frac{P^*}{P} \qquad (2)$$

Avec un taux de change réel supérieur à l'unité, ou un taux de change nominal supérieur à la PPA, les biens et services domestiques d'un pays sont plus chers que les biens et services du pays étranger. En l'absence de coûts de transport et de taxes, il est alors profitable d'acheter des paniers de biens au pays étranger pour les revendre dans le pays domestique. Les importations du pays domestique en produits étrangers vont donc augmenter et les exportations de produits domestiques diminuer. Corrélativement, sur le marché du change, la demande de monnaie étrangère en échange de monnaie domestique de la part des importateurs domestiques augmente alors que l'offre de monnaie étrangère en échange de monnaie domestique de la part des importateurs étrangers diminue. Tant qu'il existe une marge de profit positif, $P \times e > P^*$, pour des prix intérieurs inchangés dans les deux pays, ces échanges entrainent une appréciation de la monnaie étrangère ou encore une dépréciation de la monnaie domestique relativement à la monnaie étrangère, contribuant à faire converger le taux de change nominal vers la parité de pouvoir d'achat. Inversement, avec un taux de change réel inférieur à l'unité, ou un taux de change nominal inférieur à la PPA, la monnaie domestique tend à s'apprécier dans le cadre d'échanges extérieurs favorisant les exportations domestiques.

Avec des niveaux de prix internes variables, si le rapport des prix domestiques P sur les prix étrangers P^* reste stable, les variations du taux de change réel $\varphi = e \times (P/P^*)$ reflètent celles du taux de change nominal. Les taux de change nominaux et réels peuvent cependant varier en sens contraire. Dans la première moitié des années 70, la dépréciation de la livre en termes de dollars e est plus que compensée par une inflation britannique supérieure à celle des États-Unis (illustrée par la baisse de la parité de pouvoir d'achat sur cette période) de sorte que le taux de change réel augmente alors que le taux de change nominal diminue.

2 – Taux de change effectif nominal et réel. En 2014, les États-Unis font du commerce principalement avec trois groupes de pays : ses voisins du nord et du sud (le Canada et le Mexique représentant en particulier 28% des exportations américaines et sensiblement un même pourcentage d'importations), les pays d'Europe de l'Ouest (qui comptent pour 15% des exportations et 18% des importations américaines) et enfin les pays d'Asie (Chine et Japon comptant pour 11% des exportations et 26% des importations américaines). La pratique qui consisterait alors à mesurer la valeur d'une monnaie domestique en termes de la monnaie d'un seul des partenaires commerciaux et d'appeler cette valeur « le taux de change » serait profondément inexacte.

Ainsi, lorsqu'on fait référence à une tendance générale du dollar US et du yen japonais à s'apprécier et de l'euro à se déprécier en termes nominaux, on fait référence à la valeur de la monnaie d'un pays relativement aux monnaies de ses principaux partenaires commerciaux. Également, si l'on désire une mesure globale de la compétitivité prix d'un pays, il faut la mesurer relativement aux biens et services de tous ses principaux compétiteurs. On calcule alors des taux de change effectifs sous la forme d'une moyenne géométrique pondérée de taux bilatéraux.

Formellement, pour un pays i commerçant avec n autres pays d'indice j, les taux de change effectifs s'écrivent

- taux de change effectif nominal $TCEN_i = \prod_{j=1}^{n} \left(e^{j/i}\right)^{\omega_{ij}}$
- taux de change effectif réel $TCER_i = \prod_{j=1}^{n} \left(e^{j/i} \frac{P_i}{P_j}\right)^{\omega_{ij}}$

les coefficients ω_{ij} représentant le poids du pays étranger j dans les échanges internationaux du pays i.

Exprimée sous forme d'indices, la mesure de ces taux dépend des choix qui sont retenus pour leurs composants : le nombre et l'importance des partenaires pris en compte, l'importance des poids respectifs de ceux-ci dans l'indice et la mesure des prix des biens et services[1]. Aux États-Unis, pour estimer les effets des variations des taux de change du dollar sur le commerce international du pays, la Fed utilise trois indices de taux effectif : un indice « BROAD » et deux sous-indices, « AFE » et « EME » distinguant dans l'indice BROAD les monnaies appartenant aux économies étrangères avancées (AFE *Advanced Foreign Economies*) et celles appartenant aux économies de marché émergentes (EME *Emerging Market Economies*). Ces indices sont calculés à la fois en termes nominaux et réels (sur la base de prix représentés par les indices de prix à la consommation) et avec des poids constitués par le pourcentage du pays dans le total du commerce bilatéral américain.

- L'indice BROAD contient les monnaies de 26 économies pour lesquelles le commerce bilatéral avec les États-Unis représente au moins 0,5% du total du commerce bilatéral américain.
- L'indice AFE contient les monnaies de 7 pays de l'indice BROAD, à savoir la zone euro, le Canada, le Japon, le Royaume-Uni, la Suisse, l'Australie et la Suède.
- L'indice EME contient les monnaies des 19 pays restants.

Globalement, en termes de taux de change effectif, les trois indices BROAD, AFE et EME fournissent des informations intéressantes sur l'évolution de la compétitivité internationale des États-Unis. Comme le montre l'indice BROAD, graphique 2, après la disparition du système de Bretton Woods en 1971, le dollar US s'est nominalement apprécié sur le long terme contre les monnaies de ses principaux partenaires commerciaux alors qu'en termes réels on ne distingue pas

[1] Le FMI calcule des taux effectifs par référence à 31 pays, à l'aide de coefficients ω_{ij} calculés pour les pays industrialisés (subdivisés en États-Unis, zone euro, Japon et autres pays industrialisés), pays en développement (Afrique, Asie), Amérique latine, Moyen-Orient, pays en transition de l'Europe de l'Est et la Russie. La BRI pour sa part calcule des taux effectifs par référence à 52 pays (indice Broad) et par référence à 26 pays (indice Narrow). Les indices de taux effectifs pour l'OCDE font référence à 46 pays et ceux calculés par la Commission européenne renvoient à 42 pays.

véritablement de trend de long terme significatif dans la valeur des biens et services US en termes des biens et services étrangers[1].

Graphique 2

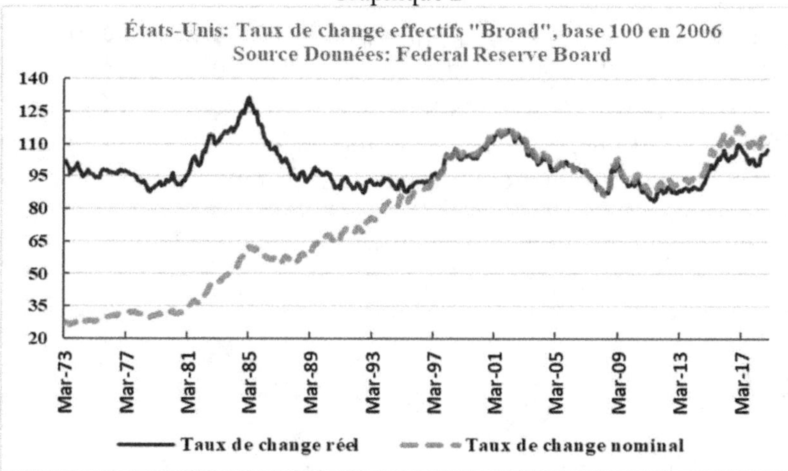

Dans les faits cependant, graphiques 3 et 4,

Graphique 3

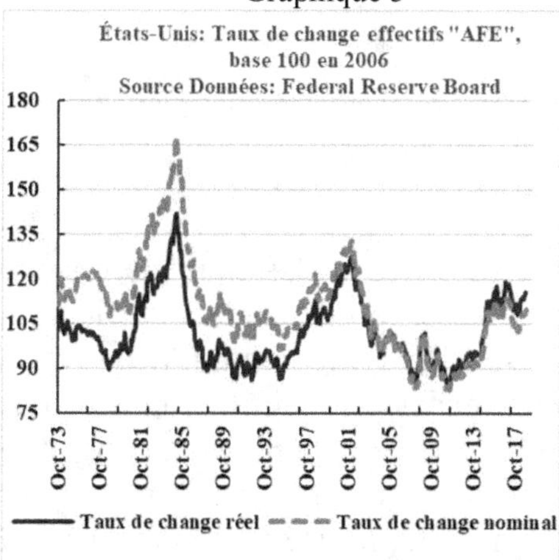

Graphique 4

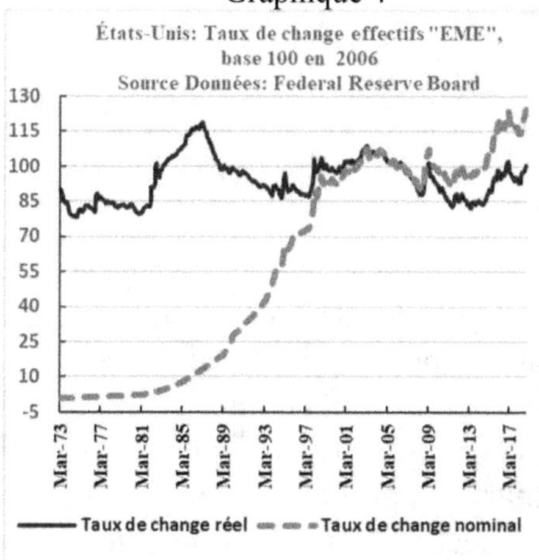

cette appréciation nominale est principalement due à l'appréciation du dollar contre les monnaies des économies de marché émergentes, les

[1] Les taux de change effectifs des graphiques 2, 3 et 4 sont ceux du Data Appendix , Beschwitz von, Bastian, Christopher G. Collins, et Deepa D.Datta (2019) : "Revisions to the Federal Reserve Dollar Indexes", FEDS Notes. Washington: Board of Governors of the Federal Reserve System, janvier.

taux effectifs AFE et EME reflétant le statut d'actif sûr du dollar et son rôle de monnaie de réserve en particulier pour les pays du groupe EME.

En ce qui concerne la zone euro, les indices de taux de change effectifs calculés par le FMI, graphique 5, reflètent les soubresauts de la marche vers l'Union monétaire à partir du Système monétaire Européen SME en 1979 qui institue entre neuf pays de la Communauté européenne, dont la France, l'Allemagne et l'Italie, un système de parités fixes avec fluctuations limitées à 2,5% maximum.

Graphique 5

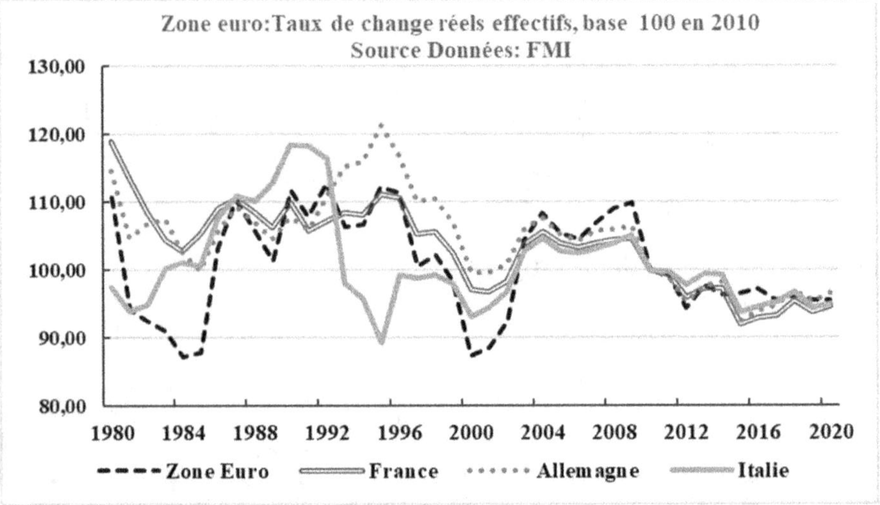

La tendance à la convergence de l'évolution des taux de change effectifs réels s'interrompt avec les problèmes posés par la réunification allemande. À partir de 1991, en raison de l'augmentation des taux d'intérêt de la Bundesbank pour contrôler les effets inflationnistes des dépenses de réunification, les capitaux affluent vers l'Allemagne et le mark s'apprécie vis-à-vis des monnaies partenaires qui luttent pour respecter les marges de fluctuation. En 1992, la lire Italienne suspend sa participation au SME et se déprécie alors que la France continue à batailler pour respecter les marges élargies par ailleurs en 1993 à 15%. La mise en circulation effective de l'euro en 2002 conduit évidemment à resserrer les écarts de variation des taux effectifs réels dont les différences ne reflètent alors plus que les différences de prix relatif des biens et services entre les pays de la zone.

II – Marchés financiers et parité des taux d'intérêt (PTI)

Dans une économie où les capitaux peuvent circuler librement entre les pays, les agents économiques arbitrent entre actifs domestiques et actifs étrangers. Pour des raisons similaires à celles susceptibles de faire converger le taux de change nominal vers la parité de pouvoir d'achat, des différences dans les rendements d'actifs sont susceptibles d'être corrigées par des mouvements internationaux de capital conduisant à la parité des taux d'intérêt. C'est encore une fois la loi du prix unique qu'il faut ici invoquer : en l'absence de contrôle des mouvements de capitaux, de coûts de transaction et en négligeant les risques pays, exprimé dans une monnaie commune, le rendement d'un même actif doit être le même dans les différents pays. Plus spécifiquement, et en restant à un niveau illustratif simple, étant donné l'achat en t d'une obligation à échéance d'un an dont le taux nominal est i_t dans le pays domestique et i_t^* à l'étranger, à échéance en $t+1$ pour une unité monétaire domestique investie dans cet actif, on obtient

- avec l'actif domestique : $1 + i_t$
- avec l'actif étranger : $(1 + i_t^*)\frac{e_t}{e_{t+1}^a}$

Une unité de monnaie domestique permet d'investir dans l'actif étranger un montant e_t de monnaie étrangère rapportant alors à échéance un intérêt de $i_t^* e_t$. La somme de ces deux termes, reconvertie en monnaie domestique au taux de change anticipé $1/e_{t+1}^a$ peut alors être comparée au rendement de l'actif domestique. La loi du prix unique fournit donc la condition de parité des taux d'intérêt (PTI) entre les deux pays, *Uncovered Interest Parity* (UIP), soit la relation :

$$1 + i_t = (1 + i_t^*)\frac{e_t}{e_{t+1}^a} \qquad (3)$$

ou encore, avec Δe_t^a variation anticipée du taux de change, pour des valeurs de i_t, i_t^* et Δe_t^a pas trop importantes[1], on a

$$i_t + \Delta e_t^a = i_t^* \qquad (4)$$

---

[1] le terme de droite de (3) peut s'écrire $\frac{(1+i_t^*)}{[1+(e_{t+1}^a - e_t)/e_t]}$, soit encore $\frac{(1+i_t^*)}{1+\Delta e_t^a}$ d'où finalement la relation (4) dans la mesure où $i_t \Delta e_t^a \cong 0$.

Ainsi, dans le cas où l'on anticiperait une augmentation du taux de change domestique, $\Delta e_t^a > 0$, pour être indifférent entre l'achat d'une obligation domestique et l'achat d'une obligation étrangère, le taux d'intérêt étranger i_t^* doit être supérieur au taux d'intérêt domestique d'un montant compensant la dépréciation de la monnaie étrangère. Lorsqu'on anticipe une diminution du taux de change domestique, $\Delta e_t^a < 0$, le taux d'intérêt domestique doit être supérieur au taux d'intérêt étranger d'un montant compensant la dépréciation de la monnaie domestique. Lorsque la condition (3) ou (4) est vérifiée, les agents économiques sont indifférents entre détenir des actifs domestiques et détenir des actifs étrangers et n'ont donc pas de raison de modifier la composition de leur portefeuille financier.

La condition de parité des taux d'intérêt montre qu'à moins qu'un pays soit disposé à tolérer de larges variations de ses taux de change, les taux d'intérêt domestiques et étrangers covarient dans le même sens. En particulier, si un pays adopte un régime de change fixe vis-à-vis d'un autre pays et que ce régime est considéré comme crédible, on a $e_{t+1}^a = e_t$ et le taux d'intérêt domestique doit être égal au taux d'intérêt étranger.

Quelle relation entre parité de pouvoir d'achat et parité des taux d'intérêt ? Comme on l'a vu, le concept de parité de pouvoir d'achat sert de point de référence à une théorie qui fait converger les taux de change (bilatéraux) vers les taux de PPA équilibrant les échanges extérieurs en biens et services. Mais la loi du prix unique joue aussi pour les actifs financiers dont la mobilité et le volume sont bien supérieurs à la mobilité et au volume des biens et services. On estime généralement que s'échange chaque jour sur les marchés des changes une valeur (en dollars) comprise entre un et deux mille milliards, ce qui représente environ un huitième du PIB des États-Unis, alors qu'au niveau mondial, le montant journalier moyen des biens et services échangés se monterait à moins de 100 milliards de dollars, soit un dixième du volume total des échanges monétaires. Lorsque le capital est mobile, dans le court terme c'est la condition de parité des taux d'intérêt qui explique les fluctuations de court terme des taux de change autour d'une valeur qui aurait tendance, sur le long terme, à exprimer la parité de pouvoir d'achat. Comme pour les biens et services d'ailleurs, la loi du prix unique pour les actifs financiers s'écrit en termes réels plutôt que nominaux. Ce sont les rendements réels des actifs qui importent pour les investisseurs. Étant donnés le taux d'intérêt réel $r_t = i_t - \pi_{t+1}^a$ et le taux de change réel φ, la condition de parité des taux d'intérêt en termes réels s'écrit

$$1 + r_t = (1 + r_t^*) \frac{\varphi_t}{\varphi_{t+1}^a} \qquad (5)$$

III – Balance des paiements : transactions courantes, opérations financières et position extérieure nette (PEN) d'un pays.

La Balance des paiements d'un pays rassemble sur une période donnée l'ensemble des transactions en biens et services, en revenus et transferts et financières du pays avec le reste du monde (RDM). Les flux représentatifs de ces transactions sont répartis sur trois comptes : le Compte des transactions courantes, le Compte de capital et le Compte financier. Présentée selon les règles de la comptabilité en partie double, la Balance des Paiements est toujours équilibrée, chaque transaction – financière ou non financière – avec un non-résident ayant nécessairement pour contrepartie une variation des avoirs ou des engagements vis-à-vis du reste du monde[1].

- Le Compte des transactions courantes concerne les opérations de vente (exportation) ou d'achat (importation) de biens et services, les revenus et transferts reçus ou versés résultant de la participation respective des résidents et des non-résidents à l'activité économique du pays partenaire. Figure au crédit (débit) du compte tout ce qui en matière de biens et services correspond à une vente (un achat) et, en matière de revenus et transferts, ce qui est reçu du RDM (versé au RDM).

- Le Compte de capital retrace les transferts en capital (reçus au crédit et versés au débit) effectués à l'occasion de remises de dettes, acquisitions d'actifs non financiers comme les cessions de brevets, de logos, de droits d'auteur…. Son total est généralement d'un montant faible de même que son solde.

- La consolidation des deux comptes forme le Compte des opérations non financières. Le solde de ce compte mesure s'il est négatif le besoin de financement du pays et s'il est positif la capacité de financement de

[1] Le critère de base est celui de la résidence des agents économiques, distinct du critère de nationalité. Les résidents sont en particulier les personnes physiques ayant leur centre d'intérêt économique prédominant dans le pays, quelle que soit leur nationalité.

celui-ci. En 2022, comme le montre le tableau 2 ci-dessous, la France a dépensé plus en transactions courantes qu'elle n'a reçu, laissant apparaître un solde négatif de −53,9 milliards d'euros. Compte tenu d'un solde positif du Compte de capital de 10,7, il apparaît un besoin de financement de 43,2 milliards d'euros.

Tableau 2: Balance des paiements de la France, 2022, milliards d'euros

	Crédit		Débit		Solde
1 . Compte des transactions courantes	1236,0		1289,9		−53,9
1.1 Biens	export	636,6	import	773,9	−173,3
1.2 Services	ventes	326,9	achats	274,9	52,0
1.3 Revenus primaires	reçus	228,2	versés	151,4	76,7
1.4 Revenus secondaires	reçus	44,3	versés	89,7	45,3
2. Compte de capital	11,8		1,1		10,7
Compte des opérations non financières Besoin de financement					−43,2

Le rôle du compte financier est alors de rendre compte de la manière dont ce besoin de financement a été couvert.

A – Opérations financières, besoin et capacité de financement

Pour la compréhension des déséquilibres internationaux et des effets que ceux-ci peuvent avoir à long terme sur la stabilité économique et financière des pays, il est important de distinguer deux types de flux différents concernant les opérations financières[1] : ceux liés aux échanges transfrontaliers de biens et services et ceux qui n'en dépendent point. Kumho et al.[2] proposent ainsi de distinguer dans le compte financier les flux transfrontaliers de paiement net et les flux transfrontaliers financiers.

- Un flux transfrontalier de paiement net correspond au transfert transfrontalier d'un moyen d'échange pour le règlement, de l'acheteur au vendeur, d'une contrepartie inséparable représentée par un flux de

[1] Borio Claudio et Piti Disyata (2011) : "Global imbalances and the financial crisis: Link or no link ?", BIS Working Papers No 346, Monetary and Economic Department, mai.

[2] Kumho Michael, Phurichai Rungcharoenkitkul et Andrej Soko (2020) : "How does international capital flow ?", Bank of England Staff Working Paper No. 884, novembre.

ressources physiques traversant la frontière en sens opposé. Dans la Balance des paiements, le flux physique est enregistré dans le Compte courant et le flux financier associé dans le Compte financier. Les flux de paiement net sont donc en miroir dans le Compte financier l'image des flux du Compte courant.

- Un flux transfrontalier financier correspond au transfert d'un moyen d'échange, entre l'acheteur et le vendeur, en règlement d'une contrepartie inséparable représentée par un autre flux financier traversant la frontière en sens inverse, sans aucun rôle de la part des ressources physiques. Dans la Balance des paiements, ces deux flux sont alors enregistrés dans le Compte financier et se compensent ainsi au niveau du solde. Ils sont sans relation avec les flux de paiement net. Seuls exercent ainsi une influence sur le solde du Compte financier les flux de paiement net dont la contrepartie se trouve dans le Compte courant et dans le Compte de capital.

Il résulte de cette distinction que le solde du Compte financier est, en négligeant les erreurs et omissions nettes éventuelles, égal au solde du Compte des opérations non financières et traduit, sur le plan des opérations financières, la manière dont ce solde s'est concrétisé.

Les opérations financières se décomposent en investissement direct, investissement de portefeuille, instruments financiers dérivés, autres investissements et avoirs de réserve. Dans la colonne des Avoirs sont inscrites toutes les opérations financières se traduisant par des sorties de capitaux du pays et dans la colonne des Engagements toutes les opérations se traduisant par des entrées de capitaux dans le pays. Un solde négatif du Compte financier traduit un pays emprunteur net sur la période, une entrée de capital destinée à financer le déficit du Compte courant. Un solde positif du Compte financier traduit un pays prêteur net sur la période, une sortie de capital destinée à financer une partie du déficit extérieur du RDM.

Concernant la Balance des paiements de la France pour 2022, le tableau 3 complète le tableau précédent par le Compte financier.

Tableau 3: Balance des paiements de la France, 2022, milliards d'euros

	Avoirs Sortie de capital	Engagements Entrée de capital	Solde
Compte des opérations non financières Besoin de financement			$-43{,}2$
3. Compte financier	520	577,8	$-57{,}8$
3.1 Investissement direct	45,6	34,6	11,0
3.2 Investissement de portefeuille	28,4	147,8	$-119{,}4$
3.3 Dérivés et autres investissements			48,7
3.4 Avoirs de réserve			1,9
4. Erreurs et omissions nettes			$-14{,}6$

Par définition, les erreurs et omissions nettes sont la différence entre le solde du Compte financier d'une part et d'autre part la somme des soldes du Compte des transactions courantes et du Compte de capital, soit $-57{,}8 - (-43{,}2) = -14{,}6$. On notera que les entrées nettes d'investissement de portefeuille[1], d'un montant de 119,4 milliards d'euros, représentent la principale contrepartie du besoin de financement de la France en 2022.

Il est important de ne pas manquer la signification économique qui se cache derrière les conventions comptables qu'expriment les soldes. Pour expliciter cette signification, considérons la relation suivante d'équilibre sur le marché des biens et services

$$Y = C + I + G + X - M/\varphi \qquad (6)$$

avec C consommation finale, I investissement, G dépenses publiques, X exportations et M/φ importations de produits étrangers convertis en équivalents domestiques à l'aide du taux de change effectif réel φ. La différence $X - M/\varphi$ représente le solde des transactions courantes en biens et services, ou sous une autre dénomination, les exportations nettes NX. Si l'on ajoute à ces exportations nettes en biens et services

[1] « Les investissements de portefeuille comprennent toutes les opérations sur titres négociables entre résidents et non-résidents – achats à l'émission, négociations et remboursements – à l'exception de celles comprises au sein des investissements directs, des avoirs de réserve et des instruments financiers dérivés », Balance des paiements et position extérieure de la France, Méthodologie, Banque de France 2015.

(1) les revenus nets de l'étranger NR (différence entre les revenus reçus du RDM et ceux versés au RDM) et (2) les transferts nets de l'étranger NT (différence entre les transferts reçus du RDM et ceux versés au RDM), on obtient le solde de la balance des transactions courantes, ou solde des transactions courantes $STC = NX + NR + NT$.

Comme la relation (6) peut encore s'écrire $(Y + NR + NT - T) - C = I + (G - T) + STC$, avec T montant des recettes fiscales, le terme de gauche de l'équation est la différence entre le revenu national disponible et la consommation, soit l'épargne privée domestique S_p. Il en résulte que le solde des transactions courantes STC s'écrit encore

$$STC = S_p + (T - G) - I \qquad (7)$$

Ce solde est égal à la différence entre l'épargne domestique S (somme de l'épargne privée S_p et de l'épargne publique $T - G$) et l'investissement domestique. Un solde négatif des transactions courantes renvoie donc à une épargne domestique inférieure à l'investissement. Cette insuffisance d'épargne peut être due à une faiblesse de l'épargne privée S_p et (ou) à une faiblesse de l'épargne publique $T - G$, en particulier lorsque le pays a un déficit budgétaire, $T - G < 0$. De manière générale :

$STC < 0 \Leftrightarrow S < I \Leftrightarrow$ besoin de financement $\Longrightarrow$ entrée nette de capitaux, soit une augmentation des engagements ou une diminution des avoirs extérieurs.

$STC > 0 \Leftrightarrow S > I \Leftrightarrow$ capacité de financement $\Longrightarrow$ sortie nette de capitaux, soit une augmentation des avoirs ou une diminution des engagements extérieurs.

Dans le cas d'un pays emprunteur net, le financement par le reste du monde peut correspondre à la fois aux besoins de financement du secteur privé et du secteur public. Pour une différence $S_p - I$ donnée, le solde des transactions courantes varie dans le même sens que le solde budgétaire. Lorsque le déficit budgétaire du pays s'accroît, le déficit extérieur du pays s'accroît également. La concordance observée de ces deux déséquilibres aux États-Unis à partir des années 70, graphique 6, a donné lieu à l'expression populaire de « déficits jumeaux », « *twin deficits* ».

Graphique 6

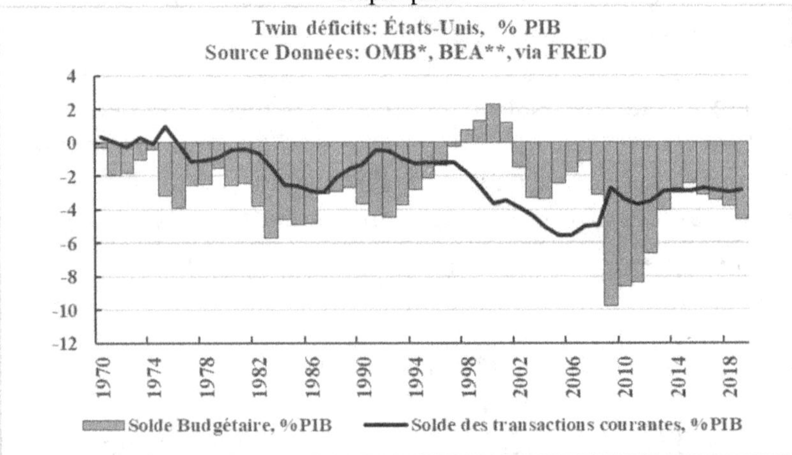

*Office of Management and Budget, ** Bureau of Economic Analysis

Sur le graphique, on constate cependant que si une évolution synchrone parallèle des deux soldes s'observe jusqu'à la fin des années 80, les évolutions divergent ensuite, notamment sur les années 90 et au début des années 2000 où le budget fédéral passe d'une position déficitaire à une position excédentaire alors que le déficit extérieur s'accroît. Ce n'est que si l'écart entre l'épargne privée et l'investissement reste constant que les deux soldes, extérieur et budgétaire varient dans le même sens.

La concordance de la détérioration des deux soldes s'explique alors par un mécanisme simple. Une augmentation du déficit budgétaire s'accompagne d'une augmentation des taux d'intérêt attirant les capitaux étrangers : la demande étrangère corrélative de dollars provoque une hausse du taux de change effectif réel renchérissant le prix des exportations et diminuant celui des importations, ce qui conduit à une détérioration du solde des transactions courantes. Dans un article du Financial Times en 1984, Georges Soros avait attiré l'attention sur ce qu'il qualifiait de « cercle impérial » du dollar, faisant remarquer le processus bénéfique dont bénéficiaient les États-Unis à l'époque des déficits publics de Reagan. La hausse des taux d'intérêt américains permettait de financer le déficit extérieur en biens et services par des capitaux étrangers tandis que l'appréciation du dollar modérait l'inflation. Les États-Unis bénéficiaient ainsi d'une forte croissance économique, d'une faible inflation et d'un déficit budgétaire financé par un afflux de capitaux étrangers.

B – La position extérieure nette.

La position extérieure nette d'un pays (PEN), (*NIIP Net International Investment Position*) mesure la situation patrimoniale du pays vis-à-vis de l'extérieur. Elle est égale à la différence entre le stock des avoirs détenus par les résidents du pays sur le reste du monde et le stock des engagements des résidents vis-à-vis du reste du monde. Une position extérieure nette positive (négative) correspond à un stock d'actifs étrangers détenus par le pays supérieur (inférieur) au stock d'actifs domestiques détenus par l'étranger. Le pays est alors créditeur net (débiteur net) vis-à-vis du reste du monde.

On a tendance à penser que la variation de la PEN est égale au solde du compte des transactions courantes (abstraction faite du compte de capital), un déficit des opérations courantes se traduisant par une détérioration de cette position. Il viendrait alors la relation suivante $\Delta PEN = STC = S - I$ et la position extérieure nette varierait en fonction du cumul des STC. Dans la réalité, la variation de la position extérieure nette diffère du solde des transactions courantes parce que les positions de stock sont exposées à des réévaluations en raison de la variation des taux de change Δt_{dc} et des prix des actifs Δp_{act} affectant les stocks bruts préexistants d'avoirs et d'engagements extérieurs.

Les réévaluations provenant des taux de change tiennent au fait que les actifs et engagements, libellés en différentes devises, sont enregistrés dans la monnaie domestique du pays. Une dépréciation de la monnaie domestique peut donc augmenter la PEN du pays dans la mesure où une proportion de ses avoirs extérieurs plus grande que celle de ses engagements est libellée en monnaie étrangère. Une diminution des prix des actifs domestiques tend à améliorer la PEN dans la mesure où les non-résidents détiennent une partie de ces actifs, conduisant à une diminution de la valeur des engagements extérieurs. La formule donnant la variation de la PEN entre deux périodes est donc :

$$PEN_t = PEN_{t-1} + STC + \Delta t_{dc} + \Delta p_{act} + autres \qquad (8)$$

et le graphique 7 illustre pour le Royaume-Uni l'importance de la différence entre l'évolution effective de la PEN et celle calculée à partir du cumul des soldes financiers nets, en partant d'une valeur commune de 0,56 au premier trimestre de l'année 2000.

Graphique 7

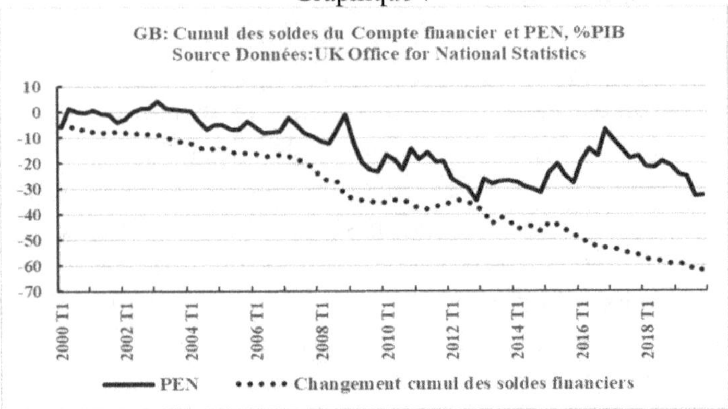

À la fin de l'année 2019, la PEN, débitrice nette, est de 32,8% du PIB, en valeur supérieure à celle qui résulterait du seul cumul des flux financiers nets. On notera en particulier l'impact important sur la PEN de la dépréciation de la livre sterling consécutive à l'annonce en juin 2016 du référendum sur l'appartenance du Royaume-Uni à l'UE.

Le graphique 8 représente l'évolution des positions extérieures nettes de différents pays ou groupes de pays jusqu'en 2022.

Graphique 8

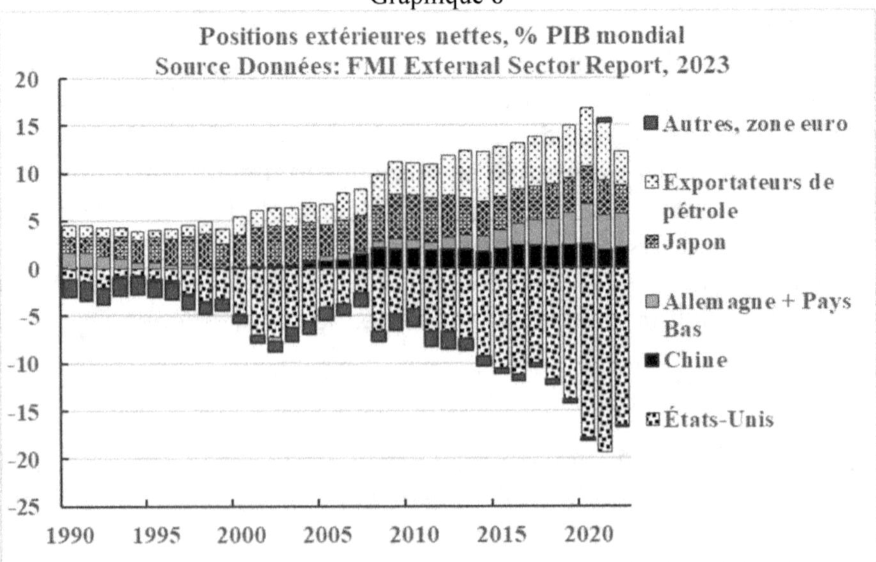

Section II – Le trilemme de la politique macroéconomique en économie ouverte.

I – **Politique économique, régime de change et mobilité du capital.**

La condition de parité des taux d'intérêt, sous sa forme (3) ou (4), met clairement en évidence le fait qu'en économie ouverte, avec une mobilité internationale du capital, la politique macroéconomique rencontre des contraintes nouvelles. À moins que les pays soient disposés à accepter de larges fluctuations dans leurs taux de change, les taux d'intérêt domestiques et étrangers covarient généralement dans le même sens. Ces contraintes concernent la politique budgétaire comme la politique monétaire, mais leurs effets portent plus particulièrement sur la politique monétaire dont l'indépendance est susceptible d'être compromise en fonction du régime de change choisi.

Pour préciser la nature de court terme de ces contraintes, considérons un univers économique dans lequel à court terme les prix domestiques P et les prix étrangers P^* sont constants de sorte que les variations des taux d'intérêt réels domestiques et étrangers sont identifiables à celles des taux nominaux et le taux de change réel de l'économie $\varphi = e(P/P^*)$ n'est plus fonction que du taux de change nominal e, prix de la monnaie domestique en termes de la monnaie étrangère. On suppose également qu'à court terme, ce sont les mouvements de capitaux qui contribuent à la variation des taux de change nominaux et non pas les déséquilibres des échanges extérieurs en biens et services. La relation (6) d'équilibre sur le marché des biens et services s'écrit donc

$$Y = C(Y - T) + I(r) + G + NX(Y, Y^*, \varphi) \qquad (9)$$

dans laquelle Y et Y^* sont respectivement produit domestique et produit étranger, r taux d'intérêt réel domestique et $NX = X - M/\varphi$ exportations nettes en biens et services. Si on néglige les revenus nets NR et les transferts nets de l'étranger NT ainsi que le compte de capital, le solde des transactions courantes STC est égal aux exportations nettes en biens et services $NX = X - M/\varphi$ et il vient la fonction

$$STC(Y, Y^*, e) \qquad (10)$$

Dans cette fonction, toute chose égale par ailleurs, via les propensions marginales à importer des pays, une augmentation du produit domestique Y augmente les importations et détériore STC. Une augmentation du produit du reste du monde Y^* augmente les exportations et améliore STC.

L'effet d'une augmentation du taux de change nominal sur $X - M/\varphi$ est plus ambigu dans la mesure où l'augmentation du taux de change réel $\varphi = e(P/P^*)$ désavantage les exportations X du pays dont le prix Pe augmente et avantage les importations M dont le prix $P^*\left(\frac{1}{e}\right)$ diminue. Les exportations diminuent, les importations augmentent, mais φ augmente également, de sorte que la diminution des exportations et l'augmentation des importations doivent être suffisamment fortes pour compenser l'augmentation de φ et assurer une diminution du solde extérieur. Sous cette condition, appelée condition de Marshall-Lerner[1], généralement considérée vérifiée pour les échanges extérieurs entre pays, le solde des transactions courantes varie en sens inverse du taux de change réel et donc ici du taux de change nominal e. Une appréciation de la monnaie domestique détériore donc le compte des transactions courantes et une dépréciation améliore ce dernier.

En matière de politique budgétaire, la contrainte du régime de taux de change peut ne pas être effective dans la mesure où la Banque centrale intervient pour maintenir son taux d'intérêt à un niveau constant. Dans le cas d'une politique budgétaire expansionniste par exemple, avec une Banque centrale fournissant aux marchés financiers les liquidités nécessaires pour que le financement de la dépense publique ne se traduise pas par une hausse du taux d'intérêt domestique, à anticipations constantes, la condition de parité des taux (3) n'est pas modifiée. Les investisseurs n'ont donc pas de raison de modifier leur répartition entre actifs domestiques et actifs étrangers et à ce titre il n'y

---

[1] Partons d'un solde extérieur en biens et services nul, $NX = X - M/\varphi = 0$ et envisageons les effets d'une variation de φ sur NX. À partir de $\varphi NX = \varphi X - M$, on peut écrire $\Delta\varphi NX + \varphi\Delta NX = \Delta\varphi X + \varphi\Delta X - \Delta M$, ce qui, avec $NX = 0$ et en divisant tout par φX, donne (1) $\Delta NX/X = \Delta\varphi/\varphi + \Delta X/X - \Delta M/M$, étant donné qu'avec un solde extérieur nul, on a $\varphi X = M$. En divisant (1) par $\Delta\varphi/\varphi$, il vient l'expression suivante en termes d'élasticité par rapport au taux de change réel : $\varepsilon_{NX}^{\varphi} = 1 + \varepsilon_X^{\varphi} - \varepsilon_M^{\varphi}$. La condition de Marshall Lerner, exprimant que le solde extérieur s'améliore lorsque le taux de change réel diminue, est $1 + \varepsilon_X^{\varphi} - \varepsilon_M^{\varphi} < 0$.

a pas de pression s'exerçant sur le taux de change. Le produit domestique *Y* augmente à taux de change constant en raison de l'augmentation de la demande domestique et l'augmentation résultante des importations dégrade le solde des transactions courantes.

En revanche, si la Banque centrale intervient pour contraindre les effets expansionnistes de la politique budgétaire, laissant par exemple le taux d'intérêt domestique augmenter en raison de la pression qu'exerce sur ce taux le financement du déficit budgétaire, cette intervention peut ne pas être efficace. La hausse du taux d'intérêt domestique provoque une modification de la composition des portefeuilles de titres en faveur des actifs domestiques, un afflux de capital, une augmentation corrélative de demande de monnaie domestique en échange de monnaie étrangère. En régime de change fixe, pour éviter l'appréciation de la monnaie domestique, la Banque centrale est tenue d'acheter de la monnaie étrangère. À l'actif du bilan de la Banque, les réserves de change augmentent, augmentant la quantité de monnaie domestique de base (de la même manière qu'augmente la monnaie de base au titre d'une intervention d'*open market* d'achat de titres), contribuant à permettre un financement du déficit budgétaire à taux d'intérêt constant. Ainsi, dans le cas d'une mobilité internationale du capital, le gouvernement d'un pays ne peut simultanément se donner un objectif de change fixe et poursuivre une politique monétaire orientée vers des objectifs internes.

Les choses changent en régime de change flexible. Plutôt que d'intervenir sur le marché des changes pour éviter l'appréciation de la monnaie domestique, la Banque centrale peut laisser le taux de change s'apprécier. Deux effets contribuent alors à limiter la politique budgétaire expansionniste : la hausse du taux d'intérêt domestique d'une part diminuant la demande d'investissement et d'autre part l'appréciation du change réduisant la demande extérieure nette et dégradant le solde des transactions courantes.

Le trilemme de la politique monétaire macroéconomique, qualifié de trilemme de Mundell-Fleming[1] (du nom des deux auteurs ayant

---

[1] Mundell, R. A. (1963) : "Capital Mobility and Stabilization Policy Under Fixed and Flexible Exchange Rates", Canadian Journal of Economics and Political Science, vol. 29, p. 303-24.
Fleming, J. M. (1962) : "Domestic Financial Policies Under Fixed and Under Floating Exchange Rates", Staff Papers, Vol. No. 9, Washington, DC: International Monetary Fund, p. 369-79.

simultanément analysé en économique ouverte les conditions d'efficacité des politiques monétaires et budgétaires en fonction des régimes de change et du degré de mobilité internationale du capital), énonce qu'en économie ouverte au plus deux des trois objectifs suivants peuvent être poursuivis : (i) une libre circulation internationale du capital (ii) un régime de change fixe et (iii) une politique monétaire « autonome », orientée vers des objectifs internes.

Si l'on retient (ii) et que l'on conserve (i), avec un taux de change nominal fixe considéré comme crédible, on a $e_t = e_{t+1}^a$ et le taux d'intérêt domestique i_t est scotché au niveau du taux d'intérêt étranger i_t^* en raison de la relation (3). La tentative d'augmenter i_t se traduit par un afflux de capital, une appréciation du taux de change que la Banque doit contrer par l'absorption de l'offre excédentaire de monnaie étrangère. L'augmentation corrélative de la quantité de monnaie domestique ramène le taux d'intérêt à son niveau initial. Dans le cas d'une tentative de diminuer le taux d'intérêt domestique, le rendement des actifs étrangers devenant plus attractif, la sortie de capital se traduit par une offre excédentaire de monnaie domestique, une pression à la baisse du taux de change que la Banque doit contrarier en utilisant une partie de ses réserves de change pour absorber cet excédent. La diminution corrélative de la quantité de monnaie domestique ramène le taux d'intérêt à son niveau initial.

Dans un environnement économique changeant, pour un pays, la crédibilité de son taux de change fixe repose alors pour beaucoup sur un contrôle des mouvements de capitaux. Dans ce cas, en abandonnant (i), la Banque centrale récupère une capacité de politique monétaire autonome dont elle dispose aussi manifestement lorsqu'elle abandonne (ii) et adopte un régime de change flexible. Il est intéressant de constater qu'avec un régime de change flexible, la variation induite du taux de change renforce l'effet qu'exerce le taux d'intérêt sur la demande domestique. Une hausse (baisse) du taux d'intérêt résultant d'une politique monétaire restrictive (expansionniste) s'accompagne d'une appréciation (dépréciation) du taux de change, détériorant (améliorant) le solde des échanges en biens et services.

Dans une optique de court terme où, avec un taux de change fixe, le pays perd finalement deux instruments de politique économique, le taux d'intérêt et le taux de change, pourquoi alors adopter un régime de change fixe ?

- Une première raison tient à ce que, dans un plus long terme où les prix sont flexibles, la fixité du taux de change nominal ne contraint pas le taux de change réel, susceptible de varier en fonction du rapport des prix des biens domestiques aux prix des biens étrangers P/P^*. Avec des taux de change fixes, l'impossibilité de relancer l'économie par une politique monétaire expansionniste peut se trouver compensée par l'avantage que procure sur le plus long terme un taux d'inflation inférieur à ceux de compétiteurs. Dans un monde où les taux de change sont fixes, les déséquilibres des échanges extérieurs se résolvent dans le court terme par les modifications des produits intérieurs domestiques en attendant que dans le plus long terme, la flexibilité des prix prenne le relais pour modifier les taux de change effectifs réels. C'est sur ce type de mécanisme que reposait le système monétaire international jusqu'à la première guerre mondiale avec l'étalon or, le *Gold Standard.*

- Une seconde raison tient à la volatilité des taux de change en régime de change flexible dans la mesure où les taux présents dépendent de l'évolution des taux d'intérêt futurs domestiques et étrangers sur toutes les périodes faisant partie de l'horizon d'anticipation des agents économiques. La relation (3) peut s'écrire $e_t = \frac{1+i_t}{1+i_t^*} e_{t+1}^a$ et, dans la mesure où l'horizon d'anticipation s'étend jusqu'à la période $t+n$, comme il est légitime de considérer que e_{t+1}^a peut s'écrire $e_{t+1}^a = \frac{1+i_{t+1}^a}{1+i_{t+1}^{*a}} e_{t+2}^a$, en généralisant à toute période $j \leq n$, une anticipation du taux de change en $t+j$ s'écrit $e_{t+j}^a = \frac{1+i_{t+j}^a}{1+i_{t+j}^{*a}} e_{t+j+1}^a$. En introduisant successivement ces anticipations dans l'expression de e_t, il vient

$$e_t = \frac{1+i_t}{1+i_t^*} \frac{1+i_{t+1}^a}{1+i_{t+1}^{*a}} \dots \dots \frac{1+i_{t+n}^a}{1+i_{t+n}^{*a}} e_{t+n+1}^a \qquad (11)$$

Cette relation montre que le taux de change présent dépend des anticipations des taux d'intérêt futurs domestiques et étrangers et d'un taux de change en fin d'horizon e_{t+n+1}^a. De la sorte, l'anticipation par exemple d'une politique monétaire restrictive à l'étranger peut conduire à des anticipations de hausse future du taux d'intérêt étranger et à une dépréciation présente du taux de change domestique. Dans un monde de mobilité internationale du capital, exposé à de larges mouvements spéculatifs de capitaux, un régime de change fixe contribue à stabiliser la volatilité des taux de change nominaux.

- Enfin, d'autres raisons peuvent tenir au désir d'un pays de gagner ou de maintenir un avantage comparatif par une politique de manipulation du taux de change. Contrairement à la persistance d'un déficit extérieur obligeant un pays à soutenir son taux de change au risque de voir ses réserves de change s'épuiser et être contraint à une dévaluation forcée, un pays en excédent peut soutenir son taux de change sur longue durée, n'étant pas exposé à un retournement de l'opinion des prêteurs.

Lorsqu'on s'intéresse sur le plus long terme au choix du régime de change, le modèle de Mundell-Fleming est sous de nombreux aspects une approximation trop fruste de la réalité. Knight et Scacciavillani (1998) remarquent que la faiblesse majeure de ce modèle tient à son caractère statique. En se concentrant sur le court terme, il néglige l'impact de l'investissement net sur le stock de capital physique et l'impact du déséquilibre des transactions courantes sur l'endettement international net. Sur le plus long terme, l'adoption d'une politique de change fixe est envisagée par certains comme l'instrument d'une discipline de politique économique, par d'autres comme l'instrument d'une politique de développement. Ces deux aspects sont illustrés respectivement par la politique de change de l'Argentine à partir de 1991 et par celle de la Chine à partir des années 1990.

II – Le taux de change fixe comme discipline économique : les leçons du *currency board* de l'Argentine, 1991-2001.

Depuis la Seconde Guerre mondiale, l'Argentine connait une longue histoire de déséquilibres macroéconomiques et de forte inflation culminant dans une hyper inflation entre 1989 et 1991. Dans les années 50 et 60, l'inflation annuelle tourne autour de 30% et dans les années 70 dépasse les 100%. Au début des années 80, elle s'accélère et dans le milieu de la décade excède les 600% par an. Cette inflation chronique résulte en grande partie du fait qu'à partir de 1946 avec l'élection de Juan Domingo Peron, les péronistes et les militaires alternant au pouvoir jusqu'en 1983 préfèrent s'offrir un état providence à crédit, créant de la monnaie pour financer le déficit public. En 1983, avec le retour de la démocratie, après l'intermède de la présidence de Raoul

Alfonsin succède à nouveau en 1989 un péroniste, Carlos Menem. Sous sa présidence est adopté en 1991 le Plan de convertibilité dans le cadre duquel s'inscrit le « *currency board* ».

1 – Le Plan de convertibilité de 1991 et le *currency board*. Ce plan est un programme complexe combinant les éléments d'une politique orthodoxe de stabilisation avec des réformes structurelles destinées à assurer sur le long terme la stabilité des prix et la croissance. Comme le remarque Miguel A. Kiguel[1], à l'époque chef des conseillers et sous-secrétaire aux finances au ministère argentin de l'Économie, des Travaux publics et des Services, le programme démarre avec un handicap dans la mesure où il doit surmonter le manque de confiance que dans ce pays tout nouveau plan de stabilisation provoque à la suite de décades de forte inflation et de nombreuses tentatives avortées de stabilisation. Les éléments d'une politique de stabilisation sont explicités dans la loi de Convertibilité et la Charte de la Banque centrale adoptées en 1991. Cette politique comprend la mise en place d'un système de « caisse d'émission » ou « *currency board* », système reposant sur l'engagement, présenté comme irrévocable, de maintenir un taux de change fixe entre la monnaie domestique et une autre monnaie (le dollar) et d'assurer une convertibilité automatique entre ces deux monnaies. Plus précisément :

- Le taux de change entre le peso argentin et le dollar est fixé par la loi, un peso s'échange contre un dollar US et tout changement de taux doit être approuvé par le Congrès argentin.
- La charte de la Banque centrale exige que la monnaie de base (pièces et billets en circulation plus les dépôts à vue des banques auprès de l'institut d'émission) soit entièrement couverte par les réserves de change. Jusqu'à un tiers de cette couverture peut être constitué d'obligations publiques libellées en devises étrangères et évaluées aux prix du marché.
- La loi interdit à la Banque centrale de financer directement le déficit budgétaire. Elle ne peut le faire que de manière indirecte par l'achat d'obligations sur le marché. L'augmentation des avoirs en obligations publiques détenues par la Banque centrale ne doit pas dépasser 10% par an.

---

[1] Kiguel Miguel A. (1999) : "The Argentine Currency Board" , Economics 1, juillet.

- La libre circulation du capital est rétablie. Il n'existe plus aucun contrôle concernant les transactions de toute nature entre les résidents et les non-résidents.

On notera que le système mis en place en Argentine ne signifie pas un abandon de toute souveraineté monétaire. Il limite bien sûr la capacité d'intervention de la Banque centrale. Mais avec une partie de la base monétaire couverte par des obligations publiques, tant que la part de celles-ci n'excède pas la limite supérieure imposée, il y a un espace possible permettant à la Banque centrale d'intervenir en tant que prêteur en dernier ressort en cas de crise systémique de liquidité.

Combiné aux mesures structurelles de plus long terme visant à réduire le déficit public (privatisation d'entreprises publiques, réforme du système de sécurité sociale et réduction de l'emploi public), le Plan de convertibilité rencontre dans la première moitié des années 90 un succès. L'inflation chute de 172 % en 1991 à 24,6 % en 1992 et l'Argentine enregistre en trois années une croissance de 25 % de son PIB. Fin 1994, les marchés ont confiance et les capitaux internationaux affluent. Comme on peut le voir sur le graphique 9, jusqu'en 1994, le produit domestique réel croît et l'inflation diminue de manière importante. L'Argentine bénéficie alors d'un processus de confiance et d'un afflux de capital étranger similaire à celui observé au Mexique à la suite de la décision de ce pays d'instituer en 1986 une parité fixe entre le peso mexicain et le dollar.

Graphique 9

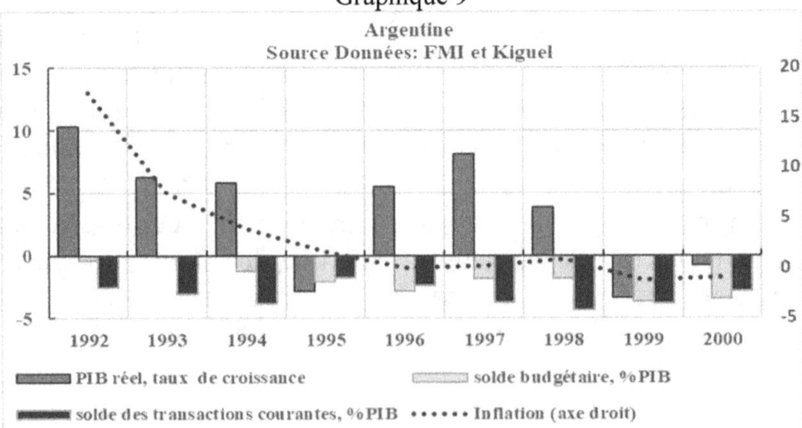

Un système de change fixe par rapport au dollar peut être favorable pour ces pays tant que le dollar ne s'apprécie pas par rapport aux monnaies des pays avec lesquels on fait commerce. Une inflation importante et la décision d'Alan Greenspan d'augmenter le taux directeur de la Fed qui passe de 3% à environ 6% en 1994-95 rendent intenable la parité fixe peso mexicain dollar. Le peso mexicain dévalue par rapport au dollar en décembre 1994 et le processus de méfiance s'étend à l'Argentine, provoquant d'importantes sorties de capitaux. Dans ce pays, les réserves internationales diminuent de 33% entre décembre 1994 et mars 1995 et le système financier perd pratiquement 18% de ses dépôts totaux en seulement quatre mois, menaçant la viabilité de nombreuses banques. Aucun secteur n'est épargné par la crise, banques étrangères, banques publiques et grandes banques commerciales domestiques. Confrontée à une perte significative de ses réserves de change, la Banque centrale argentine augmente ses taux d'intérêt afin de défendre la parité dollar du peso argentin.

Le sérieux de la crise bancaire argentine de 1995 s'explique par un certain nombre de facteurs. La sortie des capitaux tient aux doutes concernant la soutenabilité de la parité du peso, compte tenu de la diminution des réserves de change. Elle tient aussi à l'arrangement particulier du *currency board* limitant la capacité de la Banque centrale d'intervenir comme prêteur en dernier ressort pour fournir des liquidités au système bancaire. Un *currency board* tend d'ailleurs à instituer une politique monétaire procyclique en fonction du stock de devises étrangères détenues par la Banque centrale. La crise se transforme cependant en une reprise quant au milieu de mars 95, le gouvernement met sur la table un financement de 12 milliards de dollars (4% du PIB) lié à un programme du FMI. La croissance rebondit rapidement, à 5% en 1986 et 8% en 1997, confirmant pour certains observateurs la robustesse de l'économie argentine. Miguel Kiguel n'hésite pas à écrire alors qu'une stricte règle de taux de change comme celle instituée par l'Argentine peut être une alternative forte à d'autres régimes de change pour assurer la stabilité macroéconomique dans un monde globalisé avec des marchés de capitaux hautement intégrés. Malheureusement, l'évolution ultérieure du pays ne pas tarde à lui donner tort.

2 - La crise de 2001 et la fin du *currency board*. C'est la contagion du défaut sur la dette domestique de la Russie en 1998 et la dévaluation de la monnaie brésilienne qui conduit l'économie argentine à glisser dans la dépression à la fin 98, coinçant celle-ci dans une situation dont il est impossible de sortir sans une dévaluation et la remise en cause du *currency board.* Dans la crise, ce sont des vulnérabilités accumulées antérieurement aux chocs externes qui jouent un rôle critique. Tentant de tirer les leçons de cette crise, un rapport du FMI d'octobre 2003[1] précise ces vulnérabilités, particulièrement dans le domaine budgétaire et de la dette, dans le domaine des échanges extérieurs et financiers et dans le marché du travail.

Dans le domaine budgétaire, bien que ne se traduisant pas par une débauche de dépenses, la situation est de manière répétée détériorée par des dépenses hors budget et par une insuffisance de recettes de sorte que, sur les années 90, les besoins d'emprunt du secteur public sont alimentés par des flux de capitaux privés d'origine étrangère, graphique 10 : la part de la dette publique libellée en monnaies étrangères, principalement en dollars, avoisine 90%.

Graphique 10

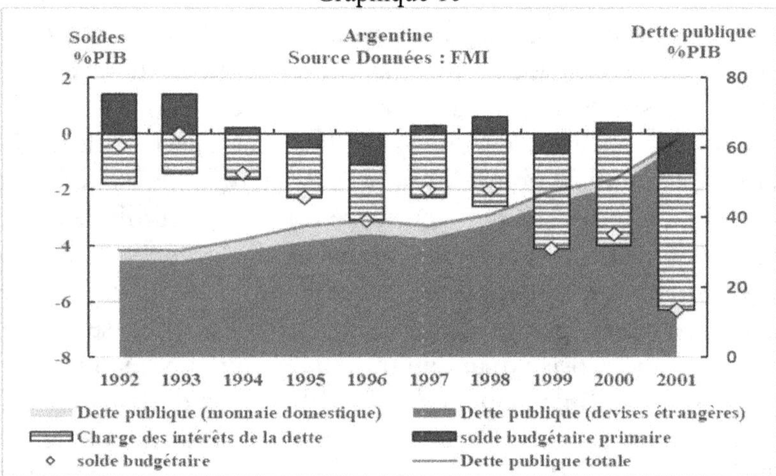

Dans le domaine de la dette, à partir de 1994, bien que des soldes budgétaires constamment négatifs et une charge d'intérêt de la dette croissante ne soient pas un problème pourvu que la croissance soit autour de 5%, ils n'en constituent pas moins une source de vulnérabilité et de crise de la dette.

Dans le domaine des échanges extérieurs, la faible part des exportations dans l'économie argentine (environ 10% du PIB) est une faiblesse essentielle. Elle limite d'abord la capacité du secteur extérieur

[1] FMI (2003) : "Lessons from the Crisis in Argentina", Policy Development and Review Department, 8 octobre.

d'offrir une compensation en cas de retournement de la demande domestique. Elle rend ensuite l'économie plus vulnérable aux variations de l'opinion des investisseurs sur les marchés internationaux. Lorsque les flux de capitaux se réduisent, la capacité de générer des recettes d'exportation pour payer les importations et le service de la dette est limitée. Les exportations, bien que croissant au taux de 8% par an entre 1990-98, ne sont pas suffisantes en face d'importations augmentant de 25% par an sur la même période. De plus, la concentration des exportations sur les produits primaires et les pays du Mercosur à partir de 1991 (45% des exportations avec les deux tiers pour le Brésil) dont les prix mondiaux baissent entre 1996 et 1998 ne contribue pas à l'augmentation des recettes d'exportation. Pour beaucoup d'observateurs, la perte de compétitivité externe de l'Argentine à partir de la mise en place du Plan de convertibilité constitue la menace principale. Si l'ancrage du peso sur le dollar a contribué à diminuer l'inflation, il a contribué également à augmenter le prix des exportations vers les pays qui n'ont pas le dollar comme monnaie. Le peso fluctue en fonction du dollar et non pas en fonction de la situation de l'économie argentine. Le taux de change effectif réel de l'Argentine n'a cessé d'augmenter depuis 1995 jusqu'à l'abandon en 2002 de la parité peso dollar, graphique 11.

Graphique 11

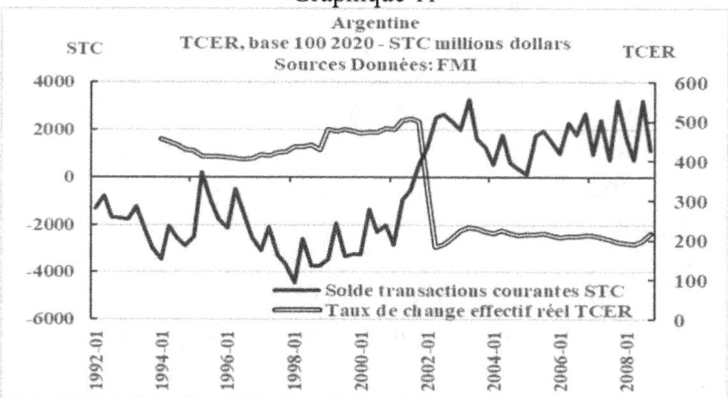

Quand l'économie s'enfonce dans la dépression fin 98, le gouvernement est confronté à un dilemme brutal. Une politique économique expansionniste, budgétaire ou (et) monétaire, est souhaitable pour remédier à la contraction de la demande interne. Mais confrontée à une sortie de capital, la Banque centrale n'a que peu de capacité d'empêcher le resserrement de la masse monétaire.

L'augmentation des taux d'intérêt nécessaire pour maintenir la parité du peso alourdit le poids de la dette, empêchant une politique budgétaire expansionniste de toute façon contrainte par le Plan de convertibilité. Selon l'évaluation faite par le FMI[1]. il est de toute façon douteux qu'un plus grand déficit budgétaire ait pu contribuer à éviter la crise de 2001. Étant donnée la variation du rapport de la dette sur le produit domestique brut $\Delta \mathrm{d} = (r - g)d + s$, avec s représentant le déficit primaire, r le taux d'intérêt réel et g le taux de croissance réelle du produit domestique, en notant les dérivées par rapport au déficit primaire par un indice s, une politique budgétaire expansionniste augmentant le déficit primaire n'a un effet favorable sur la dette que si $\Delta \mathrm{d}$ varie en sens contraire de s, soit

$$\Delta d_s = (r_s - g_s)d + 1 < 0 \qquad (14)$$

En faisant l'hypothèse très optimiste d'un taux d'intérêt constant malgré l'accroissement du déficit budgétaire, soit $r_s = 0$, il vient de la formule 14 la condition

$$g_s > 1/d \qquad (15)$$

La réponse de la croissance du produit à l'accroissement du déficit primaire doit être supérieure à l'inverse du rapport de la dette au produit domestique. À la fin 1999, ce rapport est de $1/0{,}47 = 2{,}12$, ce qui renvoie à un multiplicateur budgétaire important peu réaliste pour l'économie argentine. Dans ces conditions, un plus grand déficit public aurait non seulement augmenté le niveau général de la dette, mais également le rapport de celle-ci au produit domestique, augmentant le poids de la dette.

À partir de 1999, dans un pays où la croissance est indirectement liée à la capacité de générer du capital étranger, la gestion de la crise se traduit par un combat constant pour retenir ou regagner un accès au financement extérieur. Dans le cadre du régime de change fixe, les autorités mettent en place en 2001 des mesures destinées à améliorer la compétitivité externe, subventionnant les exportations et taxant les importations, en fait une crypto dévaluation de peu d'effet si ce n'est d'éroder la confiance et d'augmenter l'écart entre les taux d'intérêt sur

[1] FMI : "Lessons from the Crisis in Argentina", Box 9, p. 47.

les opérations en pesos et en dollars. Sur les dix premiers mois de l'année, l'Argentine tente de continuer à honorer le service de sa dette à travers une combinaison d'emprunts auprès du FMI, de pressions sur les banques domestiques pour les inciter à acheter des obligations et un aménagement de la maturité de la dette. À ce stade, le *currency board*, qui joua initialement un rôle essentiel de mécanisme de confiance pour réaliser la déflation, se transforme en un mécanisme de propagation de la défiance lorsque fin décembre 2000 il est décidé de conserver la parité peso dollar. La crise argentine se déclenche en décembre 2001 avec la décision du gouvernement de plafonner les retraits au guichet (maximum de 250 pesos par semaine) et par la décision du FMI de refuser le déboursement d'une tranche d'un prêt consenti au gouvernement en échange du respect d'un plan « déficit zéro ». Le 24 décembre, le président nouvellement élu Adolfo Rodriguez Saa annonce qu'il suspend le remboursement de la dette étrangère, soit 132 milliards de dollars. Le pays est en cessation de paiement. À ce stade, la fuite massive de capital rend une dévaluation inévitable. Le pays ne dispose plus de réserves de change suffisantes pour continuer à maintenir la parité. En janvier 2002, le président Eduardo Duhalde confirme le moratoire sur la dette. En février, la parité fixe peso dollar est abandonnée et le peso perd en quelques mois 75% de sa valeur par rapport au dollar, se stabilisant à 2,9 pesos par dollar en 2003.

Le graphique 12 montre que, comparée à la crise de 1995, celle de 2001 fut d'une tout autre ampleur.

Graphique 12

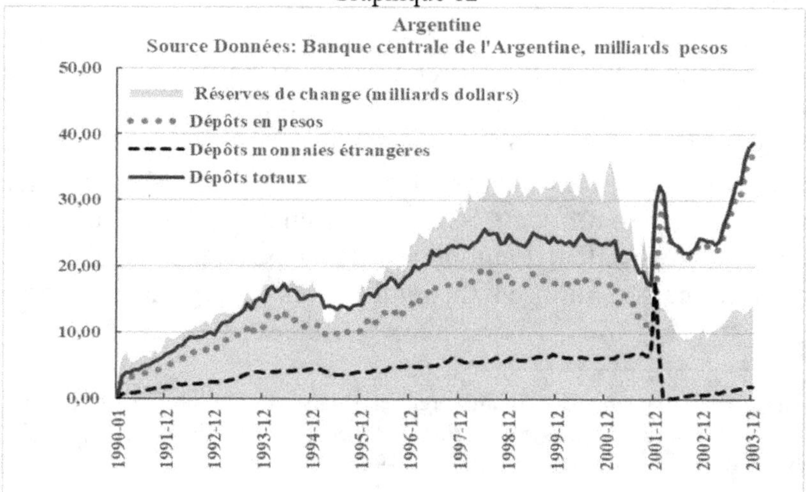

Entre juin 2000 et novembre 2001, les dépôts totaux du système bancaire (comptes courants, à terme et comptes d'épargne) chutent de 31%, ceux libellés en monnaie domestique de 45,8%. Entre janvier 2001 et juillet 2002, les réserves de changes diminuent de 74,8%. Sur le graphique, l'effondrement fin 2001 des dépôts en monnaies étrangères, essentiellement en dollars, est le résultat de la « pesoïsation » par laquelle tous les dépôts et les dettes en dollars sont convertis en pesos. Les comptes d'épargne en dollars perdent 75% de leur valeur.

L'accumulation de réserves de change jusqu'en 2000 est illustrative de la croissance des réserves de change observée dans les économies de marché émergentes à la fin de Bretton Woods. Dans des économies plus ouvertes où les risques d'écart de change se multiplient et où des combinaisons de ruées internes (fuite des dépôts bancaires vers les billets) et externes (fuite vers les devises ou les banques étrangères) peuvent se produire, la raison première d'une Banque centrale de détenir des réserves de change est de protéger la stabilité du secteur bancaire domestique tout en limitant la dépréciation externe de la monnaie. La crise de l'Argentine en 1995 montre bien la nécessité d'une telle accumulation, constatent Obstfeld et al. (2010)[1]. Au début de la crise, lorsque la ruée bancaire se développe, la demande de monnaie de base demeure inchangée, autour de 14 à 15 milliards de pesos jusqu'à la mi 95. Mais la demande pour la masse monétaire M_2 s'effondre, les déposants à la recherche de liquidités en dollars transférant leurs fonds vers Miami ou Montevideo. Corrélativement, pour répondre à cette demande de dollars et soutenir le taux de change, les réserves de change de la Banque centrale s'effondrent, un huitième de M_2 s'étant échangé contre des réserves de Banque centrale en l'espace de quelques semaines. Si en 1995, le Plan de convertibilité a résisté, c'est grâce aux prêts du FMI. Fin 2001, des événements similaires et le retrait de l'assistance du FMI provoquèrent sa chute.

Cette crise, notent les auteurs, place le trilemme de Mundell-Fleming sous un jour un peu différent. Si la libre circulation du capital et un taux de change fixe limitent l'autonomie de la politique monétaire, cette même combinaison impose l'accumulation d'un large stock de réserves

---

[1] Obstfeld Maurice, Jay C. Shambaugh et Alan M. Taylor (2010) : "Financial Stability, the Trilemma, and International Reserves", American Economic Journal: Macroeconomics, vol. 2, No. 2, avril, p. 57-94.

de change dans un pays où il existe un risque de fuite de capital. Ce stock doit être évalué à l'aune des engagements financiers domestiques qui peuvent être potentiellement convertis en monnaie étrangère (M_2), de l'ouverture financière internationale, de la capacité de s'endetter en monnaie étrangère et de la politique de taux de change. Cette constatation expliquerait le puzzle apparent d'une augmentation importante des réserves de change depuis la fin de Bretton Woods en dépit d'un mouvement supposé global vers des arrangements de taux de change flexibles. Depuis 1990, si les réserves des pays avancés se sont maintenues à environ 4 % du PIB, les réserves des économies de marché émergentes ont plus que quintuplé, passant de 4 % à plus de 20 % du PIB.

III – Le taux de change fixe comme instrument d'une politique de développement : la Chine.

En juillet 2010, le Trésor américain publie son rapport sur la monnaie chinoise, constatant que le renminbi (RMB)[1] est sous-évalué, mais s'abstenant d'affirmer que la Chine manipule sa monnaie. Cependant, dans une situation où la demande agrégée au niveau mondial est faible, la politique chinoise d'éviter l'appréciation du yuan contre le dollar en maintenant un taux de change bilatéral de 6,8 yuans pour un dollar est, aux États-Unis, clairement perçue par certains comme une modalité de politique « chacun pour soi ». Le 5 août 2019, l'administration Trump qualifie la Chine de « manipulateur de taux de change ».

Il n'est pas surprenant que l'analyse des déséquilibres extérieurs soit un sujet hautement controversé et que les observateurs divergent quant au diagnostic et aux politiques à adopter. Les différences entre pays peuvent être en partie « justifiées », une conséquence naturelle de différences dans les niveaux de développement, les situations démographiques et d'autres fondamentaux économiques. Elles peuvent être également « critiquables », reflétant des distorsions de politique au

[1] Le renminbi (RMB) est le nom officiel de la monnaie chinoise, voulant dire « monnaie du peuple ». Le yuan est alors le nom désignant la monnaie chinoise comme unité de compte. On paie donc en yuans avec une monnaie dont la dénomination est « renminbi ».

niveau national et international. Blanchard et Milesi- Ferretti[1] constatent « qu'à moins que les déficits et les surplus aient des effets défavorables, non seulement pour le pays, mais aussi pour d'autres pays, on peut très bien soutenir que promouvoir l'un ou l'autre de ces déséquilibres est ultimement de la responsabilité du pays. Énoncé de manière abrupte, on peut dire que tout pays a le droit de se tromper, aussi longtemps qu'il ne cause pas de préjudice à d'autres ". Ce qui n'est certainement pas évident pour des « erreurs » de pays de la taille des États-Unis ou de la Chine. Pour beaucoup d'économistes, de politiciens et d'entrepreneurs, la Chine a et continue de manipuler la valeur de sa monnaie afin de promouvoir la croissance de ses exportations et protéger ses industries de la compétition internationale.

Avec la disparition du système de Bretton Woods et l'abolition de l'obligation de maintenir une parité fixe par rapport au dollar, un pays peut choisir de contrôler son taux de change nominal plutôt que de le laisser librement fluctuer. Les dévaluations ne sont pas illégales, sauf circonstances spéciales. Néanmoins, le FMI est chargé d'exercer une surveillance sur les changements de taux. L'article IV(1)(iii) des statuts de l'institution contient une règle concernant les dévaluations compétitives : « Un État membre doit éviter de manipuler les taux de change afin d'obtenir un avantage compétitif déloyal sur les autres membres ». Mais l'article ne contient aucune définition explicite de « manipuler les taux de change ». Dans l'énoncé de cet article[2], on peut distinguer un élément objectif (« manipuler les taux de change ») et un élément subjectif (« afin de »). Une décision de 2007 concernant la Surveillance bilatérale des Politiques des États membres précise un peu les choses sur le plan objectif. Le sous-paragraphe (ii) de la décision se réfère à « une accumulation officielle ou quasi officielle excessive et prolongée d'actifs étrangers », le sous-paragraphe (vi) ajoute : « de larges et prolongés déficits ou surplus des comptes courants ». Mais en ce qui concerne l'élément subjectif, « l'intention d'obtenir un gain déloyal », la charge de la preuve incombe à l'État plaignant. Or la politique de taux de change de la Banque populaire chinoise BPC n'est

[1] Blanchard Olivier et Gian Maria Milesi-Ferretti (2011) : Why Should Current Account Balances Be Reduced ?", IMF Staff Position Note, FMI, 1, SDN/11/03, p. 7.
[2] Waibel Michael (2010) : "Retaliating against exchange rate manipulation under WTO rules", in The US-Sino Currency Dispute: New Insights from Economics, Politics and Law, A VoxEU.org Publication, Simon J. Evenet ed., CEPR, avril, p. 133-137.

pas simple à apprécier, car elle s'inscrit dans un cadre qui a été profondément modifié au cours du temps.

C'est à partir des années 90 que la Chine présente un surplus permanent de ses transactions courantes avec le reste du monde, contrepartie d'un surplus d'épargne domestique par rapport à l'investissement. Dans une configuration où la Chine souffre à cette époque d'un sous-emploi massif et désire le résorber, il est nécessaire de substituer à l'insuffisance de la demande domestique une demande étrangère et donc nécessaire de disposer d'un taux de change effectif réel permettant cette substitution. Le maintien d'un taux de change effectif réel bas est ainsi la condition qui permet au pays d'impulser une croissance vigoureuse tirée par les exportations. Sur un plan théorique cependant, la combinaison d'un taux de change réel déprécié avec une faible demande domestique est formellement équivalente à une demande intérieure contrainte s'accompagnant de taxes sur les importations et de subventions aux exportations, combinaison considérée comme illégale par l'Organisation mondiale du Commerce. En résulte-t-il que cette stratégie de croissance par les exportations est condamnable ? Dans les faits, le problème est de savoir si le taux de change réel de la Chine est le résultat de facteurs structurels contraignants susceptibles de se modifier dans le long terme ou le produit d'une politique intentionnelle de recherche d'un avantage compétitif au détriment d'autres pays. Sur un plan pratique, alors qu'une stratégie intentionnelle de croissance par les exportations se traduit par un surplus des transactions courantes, un surplus n'est pas nécessairement la preuve de la recherche délibérée d'une telle stratégie. Mais si le large surplus des transactions courantes de la Chine provoque des dommages aux autres pays, on doit alors se préoccuper d'en rechercher les causes.

Jusqu'en 1994, la Chine a maintenu un système de double taux de change accompagné d'un strict contrôle des opérations de change et des mouvements de capitaux. Coexistent alors un marché officiel caractérisé par des taux de change fixes et un marché des changes limités aux devises obtenues grâce aux exportations, avec un taux flexible sous contrôle des autorités. Le graphique 13 ci-dessous illustre le fait que durant la période de double taux de change, la Chine a connu trois phases d'accélération de l'inflation, en 1984-1985, 1987-1988 et en 1992-1994 avec un taux annuel d'inflation supérieur à 20 %, suivies chacune d'une forte décélération qui a ramené le déflateur du PIB à 5 % en 1990 et a conduit à une baisse des prix en 1997-98. Durant cette période de double taux, le gouvernement a dévalué à plusieurs reprises et fortement les deux taux de change comme l'atteste la baisse générale du taux de change effectif réel sur la période et l'appréciation continue du dollar en termes de yuans.

Graphique 13

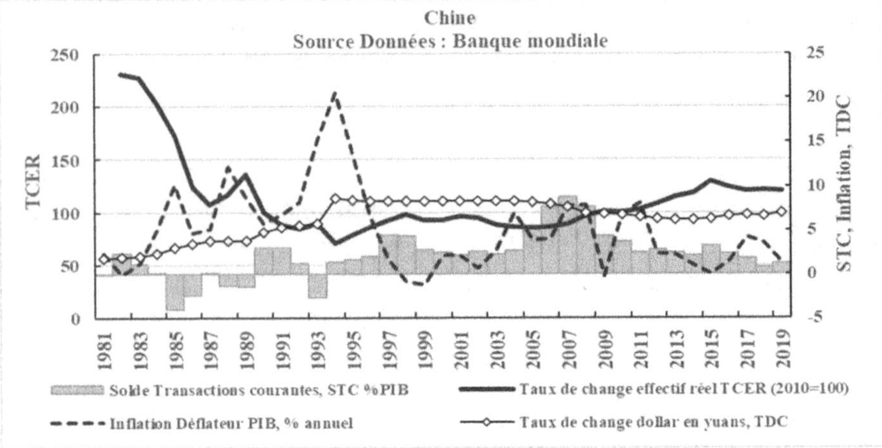

Après 1994, le marché des changes est unifié et la valeur de la monnaie chinoise est alignée sur le taux du marché swap de Shanghai à 8,28 yuans pour un dollar. Bien que la Chine se soit déclarée en change flottant, les autorités stabilisent le taux de change à ce niveau jusqu'au 21 juillet 2005. Avec l'instauration d'un marché des changes unifié et le maintien d'un taux fixe du yuan par rapport au dollar, l'un des effets du taux fixe a été d'atténuer les fluctuations de l'inflation. L'ancrage nominal du taux de change contribue à stabiliser les prix internes. Pour un taux de change bilatéral réel du renminbi $e(P/P^*)$, lorsque le rapport P/P^* augmente en raison de l'inflation interne, le maintien d'un taux nominal fixe e et l'augmentation résultante du taux réel prive le pays de l'effet compensatoire qu'une dépréciation nominale exercerait sur le taux réel et la demande étrangère. Comme le constate Wyplosz[1], pour la Chine « le taux de change est l'instrument utilisé pour maintenir l'inflation à un bas niveau… Ceci n'exonère cependant pas totalement la Chine. Parce qu'elle utilise des contrôles extensifs internes et

[1] Wyplosz Charles (2010) : "Is an undervalued renminbi the source of global imbalances?", in The US-Sino Currency Dispute: New Insights from Economics, Politics and Law, A VoxEU.org Publication, Simon J. Evenet ed., CEPR, avril, p. 133- 137.

externes financiers, les autorités chinoises peuvent fixer le taux de change à un niveau sous-évalué et combattre l'inflation par des contrôles de crédit. C'est précisément ce qu'elles font. Donc, oui, il est possible pour la Chine de contrôler son taux de change réel sur une période plus longue que le court terme ». Mais quand est-il de cette possibilité sur le long terme ?

Entre 2005 et 2008, en raison de pressions de ses partenaires commerciaux et du FMI, la Chine autorise une appréciation du yuan d'environ 20% par rapport au dollar. Cette appréciation est facilitée par une modification de la politique de change de la Chine, déclarant stabiliser sa monnaie par rapport à la valeur d'un panier de monnaies majeures comprenant le dollar US, l'euro et le yen japonais. Depuis le début de la crise de 2008, la Chine est cependant revenue à sa politique précédente d'aligner la valeur de sa monnaie sur le dollar. Elle est intervenue alors activement sur le marché des changes pour freiner l'appréciation du yuan, visible sur le graphique 13 dans l'augmentation du taux de change effectif réel à partir de 2008 et la dépréciation du dollar par rapport au yuan jusqu'en 2015. L'économie mondiale, via le FMI et d'autres institutions, a des règles pour les pays confrontés à des déficits courants substantiels ou récurrents (moyennant contraintes), mais n'en dispose pas pour les pays présentant des surplus courants importants. De sorte que l'examen de la viabilité à long terme d'un régime de change fixe est souvent restreint aux pays à déficits courants exposés au manque de devises pour soutenir le cours de leur monnaie. Le trilemme de Mundell-Fleming expose ces pays à plus de problèmes qu'il n'en pose pour les pays à surplus. Des trois objectifs incompatibles en économie ouverte, (i) stabiliser le taux de change nominal (ii) bénéficier de la mobilité internationale des capitaux et (iii) disposer d'une politique monétaire orientée vers des objectifs domestiques, la Chine en laisse de côté le deuxième. Elle choisit de maintenir une politique monétaire autonome et un taux de change fixe en renonçant à la liberté des mouvements de capitaux.

Le gouvernement chinois régule à la fois les achats domestiques d'actifs étrangers et les achats étrangers d'actifs domestiques. Les entreprises chinoises exportatrices doivent échanger les devises étrangères obtenues contre des yuans auprès de banques d'État à un taux réglementé. Les achats de devises étrangères par les entreprises et les ménages sont restreints. Comme le solde des transactions courantes chinois est constamment positif, la Banque centrale chinoise accumule des actifs libellés principalement en dollars dans ses réserves de change. La Chine est le pays qui a les plus grandes réserves de change du monde. Environ 60% de ces réserves sont supposés constitués d'actifs libellés en dollars, principalement des bons du Trésor américain, mais aussi d'autres obligations d'agences américaines (comme Freddie Mac et Fannie Mae, obligations implicitement garanties par le Gouvernement fédéral) ou d'entreprises privées. Une partie de ces réserves permet à la Banque centrale d'intervenir sur le marché des changes afin de stabiliser le taux du yuan en termes de dollars. Malgré l'appréciation du yuan relativement au dollar à partir de 2005 et la croissance du taux de change effectif réel, les réserves de change chinoises augmentent constamment jusqu'à atteindre un pic de quatre mille milliards de dollars en juin 2014.

L'accumulation des réserves est-elle un problème ? Lorsque la Banque centrale distribue aux agents domestiques des yuans contre des dollars en contrepartie des exportations nettes, la quantité de monnaie interne augmente et avec elle le risque inflationniste. Pour éviter ce risque, la Banque centrale doit se livrer à des opérations de stérilisation et contrer l'augmentation de la masse monétaire par des opérations simultanées de vente de titres publics pour un montant égal à l'augmentation de la base monétaire. Le gouvernement chinois s'est révélé remarquablement efficace pour obliger les banques à absorber ces « obligations de stérilisation » sans avoir à consentir à des augmentations de taux d'intérêt. En 2005, notent Prasad et Wei[1], la Chine parait être à cet égard un cas spécial dans la mesure où ses bas taux d'intérêt contrôlés conduisent à ce qu'avec des réserves détenues sous forme d'obligations publiques de moyen et de long terme, elle peut gagner en différentiel d'intérêt par ses opérations de stérilisation. Mais cette forme de répression financière a des limites et confronte la Banque centrale à la nécessité de payer des taux d'intérêt élevés pour placer ses obligations sur son marché intérieur, taux supérieurs à ceux dont elle bénéficie en rémunération de ses placements extérieurs en dollars. Des taux d'intérêt domestiques plus élevés, une croissance monétaire importante et une pression inflationniste ont contribué en 2007 à la décision chinoise d'autoriser l'appréciation du RMB contre le dollar.

---

[1] Prasad Eswar et Shang-Jin Wei (2005) : "The Chinese Approach to Capital Inflows: Patterns and Possible Explanations", FMI Working Paper P/05/79.

L'examen de l'évolution des réserves chinoises montre d'autre part que leur variation positive à de nombreuses périodes n'a pas résulté uniquement du solde positif du Compte des opérations non financières. La variation annuelle des réserves s'obtient en faisant la somme du solde du Compte des opérations non financières et des entrées nettes de capitaux au titre du Compte financier. Comme on peut le voir sur le graphique 14, un investissement direct net positif a longtemps contribué à l'accumulation des réserves.

Graphique 14

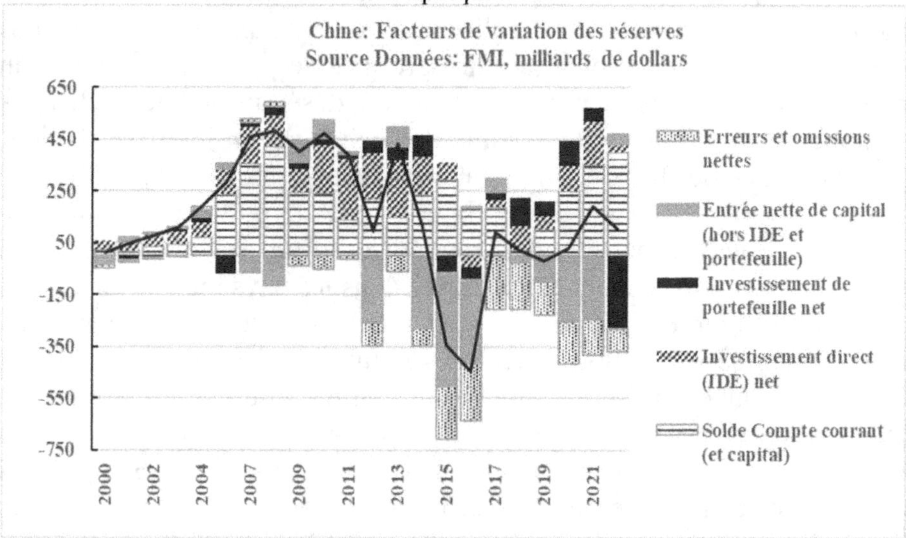

L'investissement direct (investissement par lequel un résident acquiert ou détient le contrôle ou une influence importante sur la gestion d'une entreprise non-résidente) a été le moyen pour la Chine depuis le début des années 1990 de moderniser sa production en attirant les entreprises étrangères par un processus de libéralisation interne et l'ouverture des marchés. Les investisseurs étrangers produisent alors en Chine pour exporter grâce aux bas salaires, mais aussi pour un marché intérieur dont ils anticipent une croissance importante. Cette caractéristique des flux d'entrée de capitaux en Chine est considérée par certains comme l'un des moyens ayant permis à des économies émergentes de vaincre la réticence des économies industrialisées à ouvrir leur pays aux importations de produits manufacturés en provenance d'économies à main-d'œuvre bon marché.

Pour Dooley et al. (2004)[1], la pénétration des marchés des pays industrialisés par les économies émergentes engendre nécessairement une réponse protectionniste dans la mesure où elle s'accompagne d'une réaffectation de la force de travail dans les pays centres. Un surplus global doit donc être dégagé et réparti de manière à fournir des incitations permettant de surmonter ces tendances protectionnistes. Dans ce système global, les bénéfices de l'intégration des économies émergentes dans le monde industrialisé sont partagés avec les pays importateurs par l'accès privilégié offert au capital étranger de bénéficier de taux de salaire réel bas relativement au salaire moyen mondial. Les surprofits ainsi réalisés permettent aux entrepreneurs des pays industrialisés de constituer des groupes de pression en faveur du maintien d'échanges ouverts en dépit du déséquilibre des échanges courants. La croissance du volume des échanges en biens et services s'accompagne de flux d'actifs financiers dans les deux sens. À l'entrée de capitaux sur le marché domestique du pays exportateur résultant de l'investissement direct étranger répond la sortie de capitaux sous la forme du réinvestissement des réserves dans les pays industrialisés afin de financer leur déficit courant. Le flux d'investissement direct en entrée favorise le développement des industries locales d'exportation, contribuant aux surplus ultérieurs du Compte courant. En Chine, en 2005, environ 50% des exportations étaient produites par des entreprises de propriété étrangère et un complément de 23% par des compagnies en joint-venture. De ce point de vue, le capital va bien vers le « sud », vers les pays pauvres par l'intermédiaire de l'investissement direct profitant des bas salaires et les fruits de cet investissement, principalement les produits manufacturés, se dirigent vers le « nord ». Pour les gouvernements des économies émergentes, un élément clé de la période de transition vers une pleine participation à l'économie mondiale tient à leur capacité de réprimer les salaires réels sur une période suffisante pour qu'à la fin de cette période, l'investissement direct étranger ait restructuré suffisamment le stock domestique de capital physique pour lui permettre, combiné à une main-d'œuvre domestique payée alors au salaire réel mondial, d'affronter efficacement la concurrence des autres pays.

---

[1] Dooley Michael P., David Folkerts-Landau et Peter Garber (2004) : "Direct Investment, Rising Real Wages and the Absorption of Excess Labor in the Periphery" NBER WP 10626, juillet.

Chapitre II – le système monétaire international et le dollar.

Section I – L'évolution du système : de l'étalon or à l'après Bretton Woods.

Lorsqu'on examine l'évolution des marchés financiers internationaux, remarquent Obstfeld et al.[1], on doit rejeter les tentations d'une simple histoire linéaire. Si l'on devait esquisser les variations de la mobilité du capital, on devrait relever un essor de 1880 à 1914 suivi d'un effondrement jusqu'en 1945, avec peut-être une résurgence mineure lors de la brève reconstruction de l'étalon or dans les années 1920. On devrait ensuite penser à une montée progressive de la mobilité, s'accélérant après Bretton Woods au début des années 1970. Qu'est-ce qui explique ces variations, s'interrogent alors ces auteurs ? Notre proposition centrale, affirment-ils (p. 8), est que les mouvements séculaires dans le domaine des prêts et des emprunts internationaux peuvent être compris en termes du trilemme de Mundell-Fleming : « La mobilité des capitaux a prévalu et s'est développée dans des circonstances de large soutien politique soit en faveur d'un régime monétaire subordonné au taux de change (par exemple, l'étalon or), soit en faveur d'un régime monétaire axé principalement sur des objectifs nationaux au détriment de la stabilité du taux de change (par exemple, le flottement récent). Un juste milieu dans lequel les pays tentent d'atteindre simultanément des objectifs de taux de change et des objectifs de politique intérieure a presque logiquement entrainé un contrôle des changes ou d'autres contraintes sévères sur les transactions internationales ».

I – Le système étalon or (*Gold Standard*) et la croissance de la globalisation.

Le système étalon or de la fin du dix-neuvième siècle (à partir de 1870) et du début du vingtième siècle (jusqu'en 1914, avec une brève résurgence à partir de 1920) est un système international de taux de change fixes. Les Banques centrales fixent la valeur de leur monnaie en

[1] Obstfeld Maurice et Alan M. Taylor (A2002) : "Globalization and Capital Markets", NBER Working Papers No 8846, février.

termes d'or. Dans ce système où l'or est librement frappé, librement exporté et importé, où les banques centrales se tiennent prêtes à acheter et à vendre de l'or au prix défini en termes de monnaie nationale par son poids d'or, les taux de change entre les monnaies sont pratiquement fixes, fluctuant entre les deux bornes que sont les points d'entrée et de sortie d'or du pays[1]. Ainsi, le système étalon or résout le trilemme de Mundell-Fleming en optant pour (i) une libre circulation internationale du capital et (ii) un régime de change fixe au détriment de (iii) une politique monétaire « autonome », orientée vers des objectifs internes.

Pour illustrer cette propriété, considérons deux pays, la France et la Grande-Bretagne par exemple, faisant partie avant 1914 du système étalon or. En Grande-Bretagne, la valeur d'une once d'or est fixée à 4 livres sterling et en France est fixée à 98 francs. On a donc $4£ = 98F$ donc $1£ = \frac{98}{4}F$. Ce taux de change de la livre en termes de francs définit le pair du change $e_{pair}^{F/£}$ (de la livre en termes de francs, nombre de francs par livre). Ce taux de change est défini par le rapport des poids respectifs d'or des monnaies, celui de la livre $(1/4$ d'once d'or) sur celui du franc $(1/98$ d'once d'or)

$$e_{pair}^{F/£} = \frac{e^{or/£}}{e^{or/F}} = \frac{1/4}{1/98} = 24{,}5$$

Supposons maintenant que le transfert d'or d'un pays à l'autre (coût de transport plus assurance) soit de 2% de la valeur à transférer. Le taux de change $e^{F/£}$ de la livre en francs est alors compris entre deux bornes :

- le point d'entrée d'or, exportation d'or de la France vers la Grande-Bretagne

$$24{,}5 + 2\%(24{,}5) = 24{,}90$$

- le point de sortie d'or, exportation d'or de la Grande-Bretagne vers la France

$$24{,}5 - 2\%(24{,}5) = 24{,}01$$

[1] Bloomfield Arthur I. (1981) : "Gold Standard," in Douglas Greenwald, ed., Encyclopedia of Economics, McGraw-Hill.

En effet, considérons un taux de change $e^{F}/_{£} = 25{,}50$. Un importateur français qui doit régler une facture de 100 livres peut la régler de deux manières. Il peut la régler en achetant des livres sur le marché des changes et payer alors 2550 francs. Ou il peut envoyer 100 livres en Grande-Bretagne sous forme d'or, ce qui revient à acheter $100/4 = 25$ onces d'or en France pour une valeur de $98 \times 25 = 2450$ francs à laquelle il faut ajouter le coût du transfert $2\%(2450) = 49$ francs, soit un total de 2499 francs.

Considérons ensuite un taux de change $e^{F}/_{£} = 23{,}50$. Un importateur britannique qui doit régler une facture de 100 francs peut également la régler de deux manières. Il peut acheter des francs sur le marché des changes et payer alors $100/23{,}50 = 4{,}25$. Mais il peut aussi envoyer 100 francs en France sous forme d'or, ce qui revient à acheter $100/98 = 1{,}02$ once d'or en Grande-Bretagne pour une valeur de $4 \times 1{,}02 = 4{,}08$ livres à laquelle il faut ajouter le coût du transfert $2\%(4{,}08) \cong 0{,}08$, soit un total de 4,16 livres.

De cette manière lorsqu'un pays se trouve confronté à un déséquilibre de ses échanges extérieurs, les variations de ses réserves en or induites par la sortie de son taux de change des limites fixées par les points d'entrée et de sortie d'or contribuent à rétablir l'équilibre dans un système proportionnant strictement la quantité de monnaie fiduciaire en circulation aux réserves d'or que le pays détient. Par exemple, en cas de déficit extérieur important résultant d'une croissance plus forte des prix domestiques relativement aux prix étrangers, la demande de monnaie étrangère en échange de monnaie domestique (de la part des importateurs domestiques) augmente et l'offre de monnaie étrangère en échange de monnaie domestique (de la part des importateurs étrangers) diminue. Ces variations poussent le taux de change nominal en dessous du point de sortie d'or, réduisent les réserves domestiques d'or, la quantité de monnaie en circulation et rétablissent la compétitivité extérieure du pays par la baisse relative des prix domestiques. Le taux de change réel diminue et améliore le solde des échanges extérieurs. Un pays en déficit extérieur sur ses échanges de biens et services est ainsi confronté à une sortie d'or et un pays en excédent à des entrées d'or. Ces déséquilibres sont corrigés dans la mesure où les variations induites des quantités de monnaie interne rétablissent les taux de change réels compatibles avec l'équilibre des échanges extérieurs.

Dans ce mécanisme d'équilibre, explicité au 18e siècle par David Hume sous la dénomination « *price-specie flow mechanism* », avec des taux de change nominaux ne pouvant différer que de peu du pair du change, ce sont évidemment les ajustements internes (les niveaux de prix internes) des économies qui portent alors le poids du réajustement des taux réels $\varphi = e_{pair} \frac{P}{P^*}$. Défendant en 1932 l'étalon or, Jacques Rueff[1] mettait en exergue la saine contrainte que ce système faisait peser sur les prix internes. C'est essentiellement, notait-il, la variation des pouvoirs d'achat internes qui assure les équilibres des balances des comptes. Dans la réalité cependant, tant que les engagements de convertibilité or des monnaies étaient considérés comme crédibles, ce mécanisme était rarement déclenché, car les spéculateurs, anticipant le retour du change nominal au pair du change, intervenaient à l'intérieur des limites fixées par les points d'or, achetant les monnaies se dépréciant sur le marché des changes et vendant celles qui s'appréciaient. Ce système de taux de change fixes constituait ainsi pour la plupart des pays un régime stable et crédible, fonctionnant comme un dispositif de discipline. Les taux d'intérêt entre les pays ont eu alors tendance à converger et les flux de capitaux ont augmenté dans une économie de plus en plus mondialisée.

Le fonctionnement idéalisé du système étalon or était censé conférer un sentiment de stabilité et d'automaticité, instituant un mécanisme d'autocorrection n'exigeant qu'un minimum d'intervention humaine, assurant une stabilité des prix et un équilibre des échanges extérieurs.

Pour ce qui est de l'automatisme, constate Selgin[2], le système n'avait pas besoin d'une régulation de la quantité de monnaie par les banques centrales ni de politiques de coordination délibérée pour réaliser et préserver l'équilibre international. Dans les faits d'ailleurs, de nombreux pays faisant partie du système étalon or ne disposaient pas à une certaine époque de Banque centrale, en particulier les États-Unis, le Canada, l'Australie et la Suisse. Pour le fonctionnement du système, il suffisait d'arrangements simultanés dans un groupe de pays s'accordant pour que, dans chacun d'entre eux, l'or soit convertible à un taux fixe en monnaie locale et la monnaie locale en or, accompagné

[1] Jacques Rueff (1932) : Défense et illustration de l'étalon or, Alcan Paris.

[2] George Selgin (2013) : "The Rise and Fall of the Gold Standard in the United States ", Policy Analysis, No. 729 June 20, p. 2-24.

d'une libre circulation de l'or entre ces pays. Dans un tel cadre, si les banques centrales pouvaient certes accompagner les ajustements externes par des modifications de taux d'intérêt, elles étaient cependant sévèrement contraintes par les mouvements de capitaux imposant aux taux d'intérêt de covarier de manière significative en régime de taux de change fixes.

Pour ce qui est de la stabilité des prix, celle-ci ne fut pas réalisée ni sur le court terme ni sur le long terme. Cependant, avec des taux de change nominaux fixes, les prix domestiques étaient condamnés à varier de manière parallèle dans les différents pays. De 1816 à 1913, bien qu'affectés de larges variations, les prix domestiques aux États unis, Grande-Bretagne, Allemagne et France covarient de manière remarquable[1]. Ils diminuent de 30 à 45% entre 1816 et 1845, augmentent d'environ 50% jusqu'au rétablissement général de l'étalon or au début des années 1870, diminuent encore de 50% jusqu'à la découverte de nouveaux filons d'or à la fin des années 1890 pour augmenter très sensiblement ensuite jusqu'à la première guerre mondiale avec les découvertes d'or dans le Yukon et l'Amérique du Sud. La raison de ces longues fluctuations parallèles des prix domestiques tient pour une part importante aux fluctuations substantielles de la quantité d'or disponible dans le monde. Dans chacun des pays du système étalon or, le niveau général des prix NGP, valeur d'un panier de provisions en termes de monnaie locale, $e^{loc}/_{NGP}$, peut s'écrire $(e^{or}/_{NGP})/(e^{loc}/_{or})$. Avec un taux de change de la monnaie locale en termes d'or $e^{or}/_{loc}$ fixé au pair du change, le niveau général des prix n'est stable que dans la mesure où la valeur du panier en termes d'or $e^{or}/_{NGP}$ est stable. Or celle-ci dépend du taux de croissance des biens relativement à celui de l'or. Certains observateurs ont considéré sur la base de l'histoire du 19e siècle que les prix augmentaient toutes les fois que le taux de croissance de l'or excédait celui de la production de biens et diminuaient dans le cas contraire, de sorte que sur le long terme, l'inflation provoquée par les découvertes d'or et l'amélioration des techniques d'extraction tendait pratiquement à compenser la déflation observée dans les intervalles où la production d'or stagnait.

[1] Cooper Richard N. (1982) : "The Gold Standard: Historical Facts and Future Prospects", Brookings Papers on Economic Activity, No. 1, p. 1-55.

II – Le Gold Exchange Standard et la destruction de la globalisation.

Le déclenchement de la Première Guerre mondiale suspend les paiements or entre les belligérants et après la guerre, au début des années 1920, seulement 10% des monnaies relèvent de l'étalon or. Les efforts des pays pour supprimer alors les contrôles de change et permettre le retour à l'étalon or conduisent à ce qu'à la fin des années vingt, environ 80% des monnaies sont de nouveau définies en termes d'or. Cependant, instituant de nouvelles parités largement improvisées, ces efforts conduisent à des disparités de taux de change réel telles que dans de nombreux pays, les déséquilibres des échanges extérieurs provoquent des mouvements d'or importants entre pays . L'exemple de la Grande-Bretagne et de la France au sortir de la guerre est significatif à cet égard.

La Grande-Bretagne avec Churchill revient à l'or en 1925, mais à la parité or d'avant-guerre, de sorte qu'avec un niveau général des prix supérieur à celui de 1913, elle doit se battre constamment contre une livre sterling surévaluée en termes réels qu'elle tente de compenser par une augmentation de son taux d'intérêt pour éviter les sorties d'or, au prix d'un taux de chômage rarement inférieur à 10% et d'une déflation interne importante. Dans ce pays, l'indice du niveau général des prix qui, sur une base 100 en 1913, était de 143 en 1926, tombe à 93 en 1932. La France en revanche, en fixant en 1926 sa nouvelle parité or à un cinquième de la parité d'avant-guerre, se trouve disposer d'une monnaie sous-évaluée d'un montant approximativement égal au montant de la surévaluation de la livre en 1925. Ayant ainsi stabilisé le franc, la France se voit confrontée à d'importantes entrées d'or qu'elle refuse, contrairement à la discipline du système étalon or, de remettre en circulation afin de contenir l'inflation et maintenir sa compétitivité externe.

Cette disparité des taux de change effectifs réels entre pays et les variations résultantes dans les réserves d'or détenues par les Banques centrales deviennent alors d'autant plus préoccupantes qu'à l'occasion de la conférence de Gênes en 1922 regroupant tous les pays ayant participé au conflit (sauf les États-Unis retournés à leur parité or d'avant-guerre), la Grande-Bretagne fait admettre le passage du système étalon or au système étalon change or, ou *Gold Exchange Standard.* La plupart des pays européens ayant interrompu la circulation de l'or en tant que monnaie et l'ayant stocké dans leurs coffres, avec l'insuffisance du stock mondial d'or, dans le système étalon change or chaque pays a alors le choix entre retourner à une convertibilité or de sa monnaie, si son stock d'or le lui permet, ou considérer la livre sterling et le dollar comme monnaies de réserve substitutives, seules convertibles en or à parité fixe.

À la différence de l'étalon or, le système d'étalon change or ne peut fonctionner sans la coopération des banques centrales. Compte tenu des réserves d'or limitées de la Grande-Bretagne, avec une surévaluation de la livre conduisant les pays excédentaires vis-à-vis de la Grande-Bretagne à accumuler des livres sterling, le refus de l'un d'entre eux de coopérer est susceptible de détruire le système. Pour un temps, à partir de 1924, les États-Unis coopèrent avec la Grande-Bretagne, la Fed acceptant de baisser son taux d'intérêt pour limiter les entrées d'or sur le territoire américain. Mais la France et l'Allemagne se refusent à conduire une telle politique inflationniste, demandant plutôt à la Grande-Bretagne de renforcer ses efforts déflationnistes. Dès le printemps 1927, la France, devant l'accumulation de ses réserves sterling et le refus de la Banque d'Angleterre d'augmenter son taux d'escompte, commence à convertir celles-ci en or. La conversion s'accélère à partir de juin 1928, après le vote d'une loi imposant à la Banque de France de détenir une couverture 100% or de sa monnaie en circulation. Entre l'adoption de cette loi et le début de 1932, les réserves d'or de la France passent de 7% à 27% des réserves mondiales. La Grande-Bretagne résiste aux attaques jusqu'en septembre 1931 où elle accepte enfin de déprécier la livre en termes d'or à la suite du mouvement généralisé de vente des livres sterling résultant de la faillite de la banque autrichienne Kredit Anstalt suivie de celles des banques allemandes.

En théorie, cet abandon d'une parité remontant à une décision de Newton fixant en 1717 la valeur de la guinée britannique en termes d'or, aurait pu conduire à la simple restauration de la compétitivité britannique. Mais dans la situation où elle fut prise, après que tant de nations aient accepté que la convertibilité de leur propre monnaie dépende de l'inviolabilité du sterling en termes d'or, cette décision conduisit à l'abandon général des parités laborieusement établies. Dans les années qui suivirent la Grande Dépression, la plupart des pays abandonnèrent la référence à l'or et imposèrent des contrôles rigoureux sur les mouvements de capitaux. Pour les États-Unis, l'abandon s'effectue en 1933 avec l'élection du Président Franklin Roosevelt. La convertibilité or du dollar est suspendue, la détention privée d'or supprimée et nationalisée dans les coffres de la Fed et une nouvelle parité du dollar est instituée en 1934 par le *Gold Reserve Act* correspondant à une dévaluation d'environ 40% de sa valeur or. Sur la période 1930-1933, la Fed avait été, comme d'autres banques centrales, confrontée au trilemme de la politique monétaire. Exposée à la crise financière, la Fed devait fournir suffisamment de liquidités aux banques pour éviter leur faillite et diminuer son taux d'intérêt, au risque de provoquer des sorties d'or et de mettre en cause le maintien de la parité or du dollar. En fait, « pour empêcher l'économie de s'effondrer, la Fed avait besoin d'une politique monétaire expansionniste. Pour rester dans l'étalon or, elle avait besoin d'une politique de contrôle rigoureux de la masse monétaire. Jusqu'en 1933, la Fed adhéra largement à la seconde » [1]. Finalement, entre 1914 et 1945 fut détruite la globalisation économique précédemment favorisée par le système étalon or. Les contrôles des mouvements de capitaux se répandent alors dans un environnement où les prix internationaux et les taux d'intérêt se désynchronisent et où s'instaurent des politiques de dévaluation compétitive. Dans les années 1930, tous les pays ont abandonné des objectifs de taux de change rigides et/ou de marchés de capitaux ouverts au profit d'objectifs macroéconomiques intérieurs.

III – Le système de Bretton Woods

Au sortir de la Seconde Guerre mondiale, Bretton Woods était censé reproduire les caractéristiques les plus désirables de l'étalon or tout en permettant aux banques centrales participant au système de disposer dans une certaine mesure d'une politique monétaire indépendante[2].

À la fin de la guerre, les flux nets d'or vers les États-Unis qui avaient commencé avant le déclenchement de celle-ci reprennent de sorte que le pays se trouve en possession de pratiquement les trois quarts du stock d'or monétaire mondial. Avec un dollar finalement seule monnaie véritablement convertible en or, la construction d'un système de change reposant sur la seule convertibilité or du dollar l'emporte sur d'autres systèmes envisagés. Négocié à Bretton Woods, New Hampshire en juillet 1944, quarante-quatre pays alliés mettent en place un système de

---

[1] Elwell Craig K. (2011) : Brief History of the Gold Standard in the United States, Congressional Research Service Report for Congress, 23 juin.

[2] Maurice Obstfeld et Taylor (2002).

taux de change fixes dans lequel les monnaies des nations participantes ne sont reliées à l'or qu'indirectement par l'intermédiaire du dollar, seule monnaie officiellement convertible entre banques centrales au taux de 35 dollars l'once d'or, précisément la parité or précédemment retenue par le *Gold Reserve Act* de 1934. Les taux de change fixes des monnaies par rapport au dollar sont cependant ajustables sous condition de l'approbation du Fonds Monétaire International, gérant une dotation en dollars sur laquelle les participants disposent de droits de tirage spéciaux susceptibles d'être mobilisés pour maintenir la fixité de leur taux de change. Cette disposition vise à permettre aux pays rencontrant des déficits extérieurs courants temporaires de puiser dans ces réserves pour soutenir leur monnaie. Ce système de taux de change fixe, qui dura jusqu'au début des années 70, fonctionna tant que la mobilité internationale des capitaux fut contrainte et que les pays purent dans une certaine mesure utiliser la politique monétaire en faveur d'objectifs internes.

Quelles que soient les règles du système de change, constate Gourinchas (2021)[1], le système monétaire international évolue naturellement d'une manière asymétrique, avec les pays producteurs d'actifs sûrs au centre du système. Dans cet environnement, un concept clé est celui d'actif de réserve. Dès lors qu'un pays fixe ou contrôle son taux de change, il a besoin d'un actif international liquide de valeur stable comme instrument d'intervention. Un pays central dans le système est alors un pays producteur net d'actifs sûrs en raison du niveau de développement de ses marchés financiers, de sa capacité budgétaire et de la stabilité de ses politiques macroéconomiques. Au sortir de la guerre, il n'y a pas d'autres actifs sûrs que le dollar et le problème pour les autres pays est alors de se demander comment limiter la capacité des États-Unis de manipuler le système à son avantage.

Jusqu'à la fin des années 60, le système de Bretton Woods a pu traiter cette asymétrie grâce à deux de ses caractéristiques. Avec un système de parités fixes d'abord, en fixant la valeur du dollar en termes

---

[1] Gourinchas Pierre-Olivier (2021) : "The Dollar Hegemon ? Evidence and Implications for Policymakers", chap. 7 in The Asian Monetary Policy Forum, Steven J Davis Edward, S Robinson et Bernard Yeung eds, World Scientific, p. 264-300.

d'or, Bretton Woods imposait aux États-Unis une contrainte externe similaire à celles que supportaient les autres pays obligés de défendre la parité dollar de leur monnaie. Les États-Unis ne pouvaient dans le cadre de la convertibilité or du dollar indéfiniment répondre à une demande croissante de dollars et maintenir le prix du dollar en termes d'or. Une mobilité internationale limitée du capital ensuite a non seulement contribué à réduire la demande d'actifs sûrs en dollars, mais a également permis le développement local de substituts, presque aussi sûrs que les dollars dans la mesure où les parités restaient fixes. « Aussi longtemps que les parités fixes demeurent crédibles et que le capital n'est pas autorisé à circuler librement entre le centre et la périphérie, le système permet une offre élastique d'actifs locaux pratiquement sûrs par les banques centrales étrangères, partiellement garantie par les réserves en dollars » (Gourinchas, p. 8). Mais après la reconstruction des économies européennes (financées par le plan Marshall) et japonaise (financée par le plan Dodge) et leur capacité exportatrice recréée, les pays exportateurs recommencent à accumuler des créances en dollars croissantes au regard du stock d'or détenu par les États-Unis.

Dans ces conditions, sous deux respects au moins, le système de Bretton Woods était plus vulnérable aux attaques spéculatives que son précurseur de l'entre-deux-guerres. En premier lieu, les engagements de taux fixe étaient officiellement reconnus comme modifiables. En second lieu, les dévaluations de l'entre-deux-guerres et particulièrement celle du dollar offraient aux spéculateurs plus de raisons qu'auparavant de croire à la possibilité de déstabiliser le système. Dans le système de Bretton Woods, remarque Bernanke[1], dans la mesure où les participants optaient pour les avantages d'un système de taux de change fixes et réduisaient ainsi leur capacité d'utiliser la politique monétaire à des fins de stabilisation domestique, la stabilité du système reposait sur la volonté du pays centre, les États-Unis, de maintenir une valeur stable du dollar en termes de biens. Or à partir des années soixante, l'inflation croissante aux États-Unis oblige les partenaires commerciaux des États-Unis à accumuler des réserves en dollars pour contrebalancer les pressions à la réévaluation de leur monnaie. Au mois d'août 1971, à l'époque de la réunion préparatoire secrète de Camp Davis destinée à finaliser les éléments d'une réforme

[1] Bernanke, Ben S. (2017) : "Federal reserve policy in an international context", IMF Economic Review, 65(1), p. 5–36.

de la politique économique américaine et du système monétaire international[1], le stock d'or américain était passé de 22 milliards de dollars à la fin des années cinquante à 10 milliards de dollars, servant de collatéral à environ 40 milliards de dollars détenus par les banques centrales étrangères, dollars éligibles à la convertibilité or. En 1960, Robert Triffin[2] l'avait déjà fait remarquer : dans le contexte de Bretton Woods, avec une demande mondiale d'actifs de réserve en dollars croissant avec la croissance mondiale et des États-Unis inévitablement contraints de fournir de tels actifs, l'érosion de la couverture or du dollar conduira inévitablement à une crise du système monétaire.

En juin 1967, la France fut le premier pays à agir en conformité avec ses doutes concernant la convertibilité future du dollar en quittant le pool d'or constitué à Londres par différents pays européens, pool destiné à intervenir sur le marché londonien pour maintenir la parité or du dollar. En soldant ses créances sur les États-Unis et en rapatriant de New York et Londres l'or en contrepartie, la France déclenche un mouvement irrésistible plus général de spéculation contre le dollar, qui conduit en août 1971 l'administration Nixon à annoncer la suspension provisoire de la convertibilité or du dollar. À Londres, en septembre 1971, lors d'une réunion du G-10 destinée à envisager le futur du système, John Connally, alors secrétaire au Trésor américain, répond à l'inquiétude des représentants européens et japonais en affirmant « le dollar est notre monnaie, mais c'est votre problème ». Sous la menace de surtaxes des importations de 10% formulée par l'administration américaine et la volonté d'atteindre une amélioration du solde de la balance commerciale US de 13 milliards de dollars, les négociations s'engagent mal. Un accord est finalement atteint en décembre 1971. Le « *Smithsonian Agreement* » conduit à un dollar dévalué, l'once d'or passant de 35 dollars à 38 dollars, prix officiel auquel d'ailleurs les États-Unis ni n'achètent ni ne vendent d'or, la suspension « provisoire » de la convertibilité or du dollar n'ayant pas été supprimée. Les autres monnaies acceptent d'être réévaluées en termes de dollar. Mais rien de précis n'est défini concernant les règles à suivre pour maintenir ces nouvelles parités et rendre crédible la volonté des États-Unis de contrôler l'inflation, contrôle que Nixon préoccupé par sa réélection de

---

[1] Voir sur ce point l'excellent livre de Jeffrey E. Garten (2021) : Three Days at Camp David, Harper.
[2] Triffin, Robert (1960) : Gold and the Dollar Crisis: The Future of Convertibility. New Haven, CT: Yale University Press, 1960.

1972 s'empressa de mettre de côté. En moins d'un an, il devint évident que la nouvelle convertibilité or n'était pas praticable, compte tenu de la faiblesse des réserves d'or américaines. Une nouvelle dévaluation officielle en décembre 1973 portant le prix de l'once d'or à 42,22 dollars fut encore moins convaincante. Il fallut attendre octobre 1976 pour une reconnaissance officielle que le dollar américain ne reposait plus sur l'or.

IV – L'après Bretton Woods : un système monétaire international asymétrique.

Après Bretton Woods, avec un monde divisé en deux camps, l'un constitué de monnaies importantes qui flottent librement et autorisent une libre circulation des capitaux et l'autre constitué de pays dotés d'instruments variés de contrôle des taux de change et des mouvements de capitaux, pour beaucoup d'observateurs, le système monétaire international est un non-système qui doit affaiblir la position du dollar comme monnaie de réserve. Avec des taux de change flottants, il était raisonnable de penser que les pays n'auraient besoin que de peu de réserves de change, les déséquilibres extérieurs se trouvant corrigés par la flexibilité des taux. Entre le mois de décembre 1971 et février 1973, après l'échec du *Smithsonian Agreement*, le dollar se déprécie de 14% contre le mark allemand, de 17% contre le yen et de 22% contre le franc suisse. Cependant, s'il n'y a pas de doute que la transition aux taux de change flottants affaiblit dans un premier temps le dollar, des forces plus profondes sont en jeu dans un système monétaire mondial où un pays centre est devenu incontournable en tant que fournisseur d'actifs sûrs pour le reste du monde.

Si l'on s'interroge aujourd'hui sur le statut international du dollar, la réponse est brève : nous vivons dans un monde de prédominance dollar pour ce qui est des trois rôles traditionnels d'une monnaie internationale : moyen d'échange, unité de compte et réserve de valeur. Au niveau mondial, la part du dollar comme monnaie de facturation est approximativement 4,7 fois la part des biens US dans les importations mondiales et 3,1 fois la part de ces biens dans les exportations mondiales. Les investisseurs privés utilisent le dollar en raison de sa capacité de permettre de larges transactions sans impact important sur les prix. Au niveau financier, il est remarquable de constater que si les investisseurs sont généralement biaisés en faveur d'instruments de dette libellés dans leur propre monnaie, ce biais ne concerne pas les émissions libellées en dollars. Au quatrième trimestre 2019, le montant des titres de dette et de crédit internationaux libellés en dollars atteignait 22,6 mille milliards, soit 26% du PIB mondial ou encore 50% de tous les titres de dette et de crédit internationaux existants[1]. Et finalement, en raison de toutes ces caractéristiques, le dollar est la monnaie dans laquelle les banques centrales détiennent la plupart des réserves officielles. Comme le montre le graphique 15 ci-dessous,

Graphique 15

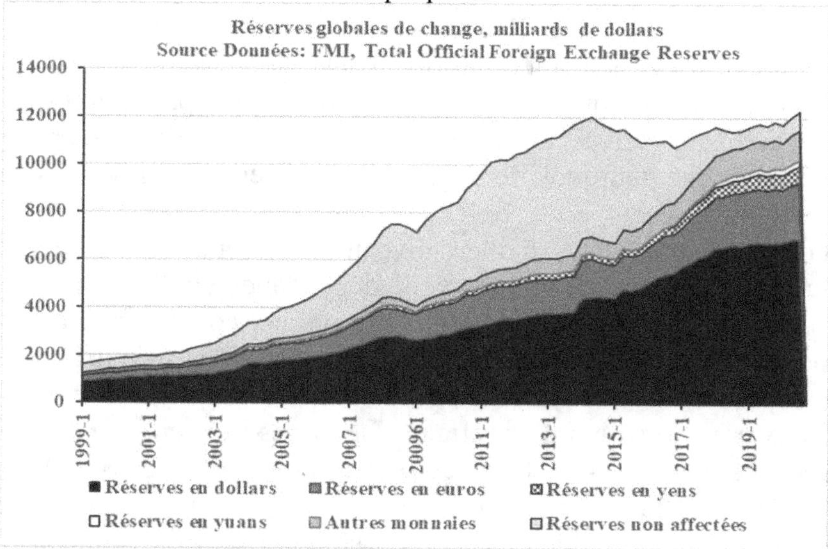

depuis le début des années 2000 et malgré les chocs sur l'économie mondiale, la part du dollar dans les réserves globales de change n'a pas diminué, atteignant 60,46% des réserves globales au troisième trimestre 2020 si l'on fait abstraction des réserves non affectées (celles des pays ayant déclaré des réserves sans renseigner leur décomposition dans l'enquête COFER du FMI). L'euro pour sa part se monte à 20,52% et les autres devises (dont la livre sterling, le dollar canadien, australien et le franc suisse) à pratiquement 11% des réserves affectées. Après Bretton Woods, la fin de la convertibilité or du dollar n'a pas interrompu l'évolution asymétrique du système monétaire international : la demande d'actifs sûrs s'est relocalisée sur les actifs en dollars. La croissance du reste du monde, en particulier des économies émergentes d'Asie, accompagnée par une mobilité accrue des capitaux,

[1] Committee on the Global Financial System (2020) : "US dollar funding: an international perspective", CGFS Papers n° 65, BIS, juin.

a contribué à la demande mondiale de dollars et à la constitution de déséquilibres globaux.

Parmi les explications de ces déséquilibres, l'une d'entre elles attribue un rôle moteur à la dépense et à l'emprunt excessifs des États-Unis en raison d'une épargne privée et publique insuffisante que traduisent les « *twin deficits* » de ce pays. Cependant, lorsqu'on aborde cette question dans une perspective plus large, soutient en 2005 Ian Macfarlane[1] alors Gouverneur de la Banque centrale d'Australie, l'attention se déplace vers l'Asie, la faiblesse de l'Europe est reconnue et les États-Unis se voient attribuer un rôle de suivi plutôt que d'initiateur des déséquilibres. L'explication la plus prometteuse serait en fait celle qui partirait des pays à surplus de transactions courantes et se demanderait pourquoi l'épargne est supérieure à l'investissement dans ces pays.

Pour le Japon, pays à haut niveau de revenu confronté à une population décroissante et un taux de dépendance vieillesse de plus de 40%, le surplus d'épargne observé s'explique, comme on l'a vu, en grande partie par des caractéristiques démographiques. En dehors de la Chine, pour d'autres pays passant d'une position d'importateur net de capitaux à une position d'exportateur net après l'expérience des crises financières entre 1994 et 1999, ce sont des motifs de sécurité destinés en régime de taux de change fixe à rendre ces économies plus résistantes aux mouvements internationaux de capitaux par l'accumulation de réserves. Plus globalement, pour certains auteurs[2], l'émergence, particulièrement en Asie, de pays qui choisirent vis-à-vis des États-Unis la même stratégie périphérique que celle qui fut retenue dans l'immédiat après-guerre par l'Europe et le Japon est un fait marquant qui reconstitue un système monétaire international similaire à celui du défunt système de Bretton Woods.

Sous la dénomination Bretton Woods II, il est fait référence à la relation mutuellement bénéfique et interdépendante qui se serait alors construite entre la plus grande économie du monde, les États-Unis, et une périphérie d'économies de marché émergentes. Cet arrangement a

---

[1] Macfarlane Ian John (2005) : "What are the Global Imbalances ?" exposé Economic Society of Australia Dinner, Melbourne, 28 septembre.

[2] Dooley Michael P., David Folkerts-Landau et Peter Garber 2003) : "An Essay on the Revived Bretton Woods System", NBER Working Paper No. 9971 septembre.

permis à la Chine et à d'autres économies émergentes, sous-évaluant leur taux de change, contrôlant les mouvements de capitaux et accumulant des réserves, de développer une stratégie de croissance tirée par les exportations, tout en autorisant les économies en déficit externe à consommer beaucoup plus que ce que leur revenu domestique le permettait.

La soutenabilité de cet arrangement global est sujette à débat. Des déséquilibres de transactions courantes et les flux correspondants de capital ont toujours été un mécanisme clé par lequel certains pays prêtent des ressources à d'autres pays. De tels flux transfrontaliers ont donné lieu à des problèmes pour les pays emprunteurs qui se sont trouvés dans l'impossibilité d'honorer le service de leur dette extérieure. C'est d'ailleurs la crise de la dette dans les pays asiatiques à la fin des années 90 qui provoqua la mise en place de stratégies de croissance tirées par les exportations. Mais la crise des économies émergentes n'offre que peu de leçons concernant la crise de 2008 qui, pour certains, semble marquer la fin d'un arrangement global dans lequel l'excès d'épargne s'est conjugué avec l'innovation financière pour conduire à une sous-évaluation du risque financier.

Une vue communément admise, constatent Borio et al.[1] attribue l'excès d'épargne à un biais récessif résultant de l'asymétrie d'ajustement des comptes courants déficitaires et excédentaires. Les pays emprunteurs, déficitaires, sont forcés de battre en retraite quand les pays en excédent, créditeurs, ne souhaitent plus leur prêter. De larges surplus de comptes courants et un excès d'épargne ont ainsi conduit à des taux d'intérêt très bas et à des conditions financières laxistes favorisant des bulles de crédit. Toute chose égale par ailleurs, l'insuffisance d'épargne dans les économies avancées aurait dû se traduire par une hausse des taux d'intérêt de long terme. L'accroissement important de l'épargne dans le reste du monde et l'intermédiation de cette épargne par les marchés financiers américains ont conduit au contraire à une baisse généralisée des taux, encourageant la recherche de rendements élevés à travers des actifs plus risqués.

---

[1] Borio Claudio, Harold James et Hyun Song Shin (2014) : "The international monetary and financial system: a capital account historical perspective", BIS Working Papers No 457, Monetary and Economic Department, août.
Borio Claudio (2014) : "The international monetary and financial system: its Achilles heel and what to do about it", BIS Working Papers No 456, Monetary and Economic Department, août.

On aurait cependant tort, soulignent les auteurs, de se focaliser sur les déséquilibres de compte courant pour expliquer l'origine de la crise et de considérer que les comptes courants sont à la fois la jauge mesurant combien un pays peut obtenir de financement de la part de l'étranger et la direction de ce financement. Dans une économie hautement globalisée où les marchés financiers exercent une forte influence, les problèmes macroéconomiques les plus importants ne peuvent être compris en se centrant uniquement sur les déséquilibres de compte courant. Le talon d'Achille du système monétaire international n'est donc pas dans le biais récessif résultant de l'asymétrie d'ajustement des comptes courants. Il serait bien plus dans une « élasticité financière excessive » du système, dans la propension du système à amplifier les cycles financiers générateurs de crises dans lesquelles ce sont les variations de valeur des actifs et des engagements qui constituent une source majeure de vulnérabilité. Cette vulnérabilité potentielle ne saurait alors s'apprécier sans prendre en considération l'asymétrie véritablement importante, celle qui existe entre les pays émetteurs d'une monnaie internationale et fournisseurs de liquidité et ceux qui ne le peuvent pas. Seul un petit nombre de pays peuvent prétendre à ce statut et, parmi ceux-ci, les États-Unis règnent en maître étant donné le rôle international du dollar.

Section II – Le dollar dans l'économie mondiale

En mars 2004, dans une conférence au Peterson Institute for International Economics[1], Larry Summers, ancien secrétaire d'État au Trésor américain, réfléchissant au déficit extérieur courant des États-Unis et au problème des déséquilibres de l'économie globale, constatait que la chose principale dont nous devrions avoir peur était le manque de peur lui-même et que l'économie mondiale ne pouvait pas voler éternellement sur le seul moteur américain. Aux États-Unis, constatait-il alors, les problèmes les plus sérieux auxquels les responsables ont été confrontés dans les cinquante dernières années étaient ceux d'une épargne nationale faible, d'une dépendance de l'économie du capital étranger et celui de la soutenabilité budgétaire. Réitérant ces constatations en octobre 2004 à l'occasion de l'examen du déficit du

---

[1] Summers Lawrence H. (2004) : "The United States and the Global Adjustment Process", The Third Annual Stavros Niarchos Foundation Lecture, Peterson Institute for International Economics, 23 mars.

compte courant américain[1] et notant l'importance de ce déficit (atteignant au moins 1% du PIB de l'économie mondiale et absorbant pratiquement les deux tiers du cumul des surplus courants des pays en excédent), un tel déséquilibre, soutenait-il, mérite pour le moins un examen sérieux.

Sur le graphique 16 se trouve représentée en pourcentage du produit national net américain (PNN), l'épargne nationale nette S, somme de l'épargne privée nette S_p et de l'épargne publique nette $T - G$. De sorte que, sur ce graphique, compte tenu de la relation $STC = S_p + (T - G) - I$, l'écart entre la courbe d'épargne nette et celle de l'investissement domestique net I représente le solde des transactions courantes.

Graphique 16

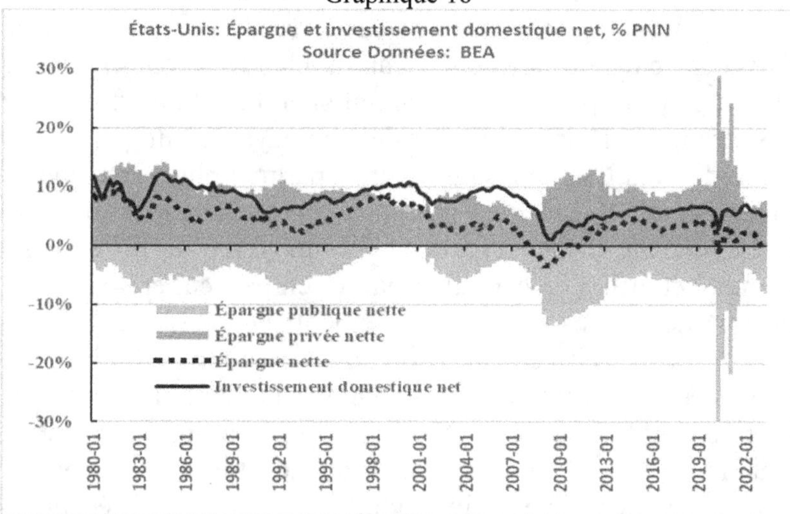

Le déficit courant extérieur américain qui, comme on l'a déjà constaté, s'installe de manière permanente au début des années 80, se reflète ici par une courbe d'investissement domestique toujours supérieure à celle de l'épargne nette. À la date à laquelle Summers faisait sa conférence, mars 2004, deux faits ressortaient manifestement. D'abord le fait d'une épargne privée s'inscrivant dans un trend décroissant depuis de nombreuses années, avec des interruptions

[1] Summers Lawrence H. (2004) : "The United States and the Global Adjustment Process", The Third Annual Stavros Niarchos Foundation Lecture, Peterson Institute for International Economics, 23 mars.

associées aux périodes de faible performance du marché boursier. Ensuite, le fait que le déclin précipité dans les années récentes de l'épargne nette provenait de l'accroissement du déficit budgétaire fédéral, passant de 0,14% du PNN au deuxième trimestre 2001 à 5,4% du PNN au deuxième trimestre 2004, absorbant les trois quarts de l'épargne privée et conduisant à un déficit courant de 5,67% du PNN. L'existence d'un déficit des transactions courantes pouvant atteindre un tel montant pose alors au moins plusieurs questions, en particulier (1) est-ce un signe de vitalité économique ou l'indice de problèmes en cours de constitution ? (2) quelles sont les modalités de l'investissement étranger ? et (3) à supposer qu'elle soit désirable, une telle situation est-elle soutenable sur le moyen ou long terme ?

Concernant la première question, note Summers, les ministres des Finances de pays en déficit extérieur ont parfois tendance à considérer que de tels déficits sont un signe de force économique, affirmant : « nous vivons dans un pays où le capital cherche à entrer. Désireriez-vous vivre dans un pays d'où le capital chercherait à sortir ? ». Le fait que des étrangers désirent investir dans le pays, le fait que l'on puisse avoir plus d'investissement sans avoir à épargner plus parce que le reste du monde comble l'écart n'est pas en soi nécessairement une mauvaise chose. Cependant, il faut regarder la composition de l'investissement que permet cet afflux de capital, regarder en particulier si, investi dans le secteur des biens internationalement échangeables, il permet d'améliorer la capacité exportatrice du pays et ainsi réduire le déficit extérieur. Or, aux États-Unis, un environnement de taux d'intérêt particulièrement bas dû à cet afflux joint à une compétition accrue dans le secteur des biens manufacturés a modifié la composition de l'investissement en faveur du secteur des biens non échangeables comme en témoigne la flambée des prix dans le secteur immobilier résidentiel, annonciatrice de la crise des *subprimes*.

Concernant la seconde question, celle des modalités de l'investissement étranger, il faut examiner les types de capitaux finançant le déficit extérieur. Quand ce sont des pourvoyeurs officiels de capitaux plutôt que des investisseurs privés qui financent une part croissante du déficit courant, cela pose un problème. Comme on l'a vu, le dollar est la monnaie dans laquelle les banques centrales détiennent la plupart des réserves officielles, reflétant le fait qu'une large part du déficit courant est financée par des interventions de banque centrale.

Enfin, concernant la soutenabilité du déséquilibre extérieur américain, Summers évoque la pérennité d'un éventuel « équilibre de la terreur financière » sur lequel les États-Unis compteraient, les coûts qu'infligerait aux pays financeurs du déficit l'interruption de ce financement constituant une assurance suffisante pour garantir sa pérennité. Il est vrai qu'après la crise financière de 2008 et ensuite le choc de la COVID, peu de choses ont véritablement changé dans la situation des États-Unis. Au deuxième trimestre 2023, l'épargne nette est négative (−0,26% du PNN), avec un déficit budgétaire de 8,14% du PNN conduisant à un déficit des transactions courantes atteignant 5,54% du PNN. Cependant, si l'on s'intéresse à la pérennité d'un tel « équilibre de la terreur », on doit aller au-delà de la contemplation des déséquilibres de compte courant et s'intéresser aux raisons qui ont conduit au rôle particulier des États-Unis dans le système monétaire international. L'analyse met alors en évidence les éléments d'une boucle rétroactive conduisant à un équilibre asymétrique du système dans lequel une seule monnaie devient disproportionnellement dominante à la fois dans le commerce global et dans la finance.

I – Les États-Unis assureur du Reste du Monde : privilège « exorbitant » et obligation du dollar.

L'évolution des avoirs et engagements extérieurs des États-Unis, en valeur de marché sur la période 1952 – 2016, met en évidence l'existence d'un contrat implicite d'assurance passé entre ce pays et le reste du monde, Gourinchas et al. (2010). La composition de la position extérieure des États-Unis, son stock de créances et d'engagements extérieurs, reflète la capacité du pays à fournir au reste du monde des actifs sûrs en échange d'une position risquée. Ce rôle d'assureur global des États-Unis vis-à-vis du reste du monde explique la position centrale du dollar dans le système financier international.

1 – Une composition particulière de la position extérieure des États-Unis. Deux propriétés particulières caractérisent la position extérieure des États-Unis. En premier lieu, les engagements extérieurs du pays sont principalement libellés en dollars alors que les avoirs sont principalement libellés en monnaies étrangères. En second lieu, comparés aux engagements, les avoirs extérieurs du pays comportent une plus grande part d'investissement risqué (investissement direct et investissement en actions).

Depuis 1952, la part des actifs liquides dans les engagements extérieurs totaux des États-Unis a toujours été comprise entre 55 et 80%

alors que la part des actifs risqués dans le total des créances extérieures de ce pays est passée de 40 à 65%. Excluant les produits financiers dérivés, les deux graphiques 17 et 18 ci-dessous représentent respectivement l'évolution de la composition des avoirs extérieurs et des engagements extérieurs des États-Unis de 1976 à 2020. On notera qu'en général, les États-Unis ont un investissement direct extérieur (prises de participation au moins égales à 10% du capital de l'entreprise et prêts entre sociétés affiliées) plus important que celui que fait le Reste du Monde dans ce pays. Et si dans les années récentes l'investissement de portefeuille parait sensiblement égal au Passif et à l'Actif, la composition de celui-ci diffère dans les deux cas. Dans l'investissement de portefeuille en 2020, la part de l'investissement risqué représentée par les actions et parts de fonds d'investissement est de 72% pour les créances et de 47% pour les engagements du pays. Le reste du portefeuille est constitué de titres de dette dont la composition est également bien différente. En particulier, 85% des dettes de court terme des États-Unis sont représentées par des bons du Trésor américain et 51% des dettes de long terme par des obligations publiques américaines.

Graphique 17

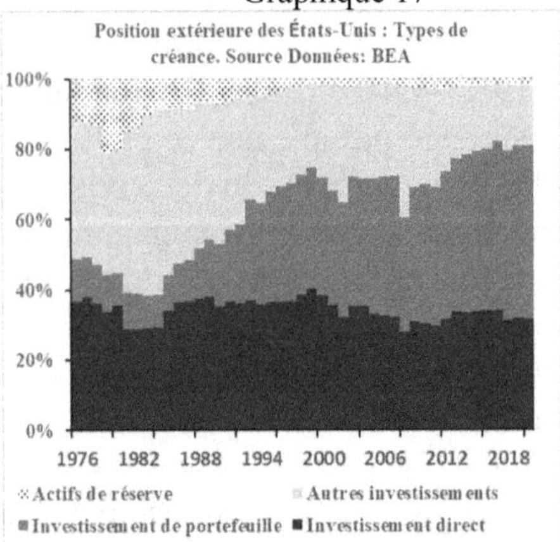

Graphique 18

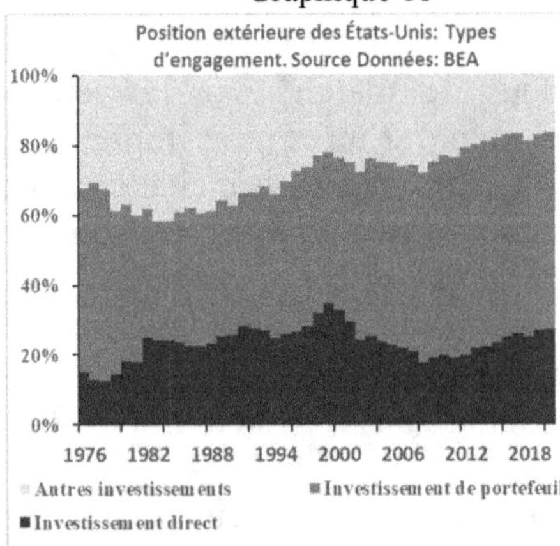

Cet effet de composition se remarque également dans la contrepartie financière du déficit des transactions courantes, graphique 19. Ce graphique reporte par catégories d'opérations financières la contrepartie de ce déficit, avec en positif l'endettement des États-Unis vis-à-vis de l'extérieur et en négatif les créances de ce pays sur l'extérieur. Les acquisitions nettes d'actifs financiers sont majoritairement de l'investissement direct alors que les engagements nets sont représentés par de l'investissement de portefeuille composé principalement d'actifs sûrs libellés en dollars.

Graphique 19

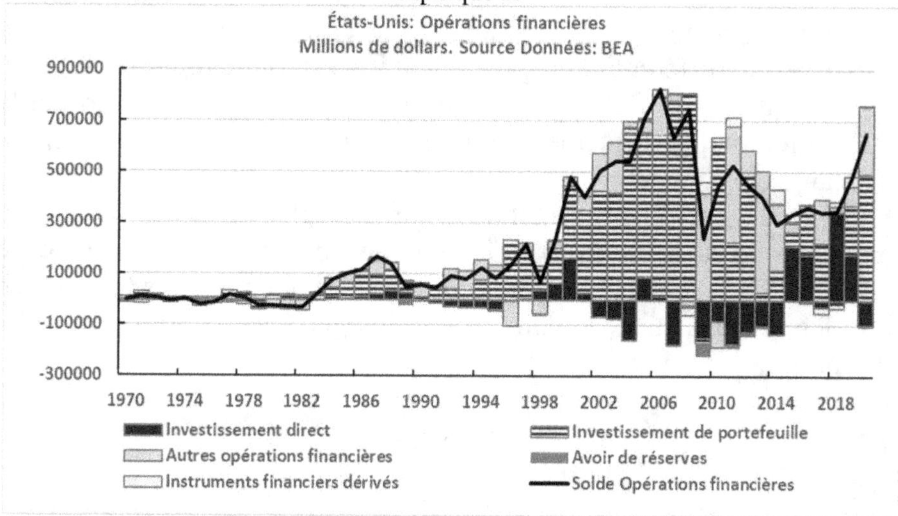

Il résulte de cet effet de composition à la fois un privilège exorbitant et une obligation. Le privilège résulte du fait qu'en tant que fournisseur d'actifs sûrs, les États-Unis empruntent en temps normal à bon marché. L'obligation tient à la perte que le pays doit assumer en temps de crise en échange de la possibilité d'emprunter en dollars à moindre coût.

2 – Un privilège « exorbitant » des États-Unis. En temps normal, le montant des primes d'assurance versées par le reste du monde aux États-Unis est représenté par le rendement supérieur des créances américaines sur l'étranger relativement au rendement des créances du reste du monde sur les États-Unis.

Qualifiée de « privilège exorbitant », si cette supériorité s'explique par le fait que les créances américaines sont plus risquées que les engagements, elle s'explique aussi par le fait que le dollar est la monnaie de réserve privilégiée au niveau mondial et les États-Unis l'offreur privilégié de cette catégorie d'actifs sûrs. Avec une offre d'actifs libellés en dollars, les États-Unis exportent les services de liquidité et de sûreté intrinsèques à cette monnaie. En acquérant ces actifs, les investisseurs étrangers bénéficient d'une prime de commodité associée à ces services et acceptent en contrepartie d'investir dans des actifs dont le rendement est relativement plus bas[1]. En retenant une mesure de rendement comprenant non seulement ce qui est attribuable aux flux de revenu extérieur (coupons, dividendes et rémunération de l'IDE), mais aussi aux gains en capital résultant des variations de prix et de taux de change, il est estimé que sur les avoirs extérieurs nets des États-Unis, le différentiel de gain en capital est faible (environ 0,5% et entièrement dû à l'effet de composition de la position extérieure) et le différentiel total pratiquement entièrement dû à l'investissement direct à l'étranger[2].

Ce privilège exorbitant est illustré sur le graphique 20 par l'évolution contrastée de la position extérieure nette des États-Unis (échelle de gauche) et du revenu net du portefeuille extérieur de ce pays (différence entre les revenus sur les avoirs et les engagements extérieurs, échelle de droite).

Graphique 20

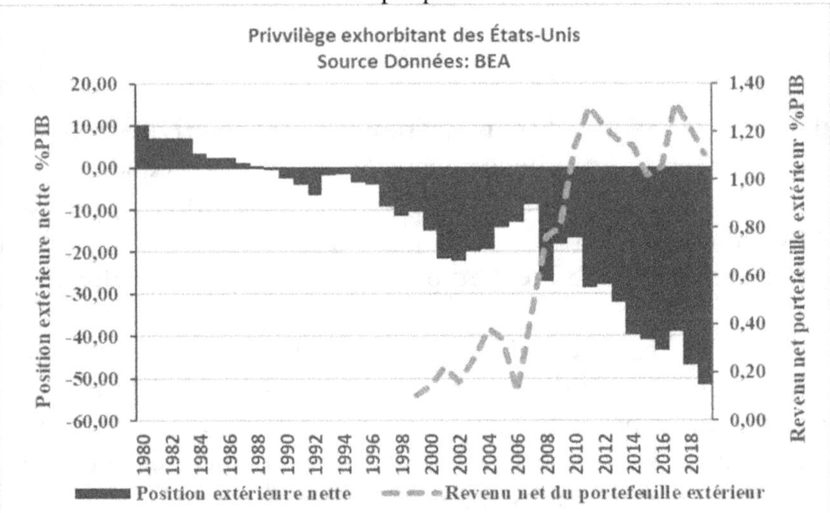

De 1998 à 2019, en pourcentages du produit domestique brut, alors que se dégrade constamment à partir des années 90 la position extérieure nette du pays, le revenu net du portefeuille extérieur reste positif et même s'accroît au fur et à mesure que se creuse la position débitrice. Ce revenu permet de financer une partie du déficit des

[1] Zhengyang Jiang, Krishnamurthy Arvind et Lustig Hanno (2020) : "Dollar Safety and the Global Financial Cycle" août NBER Working Paper No. 27682.

[2] Curcuru, Stephanie E. & Thomas, Charles P. et Warnock, Francis E. (2013) : "On returns differentials," Journal of International Money and Finance, vol. 36(C), p.1-25.

transactions courantes. Mais en échange de ce privilège, en cas de crise, les États-Unis doivent assumer une obligation importante.

3 – Une obligation importante des États-Unis. Dans une crise financière, notent Kumho et al. (2020)[1], les créditeurs d'un pays n'arrêtent pas de financer les transactions courantes, ils arrêtent de financer la dette. Et en réponse à des chocs financiers importants, les changements dans le solde courant n'apportent aucun remède immédiat et seulement une petite contribution dans le temps au règlement des déséquilibres. « Le solde courant n'est pas nécessairement sans objet en ce qui concerne la vulnérabilité financière d'une économie », constatent les auteurs (p. 7), « mais ce sont les engagements bruts qui sont bien plus importants : ils peuvent changer très vite et pour des raisons qui n'ont rien à voir avec le solde courant. Ils sont souvent la cause du solde courant plutôt que sa conséquence ».

Pour les États-Unis, graphique 21, de larges fluctuations dans la valeur des avoirs et engagements extérieurs, dues aux variations de taux de change, des prix des obligations et des actions, éclipsent les mouvements nets de capitaux et parfois même contribuent à améliorer la position extérieure nette du pays.

Graphique 21

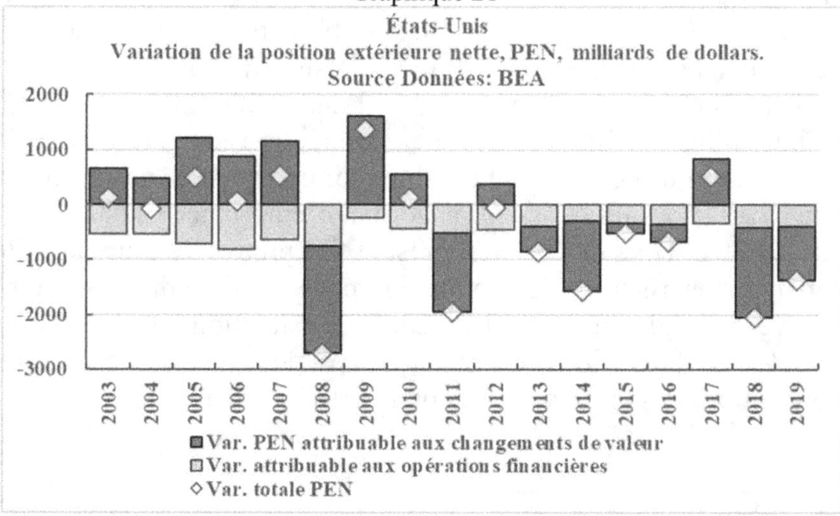

[1] Kumho Michael, Phurichai Rungcharoenkitkul et Andrej Soko (2020) : "How does international capital flow?", Bank of England Staff Working Paper No. 884, novembre.

En particulier, sur l'année 2008, les déséquilibres des soldes courants ne se corrigent que très peu, d'environ 20 milliards de dollars pour les États-Unis, alors que les entrées et les sorties brutes de capital s'effondrent, de 1600 milliards aux États-Unis[1]. Sur cette même année, les variations de valeur enlèvent 2,2 milliards de dollars à la PEN et en rajoutent plus de 1,4 milliard en 2009. « Entre le quatrième trimestre de 2007 et le troisième trimestre de 2015, les pertes de valeur représentent 4,13 mille milliards de dollars, soit 22,9% du PIB américain de 2015. Sur cette période, trois épisodes comptent dans la grandeur de ces variations : en 2008, la faillite de Lehman Brothers ; en 2011 la crise de l'Euro et en 2014 l'appréciation du dollar par rapport au yen et à l'euro. De sorte que le cumul des gains sur les avoirs extérieurs américains depuis 1952, qui atteignait 35% du PIB en 2007, est effacé »[2].

Dans une telle situation, la solvabilité extérieure du pays ne dépend que tangentiellement de l'évolution du solde des transactions courantes. Des variations dans les prix des actifs peuvent rapidement infliger des pertes de valeur à la PEN. Pour les États-Unis, de manière significative, alors que la valeur de tous les autres actifs s'effondre, la valeur des bons du Trésor et des obligations US ne s'effondre pas durant la crise. Couplée avec l'appréciation du dollar (remarquable après la faillite de Lehman Brothers en 2008 et également lors de la crise de la dette souveraine de la zone euro en 2010), la stabilité relative de la valeur des titres publics américains conduit à un transfert massif de richesse des États-Unis vers le reste du monde. Sur l'année 2008, le pic négatif du graphique illustre l'importance de l'obligation « exorbitante » des États-Unis, ce que ce pays doit assumer comme perte en cas de crise en échange de la possibilité en temps normal d'emprunter en dollars à bas coût. Les États-Unis ont jusqu'à présent fait preuve de leur capacité à assumer un tel risque. Mais pour des pays de moindre importance, pourvoyeurs régionaux d'actifs sûrs, la situation peut être bien différente, comme l'illustre les tentatives de la Suisse d'empêcher l'appréciation de sa monnaie lors de la crise des dettes souveraines de la zone euro.

---

[1] Obstfeld, M. (2010) : "Expanding Gross Asset Positions and the International Monetary System", Proceedings - Economic Policy Symposium - Jackson Hole, Federal Reserve Bank of Kansas City, p. 463-478.

[2] Gourinchas Pierre-Olivier et Hélène Rey (2016) : "Real Interest Rates, Imbalances and the Curse of Regional Safe Asset Providers at the Zero Lower Bound", NBER Working Paper 22618, p. 10.

4 – La malédiction d'un pourvoyeur régional d'actifs sûrs : l'illustration de la Suisse. Tout pourvoyeur d'actifs sûrs, remarquent Gourinchas et Rey (2016), est confronté à une « malédiction » : celle qui conduit en cas d'augmentation de la demande de ces actifs, soit à s'exposer de manière croissante au risque financier externe, soit à laisser sa monnaie s'apprécier. Les termes de cet arbitrage pèsent d'autant plus lourdement que le pourvoyeur d'actifs sûrs est d'importance faible relativement au reste du monde. À côté des États-Unis, pourvoyeur mondial prépondérant d'actifs sûrs, un petit pays comme la Suisse joue un rôle de pourvoyeur régional d'actifs sûrs, tout comme, de manière plus importante, certains pays de la zone euro, incluant notamment l'Allemagne et la France.

Pour la Suisse, on connait les événements qui conduisirent ce pays à renoncer en 2015 à ses efforts visant à limiter l'appréciation de sa monnaie. Avant la crise financière de 2008, dans une période de stabilité remarquable et de faible volatilité sur les marchés financiers, le franc suisse CHF ne jouait guère son rôle traditionnel de valeur refuge. Celui-ci s'était même déprécié entre 2003 et 2007 et le FMI se demandait dans son rapport 2007 si le franc suisse n'avait pas perdu de son lustre.

Les deux graphiques suivants représentent entre 2000 et 2020 respectivement, graphique 22, les évolutions des éléments du passif et de l'actif de la position extérieure suisse répartis selon les différentes monnaies en termes desquelles ils sont libellés (essentiellement en franc CHF, dollar et euro) et, graphique 23, l'évolution de la position extérieure nette et de ses composantes en termes de secteurs d'investissement.

Graphique 22

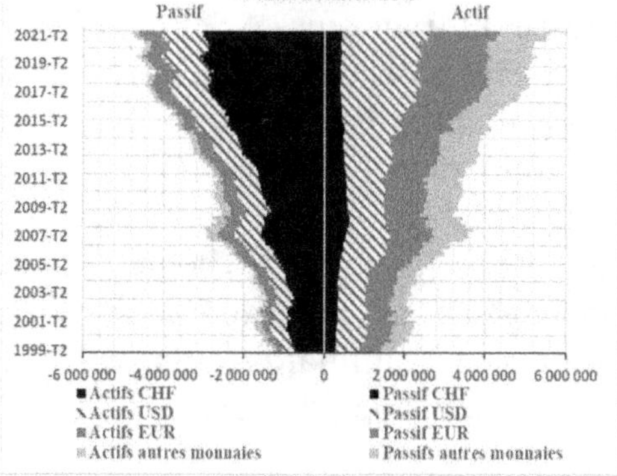

Graphique 23

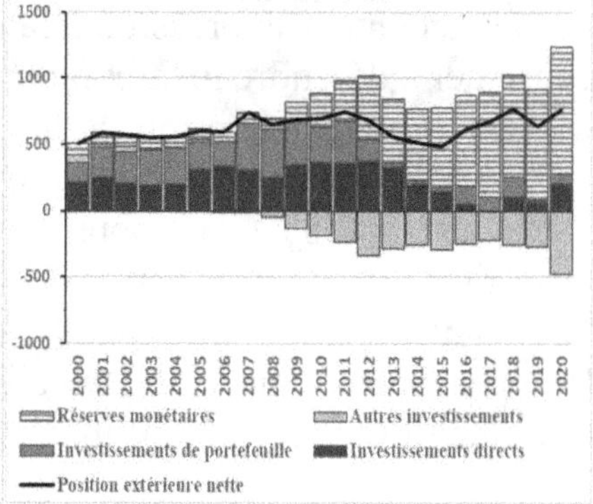

Le graphique 22 illustre la croissance de l'exposition externe au risque de change et de valeur du pays dans la mesure où les avoirs sont principalement libellés en monnaie étrangère (principalement dollars et euros) alors que les engagements sont majoritairement en CHF. Cette répartition reflète par ailleurs le fait caractéristique d'un pays pourvoyeur d'actifs sûrs avec un passif majoritairement composé d'engagements de court terme alors que dans l'actif la somme de l'investissement direct et de portefeuille dépasse toujours les 55% du total et atteint même 65% en 2020. On remarquera, graphique 23, que jusqu'à la crise financière, la Suisse n'augmente pas sensiblement sa position nette en réserves monétaires relativement à celle en investissement direct et de portefeuille. Mais après la crise, en raison des incertitudes sur le remboursement des dettes souveraines de la zone euro et des États-Unis, le franc suisse retrouve dans les faits un statut de valeur refuge contre l'euro. Confrontée à l'appréciation de sa monnaie et à la détérioration de sa compétitivité externe, la Banque Nationale Suisse (BNS) est alors conduite à fixer le 6 septembre 2011, pour l'euro en termes de francs suisses CHF, un cours plancher de 1,20 et à annoncer qu'elle interviendra en rachetant massivement des euros au cas où ce plancher risquerait d'être franchi. En conséquence de cette politique, de 2010 à 2015, les réserves monétaires de la BNS passent de 50 milliards à 500 milliards, soit 70% du PIB suisse.

Pour certains observateurs, le fait d'arrimer le franc suisse à une monnaie en pleine crise paraissait surprenant et l'afflux d'euros en échange de CHF devenait de plus en plus coûteux pour la BNS confrontée à un risque de change croissant. La décision de la BNS d'abandonner le cours plancher au début de janvier 2015 et de laisser flotter sa monnaie s'explique d'ailleurs par l'anticipation d'un programme de QE de la BCE qui, par son rachat massif de dettes souveraines, mettrait sur le marché des liquidités supplémentaires venant accentuer la pression à la hausse du franc suisse. Selon la BNS, continuer à défendre le taux plancher sur le mois de janvier 2015 face à un euro miné par l'action de la BCE lui aurait coûté 100 milliards de francs. À l'annonce de l'abandon du cours plancher, la valeur de l'euro s'effondre à 0,85 CHF pour ensuite s'établir quinze jours plus tard autour de 1,02, faisant apparaître une hausse de la devise helvétique de 15%. Au mois de janvier 2016, à la suite de cette appréciation, la Banque admet avoir perdu en valeur près de 22 milliards (environ 21,10 milliards d'euros) dont 20 milliards, sur son stock de devises acquises lors de la défense du cours plancher, à comparer à un bénéfice antérieur de 38,10 milliards enregistré en 2014.

Pour un petit pourvoyeur d'actifs sûrs comme la Suisse, la malédiction conduit à céder à la pression sur la monnaie pour limiter l'accroissement du risque externe, au détriment de sa compétitivité externe. Les emprunteurs étrangers en CHF ont subi une perte non négligeable, cependant peu susceptible de déclencher une crise mondiale. En revanche, pour un pourvoyeur mondial d'actifs sûrs comme les États-Unis, ayant fait la preuve de sa capacité à absorber des transferts massifs de richesse vers le reste du monde, la malédiction conduirait plutôt à favoriser une exposition croissante au risque externe susceptible de mettre en cause la position dominante de sa monnaie.

II – Système international de prix, « privilège d'insularité » et cycle du dollar.

Dans une analyse se rapportant à la fonction d'assureur des États-Unis, on a tendance à privilégier le rôle de réservoir de valeur attribué à la monnaie dominante au détriment de son rôle d'instrument de facturation. Or « dans un monde de monnaies multiples, on ne peut penser une structure de demande d'actifs sûrs sans prendre en compte les caractéristiques de facturation du système international de prix. Exprimé simplement, un titre financier n'est significativement « sûr » que s'il peut être utilisé pour acheter une quantité déterminée de certains biens à une date future, et ceci nécessairement conduit à s'interroger sur la manière dont les biens sont facturés », Gopinath et Stein (2021, p. 3)[1]. Il existe ainsi, selon ces auteurs, une complémentarité entre le rôle du dollar en tant que monnaie dans laquelle les exportateurs non américains facturent de manière prédominante leurs biens et la prééminence de cette monnaie dans la banque et la finance globale. Le comportement de facturation génère la demande d'actifs en dollars et le privilège exorbitant de cette monnaie.

Pour un agent économique en dehors des États-Unis, importateur de biens de ce pays ou d'autres pays, devant disposer d'un actif en garantie des achats prévus, en quelle monnaie est-il préférable de disposer de cet actif ? Si la plupart de ses importations sont facturées en dollars et si les

---

[1] Gopinath, Gita, et Jeremy Stein (2021) : "Banking, Trade, and the Making of a Dominant Currency", Quarterly Journal of Economics. The Quarterly Journal of Economics, Volume 136, Issue 2, mai, p. 783-830.

prix en dollars sont stables, celui-ci préférera disposer d'un actif en dollars, le plus sûr moyen de maintenir en cas de variation de taux de change la valeur de l'actif en termes de biens importés. De la sorte, la croissance du volume des biens internationalement échangés facturés en dollars augmente la demande d'actifs qui garantissent à terme un montant déterminé de dollars et qui peuvent servir de collatéral aux échanges internationaux de biens et services.

Certains de ces actifs sont fournis par le Gouvernement américain, bons ou obligations du Trésor américain, mais en quantité insuffisante pour satisfaire la demande. Une grande part de celle-ci est satisfaite par des intermédiaires financiers privés qui, pour disposer eux-mêmes de collatéral dollar, doivent inciter leurs emprunteurs à s'endetter en dollars en leur consentant des taux d'intérêt plus bas que s'ils s'endettaient en monnaie locale. Au fur et à mesure qu'augmente dans le commerce international la part des biens facturés en dollars et qu'augmente ainsi la demande de collatéral dollar, sont alors recrutés sur le marché des fournisseurs plus risqués de dollars dont la garantie dépend de revenus libellés en monnaie locale et exposés à un risque de change. Pour Gopinath et Stein, cette nécessité dans la création de collatéraux est au cœur du « privilège exorbitant du dollar ». Les fournisseurs plus risqués ne peuvent être attirés sur le marché que si une prime leur est versée, que s'il est meilleur marché pour eux d'emprunter en dollars plutôt qu'en monnaie locale.

Il existerait ainsi une boucle rétroactive susceptible de conduire à un équilibre asymétrique dans lequel une seule monnaie devient disproportionnellement dominante à la fois dans le commerce global des biens et services et dans la finance. Cette boucle rétroactive, constatent les auteurs, est assez conforme à d'autres analyses narratives historiques qui suggèrent les étapes suivantes dans l'internationalisation d'une monnaie : (1) d'abord favoriser son utilisation dans le commerce des biens en tant qu'instrument de facturation et de vente, (2) encourager ensuite son utilisation dans les transactions financières privées et enfin (3) la retenir comme instrument de réserve au niveau des Gouvernements et des banques centrales. Dans une telle situation asymétrique, il est enfin naturel pour une Banque centrale d'accumuler des réserves dans la monnaie dominante, compte tenu du rôle de prêteur en dernier ressort qu'elle doit assumer envers des banques commerciales dont la majorité des engagements sont libellés en monnaie dominante.

A – Privilège d'insularité.

On sait qu'une dépréciation du taux de change est perçue comme inflationniste en raison d'une augmentation des prix des biens importés et d'une amélioration de la balance des transactions courantes due à une compétitivité accrue des exportations. Mais la question de savoir pourquoi dans certains pays l'inflation est plus sensible aux fluctuations du taux de change que dans d'autres pays est souvent négligée, Gopinah (2015)[1]. Pour répondre à cette question, deux caractéristiques actuelles du système international de prix sont importantes : (1) une part prépondérante des échanges mondiaux est facturée en un petit nombre de monnaies, avec le dollar comme monnaie dominante et (2) les prix internationaux dans leur monnaie de facturation sont peu sensibles aux taux de change sur un horizon de deux ans.

Il résulte de ces deux caractéristiques que, pour un pays, un indicateur de la sensibilité de l'inflation domestique aux taux de change est constitué par la part de ses importations facturées en monnaie étrangère. Plus cette part est importante, plus grande est la sensibilité de l'inflation domestique aux fluctuations des taux de change et donc aux chocs extérieurs. Les graphiques 24 et 25 représentent pour quelques pays la part moyenne sur plusieurs années des importations et des exportations facturées respectivement en monnaie domestique, en dollars et en euros.

Graphique 24

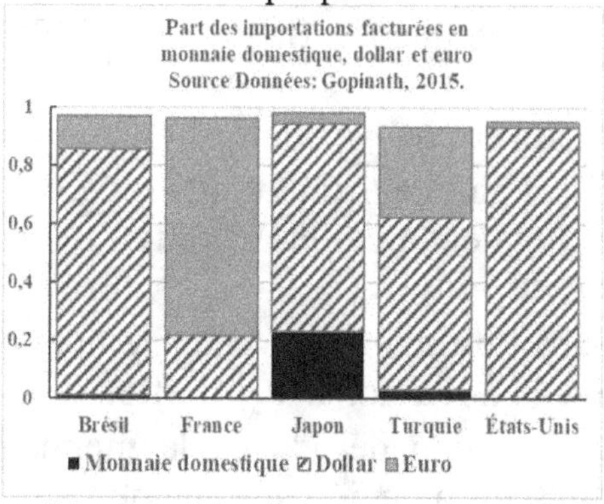

Graphique 25

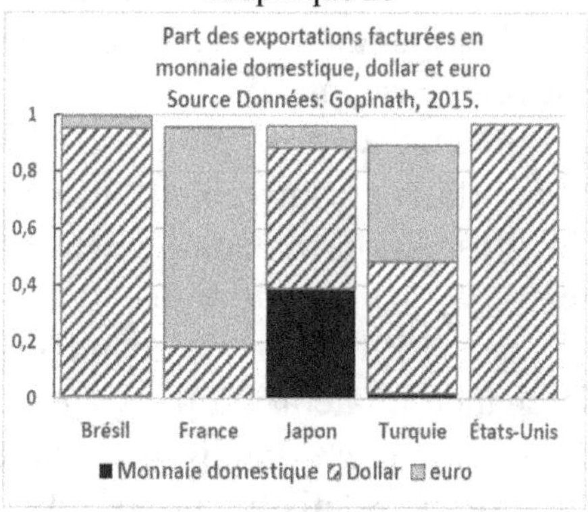

(Moyennes à partir de 1999 sur les années pour lesquelles les données sont disponibles).

[1] Gopinath, Gita (2015) : "The International Price System", Jackson Hole Symposium Proceedings, NBER WP 21646, octobre.

Bien que seulement 6% des importations de la Turquie viennent des États-Unis, 60% des importations totales turques sont facturées en dollars. Pour le Japon, avec seulement 13% de ses importations en provenance des États-Unis, 71% de ses importations totales sont facturées en dollars. À la différence de ces deux pays, 93% des importations des États-Unis sont facturées en dollars, monnaie domestique.

Pour chacun de ces trois pays, États-Unis, Japon et Turquie, à partir de données trimestrielles sur la période 1990-2014, on peut estimer à travers un indice agrégé du prix des importations la répercussion sur l'inflation de la dépréciation de la monnaie domestique. Pour la Turquie, une dépréciation de 10% de sa monnaie relativement à celles de ses partenaires commerciaux conduit un trimestre plus tard à une augmentation de 9,3% du prix de ses importations et de 10% huit trimestres après le choc. Pour le Japon, une dépréciation de 10% du yen relativement aux monnaies de ses partenaires augmente de 8,3% le prix de ses importations après un trimestre et de 9% au bout de huit trimestres. Pour ce qui concerne les États-Unis, les répercussions d'une dépréciation du dollar sont bien plus faibles, respectivement 3,4% et 4,4%.

D'une manière plus générale, un ensemble de données de panel concernant les parts d'exportation et d'importation facturées en dollars, euros et autres monnaies, rassemblées pour plus de cent pays depuis 1990, permet d'estimer la sensibilité de l'indice de prix des importations (exprimé en monnaie domestique) d'un pays à la variation de différents taux de change bilatéraux nominaux, Boz et al. (2020)[1]. Sur cette base, on constate :

- qu'à une dépréciation de 1% du taux de change bilatéral e_{ij} du pays j importateur relativement au pays i exportateur (autre que les États-Unis) est associée dans l'année une augmentation de 0,7% de l'indice de prix P_j des importations du pays j.

- que si l'on rajoute cependant dans l'estimation précédente le taux de change bilatéral du pays j relativement au dollar $e_{\$j}$, l'effet de e_{ij} diminue à 0,2% tandis qu'à la dépréciation de 1% de la monnaie domestique relativement au dollar, $e_{\$j}$, est associée une augmentation

[1] Boz Emine, Camila Casas, Georgios Georgiadis, Gita Gopinath, Helena Le Mezo, Arnaud Mehl et Tra Nguyen (2020) : "Patterns in Invoicing Currency in Global Trade", IMF Working Paper Research Department, WP/20/126, juillet.

de 0,8% de l'indice de prix des importations du pays j. Par ailleurs, plus est grande la part des importations du pays j facturées en dollars, plus est grand l'effet de la dépréciation de la monnaie domestique relativement au dollar.

- enfin si l'on introduit comme facteur explicatif complémentaire le taux de change de la monnaie domestique e_{ej} relativement à l'euro, l'effet dollar domine à la fois les effets des taux e_{ij} et e_{ej}.

Les mêmes effets sont constatés en ce qui concerne les taux de change bilatéraux sur le volume des exportations X_{ij} du pays i vers le pays j, l'effet dollar dominant de la même manière les effets des taux e_{ij} et e_{ej}. La réduction du volume des exportations du pays i vers le pays j est beaucoup plus sensible à la dépréciation de la monnaie du pays importateur vis-à-vis du dollar que la dépréciation de celui-ci vis-à-vis du pays exportateur ou de l'euro.

De ces caractéristiques du système international de prix résultent un certain nombre de conséquences. Ces conséquences concernent l'efficacité de la politique monétaire pour contrôler l'inflation via la modification des taux de change et les asymétries dans les répercussions internationales de la politique monétaire des différents pays.

Dans le cadre du système international de prix, les effets d'une variation de taux de change nominal e sur le solde des transactions courantes via la compétitivité respective des exportations du pays domestique Pe et celle de l'étranger P^*/e dépendent de la proportion des exportations facturées en monnaie domestique et de la proportion des importations facturées en monnaie étrangère. Pour un pays comme le Japon dont 38% des exportations sont facturées en monnaie domestique, la dépréciation du yen n'avantage qu'une part des exportations du pays alors que les 71% d'importations facturées en dollars supportent le désavantage de l'appréciation du dollar en termes de yen et contribuent à l'inflation domestique. Plus ces proportions sont importantes, moins est efficace la recherche d'un avantage comparatif via une dépréciation du taux de change. Pour la Turquie dont 59% des importations sont facturées en dollars et 2% des exportations facturées en monnaie domestique, une dépréciation de la monnaie turque a un fort impact sur l'inflation intérieure tout en ne favorisant que 2% des exportations de ce pays. Pour les États-Unis dont 97% des exportations et 93% des importations sont facturées en dollars, la dépréciation du dollar joue à plein positivement pour les exportations et très peu négativement pour l'effet d'inflation importée. L'impact direct d'une dépréciation de 10% du dollar n'augmenterait cumulativement sur deux ans l'inflation CPI que de 0,4-0,7 point de pourcentage. En revanche, l'appréciation du dollar joue négativement à plein au détriment des exportations américaines et n'avantage que faiblement les importations de produits étrangers. Une variation du taux de change effectif nominal du dollar affecte ainsi principalement les exportations des États-Unis, protégé de l'inflation importée par la presque totalité de ses importations facturées en monnaie domestique.

En ce sens, Gopinath (2015, p. 6), si « le dollar est souvent considéré comme bénéficiant d'un « privilège exorbitant » en raison de son statut de monnaie de réserve sur les marchés financiers, on peut aussi dire qu'il bénéficie d'un « privilège d'insularité » au regard de l'inflation en raison de son statut de monnaie de facturation dans le commerce mondial ». De ce privilège d'insularité résulte une asymétrie dans les répercussions internationales de la politique monétaire américaine, comparées aux répercussions de celles d'autres pays. Lorsque la Fed conduit une politique monétaire restrictive, augmentant les taux d'intérêt américains et appréciant ainsi le dollar, elle affecte de manière non négligeable l'inflation dans les pays dont une large part des importations est facturée en dollars, incitant les banques centrales de ces pays à s'engager également dans des politiques monétaires restrictives. En revanche, des politiques monétaires restrictives dans le Reste du Monde, dépréciant le dollar, ne conduisent pas nécessairement la Fed par peur d'une inflation importée à s'engager dans une telle politique. Cette asymétrie, comme on va le voir, se trouve accentuée par l'existence d'un cycle financier global dans lequel le dollar joue un rôle prépondérant.

B – Le cycle financier global du dollar.

On l'a déjà constaté avec Borio (2014), dans le monde actuel, lorsqu'on s'intéresse aux déséquilibres du système monétaire international, l'importance des flux financiers bruts exige un renversement de perspective. On ne doit pas se demander ce que le déséquilibre des transactions courantes signifie pour sa contrepartie financière, mais ce que le côté financier signifie pour sa contrepartie réelle. Dans l'analyse des déséquilibres du système monétaire international, le point de départ devrait être les marchés financiers plutôt que les marchés de biens et services. Taylor[1] constate également que lorsque la question se pose de savoir quelles variables peuvent contenir une information ex ante concernant l'éventualité d'une crise financière, ce ne sont pas les déséquilibres des transactions courantes qu'il faut considérer. L'histoire a montré que sur le long terme les économies peuvent subir des crises financières sans rapport avec les déséquilibres de transactions courantes. L'échelle du phénomène de globalisation financière, le rôle des banques globales et l'existence dans le système monétaire international d'un pays centre conduisent, constate Hélène Rey[2], à se poser les questions suivantes (p. 285) : « les conditions de financement fixées dans les principaux centres financiers mondiaux donnent-elles le ton pour le reste du monde, quel que soit le régime de change ? Y a-t-il un cycle financier mondial et, si oui, quels en sont les déterminants? »

Sur données trimestrielles, du premier trimestre 1990 au quatrième trimestre 2012, il existe , constate Hélène Rey, par classes d'actifs (IDE, investissement de portefeuille, dette et crédit) et entre différentes régions du monde (Amérique du Nord, Europe de l'Ouest, Amérique latine, Asie émergente et Afrique), des mouvements largement communs dans les flux financiers bruts (en entrée comme en sortie), dans les prix des actifs et dans les niveaux d'endettement, positivement corrélés. L'image qui émerge de ces données est celle d'un cycle financier global, synchronisé en particulier avec les fluctuations de l'aversion au risque et à l'incertitude représentée par le VIX, *Chicago Board Options Exchange Market Volatility Index*. Les entrées de capital sont négativement corrélées avec cet indice, même à un niveau géographique désagrégé. De faibles valeurs du VIX, en particulier sur une longue période, sont associées à la phase ascendante du cycle financier global : plus d'entrées et de sorties de capital, plus de création de crédit, plus d'endettement et d'inflation dans les prix des actifs. Et, compte tenu du rôle du dollar, monnaie dominante dans la finance mondiale, il est ensuite naturel de s'intéresser à la relation entre la politique monétaire des États-Unis et le VIX.

Concernant cette relation, la période 2002-2007 est particulièrement frappante, caractérisée par une diminution prolongée du VIX résultant de la politique monétaire accommodante de Greenspan destinée à

[1] Taylor Alan M. (2013) : "External Imbalances and Financial Crises", IMF Working Paper Research Department, WP/13/260, décembre..

[2] Rey, Hélène (2018) : "Dilemma not Trilemma: The Global Financial Cycle and Monetary Policy Independence", NBER Working Papers, No 21162.

laisser sa chance à la croissance et à ne pas trop se préoccuper d'un *Output gap* positif accompagné de prix d'actifs croissants. Sur cette période, non seulement le VIX diminue (après un délai de cinq trimestres environ) quand le *federal funds rate* diminue, l'endettement des banques européennes s'accroît et s'accroissent les flux bruts de crédit (après douze trimestres), mais il existe également une boucle de rétroaction positive entre une politique monétaire accommodante, une diminution du VIX, une augmentation du crédit, des flux de capitaux et de l'endettement. Le cycle financier global serait donc en grande partie un cycle du dollar. Dans les périodes de politique monétaire accommodante de la Fed, du côté des emprunteurs, la baisse des taux sur les emprunts en dollars encourage une croissance de l'endettement international et augmente le risque de change et de défaut des emprunteurs étrangers lorsque la politique monétaire américaine se resserre et le dollar s'apprécie. Du côté des prêteurs, quand le rendement sur les actifs en dollars diminue, les investisseurs américains sont conduits à investir dans la dette étrangère à plus haut risque, favorisant une croissance de la vulnérabilité des économies émergentes.

Dans le bas niveau des taux d'intérêt américains sur la période 2003-2007, notent Bernanke et al. (2010)[1], la demande étrangère d'actifs en dollars a joué un rôle. Les pays étrangers à surplus ont acquis une part substantielle des nouvelles émissions de bons du Trésor américain, de la dette des agences publiques et des titres hypothécaires sponsorisés par ces agences. Une large part, 55%, des titres très bien cotés émis par les résidents US ont été achetés par l'étranger. La pression à la baisse des rendements exercée par cet afflux de capitaux en provenance notamment de Chine et d'autres pays émergents de l'Asie ainsi que de l'OPEP a été d'ailleurs renforcée sur cette période par les préférences des banques européennes pour des titres américains considérés à tort comme sûrs. Ces banques se sont endettées à court terme sur le marché monétaire américain pour acheter des titres US adossés à des créances hypothécaires, les MBS *(mortgage-backed securities*). La forte demande pour ces actifs américains de la part des investisseurs domestiques et étrangers n'a d'ailleurs pas seulement servi à réduire les rendements de ces actifs. Elle a également fourni à l'industrie des services financiers US des incitations à développer des produits

---

[1] Ben S. Bernanke, Carol Bertaut, Laurie Pounder DeMarco et Steven Kamin (2010): "International Capital Flows and the Returns to Safe Assets in the United States, 2003-2007", Board of Governors of the Federal Reserve System International Finance Discussion Papers Number 1014, février.

structurés transformant des prêts risqués en titres très bien cotés, contribuant ultérieurement à la propagation de la crise financière américaine au reste du monde.

Dans la mesure où les cycles du crédit et les flux de capitaux obéissent à des facteurs globaux, ils peuvent évidemment être inappropriés pour les conditions cycliques de nombreuses économies, conduisant à une croissance excessive de crédit dans les phases d'expansion du cycle et à des restrictions excessives dans les phases de retournement. Le cycle global financier n'est pas nécessairement aligné avec les conditions macroéconomiques de nombreuses économies qui en subissent les effets. Il en résulte, note Rey, que le trilemme traditionnel de la politique monétaire en économie ouverte se transforme en un dilemme. Des taux de change flexibles ne peuvent plus soustraire les économies aux influences du cycle financier global et la politique monétaire d'une Banque centrale ne dispose plus dans ce cadre d'autonomie suffisante. Le dilemme est alors que, quel que soit le régime de change, des politiques monétaires indépendantes ne sont possibles que si les mouvements de capitaux sont contrôlés directement ou indirectement. Cette proposition concerne en particulier les économies émergentes et en développement.

Dans les modèles macroéconomiques traditionnels de transmission de la politique économique en régime de taux de change flexible, c'est le changement induit dans le compte des opérations courantes qui détermine largement si la politique d'un pays est transmise positivement ou négativement à l'extérieur. Une politique monétaire expansionniste, par exemple, augmente le produit domestique et via la propension marginale à importer, augmente la dépense en importations donnant une impulsion positive à l'extérieur. A contrario, la dépréciation de la monnaie domestique augmente les prix des importations, détourne en partie la demande domestique des produits importés, favorise les exportations, donnant une impulsion négative à l'extérieur. L'effet net sur l'extérieur est alors positif si le solde du compte courant du pays expansionniste se détériore et négatif si celui-ci s'améliore. Dans ces modèles, les flux de capitaux n'ont qu'un rôle essentiellement passif, assurant le financement du déséquilibre du compte courant dans un univers où la condition de parité des taux d'intérêt (PTI) entre les pays reste globalement respectée. Or, en fait, en ce qui concerne les effets extérieurs de la politique économique des

États-Unis, l'impact de celle-ci sur le solde du compte courant étant minime, ces effets se transmettent principalement par des canaux financiers, la variation des taux d'intérêt américains se transmettant aux taux d'intérêt étrangers. En particulier, dans le cas d'une politique monétaire restrictive des États-Unis, les pays émergents et en développement en sont plus gravement affectés, Akinci et al.[1], Obstfeld et al.[2].

La prédominance du dollar dans les décisions des entreprises en matière de prix modifie la façon dont les flux commerciaux réagissent aux taux de change, surtout à court terme. Lorsque les prix à l'exportation sont fixés en dollars, la dépréciation de la monnaie d'un pays vis-à-vis du dollar ne rend pas les biens et services moins chers pour les acheteurs étrangers, du moins à court terme. De la sorte, dans les économies émergentes et de marché, où la fixation des prix en monnaie dominante est plus courante, la réaction des quantités exportées au taux de change est beaucoup plus modérée et l'effet favorable sur la production domestique d'une dépréciation de la monnaie nationale l'est également. De plus, l'appréciation globale du dollar exerce un effet de contraction à court terme sur le commerce global, la dépréciation des monnaies des autres pays par rapport au dollar renchérissant pour ceux-ci les prix de leurs importations en monnaie domestique, y compris en provenance de pays autres que les États-Unis. Pour lutter contre l'inflation importée et la fuite de capitaux résultant de rendements plus élevés sur les actifs américains, les banques centrales des économies émergentes et en développement doivent alors augmenter le rendement excédentaire offert sur leurs obligations afin de rétablir la parité des rendements. Dans ce cadre, les pays qui bénéficient d'une plus grande flexibilité du taux de change disposent néanmoins d'une marge de manœuvre plus grande pour réagir au choc de l'appréciation du dollar. Selon la condition (4) de parité des taux d'intérêt $i_{EMED} + \Delta e^{a}_{EMED} = i_{US}$, une partie de la réponse à l'augmentation du taux d'intérêt américain i_{US} peut être obtenue par

[1] Akinci Ozge, Gianluca Benigno, Serra Pelin et Jonathan Turek (2022) : "The Dollar's Imperial Circle", Federal Reserve Bank of New York Staff Reports, no. 1045, décembre.

[2] Obstfeld Maurice et Zhou Haonan (2023) : "The Global Dollar Cycle", NBER Working Paper No. w31004, mars.

une dépréciation immédiate de la monnaie domestique, créant une anticipation future d'appréciation de celle-ci, $\Delta e^{a}_{EMED} > 0$. Dans une économie à taux de change fixe, le rétablissement de la parité des rendements exigerait une contraction monétaire, donc une contraction de l'économie, plus forte afin de rétablir la parité des rendements.

Section III – Quel futur pour le système monétaire international ?

Selon Eichengreen[1], il existe deux visions différentes du futur du système monétaire international. L'une, qualifiée de « vision de Harvard » est principalement empirique et considère que, compte tenu des caractéristiques actuelles du système, celui-ci va demeurer unipolaire et ancré dans le dollar. L'autre, qualifiée de « vision de Berkeley », soutient que la dominance du dollar est une anomalie historique et qu'il existe un certain nombre d'arguments permettant d'envisager l'évolution du système vers un monde multipolaire plus équilibré dans lequel coexisteraient plusieurs monnaies de réserve.

En faveur de la vision de Harvard, on peut invoquer le fait qu'avec plus de 60% des réserves globales de change en dollars, plus de 60% des actifs et engagements des banques en dollars et une part du dollar en tant que monnaie de facturation pour les biens importés approximativement égale à 4,7 fois la part des biens US dans les importations globales, le dollar a peu de chance dans un futur immédiat de perdre son statut de monnaie dominante. Dans ce qui contribue à générer un actif international sûr, il y a d'ailleurs un aspect autoréalisateur. Lorsque de plus en plus d'investisseurs considèrent que le dollar est une bonne monnaie de réserve et que les États-Unis sont le fournisseur d'actifs sûrs, cela contribue à rendre les actifs US d'autant plus sûrs. Et ce type de croyance n'est pas dénué d'un certain soubassement empirique dans la mesure où, à l'occasion de différentes crises financières, les États-Unis ont été capables d'intervenir pour défendre le statut international de leur monnaie, même lorsqu'ils étaient à l'origine de la crise. Sur le plus long terme cependant, deux raisons

[1] Eichengreen Barry (2019) : "Two Views of the International Monetary System", Intereconomics 2019/4, ZBW-Leibniz Information Centre for Economics, p. 233-236.

peuvent inciter à considérer de manière plus favorable l'éventualité d'un changement.

La première raison tient au fait que les États-Unis pourraient ne pas désirer la perpétuation du système. Un certain nombre de pays se plaignent des avantages disproportionnés dont bénéficient les États-Unis en raison de leur privilège exorbitant : le Gouvernement fédéral peut placer sa dette à moindre coût auprès des investisseurs étrangers et, en cas de crise, voir ces mêmes investisseurs se précipiter pour renforcer leurs positions en dollars. Cependant, un dollar fort handicape les exportations de biens et services américains.

La seconde raison tient au fait que les États-Unis, désirant maintenir leur statut, pourraient ne pas être capables de le faire. L'obligation « exorbitante » n'est pas sans danger en cas de crise sérieuse. Un système monétaire international reposant sur un principe d'autoassurance par accumulation de réserves émises par un seul pays est inéluctablement déstabilisateur. Ce qui réactualise un dilemme de Triffin dans un univers s'étant affranchi de toute référence à un numéraire particulier.

I – Un nouveau dilemme de Triffin.

En 1960, Robert Triffin l'avait constaté : dans le contexte de Bretton Woods, avec une demande mondiale d'actifs de réserve en dollars augmentant avec la croissance mondiale et des États-Unis inévitablement contraints de fournir de tels actifs, l'érosion de la couverture or du dollar conduit inévitablement à une crise. Plus généralement, constate Obstfeld (2013), un dilemme de Triffin existe toutes les fois qu'une demande croissante pour un actif de réserve met à l'épreuve la capacité de l'émetteur d'en offrir une quantité suffisante tout en garantissant ou en stabilisant de manière crédible la valeur de cet actif en termes d'un numéraire acceptable.

Mais en termes de quel numéraire la valeur devrait-elle être mesurée ? Poser la question de la prédictibilité de cette valeur, remarque-t-il, révèle que celle-ci ne peut être une norme absolue, à moins que le numéraire soit une monnaie particulière ou un bien particulier comme l'or. Dans le cadre du système de Bretton Woods, avec l'obligation du Trésor américain de maintenir le prix d'une once d'or à 35 dollars, le dilemme était d'ordre budgétaire. À la fin de l'année

1970, avant que Nixon suspende la convertibilité or du dollar, compte tenu de la croissance mondiale et l'accroissement corrélatif des actifs en dollars, même si le Trésor avait voulu racheter sur les marchés la totalité du stock d'or et toute sa production courante sans provoquer une augmentation du prix, il lui aurait encore manqué 11 milliards pour couvrir le volume existant d'actifs en dollars. Toute tentative du Trésor américain à l'époque pour acheter une quantité substantielle d'or sur les marchés aurait conduit à une augmentation de son prix rendant l'opération budgétairement insupportable. Aujourd'hui, avec la disparition de la convertibilité or du dollar, les changements de valeur de cette monnaie peuvent résulter de nombreux facteurs : risque de taux de change et d'inflation, risque de défaut souverain ou privé ou risque politique.

Une version contemporaine de ce dilemme fait dépendre aujourd'hui l'accumulation mondiale d'actifs sûrs en dollars du montant de la dette souveraine des États-Unis. À partir de l'identité $STC = S_p + (T - G) - I$, dans la mesure où un solde négatif des transactions courantes STC contribue à l'accumulation d'actifs en dollars, avec une insuffisance donnée de l'épargne privée S_p par rapport à l'investissement domestique I, ce solde ne peut se détériorer que si le déficit budgétaire $(T - G) < 0$ des États-Unis s'amplifie. La dette souveraine du pays émettant la monnaie de réserve internationale doit augmenter pour répondre à la demande mondiale d'actifs sûrs. Avec une dette souveraine déjà importante, cette augmentation peut conduire à fragiliser le crédit accordé au souverain. Pour ce dernier, bénéficiant d'une rente d'émission de monopole, le dilemme est alors un problème d'arbitrage entre restreindre l'émission d'actifs sûrs ou la développer au risque de provoquer une crise de confiance[1].

Mais les États-Unis ont-ils la maîtrise de l'émission d'actifs en dollars ? Dans un monde financier globalisé avec un étalon dollar de fait, où de nombreuses banques en Europe, au Japon et dans bien d'autres pays ont des actifs et des engagements libellés en dollars (juste un titre par lequel l'émetteur s'engage à payer à terme une certaine valeur en dollars) et disposent ainsi d'une capacité d'emprunter et de prêter en dollars, la logique du dilemme de Triffin tournerait plutôt autour de l'équilibre entre la croissance de la demande de dollars liée à

[1] Farhi, Emmanuel et Matteo Maggiori, (2017-a)) : "A Model of the International Monetary System", Quarterly Journal of Economics, vol. 133, No. 1, p. 295–355.

la croissance du PIB mondial et la capacité du système financier global à maintenir la sûreté des actifs de réserve. Le tableau 5 suivant reporte le montant des engagements libellés en dollars dans les différents secteurs américains et étrangers de l'économie mondiale. On notera que si le Gouvernement américain est encore la source prédominante d'émissions d'actifs en dollars, dans les secteurs privés, les montants des engagements de l'étranger sont assez comparables à ceux des contreparties américaines.

Tableau 5 : Montant des engagements libellés en dollars (mille milliards), 2014.

<table>
<tr><th></th><th>États-Unis</th><th colspan="3">Étranger</th></tr>
<tr><th></th><th>Total</th><th>Total</th><th>Prêts</th><th>Obligations</th></tr>
<tr><td>Banques</td><td>13,07</td><td>7,1</td><td>4,5</td><td>2,58</td></tr>
<tr><td>Gouvernements</td><td>17,09</td><td>0,84</td><td></td><td>0,84</td></tr>
<tr><td>Institutions non financières</td><td>9,42</td><td rowspan="2">9</td><td rowspan="2">4,8</td><td>3,2</td></tr>
<tr><td>Autres institutions financières</td><td>2,82</td><td>1,0</td></tr>
</table>

Source : Jiang et al. (2020), p. 46

La réponse endogène du secteur financier privé à l'insuffisance d'actifs sûrs témoigne certes de l'existence de mécanismes importants de stabilisation. Une demande excédentaire d'instruments de réserve de valeur augmente la valeur des actifs sûrs, contribue à faire baisser les taux d'intérêt correspondants, améliore la solvabilité des emprunteurs et génère une offre additionnelle d'instruments de réserve. Cependant, constatent Gourinchas et Jeanne[1], dans cette réponse existe une tension entre la fragilité résultant des engagements additionnels et la stabilisation induite par l'offre additionnelle de réserves. La question pertinente à poser n'est donc pas de savoir si l'économie mondiale souffre d'une insuffisance d'actifs sûrs, mais plutôt de s'interroger sur la composition de cette offre d'actifs et sur la manière de la rendre moins fragile. On sait qu'avant la crise de 2008, les institutions financières privées ont mis sur le marché de larges montants d'actifs « sûrs » élaborés à partir de processus de sécurisation d'actifs risqués. Et lorsqu'à l'occasion de la crise, ces actifs labellisés AAA par les agences de notation ont perdu cette qualification, le total de l'émission d'actifs privés sécurisés par le secteur financier aux États-Unis et en Europe passe de plus de trois mille milliards de dollars en 2007 à moins

[1] Pierre-Olivier Gourinchas et Olivier Jeanne (2012) : "Global safe assets", Monetary and Economic Department, BIS Working Papers No 399, décembre.

de 750 milliards en 2010, contribuant à exacerber l'insuffisance globale d'actifs sûrs[1].

Il peut être tentant aujourd'hui de négliger la réactualisation du dilemme de Triffin et de considérer les épisodes qui conduisirent à la fin du système de Bretton Woods comme des singularités historiques associées aux particularités de l'étalon change or. Il existe cependant une similitude fondamentale entre l'engagement pris dans le passé à une parité fixe du dollar en termes d'or et la promesse implicite actuelle d'une stabilité et d'une sûreté du dollar en cas de crise globale. Dans les deux cas, l'édifice est construit sur la confiance[2]. Et puisque les créances sur le secteur privé sont risquées et ne constituent pas une base solide pour produire des actifs sûrs, à côté de la monnaie, finalement la dette publique demeure le meilleur candidat pour la constitution d'actifs sûrs. Dans l'univers global des actifs potentiellement sûrs, les dettes souveraines sont d'ailleurs dominantes. À la fin de 2011, en acceptant de prendre comme indicateur de la sûreté d'un actif, le *credit rating* des agences d'évaluation, les titres publics des pays de l'OCDE évalués AAA et AA se montaient à trente-trois mille milliards de dollars[3], encore 45% de l'offre totale des actifs potentiellement sûrs (les instruments financiers sécurisés représentant encore 17% de cette offre, malgré leur diminution).

Une Banque centrale peut rendre sûr tout engagement libellé dans sa monnaie domestique en s'engageant à fournir à l'émetteur la monnaie nécessaire pour honorer sa dette. Historiquement, les banques centrales ont été créées d'abord pour rendre la dette publique sûre et ensuite par extension rendre plus sûrs les engagements des banques privées. Dans le cadre de leur fonction de prêteur en dernier ressort, les banques centrales ont nécessairement un rôle à jouer dans l'arbitrage que doit faire le souverain pourvoyeur d'actifs sûrs entre restreindre son émission d'actifs ou la développer au risque de provoquer une crise de confiance. À la suite de la crise financière de 2008, les investisseurs se sont précipités sur le dollar, montrant qu'ils considéraient toujours les bons du Trésor américain comme des actifs sûrs. Cependant, sur le plan de la solvabilité de la dette américaine, l'évolution de la dette fédérale

[1]FMI (2012) : Global financial stability Report – Washington, DC, avril.
[2] Farhi Emmanuel et Matteo Maggiori (2017-b) : "The new Triffin Dilemma: The concerning fiscal and external trajectories of the US", VOX[EU] CEPR, 20 décembre.
[3] FMI (2012): Global financial stability Report.

détenue par le public jointe à celle de l'endettement extérieur net de ce pays peut soulever quelques interrogations.

Bien avant la pandémie, le rapport au PIB de la dette fédérale détenue par le public a augmenté rapidement, passant de 30% au début des années 2000 à pratiquement 80% en 2018, atteignant des niveaux courants qui, depuis 2010, n'avaient jamais été atteints sauf durant la Seconde Guerre mondiale. La dette extérieure nette, majoritairement libellée en dollars, augmente de manière similaire, de 18% du PIB au début des années 2000 à plus de 60% du PIB. Il serait stupide de croire, affirme Frankel[1], que parce que des politiciens n'ont pas réussi jusqu'à présent à déloger le dollar de sa place dominante, ils ne vont pas réussir à le faire dans le futur. L'une des explications à la persistance du statut du dollar peut tenir au fait qu'aujourd'hui il n'existe pas de substituts satisfaisants. Mais dans un monde où apparaîtraient véritablement des monnaies concurrentes, la réaction des marchés pourrait être différente.

II – Le sterling, le dollar, le renminbi et l'euro.

L'idée qu'il ne peut y avoir sur le marché qu'une seule monnaie de réserve repose sur un concept d'externalités de réseau et sur la dominance du dollar dans le dernier quart du vingtième siècle[2]. Le concept d'externalités de réseau repose sur les incitations qu'il peut y avoir à se conformer au choix dominant et à profiter de l'avantage d'être le premier arrivant. La monnaie du pays qui historiquement a été la puissance commerciale et financière dominante bénéficie d'un avantage comparatif intrinsèque et quand les rendements de réseau sont suffisamment forts, il n'y a de place que pour une seule monnaie. Avant la Seconde Guerre mondiale, c'était le sterling, aujourd'hui c'est le dollar, demain ce pourrait être le renminbi ?

En fait, si l'argument des externalités de réseau a un certain poids dans le choix de la monnaie de facturation des transactions et de dénomination des dettes étrangères, cet argument pèse moins lorsqu'il s'agit de détenir des réserves. En matière de réserves, la liquidité de marché s'apprécie au regard des avantages possibles d'une plus grande

[1] Frankel Jeffrey (2013) : "The latest on the dollar's international currency status", VOX[EU] CEPR, 6 décembre.

[2] Eichengreen Barry (2014) : "International Currencies Past, Present and Future: Two Views from Economic History", BOK Working Paper No.2014-31.

diversification. Un certain nombre d'études récentes, Eichengreen[1] et Chitu et al.[2] notamment, ont remis en cause la vue conventionnelle selon laquelle, en raison principalement d'externalités de réseau, le sterling serait resté la monnaie internationale dominante durant toutes les années de l'entre-deux-guerres et sur une courte période après la Seconde Guerre mondiale.

Si l'on aborde le problème de la concurrence dollar – sterling entre 1914 et 1946 via les parts de dettes publiques extérieures émises par trente-trois pays dans différentes monnaies (à côté du sterling, du dollar, du franc français et suisse et du mark allemand, seize autres monnaies sont également concernées), on constate que les externalités de réseau et les effets de premier arrivant et d'inertie, lesquels plaident pour la dominance nécessaire d'une seule monnaie internationale dans le monde, n'ont pas joué un rôle aussi important qu'on pourrait le penser. Même si l'on prend en compte les pays du Commonwealth dont l'allégeance au sterling est particulière, en tant que monnaie de dénomination des dettes publiques internationales, le dollar est proche du sterling à la fin des années 1920 et, si l'on fait abstraction du Commonwealth, domine le sterling. En fait, c'est le développement des marchés financiers américains (mesuré par le rapport des actifs bancaires au PIB) qui fut le contributeur principal à l'accroissement de la part du dollar dans la dette publique extérieure globale entre 1918 et 1932. Vient ensuite la confiance dans la valeur de la monnaie (mesurée par le taux d'inflation) et la taille du pays (mesurée par la part du PIB dans la production globale des différents pays). La plupart des années 1920 et 1930 furent des années de coexistence du dollar et du sterling comme monnaies de dénomination des dettes extérieures. Après la Seconde Guerre mondiale, la dominance du dollar dans le commerce global et dans les paiements s'instaure dans un monde où ni l'Europe ni le Japon ne se sont encore relevés économiquement de la guerre.

Il serait intéressant d'envisager une analyse historique plus poussée des événements précédents à la lumière de la complémentarité stratégique des deux rôles joués par une monnaie internationale, en tant

---

[1] Eichengreen Barry (2005) : "Sterling's Past, Dollar's Future: Historical Perspectives on Reserve Currency Competition", Working Paper 11336, NBER WP, mai.

[2] Chitu Livia, Barry Eichengreen et Arnaud Meh (2012) : "When Did the Dollar Overtake Sterling as the Leading International Currency ? Evidence From the Bond Markets", ECB, Working Paper Series No 1433 /mai.

que monnaie de facturation et en tant que réservoir de valeur. Comme on l'a déjà dit, dans l'internationalisation d'une monnaie, le facteur primitif est son utilisation dans le commerce des biens et services. Cette complémentarité stratégique des deux rôles s'observe dans les tentatives développées par la Chine pour instaurer le renminbi RMB comme compétiteur international du dollar.

À partir des années 2000, la Chine a développé une série de mesures coordonnées visant à détrôner le dollar de son statut de monnaie de référence, dans un environnement où les États-Unis conservent une mainmise étroite sur les canaux de règlement des transactions transfrontalières via le système SWIFT (*Society for Worldwide Interbank Financial Telecommunication*). Dans ce système de messagerie interbancaire constituant la plus importante Chambre de compensation du monde pour les paiements transfrontaliers, les banques utilisatrices sont soumises au droit de regard et d'action juridique internationale des États-Unis en vertu du principe d'extraterritorialité de la loi américaine. Bien que plus grand partenaire commercial mondial, avec seulement 2% des règlements transfrontaliers globaux libellés en RMB, la Chine demeure tributaire d'un système financier qui minore sa place sur l'échiquier économique mondial.

Développer l'internationalisation du RMB suppose de s'affranchir de la dépendance du dollar dans le domaine des échanges en biens et services. L'une des initiatives d'internationalisation les plus réussies dans ce domaine est le CIPS (*Cross-Border Interbank Payment System*), concurrent de SWIFT, basé à Shanghai et destiné à favoriser les règlements transfrontaliers en yuans. Lancé en 2015, le CIPS concerne tous les pays importants, y compris les États-Unis, la Grande-Bretagne, la France, l'Allemagne, la Russie et le Japon. En introduisant d'ailleurs en 2018 sur le marché financier de Shanghai la possibilité de passer des contrats à terme sur le pétrole négociables en yuans, la Chine, le plus gros importateur au monde de pétrole, se donne les moyens de concurrencer les pétrodollars. Également, suivant en cela les pratiques d'autres pays, Chine et Russie ont passé des accords de swap pour augmenter le commerce libellé dans leur propre monnaie. En 2015, l'utilisation du dollar dans les échanges bilatéraux entre ces deux pays tournait autour de 90% ; en 2020, elle tombe à 45%, le reste étant négocié en euros (30%) et en monnaie domestique (25%). Dans le même ordre d'idée, la *Shanghai Cooperation Organization* (SCO), dont les membres incluent la Chine, la Russie et l'Inde, a récemment décidé de développer les échanges libellés dans les monnaies des pays membres, en biens et services et en produits financiers.

Bien évidemment, l'internationalisation du RMB comme monnaie concurrente du dollar demande plus que la mise en place institutionnelle de ces systèmes. À la différence de l'internationalisation du dollar et de l'euro largement induite par les marchés et favorisée par des économies ouvertes et libéralisées, l'internationalisation du yuan est un processus essentiellement d'origine gouvernementale. Le système financier chinois est plus étroitement contrôlé que celui de tout autre pays aspirant à internationaliser sa monnaie et si, en 2016, le RMB a été introduit dans le panier de devises composant les droits de tirage spéciaux du FMI, cette monnaie n'est pas convertible et le marché des obligations publiques chinoises ne possède pas les caractéristiques de celui des obligations en dollars. La faiblesse du yuan dans la finance internationale reflète la confiance limitée que les marchés accordent à la stabilité des institutions financières chinoises. Développer la confiance des marchés requiert un degré de transparence peu familier aux autorités chinoises. Avec une Chine dont l'état actuel de développement financier est loin de permettre à sa monnaie d'accéder à moyen terme au statut de monnaie internationale, n'existe-t-il pas d'autres monnaies qui aujourd'hui pourraient prétendre rivaliser dans un futur proche avec le dollar ?

Dans une étude en vue de déterminer la monnaie d'ancrage par rapport à laquelle ont été conduites entre 1946 et 2016 les politiques de taux de change de 194 pays, Ilzetzki et al.[1] identifient pour quatre monnaies de réserve (dollar, euro, livre et yen)[2], un certain nombre de facteurs potentiellement susceptibles de déterminer le choix de l'ancrage. Pour un pays, une monnaie d'ancrage est une monnaie par rapport à laquelle la Banque centrale gère le taux de change de sa monnaie, soit dans un régime de taux de change fixe, soit dans un régime de taux de change flottant contrôlé.

---

[1] Ilzetzki E Ethan, Carmen M. Reinhart et Kenneth S. Rogoff (2017) :" Exchange Arrangements Entering the 21st Century: Which Anchor Will Hold?", NBER Working Paper 23134, février.

[2] Le renminbi n'est pas considéré comme une monnaie d'ancrage dans la mesure où il a été fortement lié au dollar et n'est pas convertible.

Identifier la monnaie d'ancrage et le type de politique de taux de change d'un pays est un processus interactif simultané dans un monde post Bretton Woods où, notent les auteurs, contrairement à ce qu'on croit, les régimes de change à flexibilité limitée sont la majorité. Une monnaie identifiée comme « flottant librement » est considérée comme n'ayant aucun ancrage. La sélection de l'ancrage dépend de plusieurs caractéristiques du pays. Ainsi, un pays dont le commerce est concentré sur la zone euro et qui facture principalement son commerce en euros est plus probablement disposé à favoriser l'euro comme monnaie d'ancrage. En revanche, un pays dont la dette extérieure est largement libellée en dollars est plus disposé à stabiliser sa monnaie par rapport au dollar. La composition monétaire des réserves officielles d'un pays est également révélatrice du choix possible. Le tableau 6 fournit pour l'année 2015 d'une part le pourcentage de pays dont la monnaie est ancrée respectivement au dollar, à l'euro, à la livre et au yen et d'autre part quatre marqueurs associés à ces ancrages.

Tableau 6 : Marqueurs d'ancrage d'une monnaie pour 2015

	Dollar	Euro	Livre	Yen
% de pays gérant leur régime de change avec un ancrage	62	28	0	0
% des réserves mondiales (l'or exclu) libellées en	65	20	4	4
% de la dette extérieure des pays développés libellée en	64	13	< 1	6
Trade invoicing index : importance de la facturation en	69	55,5	8,5	9,6
% du PIB du pays émetteur dans le PIB mondial	18	11,8	2,7	5

Source: Itzetzki et al. (2017), p. 30

Au vu de ce tableau, la seule autre monnaie qui, à côté du dollar, est une monnaie d'ancrage majeure est l'euro, par rapport auquel sont ancrés 28% des pays. Ce chiffre surestime cependant l'importance globale de l'euro dans la mesure où la sphère d'influence de cette monnaie concerne principalement les pays européens et se reflète dans l'importance du commerce intraeuropéen. Bien que l'euro soit une monnaie de facturation proche du dollar selon le *Trade invoicing index*, il n'en demeure pas moins que cette monnaie n'a pas jusqu'à présent atteint plus qu'un second rôle dans l'ordre monétaire du vingt et unième siècle.

Complétant l'analyse précédemment conduite, Ilzetzki et al. (2020)[1] constatent qu'à de nombreux égards, évaluée par rapport au dollar, l'importance internationale de l'euro n'a pas augmenté depuis son introduction en 1999. Mesurée par la part des pays ancrés respectivement à l'euro et au dollar, pondérée par le poids respectif de ces pays dans le PIB mondial, l'importance de l'euro a même diminué, passant d'environ 25% de part dans le PIB mondial à seulement 15% aujourd'hui alors que celle du dollar a augmenté, passant de 45% du PIB mondial dans le milieu des années 80 à près de 70% en 2020. Si l'on exclut de cette mesure d'ancrage les pays de la zone euro, on arrive à seulement 3,5% du PIB mondial ancré à l'euro. La perte la plus importante pour le bloc euro sur la période est celle du Royaume-Uni. En outre, sur la période 1975-2015, en ne considérant de 1975 à 1998 que les pays ancrés au mark ou au franc français, si la part de l'ancrage euro a augmenté de 1999 à 2015 de 26% à 28%, cet accroissement est rétrospectivement modéré par rapport à l'augmentation de la part des pays ancrés au bloc DM-franc, passée de 17% en 1975 à 26% à la veille de l'introduction de l'euro.

Jusqu'à très récemment, l'absence d'un actif public sûr émis par la zone euro figure parmi les raisons d'un tel manque de dynamisme, absence qui ne permet pas de mobiliser de manière coordonnée les capacités budgétaires des pays membres. Dans la première décennie de l'euro, l'optimisme excessif des investisseurs en majorité européens concernant la qualité équivalente des titres de dette émis séparément par les pays de la zone et la crise des dettes souveraines qui en résulta ont compromis la qualité des dettes souveraines et durablement la capacité de la zone d'offrir une quantité suffisante d'actifs publics sûrs. Dans les réserves des banques centrales, largement constituées de titres de dette souveraine, le rapport des actifs publics libellés en dollars à ceux libellés en euros est de trois, alors que le PIB US n'est qu'une fois et demie celui de la zone euro. En 2018, même si l'on inclut, à côté de la dette des gouvernements allemand et français, la dette des autres économies non en crise de la zone euro, l'ensemble des titres de dette souveraine négociables se monte à quatre mille milliards de dollars, très inférieur aux dix mille milliards de dollars de réserves de change des banques centrales.

---

[1] Ilzetzki E Ethan, Carmen M. Reinhart et Kenneth S. Rogoff (2020) : "Why Is the Euro Punching Below Its Weight ?":,WP, Department of Economics, London School of Economics, janvier.

Quel peut être le futur du système monétaire international ? Un document récent du FMI[1] montre que les prévisions dans ce domaine s'avèrent complexes. Jusqu'à présent, la concurrence entre monnaies de réserve a été une lutte entre grandes monnaies, mais un examen général de la composition des réserves globales sur le début du vingt et unième siècle place cette question sous un éclairage nouveau. Le trend le plus notable dans les décennies récentes est constitué par la croissance de monnaies de réserve non traditionnelles, monnaies de pays ne disposant pas de l'importance économique et du volume de transactions transfrontalières caractérisant les émetteurs traditionnels de réserves. La diminution de la part en dollars des réserves détenues par les banques centrales n'a pas été accompagnée par un accroissement des parts des autres monnaies traditionnelles de réserve, l'euro, la livre sterling et le yen, mais bien plutôt par un accroissement de monnaies non traditionnelles, dollar australien et canadien, renminbi, wong coréen, dollar singapourien et couronne suédoise. La part de ces réserves non traditionnelles passe d'un niveau négligeable au début du siècle à 1,2 milliard de dollars en 2021, soit 10% du total des réserves identifiées dans le COFER, recensement de la composition des réserves officielles de change déclarées par les pays au FMI. Ce changement est par ailleurs important, car il a concerné 46 « diversificateurs actifs », les pays dont la part des monnaies non traditionnelles dans les réserves s'élève à au moins 5% à la fin de 2020.

Plusieurs raisons expliquent ce trend. Jusqu'à une période récente, la dominance du dollar a été favorisée par l'existence de marchés organisés des changes qui ne privilégiaient les changes qu'entre monnaies locales et dollar. De sorte que la manière la plus économe d'acheter des dollars canadiens avec des pesos mexicains était d'abord d'acheter des dollars US avec des pesos mexicains et ensuite d'utiliser ces dollars US pour acheter des dollars canadiens. Mais avec l'émergence de plateformes électroniques de trading, de technologies automatisées de gestion de liquidités et le développement de marchés directs entre un grand nombre de monnaies, cet avantage transactionnel du dollar a diminué, améliorant la liquidité d'autres monnaies. Dans le même temps, avec des réserves excédant le montant obligatoire et les

[1] Arslanalp Serkan, Barry Eichengreen et Chima Simpson-Bell (2022) : "The Stealth Erosion of Dollar Dominance: Active Diversifiers and the Rise of Nontraditional Reserve Currencies", IMF Working Paper n° WP/22/58, Mars.

faibles rendements obtenus sur les réserves traditionnelles, les banques centrales sont devenues plus actives dans la gestion de leurs fonds, se diversifiant en monnaies non traditionnelles présentant des rendements plus attractifs. Jusqu'où peut aller ce mouvement ? Pour les auteurs de l'étude récente du FMI, au cas où le mouvement préfigurerait la fin de la dominance du dollar, le futur ne serait sans doute pas dans une prééminence nouvelle d'un des concurrents traditionnels du dollar, mais plutôt dans la constitution de larges groupes de monnaies de réserve alternatives.

III – Gérer la liquidité internationale : le FMI et les DTS.

Les considérations précédentes suggèrent que la dominance du dollar est susceptible de se maintenir dans le moyen terme même dans le cas d'une croissance rapide des exportations globales d'autres pays importants comme l'Europe ou la Chine. Dans le long terme, la rareté globale d'actifs sûrs est condamnée à s'accroître, compte tenu de la croissance d'une demande liée à la croissance économique mondiale et des contraintes pesant sur une offre d'actifs dépendant de la croissance économique des États-Unis et de la soutenabilité de la dette américaine.

L'émergence de nouveaux actifs sûrs concurrents du dollar peut être une réponse au dilemme de Triffin, dans la mesure où la capacité budgétaire soutenant l'offre d'actifs sûrs serait alors déterminée par la capacité collective des pays émetteurs de monnaie de réserve. Ce qui soulève une interrogation concernant la manière dont s'effectuerait la concurrence entre ces multiples actifs[1]. Un monde multipolaire peut, en accroissant l'offre d'actifs sûrs, contribuer à supprimer certaines sources d'instabilité financière. Mais d'un autre côté, l'arbitrage entre actifs sûrs peut contribuer à augmenter beaucoup plus qu'à réduire la volatilité des marchés financiers et demander un nouveau filet de sécurité globale. Une explication importante de l'instabilité monétaire durant la période où coexistèrent dollar et sterling dans les années 1920 tenait au comportement qu'adoptèrent les investisseurs, déplaçant constamment leurs portefeuilles entre les deux monnaies de réserve. De la sorte, penser que le système monétaire international serait

[1] Emmanuel Farhi et Matteo Maggiori (2017). Voir également : Agnès Bénassy-Quéré et al. (2011) : Réformer le système monétaire international, Conseil d'analyse économique.

nécessairement plus stable simplement parce que tous les pays détiendraient plus de réserves en monnaies diversifiées est souscrire à une erreur de composition[1]. L'accumulation de réserves peut stabiliser individuellement un pays, mais risque de le faire au détriment de la stabilité monétaire internationale globale en raison de complémentarités stratégiques et de problèmes de coordination. Lorsque la quantité de réserves détenue par un pays est considérée comme l'indice d'une bonne santé financière, de nombreux pays deviennent réticents à diminuer fortement celle-ci et il peut en résulter un équilibre non coopératif se traduisant par une accumulation excessive de réserves. Par ailleurs, entre des pays recherchant tous des surplus extérieurs, un problème de coordination est patent dans la concurrence qu'ils se livrent à vouloir tous maintenir leur monnaie faible vis-à-vis de celles de leurs concurrents.

En présence de telles externalités, l'idéal serait un système régulé de lignes de crédit en différentes monnaies nationales, incarné par une institution, un Prêteur International en dernier ressort, note Obstfeld[2], agence centralisée qui superviserait les marchés financiers sur une base consolidée et internaliserait les effets externes résultant des fonctions de prêteur en dernier ressort des banques centrales nationales. Le monde actuel de nations souveraines n'est certes pas prêt à envisager une telle institution. Il favorise plutôt des propositions visant à améliorer les structures institutionnelles existantes. Certaines de ces propositions se sont en particulier adressées au FMI qui s'est vu attribuer au sortir de la Seconde Guerre mondiale une part de responsabilité dans la stabilité du système monétaire international.

Créé en vue d'éviter les problèmes désastreux de la Grande Dépression des années trente, d'éviter les mouvements de capitaux spéculatifs de court terme, les incapacités à financer les déficits extérieurs, les contrôles de change et les dévaluations compétitives, le FMI dispose d'un mandat très général défini dans le premier article de l'accord de Bretton Woods : promouvoir la coopération monétaire internationale, faciliter la croissance du commerce mondial, promouvoir la stabilité des taux de change et contribuer à la création

[1] Obstfeld (2013).

[2] Obstfeld, Maurice (2009) : "Lenders of Last Resort in a Globalized World", Monetary and Economic Studies (Bank of Japan) 27 Novembre, p. 35-52.

d'un système de paiement international multilatéral. Dans l'immédiat après-guerre, le Fonds est principalement gardien d'un système de taux de change fixes ajustables. Avec la disparition du système de Bretton Woods, les pays membres du FMI entreprennent en 1975 de profondément transformer l'organisation et les opérations du Fonds. D'une organisation se préoccupant uniquement de problèmes de convertibilité de change et de stabilité monétaire globale, le Fonds se transforme en une institution de surveillance de l'économie globale, de régulation financière et de gestion de crises.[1]

En tant qu'institution financière fournissant des crédits aux pays membres, le FMI dispose de ressources principalement constituées des quotes-parts affectées à chacun de ces pays, périodiquement révisées tous les cinq ans en fonction des besoins du Fonds. Chaque pays membre se voit attribuer une quote-part proportionnelle à son rang économique mondial. Cette quote-part définit le montant de ressources financières qu'il est tenu de fournir à l'institution, ses droits de vote et le montant de l'aide financière qu'il peut attendre du Fonds en cas de difficultés. Les pays à large quote-part ont ainsi une voix prépondérante dans l'institution : les États-Unis contribuent au Fonds pour un montant de 117 milliards de dollars, soit 17,46 du quota total. Les quotes-parts se composent de deux tranches : la première correspond à la mise à disposition du FMI, par le pays membre, d'une partie de ses réserves de change. La deuxième tranche est constituée, pour ce même pays, de montants libellés en monnaie nationale.

En contrepartie de sa quote-part, un pays membre peut obtenir de la part du Fonds des crédits temporaires en monnaie étrangère. Ces crédits sont accordés en relation avec la taille du quota et, depuis les années cinquante, fournis par tranche, unité correspondant à 25% du quota. La première tranche est accordée automatiquement, sans examen critique de la situation du pays. Les tranches suivantes sont conditionnées aux réformes demandées par le Fonds Monétaire. Les crédits sont accordés à un taux d'intérêt qui correspond aux taux d'intérêt de marché des principaux pays membres afin de couvrir les frais de fonctionnement du Fonds.

Ce ne sont pas essentiellement ces opérations de crédit aux pays membres qui sont ici à mettre en exergue, mais plutôt à la fin des années 60, la création d'un actif international de réserve. Confrontés à la peur

[1] Bordo Michael D. et Harold James (2000) : "The International Monetary Fund: Its Present Role in Historical Perspective", NBER Working Paper No. 7724, Juin.

que le déficit extérieur des États-Unis ne fournisse pas suffisamment de liquidité internationale, les pays membres acceptent après de longues négociations de créer un actif international de réserve sous la forme d'allocations de droits de tirage spéciaux DTS (*Special Drawing Right* SDR), distribués aux pays membres en proportion de leur quote-part. Une décision d'allocation de DTS doit correspondre à « la reconnaissance collective de l'existence d'un besoin global d'ajouter aux réserves, la réalisation d'un meilleur équilibre des balances des paiements et la probabilité d'un fonctionnement plus efficace du processus d'ajustement à l'avenir » (article XVIII, section 1, paragraphe b des statuts du FMI). Les allocations générales de DTS sont décidées pour cinq ans par le Conseil des Gouverneurs à une majorité de 85% du total des voix attribuées aux pays participant au département des DTS (tous les pays membres y participent). Initialement fixée à 0,888671 gramme d'or fin, valeur du dollar à l'époque du système de Bretton Woods, la valeur d'un DTS est ensuite définie par référence à un panier de monnaies principales. À partir de 2015, année où le renminbi chinois est introduit dans le panier, la valeur d'un DTS s'obtient en sommant les valeurs, converties en dollars US, des monnaies d'un panier composé de dollars US (41,73%), d'euros (30,93%), de yens (8,33%), de livres sterling (8,33%) et de renminbis (10,92%).

Bien que la dénomination DTS soit utilisée aujourd'hui par le Fonds comme unité de compte pour toutes ses transactions, il est important de comprendre que les allocations de DTS ne font pas partie du pool de ressources constitué de la somme des quotes-parts des pays. Le mécanisme des DTS constitue une mise en commun d'un ensemble de monnaies clés (celles du panier) permettant à un pays d'en obtenir inconditionnellement à moindre coût en échange de ses DTS. Une fois les DTS alloués, la décision concernant leur utilisation repose entièrement entre les mains des pays bénéficiaires. Ceux-ci peuvent conserver leurs DTS comme réserve de change ou les échanger contre un montant correspondant de monnaie du panier fourni par un pays participant. Le Fonds facilite les transactions entre les membres désirant vendre ou acheter des DTS. Les transactions peuvent résulter d'arrangements volontaires. Dans le cas où il n'y aurait pas suffisamment d'acheteurs volontaires de DTS, le Fonds peut désigner les pays membres dotés d'une position extérieure suffisamment forte pour fournir les monnaies désirées. Ce « mécanisme de désignation » assure que tout participant peut utiliser ses DTS pour obtenir inconditionnellement un montant équivalent de monnaie désirée. Rarement utilisé, sauf durant la période de crise de dette des pays en voie de développement dans les années 80, ce « marché » des DTS a toujours fonctionné depuis 1987 sur la base d'arrangements volontaires.

Les droits de tirage spéciaux sont-ils susceptibles à plus long terme de conduire à la constitution d'un système de liquidités internationales centré sur cet actif ? En fait, créé en réponse à la crainte de pénurie de liquidités internationales et pour libérer cette crainte de la dépendance de la politique américaine, cet actif s'est trouvé rapidement négligé à la disparition du système de Bretton Woods. La crainte d'une pénurie de liquidités diminue au fur et à mesure qu'augmente le déficit extérieur des États-Unis et que les réserves en dollars explosent. Si trois allocations ont été réalisées entre 1970 et 1972 pour 9,3 milliards de DTS, suivies d'autres allocations entre 1978 et 1981 pour 12,1 milliards de DTS, aucune allocation supplémentaire n'intervient jusqu'à la crise financière de 2008. Même après la décision du G20 en avril 2009 de réaliser une allocation importante de 161,2 milliards de DTS, les droits de tirage spéciaux ne comptent que pour 2% des réserves des économies à faible revenu et pour moins que 4% des réserves globales. Une allocation récente, approuvée le 2 août 2021 de 456 milliards de DTS (943 milliards de dollars), destinée à répondre au besoin mondial de réserves à long terme et à aider les pays à faire face à la pandémie de COVID-19 porte le total alloué à ce jour, au début de 2022, à 660 milliards de DTS.

La négligence des DTS, qualifiés à leur naissance par Jacques Rueff de « néant habillé en monnaie »[1], peut sembler étonnante pour un instrument qui présente les trois caractéristiques d'une monnaie : unité de compte, intermédiaire des échanges et réserve de valeur. Mais le premier rôle est limité à la sphère publique (dans le cadre de transactions officielles avec le FMI), le deuxième rôle pratiquement inexistant et le troisième se limite pour l'essentiel à permettre aux pays dont la position extérieure est faible de se procurer des moyens de paiement de court terme. De sorte que les causes fondamentales expliquant que le DTS une fois créé ait été maintenu pendant des décennies dans un statut mineur peuvent tenir plus aux circonstances qu'à la nature de cet actif. En tant qu'instrument de gestion de la liquidité internationale, le DTS est d'un usage relativement lourd,

---

[1] Selon Benoît Cœuré, dans Bénassy-Quéré et al. (2011), p. 97.

spécialement en temps de crise : proposition du Directeur général du Fonds six mois avant la date souhaitée pour la modification des DTS, approbation du Conseil d'administration puis vote de l'Assemblée générale (190 pays) à la majorité de 85%. Ce qui fait que lors de la crise financière de 2008, ce sont les accords de lignes de swap entre la Fed et les banques centrales qui fournissent des liquidités en urgence. Également significatif est le fait que les allocations de DTS soient réparties en fonction des quotes-parts des États membres alors que les besoins de liquidité des pays n'ont pas de raison de suivre cette répartition. Plus profondément enfin, pour de nombreux observateurs, c'est le mécanisme même du DTS qui conduit à ce que son rôle potentiel visant à supplanter les monnaies nationales comme source de liquidité internationale ne puisse être qu'un rôle dérivé.

En donnant à un pays un accès limité inconditionnel à un stock existant de monnaies, le système ne fait que réallouer la liquidité existante entre les pays et ne change pas la liquidité globale disponible, dans la mesure où celle-ci résulte des décisions des banques centrales nationales. Au cas où le FMI émettrait au cours du temps plus de DTS que le stock de réserves brutes, remarque Obstfeld[1], les DTS supplémentaires émis à partir de ce stade seraient dépourvus de valeur. En fait, la situation pourrait être différente si les DTS pouvaient être vendus directement aux banques centrales émettant en échange des quantités supplémentaires de monnaie de réserve. Cette proposition ne serait alors pas loin de transformer le FMI en un prêteur international de monnaies multiples en dernier ressort, à la manière de ce que les banques centrales réalisèrent par les accords de lignes de swap décidés à la fin de 2007 à l'initiative de la Fed durant la crise financière. À la différence de ces accords créés de manière ad hoc entre groupes de pays, le système transformé fonctionnerait de manière plus prévisible et tous les pays, et non pas juste une sélection de ceux-ci, y auraient accès.

[1] Maurice Obstfeld (2011) : "The SDR as an International Reserve Asset. What Future?", International Growth Center, mars.

Références

A

Agostini Gabriel, Juan P Garcia, Álvaro González, Jingwen Jia, Laura Muller et Ali Zaidi (2016) : “Comparative Study of Central Bank Quantitative Easing Programs : Federal Reserve Bank, Bank of England, Bank of Japan, European Central Bank”, School of International and Public Affairs (SIPA), Columbia University, avril.

Ahn, Hie Joo et Leland D. Crane (2020) : “Dynamic Beveridge Curve Accounting”, Finance and Economics, A Discussion Series 2020-027. Washington, Board of Governors of the Federal Reserve System,

Aikman David, Mathias Drehmann, Mikael Juselius et Xiaochuan Xing (2022) : “The scarring effects of deep contractions”, BIS WP, octobre.

Akinci Ozge, Gianluca Benigno, Serra Pelin et Jonathan Turek (2022) : “The Dollar’s Imperial Circle”, Federal Reserve Bank of New York Staff Reports, no. 1045, décembre.

Allard Céline, Petya Koeva Brooks, John C. Bluedorn, Fabian Bornhorst, Katharine Christopherson, Franziska Ohnsorge et Tigran Poghosyan (2016) :” Toward a Fiscal Union for the Euro Area”, IMF Staff discussion note, décembre.

Arellano Cristina, Juan Carlos Conesa et Timothy J Kehoe (2012) : “Chronic sovereign debt crises in the Eurozone, 2010–2012”, Federal Reserve Bank of Minneapolis Economic Policy Paper, 2012/59.

Arslanalp Serkan, Barry Eichengreen et Chima Simpson-Bell (2022) : “The Stealth Erosion of Dollar Dominance : Active Diversifiers and the Rise of Nontraditional Reserve Currencies”, IMF Working Paper n° WP/22/58, mars.

Auerbach Alan J. et Yuriy Gorodnichenko (2012) : "Measuring the Output Responses to Fiscal Policy", American Economic Journal: Economic Policy, American Economic Association, vol. 4(2), p. 1-27.

B

Ball Laurence (2015) : “Comment on “Inflation and activity” by Olivier Blanchard, Eugenio Cerutti and Lawrence Summers”, in Inflation and unemployment in Europe, Conference proceedings, Sintra, Portugal, mai, p. 21-23.

Ball Laurence, Daniel Leigh et Prachi Mishra (2022) : “Understanding U.S. Inflation During the COVID Era”, WP/22/208 IMF Working Paper Research Department, octobre.

Barro, R.J. (1974) : “Are Government Bonds Net Wealth?”, Journal of Political Economy, Vol. 82(6), 1095-1117.

Batini Nicoletta, Luc Eyraud, Lorenzo Forni et Anke Weber (2014) : “Fiscal Multipliers : Size, Determinants, and Use in Macroeconomic Projections”, Technical notes and Manuals, FMI, Fiscal Affairs Department, septembre.

Batten Sandra, Rhiannon Sowerbutts et Misa Tanaka (2020) : “Climate change: Macroeconomic impact and implications for monetary policy”, chap. 2 in Ecological, Societal, and Technological Risks and the Financial Sector, Palgrave studies in sustainable business in association with future Earth, p. 13-38.

Beck Gunnar (2012) : “The euro zone and why Chancellor Merkel should not place her trust in rules”, Eutopia Law, juillet.

Beck Gunnar (2017) : “Judicial Activism in the Court of Justice of the EU”, University of Queensland Law Journal, vol 36(2), p. 333-353.

Bénassy-Quéré Agnès et al. (2011) : Réformer le système monétaire international, Conseil d’analyse économique, Paris.

Bénassy-Quéré Agnès et al. (2018) : “Reconciling risk sharing with market discipline : A constructive approach to euro area reform”, CEPR POLICY INSIGHT No.91 janvier.

Benigno, P. et Eggertsson, G. B. (2023) : “It’s Baaack : The Surge in Inflation in the 2020s and the Return of the Non-Linear Phillips Curve”, NBER Working Paper No. w31197, National Bureau of Economic Research.

Berger Helge, Giovanni Dell’Ariccia et Maurice Obstfeld (2018) : “Revisiting the Economic Case for Fiscal Union in the Euro Area”, CEPR Discussion Paper No. DP13813.

Bernanke Ben S. (2005) : “The Global Saving Glut and the U.S. Current Account Deficit”, the Sandridge Lecture, Virginia Association of Economists, Richmond, 10 mars. *https://www.federalreserve.gov/boarddocs/speeches/2005/200503102/*

Bernanke Ben S. (2007) : Federal Reserve Communications speech at the Cato Institute, 25th Annual Monetary Conference, Washington, D.C, 14 onvembre.

Bernanke Ben S. (2009) : “The Federal Reserve's Balance Sheet”, conférence au Federal Reserve Bank of Richmond Credit Markets Symposium, Charlotte, North Carolina, 3 avril.

Bernanke Ben S. (2013) : “Communication and Monetary Policy”, conférence au National Economists Club Annual Dinner, Herbert Stein Memorial Lecture, Washington, D.C, 19 novembre.

Bernanke Ben S. (2015) : “Rethinking Macro Policy III”, conference, avril.

Bernanke, Ben S. (2017) : “Federal reserve policy in an international context”, IMF Economic Review, 65(1), 5–36.

Bernanke, Ben S. et Frederic S. Mishkin. (1997) : “Inflation Targeting : A New Framework for Monetary Policy ? ”, Journal of Economic Perspectives. 11, p. 97-116.

Bernanke, Ben, S. et Vincent R. Reinhart (2004) : "Conducting Monetary Policy at Very Low Short-Term Interest Rates", American Economic Review, 94 (2), p. 85-90.

Ben S. Bernanke, Carol Bertaut, Laurie Pounder DeMarco et Steven Kamin (2010) : “International Capital Flows and the Returns to Safe Assets in the United States, 2003-2007”, Board of Governors of the Federal Reserve System International Finance Discussion Papers Number 1014, février.

Beschwitz von, Bastian, Christopher G. Collins et Deepa D.Datta (2019) : “Revisions to the Federal Reserve Dollar Indexes”, FEDS Notes. Washington: Board of Governors of the Federal Reserve System, janvier.

Blanchard, Olivier (1990), “Suggestions for a New Set of Fiscal. Indicators”, OECD Economics Department Working Papers, No. 79.

Blanchard Olivier (2019-a) : "Public Debt and Low Interest Rates", American Economic Review, 109 (4), p. 1197-1229.

Blanchard Olivier (2019-b) : “Public Debt: Fiscal and Welfare Costs in a Time of Low Interest Rates”, PIIE Working Paper 19-4, février.

Blanchard Olivier (2022) : « Why I worry about inflation, interest rate and unemployment”, PIIE Series, Debating Inflation and What the Fed Should Do, mars.

Blanchard, Olivier J. et Lawrence H. Summers (1986) : “Hysteresis and the European unemployment problem”, NBER Macroeconomics Annual 1986, vol 1, 15-78.

Blanchard Olivier, Giovanni Dell’Ariccia et Paolo Mauro (2010) : “Rethinking Macroeconomic Policy”, IMF Staf Position Note, SPN/10/03, 12 février.

Blanchard Olivier et Gian Maria Milesi-Ferretti (2011) : Why Should Current Account Balances Be Reduced ?”, IMF Staff Position Note, FMI, 1, SDN/11/03.

Blanchard Olivier et Jeromin Zettelmeyer (2018) : “The Italian Budget : À Case of Contractionary Fiscal Expansion ?” PIIE, 25 octobre.

Blanchard Olivier, Álvaro Leandro, Silvia Merler et Jeromin Zettelmeyer (2018) : “Impact of Italy’s Draft Budget on Growth and Fiscal Solvency”, PIIE, Policy Briefs 18-24, novembre.

Blanchard Olivier, Álvaro Leandro et Jeromin Zettelmeyer (2021) : "Redesigning EU Fiscal Rules : From Rules to Standards", PIIE WP 21-1, février.

Blanchard Olivier, Alex Domash et Lawrence H. Summers (2022-a) : "Bad News for the Fed from the Beveridge Space", Peterson Institute for International Economics, Policy Brief 22-7, juillet 2022.

Blanchard Olivier, Alex Domash et Lawrence H. Summers (2022-b) : "Why we disagree with Governor Chris Waller and Andrew Figura", Realtime Economics, PIIE, août.

Blinder Alan S. (2013) : "Exit to What? The Status Quo Ante or Some New Normal ?", in Exit Strategy, Geneva Reports on the World Economy 15, International Center for Monetary and Banking Studies (ICMB), septembre, p. 5-12.

Blinder Alan S. (2022) : A Monetary and Fiscal History of the United States 1961- 2021, Princeton University Press.

Bloomfield Arthur I. (1981) : "Gold Standard," in Douglas Greenwald, ed., Encyclopedia of Economics, McGraw-Hill.

Bonthuis Boele, Valerie Jarvis et Juuso Vanhala (2012) : "What's going on behind the euro area Beveridge curve(s) ? ", BCE Working Paper Series NO 1586, septembre.

Boone Laurence, Joachim Fels, Òscar Jordà, Moritz Schularick et Alan M. Taylor (2022) : "Debt The Eye of The Storm", Geneva Report on the World Economy 24, Centre for Economic Policy Research, Genève.

Bordo Michael D. et Harold James (2000) : "The International Monetary Fund : Its Present Role in Historical Perspective", NBER Working Paper No. 7724, juin.

Borio Claudio (2014) : "The international monetary and financial system : its Achilles heel and what to do about it", BIS Working Papers No 456, Monetary and Economic Department, août.

Borio Claudio et Piti Disyata (2011) : "Global imbalances and the financial crisis. Link or no link ?", BIS Working Papers No 346, Monetary and Economic Department, mai.

Borio Claudio, Harold James et Hyun Song Shin (2014) : "The international monetary and financial system : a capital account historical perspective", BIS Working Papers No 457, Monetary and Economic Department, août

Boz Emine, Camila Casas, Georgios Georgiadis, Gita Gopinath, Helena Le Mezo, Arnaud Mehl et Tra Nguyen (2020) : "Patterns in Invoicing Currency in Global Trade", IMF Working Paper Research Department, WP/20/126, juillet.

Brandão-Marques Luís, Marco Casiraghi, Gaston Gelos, Güneş Kamber et Roland Meeks (2921) : “Negative Interest Rates Taking Stock of the Experience So Far”, Monetary and Capital Markets Department FMI, No. 21/03.

Broaddus J. Alfred et Marvin Goodfriend (2001) : “What Assets Should the Federal Reserve Buy ?”, Federal Reserve Bank of Richmond Economic Quarterly, vol. 87/1, p. 7-22.

Brunner, Karl (1981) : "The Art of Central Banking", Center for Research in Government Policy and Business, Graduate School of Management, University of Rochester, Working Paper No. GPB 81-6, juin.

Brunnermeier Markus K (2023) : “Rethinking Monetary Policy in a Changing World”, Finance & Development, International Monetary Fund, volume 60, n°1, p. 6-9.

Buiter Willem H. (2005) : “New Developments in Monetary Economics : Two Ghosts, Two Eccentricities, a Fallacy, a Mirage and a Mythos”, The Economic Journal, 115, mars, p. C1–C31.

Bush Ryan, Haitham Jendoubi, Matthew Raskin et Giorgio Topa (2020) : “How Did Market Perceptions of the FOMC’s Reaction Function change after the Fed’s Framework Review ?”, Federal Reserve Bank of New York, Liberty Street Economics, 18 décembre.

C

Caballero Ricardo J. et Emmanuel Farhi (2014) : “The Safety Trap”, NBER Working Papers Series 19927.

Caballero Ricardo J., Emmanuel Farhi et Pierre-Olivier Gourinchas (2008) : “Financial Crash, Commodity Prices and Global Imbalances”, NBER Working Paper 14521, 17 novembre..

CBO (2023) : The Budget and Economic Outlook: 2023 to 2033. Rapport du CBO, février.

Cecchetti Stephen G. 2008) : “Crisis and Responses : The Federal Reserve and The Financial Crisis of 2007-2008”, NBER Working Paper 14134, juin.

Cecchetti Stephen G et Kermit L. Schoenholtz (2021-a) ; “Limiting Central Banking”, Money&Banking, mars 01.

Cecchetti Stephen G et Kermit L. Schoenholtz (2021-b) :”Central Banks and Climate Policy” , Money&Banking, 6 septembre.

Cecchetti Stephen G et Kermit L. Schoenholtz (2022) : "The Costs of Acting Too Little, Too Late", Money&Banking, 19 juin.

Checherita-Westphal Cristina (2019) : "Government Debt Dynamics", ECB Economic Bulletin, Issue 2/2019.

Chitu Livia, Barry Eichengreen et Arnaud Meh (2012) : "When Did the Dollar Overtake Sterling as the Leading International Currency ? Evidence From the Bond Markets", ECB, Working Paper Series No 1433 /mai.

Claeys Grégory, Zsolt Darvas et Álvaro Leandro (2016) : "A Proposal to Revive The European Fiscal Framework", Bruegel Policy Contribution, 2016/07 mars.

Clarida Richard H. (2020) : "The Federal Reserve's New Monetary Policy Framework. A Robust Evolution", conférence au Peterson Institute for International Economics, Washington D.C., 31 août.

Clarida Richard (2024) : "Remarks Prepared for NBER Conference on "Inflation in the Covid Era"", National Bureau of Economic Research conference on Inflation in the COVID Era and Beyond, Cambridge, MA, mai 16–17.

Cogan, John F., Tobias Cwik, John B. Taylor et Volker Wieland (2010) : "New Keynesian versus Old Keynesian Government Spending Multipliers", Journal of Economic Dynamics and Control 34(3): 281–95.

Cole Harold L. et Timothy J. Kehoe (2000) : "Self-Fulfilling Debt Crises", The Review of Economic Studies, Volume 67, Issue 1, January 2000, p. 91–116.

Commission européenne (2022) : "Communication on orientations for a reform of the EU economic governance framework", communication finale de la Commission au Parlement européen, au Conseil, à la Banque centrale européenne, au Comité économique et social européen et au Comité des régions, Brussels, 9.11.2022 Com (2022) 583 final.

Committee on the Global Financial System (2020) : "US dollar funding : an international perspective", CGFS Papers n° 65, BIS, juin.

Consolo Agostino et António Dias da Silva (2019) : "The euro area labour market through the lens of the Beveridge curve", ECB Economic Bulletin, Issue 4/2019.

Cooper Richard N. (1982) : "The Gold Standard: Historical Facts and Future Prospects", Brookings Papers on Economic Activity, No. 1, p. 1-55.

Craig Paul P. (2013) : "Pringle: Legal Reasoning, Text, Purpose and Teleology" Maastricht Journal of European and Comparative Law, p. 1-11.

Cromie Whitney, Myron Kwast et Ashley Mihalik (2017) : “Use of Systemic Risk Exceptions for Individual Institutions during the Financial Crisis”, in Crisis and Response: An FDIC History, 2008–2013, Federal Deposit Insurance Corporation (FDIC), Washington, DC, 67-98.

Curcuru, Stephanie E. & Thomas, Charles P. et Warnock, Francis E. (2013) : "On returns differentials," Journal of International Money and Finance, vol. 36(C), p. 1- 25.

D

Darvas Zsolt, Philippe Martin et Xavier Ragot (2018) : “European fiscal rules require a major overhaul”, Policy Contribution Issue n°18 octobre.

DeLong, J. Bradford et Lawrence H. Summers (2012) : “Fiscal Policy in a Depressed Economy [with Comments and Discussion]”, Brookings Papers on Economic Activity, p. 233–297.

Diamond Peter A. et Ayşegül Şahin (2015) : "Shifts in the Beveridge Curve," Research in Economics 69, no. 1, mars, p. 18-25.

Dooley Michael P., David Folkerts-Landau et Peter Garber 2003) : “An Essay on the Revived Bretton Woods System”, NBER Working Paper No. 9971, septembre.

Dooley Michael P., David Folkerts-Landau et Peter Garber (2004) : “Direct Investment, Rising Real Wages and the Absorption of Excess Labor in the Periphery”, NBER Working Paper 10626, juillet.

Draghi Mario (2019) : “Twenty Years of the ECB’s monetary policy”, conférence à la BCE, Forum on Central Banking, Sintra, 18 juin.

Dudley William C. (2018) : “Important Choices for the Federal Reserve in the Years Ahead”, conférence au Lehman College, Bronx, New York, FRBNY, avril.

E

Eggertsson Gauti B. et Michael Woodford (2003) : “The Zero Bound on Interest Rates and Optimal Monetary Policy”, Brookings Papers on Economic Activity, 1:2003, p. 139-211.

Eggertsson Gauti B. et Paul Krugman (2012) : “Debt, Deleveraging, and the Liquidity Trap : A Fisher-Minsky-Koo approach”, The Quarterly Journal of Economics, p. 1469–1513.

Eggertsson, G., N. Mehrotra et J. Robbins (2017) : “A model of secular stagnation : Theory and quantitative evaluation”. NBER Working Paper No. 23093.

Eggertsson Gauti B. et Don Kohn (2023) : "The Inflation Surge of the 2020s : The Role of Monetary Policy", Hutchins Center Working Paper 87, août.

Eichengreen Barry : "Sterling's Past, Dollar's Future : Historical Perspectives on Reserve Currency Competition", Working Paper 11336, NBER Working Paper, mai 2005.

Eichengreen Barry (2014) : "International Currencies Past, Present and Future : Two Views from Economic History", BOK Working Paper No.2014-31.

Eichengreen Barry (2019) : "Two Views of the International Monetary System", Intereconomics 2019/4, ZBW-Leibniz Information Centre for Economics, p. 233-236.

Elmendorf, D. W. et G. N. Mankiv (1999) : "Government debt," in Handbook of Macroeconomics, ed. J.B.Taylor et M.Woodford, vol.1,chap.25, Elsevier, p. 1615-1669.

Elwell Craig K. (2011) : Brief History of the Gold Standard in the United States, Congressional Research Service Report for Congress, 23 juin.

Estrella Arturo et Mary R. Trubin (2006) : "The Yield Curve as a Leading Indicator: Some Practical Issues", Current Issues in Economics and Finance, juillet/août, vol. 12, Number 6, Federal Reserve Bank of New York.

ESRB ASC (2016) : Reports of the Advisory Scientific Committee No 6 : "Too late, too sudden : Transition to a low-carbon economy and systemic risk", ESRB ASC Report No 6 /février.

Evans Charles L. (2017) : "The Future of Odyssean and Delphic Guidance", European Central Bank Conference, Frankfurt, 14 novembre.

Eyraud Luc et Tao Wu (2015) : "Playing by the Rules : Reforming Fiscal Governance in Europe", IMF Working Paper, mars.

Eyraud Luc, Vitor Gaspar et Tigran Poghosyan (2017) : "Fiscal Politics in the Euro Area", IMF Working Paper, 30 janvier.

F

Farhi, Emmanuel et Matteo Maggiori, (2017-a)) : "A Model of the International Monetary System", Quarterly Journal of Economics, vol. 133, No. 1, p. 295–355.

Farhi Emmanuel et Matteo Maggiori (2017-b) : "The new Triffin Dilemma: The concerning fiscal and external trajectories of the US", VOX^{EU} CEPR 20 décembre.

Fatás Antonio : "Fiscal Policy, Potential Output and the Shifting Goalposts", IMF Economic Review, Vol. 67, No. 3, Special Issue The Euro at 20 (2019), p. 684-702.

Fatas Antonio et Ilian Mihov (2009) : “The Euro and Fiscal Policy”, NBER Working Paper 14722, février.

Fatás Antonio et Lawrence H. Summers 2018) : «“The Permanent Effects of Fiscal Consolidations”, Journal of International Economics Volume 112, mai, p. 238-250.

Fazzari, Steven M., James Morley et Irina Panovska (2015) : “State-Dependent Effects of Fiscal Policy.” Studies in Nonlinear Dynamics and Econometrics 19(3): p. 285–315

Fed Committee for a Responsible Federal Budget (2009) : The Extraordinary Actions taken by the Federal Reserve to Address the Economic and Financial Crisis, juin.

Federal Open Market Committee (2012) : Statement on Longer-Run Goals and Monetary Policy Strategy Adopted.

Figura Andrew et Chris Waller (2022) : What does the Beveridge curve tell us about the likelihood of a soft landing ?”, FEDS Notes, 29 juillet.

FMI (2012) : Global financial stability report – Washington, DC: International Monetary Fund, avril.

FMI G-20 (2017) : Macroeconomics of Aging and Policy Implications, Washington, DC.

FMI World Economic Outlook (2022) : Chapter 2, “Wage Dynamics Post COVID- 19 and Wage-Price Spiral Risks”, octobre, p. 51-69.

FMI (2023) : World Economic Outlook: A Rocky Recovery. Washington, DC. April., chap. 2, p. 45-67.

Fiscal Monitor (2023) : On the Path to Policy Normalization. International Monetary Fund (IMF). Washington, DC: IMF, avril.

Fleming, J. M. (1962) : "Domestic Financial Policies Under Fixed and Under Floating Exchange Rates", Staff Papers, Vol. No. 9, Washington, DC, International Monetary Fund, p. 369-79.

FMI (2003) : “Lessons from the Crisis in Argentina”, Policy Development and Review Department, 8 octobre.

FMI (2012) : Global financial stability Report, Washington, DC.

FOMC (1996) : Réunion du Federal Open Market Committee (FOMC), 2 et 3 juillet. FOMC Meeting Transcript (federalreserve.gov)

Frankel Jeffrey (2013) : “The latest on the dollar’s international currency status”, VOX^{EU} CEPR, 6 décembre.

Friedman, M. (1969) : “The Optimum Quantity of Money”, in Milton Friedman, The Optimum Quantity of Money and Other Essays, Chicago: Adline Publishing Company, 1-50.

Fukunaga Ichiro, Takuji Komatsuzaki et Hideaki Matsuoka (2019) : “Inflation and Public Debt Reversals in Advanced Economies”, IMF Working Paper, Strategy, Policy, and Review Department, WP/19/297.

G

Gagnon Joseph E. et Christopher G. Collins (2019) : “Low Inflation Bends the Phillips Curve”, PIIE Working Paper 18-6, avril.

Joseph E. Gagnon (2022) : “Debating inflation and what the Fed should do”, PIIE Series, Debating Inflation and what the Fed should do, mars.

Gali Jordi et Roberto Perotti (2003) : “Fiscal Policy and Monetary Integration in Europe”, NBER Working Paper 9773.

Gali, Jordi, J. David López-Salido et Javier Vallés (2007) : “Understanding the Effects of Government Spending on Consumption,” Journal of the European Economic Association, 5 (2007), p. 227-270.

Gamber Edward et John Seliski (2019) : “The Effect of Government Debt on Interest Rates”, Working Paper Series 2019-01 Congressional Budget Office Washington, D.C.

Garten Jeffrey E. (2021) : Three Days at Camp David, Harper.

Geithner Timothy F. (2014) : Stress Test. Reflections on Financial Crisis, Broadway Books, New York.

Gittleman Maury (2022) : "The “Great Resignation” in perspective," Monthly Labor Review, U.S. Bureau of Labor Statistics, juillet.

Goodfriend, Marvin. (1986) : “Monetary Mystique : Secrecy and Central Banking”, Journal of Monetary Economics 17, janvier, 63-92.

Gopinath, Gita (2015) : “The International Price System.” Jackson Hole Symposium Proceedings, NBER Working Paper 21646.

Gopinath, Gita et Jeremy Stein (2021) : “Banking, Trade, and the Making of a Dominant Currency”, Quarterly Journal of Economics. The Quarterly Journal of Economics, Volume 136, Issue 2, mai,783–830.

Ghosh Atish R., Jun I. Kim, Enrique G. Mendoza, Jonathan D. Ostry et Mahvash S. Qureshi (2011) : "Fiscal Fatigue, Fiscal Space and Debt Sustainability in Advanced Economies", NBER, Working Paper No. 16782, février.

Gourinchas Pierre-Olivier (2021) : "The Dollar Hegemon ? Evidence and Implications for Policymakers", chap. 7 in The Asian Monetary Policy Forum, Steven J Davis Edward, S Robinson et Bernard Yeung eds, World Scientific, p. 264-300.

Gourinchas Pierre-Olivier et Olivier Jeanne (2012) : "Global safe assets", Monetary and Economic Department, BIS Working Papers No 399, décembre.

Gourinchas Pierre-Olivier et Hélène Rey (2016) : "Real Interest Rates, Imbalances and the Curse of Regional Safe Asset Providers at the Zero Lower Bound", NBER Working Paper 22618.

Gourinchas Pierre-Olivier, Martin Philippe et Messer Todd (2020) : "The Economics of Sovereign Debt, Bailouts and the Eurozone Crisis", NBER Working Paper No. WP27403, juin.

Greenlaw David, James D. Hamilton, Ethan Harris et Kenneth D West (2018) : "A Skeptical View of the Impact of the Fed's Balance Sheet", NBER Working Paper No. 24687 juin.

Greenwood Robin, Samuel Gregory Hanson, Joshua S. Rudolph et Lawrence Summers (2015) :. "Debt Management Conflicts between the U.S. Treasury and the Federal Reserve", Chap. 2 in The $13 Trillion Question: How America Manages Its Debt, David Wessel ed., Brookings Institution Press, p. 43–89.

Gruenberg Martin J. (2019) : "An Underappreciated Risk : The Resolution of Large Regional Banks in the United States", The Brookings Institution Center on Regulation and Markets; Washington, 2019.

H

Hachem Kina (2024) : "Reallocating Liquidity to Resolve a Crisis," Federal Reserve Bank of New York *Liberty Street Economics*, August 12, 2024.

Hamilton James D. et Jing Cynthia Wu (2011) : "The Effectiveness of Alternative Monetary Policy Tools In A Zero Lower Bound Environment" Working Paper 16956 NBER, avril.

Hamilton, James D., Ethan S. Harris, Jan Hatzius et Kenneth D West (2015) : "The Equilibrium Real Funds Rate : Past, Present and Future," NBER Working Paper Series 21476. août.

Hartmann Philipp et Frank Smets (2018) :" The first twenty years of the European Central Bank monetary policy", ECB Working Paper Series No 2219 / décembre.

Hetzel Robert L. et Ralph F. Leach (2001-a) : “After the Accord : Reminiscences on the Birth of the Modern Fed”, Federal Reserve Bank of Richmond Economic Quarterly, volume 87/1, p. 57-64.

Hetzel Robert L. et Ralph F. Leach (2001-b) : “The Treasury-Fed Accord : A New Narrative Account”, Federal Reserve Bank of Richmond Economic Quarterly Volume 87/1, p. 33-55.

Hobijn Bart et Ayşegül Şahin (2012) : “Beveridge Curve Shifts across Countries since the Great Recession”, 13e Jacques Polak Annual Research Conference, FMI novembre.

Holston, K., Laubach, T. et J. C. Williams (2017) : “Measuring the Natural Rate of Interest: International Trends and Determinants”, Journal of International Economics, Vol. 108, p. 59-75.

Horioka Charles Yuji (2006) : "The Causes of Japan's Lost Decade”, in Japan and The World Economy, juin.

Huntley Jonathan (2014) : “The Long-Run Effects of Federal Budget Deficits on National Saving and Private Domestic Investment”, Working Paper 2014-02, Congressional Budget Office Washington, D.C.

I

Ilzetzki E Ethan, Carmen M. Reinhart et Kenneth S. Rogoff (2017) :” Exchange Arrangements Entering the 21st Century: Which Anchor Will Hold?”, NBER Working Paper 23134, février.

Ilzetzki E Ethan, Carmen M. Reinhart et Kenneth S. Rogoff (2020) : “Why Is the Euro Punching Below Its Weight ?”, Working Paper, Janvier 2020 Department of Economics, London School of Economics.

J

Jiang Erica Xuewei, Gregor Matvos, Tomasz Piskorski et Amit Seru (2023) : “Monetary Tightening and U.S. Bank Fragility in 2023 : Mark-To-Market Losses and Uninsured Depositor Runs?”, NBER Working Paper 3104, mars.

K

Kaminsky Graciela L., Carmen M. Reinhart et Carlos A. Végh (2004) : “When it Rains, it Pours : Procyclical Capital Flows and Macroeconomic Policies”, NBER Working Paper No. 10780, septembre.

Kan Kazutoshi, Yui Kishaba et Tomohiro Tsuruga (2016) : “Policy Effects since the Introduction of Quantitative and Qualitative Monetary Easing (QQE) Assessment Based on the Bank of Japan's Large-scale Macroeconomic Model (Q-JEM)”, Bank of Japan Working Paper Series, novembre.

Keister Todd, Antoine Martin et James McAndrews (2008) : “Divorcing Money from Monetary Policy”, FRBNY Economic Policy Review , septembre, p. 41-56.

Kiguel Miguel A. (1999) : “The Argentine Currency Board” , Economics 1, juillet.

King Mervyn (2020) : “The framework for monetary policy matters less than understanding what’s happening in the economy”, Bloomberg Opinion, 9 septembre.

Ko Richard C (2014) : “Balance sheet recession is the reason for secular stagnation”, in Secular Stagnation: Facts, Causes, and Cures, C. Teulings et R. Baldwin éditeurs, A VoxEU.org eBook, CEPR Press, p. 131-142.

Koedooder Chris (2013) : “The Pringle Judgment: Economic and/or Monetary Union ?”, Fordham International Law Journal Volume 37, Issue 1 2013, Article 10.

Krueger Anne (2001) : À New Approach to Sovereign Debt Restructuring, allocution prononcée devant le National Economists’ Club, American Enterprise Institute, Washington, 26 novembre.

Krugman, Paul (1998) : “It’s Baack : Japan’s Slump and the Return of the Liquidity Trap”, Brookings Papers on Economic Activity, The Brookings Institution, Volume 29, Issue 2, p. 137-206.

Kumho Michael, Phurichai Rungcharoenkitkul et Andrej Soko (2020) : “How does international capital flow ?”, Bank of England Staff Working Paper No. 884, novembre.

Kuroda Haruhiko (2017) : “The Role of Expectations in Monetary Policy : Evolution of Theories and the Bank of Japan's Experience”, Bank of Japan, 8 juin.

L

Lane Philip R. (2019) : “The yield curve and monetary policy”, Public Lecture for the Centre for Finance and the Department of Economics at University College London, 25 novembre.

Larch Martin et Matteo Salto (2003) : “Fiscal rules, inertia and discretionary fiscal policy”, Economic paper, N° 194 , Directorate-General for Economic and Financial Affairs, octobre.

Larch Martin et Alessandro Turrini (2009) : "The cyclically adjusted budget balance in EU fiscal policy making : A love at first sight turned into a mature relationship", European Commission, Directorate-General for Economic and Financial Affairs Publications. Economic Papers 374.

Laubach T. et J C. Williams (2015) : "Measuring the Natural Rate of Interest", Hutchins Center Working Paper 15, novembre,

Leiner-Killinger Nadine et Carolin Nerlich (2019) : "Fiscal rules in the euro area and lessons from other monetary unions", ECB Economic Bulletin, Issue 3/2019.

Levy Mickey D. et Charles Plosser (2022) : "The Murky Future of Monetary Policy", Federal Reserve Bank of St. Louis Review.

Liu Yihan et Niklas Westelius (2016) : "The Impact of Demographics on Productivity and Inflation in Japan", IMF Working Paper 16/237, Asia and Pacific Department, décembre.

Lorenzoni Guido et Iván Werning (2019) : "Slow Moving Debt Crises." American Economic Review, 109 (9): p. 3229-63.

Łukasz Rachel et Lawrence Summers (2019) : "On Falling Neutral Real Rates, Fiscal Policy, and the Risk of Secular Stagnation," Brookings Papers on Economic Activity, Brookings Paper draft, 4 mars.

M

Macfarlane Ian John (2005) : "What are the Global Imbalances ?" exposé Economic Society of Australia Dinner, Melbourne, 28 septembre.

Maravalle Alessandro, Marie-Élisabeth de La Serve et Grégory Verdugo (2014) : « La courbe de Beveridge dans la zone euro depuis la crise : une hausse du chômage structurel depuis 2010 », Bulletin de la Banque de France, N° 198 , 4e trimestre.

Martin Philippe, Jean Pisani-Ferry et Xavier Ragot (2021) : « Pour une refonte du cadre budgétaire européen », Les notes du conseil d'analyse économique, n° 63, avril.

Mauro Paolo, Rafael Romeu, Ariel Binder et Asad Zaman (2013) : "A Modern History of Fiscal Prudence and Profligacy" FMI Working Paper/13/5.

Mersch Yves (2020) : Discours introductif à l'ESCB Legal Conference 2020 : "Exploring the legal framework governing the ECB's actions – scope and general legal principles", Frankfurt am Main, 2 novembre, p. 9-17.

Mourre Gilles, Caterina Astarita et Savina Princen (2014) : "Adjusting the budget balance for the business cycle : the EU methodology", European Commission Directorate-General for Economic and Financial Affairs, Economic Papers 536, novembre.

Mourre Gilles, Aurélien Poissonnier et Martin Lausegger (2019) : "The Semi-Elasticities Underlying the Cyclically Adjusted Budget Balance : An Update & Further Analysis", European Economy Discussion Papers 098, mai.

Mundell, R. A. (1963) : "Capital Mobility and Stabilization Policy Under Fixed and Flexible Exchange Rates", Canadian Journal of Economics and Political Science, vol. 29, p.303-24.

Miyamoto, Wataru, Thuy Lan Nguyen et Dmitriy Sergeyev (2018) : "Government Spending Multipliers under the Zero Lower Bound : Evidence from Japan", American Economic Journal: Macroeconomics, 10 (3): p. 247-77.

N

Nishino Kousuke, Hiroki Yamamoto, Jun Kitahara et Takashi Nagahata (2016) : "Developments in Inflation Expectations over the Three Years since the Introduction of Quantitative and Qualitative Monetary Easing (QQE)", Supplementary Paper Series for the "Comprehensive Assessment" (1), Monetary Affairs Department, Bank of Japan, octobre.

O

Obstfeld, Maurice (2009) : "Lenders of Last Resort in a Globalized World", Monetary and Economic Studies (Bank of Japan) 27 novembre, p. 35-52.

Obstfeld, Maurice (2010) : "Expanding Gross Asset Positions and the International Monetary System", Proceedings - Economic Policy Symposium - Jackson Hole, Federal Reserve Bank of Kansas City, p. 463-478.

Obstfeld Maurice (2011) : "The SDR as an International Reserve Asset. What Future ?", International Growth Center, 27 mars.

Obstfeld Maurice (2012) : "Does the Current Account Still Matter ?", Richard T. Ely Lecture, American Economic Review: Papers & Proceedings, 102(3): p. 1–23.

Obstfeld Maurice (2013) : "The International Monetary System Living with Asymmetry", in Globalization in an Age of Crisis: Multilateral Economic Cooperation in the Twenty-First Century, Robert C. Feenstra et Alan M. Taylor, eds, NBER, University of Chicago Press, p. 301-336.

Obstfeld Maurice et Kenneth Rogoff (1995) : "The Mirage of Fixed Exchange Rates", The Journal of Economic Perspectives, vol. 9, No. 4, p. 73-96.

Obstfeld Maurice et Alan M. Taylor (A2002) : "Globalization and Capital Markets", NBER Working Papers No 8846, février.

Obstfeld Maurice, Jay C. Shambaugh et Alan M. Taylor (2010) : “Financial Stability, the Trilemma, and International Reserves”, American Economic Journal: Macroeconomics, vol. 2, No 2, avril, p. 57-94.

Obstfeld, Maurice et Zhou, Haonan (2023) : “The Global Dollar Cycle”, NBER Working Paper No. w31004, mars.

Orphanides, Athanasios et John C. Williams (2002) : “Robust Monetary Policy Rules with Unknown Natural Rates”, Brookings Papers on Economic Activity 2002(2), p. 63- 145.

P

Panizza Ugo et Andrea F. Presbitero (2013) : “Public Debt and Economic Growth in Advanced Economies : A Survey”, MOFIR Group, Working Paper 78, janvier.

Papoutsi Melina, Monika Piazzesi et Martin Schneider (2021) : “How unconventional is green monetary policy ?”, Working Paper, 17 octobre.

Parker Dean et Moritz Schularick (2021) : “The Term Spread as a Predictor of Financial Instability”, Federal Reserve.Bank of New York, Liberty Street Economics, 24 novembre

Pescatori Andrea, Damiano Sandri et John Simon (2014) : “Debt and Growth: Is There a Magic Threshold ?”, IMF Working Paper Research Department, WP /14/34, février.

Pisani-Ferry, J. (2012) : “The Euro Crisis and the New Impossible Trinity”, Bruegel Policy Contribution 2012/01, janvier.

Platzer, Josef et Marcel Peruffo (2022) : “Secular Drivers of the Natural Rate of Interest in the United States : À Quantitative Evaluation”, IMF Working Paper 2022/030, International Monetary Fund, Washington, DC.

Powell Jerome H. (2018) : “Monetary Policy in a Changing Economy”, Remarks at “Changing Market Structure and Implications for Monetary Policy,” symposium Federal Reserve Bank of Kansas City Jackson Hole, Wyoming, 24 août,

Powell Jerome H. (2021) : “Getting Back to a Strong Labor Market.” Speech at the Economic Club of New York, 10 février.

Powell Jerome H. (2022) : Transcript of Chair Powell's Press Conference -- décembre 14, 2022 (federalreserve.gov).

Prasad Eswar et Shang-Jin Wei (2005) : “The Chinese Approach to Capital Inflows: Patterns and Possible Explanations”, FMI Working Paper P/05/79.

R

Rajan Raghuram G. (2023) : “Less is more, New Directions for Monetary Policy”, Finance & Development, International Monetary Fund, volume 60, n°1, mars, p. 11- 14.

Ramey, Valerie A. (2011) : “Can Government Purchases Stimulate the Economy?” Journal of Economic Literature 49, no. 3: p. 673–85.

Ramey, Valerie A. (2019) : "Ten Years after the Financial Crisis: What Have We Learned from the Renaissance in Fiscal Research ?", Journal of Economic Perspectives, 33 (2): p. 89-114.

Ramey, Valerie A. et S. Zubairy (2018) : “Government spending multipliers in good times and in bad: Evidence from us historical data”, Journal of Political Economy 126(2), p. 850–901.

Rapport Patman (1952) : “Monetary Policy and the Management of the Public Debt”, Report of the Subcommittee on General Credit Control and Debt Management of the Joint Committee on the Economic Report, Congress of the United States.

Rawdanowicz L, Bouis R, Inaba K-I et Christensen A.K (2014) : “Secular Stagnation: Evidence and Implications for Economic Policy”, OECD Working Paper 1169.

Reichlin Lucrezia (2013) : “Comments”, in Exit Strategy, Geneva Reports on the World Economy 15, septembre.

Reifschneider David et David Wilcox (2022) : “The Case for a Cautiously Optimistic Outlook for US Inflation”, PIIE Series, Debating Inflation and What the Fed Should Do, mars.

Reis Ricardo (2021) : “Losing the Inflation Anchor”, BPEA Brookings Paper on Economic Activity, Conference Drafts, 9 septembre.

Rey, Hélène (2018) : “Dilemma not Trilemma : The Global Financial Cycle and Monetary Policy Independence”, NBER Working Papers, No 21162.

Rodgers William M. **et** Alice L. Kassens (2022) : “What Does the Beveridge Curve Tell Us about the Labor Market Recovery”, FRB of St Louis Economy Blog, 14 juillet.

Rodden Jonathan (2004) : “Achieving Fiscal Discipline in Federations: Germany and the EMU”, atelier Fiscal policy in EMU: New Issues and Challenges, Workshop, Brussels, 12 November 2004.

Romer, Christina et Jared Bernstein (2009) : “The Job Impact of the American Recovery and Reinvestment Plan”, 8 janvier.

Rueff Jacques (1932) : Défense et illustration de l'étalon or, Alcan, Paris

Russek Frank et Kim Kowalewski (2015) : "How CBO Estimates Automatic Stabilizers", Working Paper 2015-07, CBO, novembre.

S

Selgin George (2013) : "The Rise and Fall of the Gold Standard in the United States ", Policy Analysis, No. 729, 20 juin, p. 2-24.

Schnabel Isabel (2020) : "The shadow of fiscal dominance : Misconceptions, perceptions and perspectives", exposé au Center for European Reform and the Eurofi Financial Forum, Berlin, 11 septembre.

Schnabel Isabel (2021-a) : "From green neglect to green dominance", , intervention au Greening Monetary Policy – Central Banking and Climate Change, online séminaire "Cleveland Fed Conversations on Central Banking", 3 mars.

Schnabel Isabel (2021-b) : "From market neutrality to market efficiency", allocution d'accueil, ECB DG-Research Symposium "Climate change, financial markets and green growth" Frankfurt am Main, 14 juin.

Shimer Robert (2007) : Reassessing the Ins and Outs of Unemployment", NBER Working Paper 13421.

Shirakawa Masaaki (2019) : "Governments should focus on raising productivity, not on specter of deflation", Nikkei Asia, octobre 21.

Storm Servaas (2019) : "Lost in deflation : Why Italy's woes are a warning to the whole Eurozone ", Working Paper No. 94 Institute for New Economic Thinking, 5 avril.

Summers Lawrence H. (2004) : "The United States and the Global Adjustment Process", The Third Annual Stavros Niarchos Foundation Lecture, Peterson Institute for International Economics, 23 mars.

Summers Lawrence H. (2004) : "The U.S. Current Account Deficit and the Global Economy", The Per Jacobsson Foundation Lecture, Washington, 3 octobre.

Summers, Lawrence H. (2014), 'Reflections on the 'New Secular Stagnation Hypothesis'', in Teulings, C and R Baldwin (eds), Secular Stagnation: Facts, Causes and Cures, CEPR Press, Paris & London.

Summers, Lawrence H. (2014) : "US Economic Prospects : Secular Stagnation, Hysteresis and the Zero Lower Bound", National Association for Business Economics' Economic Policy Conference, 24 février, in Business Economics Vol. 49, No. 2, p. 65-73.

Svensson Lars E.O. (2003) : “What Is Wrong with Taylor Rules? Using Judgment in Monetary Policy through Targeting Rules”, Journal of Economic Literature, vol. 41, n° 2, juin, p. 426- 477.

Svensson Lars E.O. (2004) : “Comments on Bernanke, Reinhart, and Sack : “An Empirical Assessment of Monetary Policy Alternatives at the Zero Bound”, Brookings Panel on Economic Activity, Princeton University, CEPR et NBER, novembre.

T

Taylor, John B. (1983) : "Discretion Versus Policy Rules in Practice", Carnegie-Rochester Conference Series on Public Policy, 39, p. 1983.

Taylor John B. (2018) : “Alternatives for Reserve Balances and the Fed’s Balance Sheet in the Future”, in The Structural Foundations of Monetary Policy, Michael Bordo, John Cochrane et Amit Seru (Eds.), Hoover Institution Press, Stanford, California, p. 16-27.

Taylor Alan M. (2013) : “External Imbalances and Financial Crises”, IMF Working Paper Research Department, WP/13/260, décembre..

Teulings, C et R Baldwin (2014) : ‘Secular Stagnation : Facts, Causes and Cures‘, in Teulings, C et R Baldwin (eds), Secular Stagnation: Facts, Causes and Cures, CEPR Press, Paris et Londres, p. 1-27.

Thorvald Grung Moe (2014) : “Marriner S. Eccles and the 1951 Treasury–Federal Reserve Accord: Lessons for Central Bank Independence”, WP 06 | 2014, Banque centrale de Norvège.

Triffin, Robert (1960) : Gold and the Dollar Crisis : The Future of Convertibility. New Haven, CT: Yale University Press.

Tucker Paul (2021) : Audition à la Commission des affaires économiques de la Chambre des Lords du Royaume-Uni, 2 février. 2 February 2021 - Quantitative Easing - Oral evidence - Committees - UK Parliament

Turner David et Francesca Spinelli (2011) : “Explaining the Interest-Rate-Growth Differential Underlying Government Debt Dynamics”, OCDE Economics Department WP No. 919.

U

Ugai, H. (2007) : "Effects of the Quantitative Easing Policy : A Survey of Empirical Analyses", Monetary and Economic Studies, Institute for Monetary and Economic Studies, Bank of Japan, vol. 25(1), mars, p. 1-48.

V

Verstegen, L., van Groezen, B. et Meijdam, L. (2017) : “Benefits of EMU Participation: Estimates using the Synthetic Control Method”, CentER Discussion Paper; Vol. 2017-032. Tilburg.

W

Waibel Michael (2010) : “Retaliating against exchange rate manipulation under WTO rules”, in The US-Sino Currency Dispute: New Insights from Economics, Politics and Law, A VoxEU.org Publication, Simon J. Evenet ed., CEPR, avril, p. 133-137.

Waller, Christopher J. (2022) : “Responding to High Inflation, with Some Thoughts on a Soft Landing”. Institute for Monetary and Financial Stability (IMFS) Distinguished Lecture, Goethe University Frankfurt, 30 mai.

Williams John C. (2019) : “The research-policy nexus - ZLB, JMCB and FOMC”, Conférence “50th Anniversary of Journal of Money, Credit and Banking”, Federal Reserve Bank of New York, New York City, 31 mai..

Wolf Martin (2014) : The Shifts and the Shocks, Penguin Press.

World Economic Outlook (2010) : “Chapter 3. Will It Hurt ? Macroeconomic Effects of Fiscal Consolidation”, Recovery, Risk, and Rebalancing, octobre, p. 93-124.

Wyplosz Charles (2010) : “Is an undervalued renminbi the source of global imbalances ?”, in The US-Sino Currency Dispute: New Insights from Economics, Politics and Law, A VoxEU.org Publication, Simon J. Evenet ed., CEPR, avril, p. 133- 137.

Y

Yellen, Janet (2019) : “Former Fed Chair Janet Yellen on why the answer to the inflation puzzle matters” , exposé à “What's (not) up with inflation ?", Hutchins Center on Fiscal and Monetary Policy at the Brookings Institution, 3 octobre.

Yellen Janet (2016) : “Macroeconomic Research After the Crisis”, 60th annual economic conference sponsored by the Federal Reserve Bank of Boston, Boston, Massachusetts, 14 octobre.

Z

Zhengyang Jiang, Krishnamurthy Arvind et Lustig Hanno (2020) : “Dollar Safety and the Global Financial Cycle”, août NBER Working Paper No. 27682.

Table des matières

Préface 7

Première partie : La Politique monétaire 11

Chapitre 1 : La politique monétaire conventionnelle 15
Section I – Principe et modalités d'intervention 15
I – La gestion du marché monétaire par la quantité de monnaie de base 15
A. Marché interbancaire, base monétaire et multiplicateur 15
B. Une illustration, la BCE 19
II – Le pilotage du taux du marché monétaire : taux d'intérêt naturel et règle de Taylor 22
A. Le taux d'intérêt naturel comme valeur de référence 22
B. L'utilisation d'une règle de Taylor 27
Section II – Politique monétaire conventionnelle et inflation 35
I – Une illustration : la Fed et l'inflation aux États-Unis en 2021-2022 36
A. Des raisons d'être optimiste ? 38
B. Des raisons de s'inquiéter ? 41
C. Les risques d'erreur de la Fed 44
II– Courbe de Beveridge et marché du travail 48
A. La courbe de Beveridge 48
B. Les États-Unis et la courbe de Beveridge 54
C. La courbe de Beveridge et la zone euro 59
III – Les Banques centrales doivent-elles modifier leur cible d'inflation ? 61
A. Qu'est-ce que la stabilité des prix ? 62
B. Inflation et fragilité du système bancaire 64

Chapitre 2 : La politique monétaire non conventionnelle 73
Section I – Les causes de la baisse du taux d'intérêt naturel. 74
I – La stagnation séculaire 76
II – L'excédent d'épargne 80
III – L'insuffisance d'actifs sûrs 84
Section II – Principe et modalités de la politique monétaire non conventionnelle 88
I – Taux plancher effectif et lutte contre la déflation 88
II – Les stratégies monétaires non conventionnelles 93
A. Préliminaire : la courbe des taux ou courbe des rendements 94
B. Une politique de communication 99
C. Une politique de modification de la taille du bilan de Banque centrale 105
D. Une politique de modification de la composition du bilan de Banque centrale : le *Quantitative Easing* QE 108

III – Des politiques monétaires non conventionnelles : Japon, États-Unis, zone euro 112
A. L'assouplissement quantitatif au Japon 113
B. L'assouplissement quantitatif aux États-Unis 119
C. La BCE et la zone euro 122
Section III – L'indépendance des banques centrales 128
I – Un conflit considéré comme fondateur de l'indépendance de la *Federal Reserve* 130
II – Quel type d'actifs dans le Bilan d'une Banque centrale ? 133
III – La BCE outrepasse-t-elle ses compétences ? L'Arrêt Gauweiler de la Cour de justice de l'Union européenne 137
IV – Banque centrale et neutralité de marché. 142

Deuxième partie : Dette publique et budget 149

Chapitre I : La dette publique 153
Section I – Coûts et bénéfices de la dette publique 153
I – Un peu d'arithmétique de la dette. 153
II – Qu'en est-il à plus long terme du coût de bien-être de la dette publique ? 158
Section II – La zone euro et les risques de crise de dette publique 162
I - Les risques de crise dans la zone euro 162
II – Austérité budgétaire et dette. L'Italie, un cas intéressant 168
III –Dette publique, inflation et consolidation budgétaire 175
Section III – Dette publique et aléa moral 181
I – Crédibilité de la clause « no bail out » 184
II – Les vicissitudes de la clause « no bail out » dans la zone euro 189
A. Initialement, pas de partage formel des risques et interventions ad hoc 189
B. D'un support ad hoc à un schéma formel de partage de risque : le Mécanisme européen de Stabilité (MES) et l'arrêt Pringle de 2012 194
C. Discipline de marché ou contrôle bureaucratique ? 197

Chapitre II : La politique budgétaire 205
Section I – Les multiplicateurs budgétaires 206
I – Diversité des multiplicateurs budgétaires 207
II – L'Hystérèse : une remise en cause de la frugalité budgétaire ? 215
Section II – Nature et évaluation de la politique budgétaire 219
I –La notion de budget structurel 221
II – Les problèmes d'un solde budgétaire structurel 227
A. Zone euro : une politique budgétaire procyclique ou contracyclique ? 228

B. L'échec du processus de surveillance budgétaire du PSC 230

Troisième partie : Le système monétaire international 239

Chapitre I : Préliminaires et principes généraux 243
Section I – Préliminaires 243
I – Taux de change nominal et réel. Parité de pouvoir d'achat 243
II – Marchés financiers et parité des taux d'intérêt 249
III – Balance des paiements : transactions courantes, opérations financières et position extérieure nette d'un pays 251
A. Opérations financières, besoin et capacité de financement 252
B. La position extérieure nette 257
Section II – Le trilemme de la politique macroéconomique en économie ouverte 259
I – Politique économique, régime de change et mobilité du capital 259
II – Le taux de change fixe comme discipline économique : les leçons du *currency board* de l'Argentine, 1991-2001 264
III – Le taux de change fixe comme instrument d'une politique de développement : la Chine 273

Chapitre II : Le système monétaire international et le dollar 281
Section I – L'évolution du système : de l'étalon or à l'après Bretton Woods 281
I – Le système étalon or (*Gold Standard*) et la croissance de la globalisation 281
II – Le Gold Exchange Standard et la destruction de la globalisation 286
III – Le système de Bretton Woods 288
IV – L'après Bretton Woods : un système monétaire international asymétrique 292
Section II – Le dollar dans l'économie mondiale 296
I – Les États-Unis assureur du Reste du Monde : privilège « exorbitant » et obligation du dollar 299
II – Système international de prix, « privilège d'insularité » et cycle du dollar 307
A. Privilège d'insularité 309
B. Le cycle financier global du dollar 312
Section III – Quel futur pour le système monétaire international ? 317
I – Un nouveau dilemme de Triffin 318
II – Le sterling, le dollar, le renminbi et l'euro 322
III – Gérer la liquidité internationale : le FMI et les DTS 329

Références 335

Revue « Marché et Organisations »

Promouvoir la recherche originale sur les relations de plus en plus étroites entre le marché et les organisations. Les acteurs économiques de taille, de puissance et de pouvoir différents dont les intérêts peuvent être convergents, complémentaires ou, le plus souvent, antagoniques, ont tendance à organiser les marchés. La raison du marché, pourtant, est la référence stratégique pour l'entreprise ainsi que pour les institutions publiques de décision économique.

N°6 : Entrepreneuriat et accompagnement. Outils, actions et paradigmes nouveaux, 2008
N°7 : Développement durable des territoires. Economie sociale, environnement et innovations, 2008
N°8 : Développement durable et responsabilité sociale des acteurs, 2009
N°9 : Gouvernance : exercices de pouvoir, 2009
N°10 : Le travail collaboratif. Une innovation générique, 2009
N°11 : Economie sociale et solidaire. Nouvelles trajectoires d'innovations, 2010
N°12 : Relations à la marque et marques de la relation. Regards croisés sur le management relationnel de la marque, 2010
N°13 : Les contrats au service de la recherche ?, 2011
N°14 : Le potentiel économique de l'Afrique subsaharienne, 2011
N°15 : Management de la distribution, 2012
N°16 : Territoire Vert. Entreprises, Institutions, Innovations, 2012
N°17 : Eco-conception, conception et innovation. Les nouveaux défis de l'entreprise, 2013
N°18 : Intelligence économique : entreprises et territoires, 2013
N°19 : La finance globale. Un monde fini, 2013
N°20 : La crise du « développement », 2014
N°21 : La Chine innove. Politiques publiques et stratégies d'entreprise, 2014
N°22 : Go East! Nouvelles Economies de Marché, 2015
N°23 : L'économie du changement, 2015
N°24 : Le temps des artisans. Permanences et mutations, 2015
N°25 : Innovations de proximité et esprit d'entreprise, 2016
N°26 : L'avenir des économies du Maghreb : entre inertie structurelle et envie de rupture, 2016/3 (n° 27)
N°27 : Le sport aux frontières du marché du travail, 2016
N°28 : Dynamiques internationales des entreprises, 2017
N°29 : L'univers du risque, 2017
N°30 : Les petites entreprises dans l'histoire industrielle, 2017
N°31 : Economie sociale et *social business* ? Au défi d'entreprendre et se financer, 2018
N°32 : Éducation et fertilisation des économies africaines, 2018
N°33 : L'entrepreneuriat innovant dans les pays du Maghreb, 2018
N°34 : L'entrepreneuriat scientifique : institutions et innovation, 2019
N°35 : Le champ économique de la culture, 2019
N°36 : Economie sociale et solidaire ? Modèles d'innovation et modes de gouvernance, 2019
N°37 : Rethinking Luxury Business, 2020
N°38 : La santé connectée. Nouvelles technologies et réorganisation des soins, 2020
N°39 : Options stratégiques et systèmes complexes d'innovation, 2020
N°40 : Les services : intégration des systèmes productifs et lien social, 2021
N°41 : Crise pandémique, crise globale. Réalité et controverses théoriques, 2021
N°42 : La crise de la covid-19. Le marché et les organisations en perspective, 2021
N°43 : (Re)faire système. *Bug & reset*, 2022
N°44 : Aléas du marché et management du risque, 2022
N°45 : Le renouveau du transport et de la logistique : les systèmes d'information, 2022
N°46 : Entrepreneuriat et innovation dans l'enseignement supérieur, 2023
N°47 : Le tourisme créatif. Culture, créativité, patrimoine, management, 2023
N°48 : L'Afrique : questions de performances, 2023
N°49 : *Fintech* en sciences du management, 2024

https://www.cairn.info/revue-marche-et-organisations.htm

Collection « L'esprit économique »

fondée par Sophie Boutillier et Dimitri Uzunidis en 1996

Dernières parutions

► ***Série Economie et Innovation***
T. MICHAUD, *Le projet spatial européen, entre pragmatisme et imagination*, 2020.
J.-P. SCHMITT, N. RAVIDAT, *Management conjoint de la technologie et de la personne. Pour performer et croitre*, 2020.
Y. EL YAHYAOUI, *Economie des plateformes numériques. Captation de la valeur, pouvoir de marché et communs collaboratifs*, 2021.
G. DUTHIL, *Handicap et insertion professionnelle*, 2022.
T. MICHAUD, *La science-fiction institutionnelle*, 2023.
► ***Série Le Monde en Questions***
C. GALLOUJ, S. GALLOUJ, *Grande distribution non alimentaire au Maroc. GSS, grands magasins, malls, franchises et e-commerce*, 2023.
C. SARI, *Valeur relative de la monnaie et taux de change. Vers la fin de l'étalon dollar ?*, 2023.
G. DUTHIL, N. POLINI, *La Défense nationale*, 2023.
A. DAGHER, *La crise financière du Liban : taux de change, FMI, politique monétaire*, 2023.
G. BAYOH, *Ecosystème des transferts internationaux d'argent et développement durable : Contraintes et solutions*, 2024.
S. BENBACHIR, *Performances bancaires des pays du Moyen-Orient et de l'Afrique du nord. Modélisation de l'efficience et de la productivité des banques*, 2024.
► ***Série Krisis***
M. WIELEZYNSKI, *La loi du marché post-esclavagiste. Une approche critique*, 2023.
G. MINART, *Condorcet économiste : un libéralisme économique au service du bien public*, 2023.
A. MANRAY, *Petit traité de gouvernance à l'usage des despotes éclairés*, 2024.
B. LANDAIS, *Théorie générale de la croissance économique et du développement*, 2024.
V. SOYER, *Critique de la théorie contemporaine de la valeur*, 2024.
► ***Série Clichés***
S. BOUTILLIER, D. UZUNIDIS (dir.), *La Russie européenne. Du passé composé au futur antérieur*, 2008.
R. VOLPI, *La négociation. Pain, paix, liberté*, 2009.
B. S. BONBON, *Géométrie parabolique tridimensionnelle ou perspective parabolique*, 2023.
S. BOUTILLIER, B. LAPERCHE, S. T. K. LE, *Ports industriels en transition : De l'économie circulaire à la décarbonation*, 2024.
► ***Série Cours Principaux***
M. EL KARRIM, *Introduction à l'économétrie appliquée*, 2022.
Z. FIRANO, *Fondements de la finance de marché. Théories et applications*, 2022.
Y. KEHO, *Introduction à l'économétrie appliquée sous EVIEWS, Rappels de cours et illustrations pratiques*, 2023.
K. AMZILE, *Intelligence artificielle et modélisation du risque de crédit*, 2023.
B. LANDAIS, *Macroéconomie. Les fondamentaux*, 2024.
A. KATFI, O. EL MNOUER (dir.), *Mathématiques financières. Cours d'initiation et exercices corrigés*, 2024.
J. NGONGO NGOY, *Manuel d'analyse financière*, 2024.
► ***Série L'économie formelle***
J. LATREILLE, *Sale temps pour l'économie marchande*, 2021.
J. LATREILLE, *Escronomistes ! Ces théories qui abîment le monde*, 2022.
M. FOUQUIN, *Dettes publiques à long terme et souveraineté nationale : enseignements des crises du XIIe au XXIe siècle*, 2023.
J.-P. ROSELLO, *Marchés financiers, capital financier et crises systémiques*, 2024.
J.-L. VILLOUTREIX, *L'eau coule à Aguad : un conte économique*, 2024.
B. MEUNIER, *L'insoutenable dette publique de la France*, 2024.
J. LATREILLE, *Le PIB, ou la mesure de notre démesure*, 2024.

Structures éditoriales du groupe L'Harmattan

L'Harmattan Italie
Via degli Artisti, 15
10124 Torino
harmattan.italia@gmail.com

L'Harmattan Hongrie
Kossuth l. u. 14-16.
1053 Budapest
harmattan@harmattan.hu

L'Harmattan Sénégal
10 VDN en face Mermoz
BP 45034 Dakar-Fann
senharmattan@gmail.com

L'Harmattan Cameroun
TSINGA/FECAFOOT
BP 11486 Yaoundé
inkoukam@gmail.com

L'Harmattan Burkina Faso
Achille Somé – tengnule@hotmail.fr

L'Harmattan Guinée
Almamya, rue KA 028 OKB Agency
BP 3470 Conakry
harmattanguinee@yahoo.fr

L'Harmattan RDC
185, avenue Nyangwe
Commune de Lingwala – Kinshasa
matangilamusadila@yahoo.fr

L'Harmattan Congo
219, avenue Nelson Mandela
BP 2874 Brazzaville
harmattan.congo@yahoo.fr

L'Harmattan Mali
ACI 2000 - Immeuble Mgr Jean Marie Cisse
Bureau 10
BP 145 Bamako-Mali
mali@harmattan.fr

L'Harmattan Togo
Djidjole – Lomé
Maison Amela
face EPP BATOME
ddamela@aol.com

L'Harmattan Côte d'Ivoire
Résidence Karl – Cité des Arts
Abidjan-Cocody
03 BP 1588 Abidjan
espace_harmattan.ci@hotmail.fr

Nos librairies en France

Librairie internationale
16, rue des Écoles
75005 Paris
librairie.internationale@harmattan.fr
01 40 46 79 11
www.librairieharmattan.com

Librairie des savoirs
21, rue des Écoles
75005 Paris
librairie.sh@harmattan.fr
01 46 34 13 71
www.librairieharmattansh.com

Librairie Le Lucernaire
53, rue Notre-Dame-des-Champs
75006 Paris
librairie@lucernaire.fr
01 42 22 67 13